国家统一法律职业资格考试
培训教程

民 诉

肖 晗 编著

中国石化出版社
HTTP://WWW.SINOPEC-PRESS.COM

图书在版编目(CIP)数据

国家统一法律职业资格考试培训教程．民诉/肖晗编著．
—北京：中国石化出版社，2019.1
ISBN 978-7-5114-5183-5

Ⅰ．①国… Ⅱ．①肖… Ⅲ．①民事诉讼法—中国—资格考试—自学参考资料 Ⅳ．①D92

中国版本图书馆 CIP 数据核字(2019)第 003590 号

中国石化出版社出版发行

地址：北京市朝阳区吉市口路 9 号
邮编：100020　电话：(010)59964500
发行部电话：(010)59964526
http：//www.sinopec-press.com
E-mail：press@sinopec.com
北京柏力行彩印有限公司印刷
全国各地新华书店经销

*

787×1092 毫米 16 开本 25.25 印张 619 千字
2019 年 2 月第 1 版　2019 年 2 月第 1 次印刷
定价：65.00 元

PREFACE 前　言

国家统一法律职业资格考试（简称为“法考”）是司法部主办的法律职业资格考试，是在原来的司法考试基础上改革而成的职业资格考试。这一变革意味着法律职业资格证书将成为更广泛的一块敲门砖，需要这一资格证书的人员从原来的法官、检察官、律师、公证员扩大到包括从事行政处罚决定审核、行政复议、行政裁决的公务员、法律顾问，以及法律类的仲裁员。

2018 年，中国首次举行国家统一法律职业资格考试，考试报名总人数 60.4 万余人，47 万余人参加考试。对于法律人而言，法考是最重要的一场考试。法考实际上是法科学生打开法律职业大门的钥匙，是我们进入法律职业的通道，其地位不言而喻。法考是名副其实的法律第一考，因其难度之大、通过率之低，又被称为“中国第一考”。

为了帮助广大考生顺利通过考试，希律法考研究中心组织相关专家编写了《国家统一法律职业资格考试培训教程》丛书，作为法考培训的参考用书。本丛书在参考和分析历年考试真题的基础上，对最新考试大纲的内容进行认真细致地筛选，删除非考点和极为偏僻的考点，对重点内容进行充分解释和深化，内容涵盖了考试大纲的绝大部分重要知识点。

法考涉及的法律和学科十分广泛，归类起来大致可以分为理论法、行政法、民法、民诉、三国法、刑法、刑诉、商经知产等八大类，本书属于民诉，以国家统一法律职业资格考试大纲中的民诉部分的内容为依据，对核心知识点进行了条理化梳理和应试化归纳总结。准备参加考试的人员通过阅读本书，可以快速了解法考中的考点，掌握考试重点和难点。

民事诉讼法与仲裁制度是法考中一门重要的课程，其命题分数约占法考总分的 11%。因此，如何高效地掌握好该课程的知识点以及如何成功地应答法考中有关该课程的命题，对于高分通过法考无疑具有重要的意义。同时，按照《国家统一法律职业资格考试实施办法》的要求，考生对考核范围内的内容与科目，应分别从“了解和理解”“熟悉并运用”两个能力层次加以把握。本书的内容安排和章节的先后顺序均严格依照考试大纲，不缺漏考试内容，从而使教材内容具有相对的完整性和系统性。同时，本书也适当注意吸收与民事诉讼相关的法律修订和新发布的司法解释的内容，使该门课程的有关内容紧跟法律制度的变化而具有新颖性。例如，全国人民代表大会常务委员会在《关于专利等知识产权案件诉讼程序若干问题的决定》（自 2019 年 1 月 1 日起施行）中对知识产权案件的二审和再审的管辖作出了新的规定；对于公证债权文书的执行与不予执行，最高人民法院发布了《最高人民法院关于公证债权文书执行若干问题的规定》（自 2018 年 10 月 1 日起施行）；等等。这些新的法律和司法解释的内容很可能也会成为法考的内容，因而被本书纳入。

根据法考的命题规律和特点，本书在写作过程中，力图做到几个“融合”：一是理论阐述与法条释义相融合；二是程序法与实体法知识相结合；三是知识讲解与真题试作相结合。

法考有“中国第一考”之称，其难度可想而知。难，难在何处？难在所考课程众多，难在内容繁多，难在法条庞杂。在重重围困之下，考生要如何杀出一条血路以突围而出？这无外乎解决好两大问题：“考什么”和“怎么考”。前者与知识有关，后者与技巧相连。为帮助应试人员高效、全面、准确地掌握民事诉讼法与仲裁制度的相关知识，本书秉承希律法考“做减法不做加法”的教材编写理念，尽量做到简明扼要、详略得当。对一些重要的常考的知识点虽然着墨较多，但也不过多地进行理论阐述，对学术分歧也几乎不加讨论，而是直陈观点与释义法条。这就在一定程度上减轻了应试人员的学习负担和压力。

从 2018 年起，法考分为客观题考试和主观题考试，只有通过客观题考试之后才能有资格参加主观题考试，客观题考试成绩两年内有效。客观题考试在全国实行计算机化考试，为了帮助考生熟悉计算机化考试系统，希律网的题库中心为考生准备了全真的模拟测试系统，其中有历年法考的真题和希律法考专家命题的全真模拟试题，考生可选择任何一套进行测试。测试完毕系统自动判卷，立即给出分数。考生还可以进行章节练习、知识点练习，对于考生做错的地方，系统会自动记忆，第二次参加测试时可选择“错题库”。这样，系统就会自动把考生原来做错的试题显示出来，供考生重新测试，以加强记忆。如此，读者可利用希律网题库中心检查自己的实际水平，加强考前训练，做到心中有数，考试不慌。

俗话说，熟能生巧。但在法考中，如果仅仅是“死记硬背”，恐怕不仅“压力山大”，而且“熟未必能生巧”。命题人习惯于“挖空心思”设计各种“圈套”，因此，考生必须学会精准记忆，细致读题，灵活应对，方能立于不败之地。我们在希律网（www. xilvlaw. com）的视频课程和直播课程中，也会通过精讲、分析和总结等方式，帮助考生重点掌握那些历年经常考查的知识点，顺利攻克民诉的热点和难点问题，如愿拿到民诉中的高分，圆梦法考。

在本书出版之际，要特别感谢司法部法考办公室的命题专家们，感谢希律法考的学员们，正是他们的想法汇成了本书的源动力，他们的意见使本书更加贴近读者。

有关本书的反馈意见，读者可在希律网的微信公众号中与我们交流，我们会及时在线解答读者的疑问。

扫码关注希律网微信公众号

CONTENTS 目 录

第一章　民事诉讼与民事诉讼法

考点分布

1. 民事纠纷多元化解决机制及各机制之间的关系；（★★）
2. 民事诉讼的特征；（★★）
3. 民事诉讼法的属性；（★★）
4. 民事诉讼法的效力。（★★★★）

知识讲解

第一节　民事诉讼

一、民事纠纷的多元化解决机制

民事诉讼和仲裁的前提是有民事纠纷的存在。所谓民事纠纷，是指发生在平等主体之间的民事权利义务争议，具体包括平等主体之间的人身关系争议和财产关系争议两类。民事纠纷的解决机制，从有无第三方且借助公权力介入的角度看，可分为自力/私力救济机制、社会救济机制和公力救济机制；从司法最终解决的角度看，可分为诉讼机制和替代性纠纷解决机制。总之，民事纠纷发生后，具有多元化解决机制，其中主要有和解、诉讼外调解（含人民调解、行政调解等）、仲裁和民事诉讼。

（一）和解

和解，是指双方当事人在没有第三方的介入下，通过自愿协商并达成协议进而解决民事纠纷的行为。

（二）诉讼外调解

诉讼外调解，是指双方当事人在第三方的主持下，就民事权利义务进行协商，在互谅互让的基础上达成协议以解决民事纠纷的行为。诉讼外调解主要有：

1. 人民调解。所谓人民调解，是指人民调解委员会通过说服、疏导等方法，促使当事人在平等协商基础上自愿达成调解协议，解决民间纠纷的活动。

人民调解委员会是依法设立的调解民间纠纷的群众性组织。村民委员会、居民委员会设立人民调解委员会。企业事业单位根据需要设立人民调解委员会。当事人可以向人民调解委员会申请调解；人民调解委员会也可以主动调解。当事人一方明确拒绝调解的，不得调解。经人民调解委员会调解达成调解协议后，当事人之间就调解协议的履行或者调解协议的内容发生争议的，一方当事人可以向人民法院提起诉讼。

2. 行政调解。所谓行政调解，是指行政机关依照法定职责和规定程序，以自愿平等为基础，以事实为依据，通过解释、沟通、说服、疏导、协商等方法，促使公民、法人或者其他组织之间，依法化解有关民事纠纷的活动。

3. 行业调解。一些行业协会①或组织（如消费者权益保护协会）也设有调解机构调解特定领域的民事纠纷。

4. 商事调解。所谓商事调解，是指平等主体的自然人、法人和其他组织之间因商事交易而产生纠纷，自愿选择当事人之外的第三方作为调解人员，由该调解人员通过说服和劝导等方式，使当事人之间的争议在互谅互让的基础上得到解决。

5. 律师调解。律师调解，是由律师、依法成立的律师调解工作室或者律师调解中心作为中立的第三方主持调解，协助纠纷各方当事人通过自愿协商达成协议、解决争议。

关于诉讼外调解协议的性质和效力，有三点值得注意：(1)对诉讼外调解所达成的和解协议、调解协议，如果具有给付内容，当事人可申请公证机构办理债权文书公证。如果债务人不履行债务，债权人可依法申请执行公证债权文书。(2)经行政机关、人民调解组织、商事调解组织、行业调解组织或者其他具有调解职能的组织调解达成的具有民事合同性质的协议，当事人可以向调解组织所在地基层人民法院或者人民法庭依法申请确认其效力。法院登记立案前委派给特邀调解组织或者特邀调解员调解达成的协议，当事人申请司法确认的，由调解组织所在地或者委派调解的基层人民法院管辖。(3)以给付金钱或者有价证券为内容的和解协议、调解协议，债权人依据民事诉讼法及其司法解释的规定，向有管辖权的基层人民法院申请支付令的，人民法院应当依法发出支付令。债务人未在法定期限内提出书面异议且逾期不履行支付令的，人民法院可以强制执行。②

（三）仲裁

仲裁，是指仲裁机构基于当事人的申请，根据当事人的仲裁协议对民事纠纷案件

---

①行业协会是由参加相同或类似经济活动的经济组织所构成的旨在解决其共同或普遍性问题的组织。行业纠纷，主要是指同业当事人之间在竞争或合作中所产生的各种纠纷。行业协会调解行业纠纷具有专业优势、沟通优势、成本优势等。

②参见《关于人民法院进一步深化多元化纠纷解决机制改革的意见》相关条文。

进行审理并作出裁决的纠纷解决方式。生效的仲裁裁决与生效的判决一样对双方当事人具有法律约束力，也可以成为执行依据。

（四）诉讼

司法是社会正义的最后一道防线。诉讼，是民事纠纷解决的最后一条途径。它是指法院基于当事人的请求，运用国家审判权强行解决民事纠纷的一种机制。

二、民事诉讼

民事诉讼，是指法院、诉讼参与人在审理和解决民事案件的过程中所进行的各种诉讼活动以及由这些活动所产生的各种诉讼关系的总和。它有如下特征：

1. 公权性。民事诉讼在审判阶段要依靠审判权确定民事权利义务关系，在执行阶段则要依靠执行权实现生效法律文书的内容。

2. 强制性。法院作出的发生法律效力的判决书、裁定书、调解书、决定书、支付令等若具有执行内容，而义务人拒不履行，法院可以依申请或依职权强制执行。

3. 程序严格性。民事诉讼法为民事诉讼的推进设置了严格的程序，各民事诉讼法律关系的主体应当遵守。若不依法实施诉讼行为，就不会产生预期的诉讼法上的效果，甚至还可能要承担某种不利的法律后果。

第二节　民事诉讼法

一、民事诉讼法的概念

民事诉讼法，是国家制定和认可的调整和规范民事诉讼的法律规范的总称。可见，民事诉讼和民事诉讼法的关系为：民事诉讼是民事诉讼法的调整对象，而民事诉讼法则是调整民事诉讼的法律规范。由于民事诉讼是由诉讼活动和诉讼关系两部分组成，因此，民事诉讼法的调整对象可以分成两部分：一是调整诉讼活动，即调整法院、诉讼参加人和其他诉讼参与人在民事诉讼过程中所实施的诉讼行为；二是调整诉讼关系，即调整各主体之间通过诉讼行为所产生的权利义务关系，也就是民事诉讼法律关系。

二、民事诉讼法的属性

1. 民事诉讼法是基本法。
2. 民事诉讼法是部门法。
3. 民事诉讼法是程序法。
4. 民事诉讼法是公法和强行法。①

---

①王福华．民事诉讼法学[M]．2版．北京：清华大学出版社，2015：12-13.

三、民事诉讼法的效力

民事诉讼法的效力，是指民事诉讼法的作用范围和适用范围，即其对什么人、什么事、在什么时间和空间发生效力。

1. 对人效力。对人效力是指民事诉讼法对哪些人适用，或者对哪些人产生作用，哪些人应当遵守。《民事诉讼法》第4条规定："凡在中华人民共和国领域内进行民事诉讼，必须遵守本法。"这表明，我国民事诉讼法对以下几种人有效：一是中国"人"；二是在中国有住所的外国"人"；三是虽然在中国没有住所但协议（含明示和默示）或选择在中国进行诉讼的外国"人"。

2. 对事的效力。对事的效力，也就是法院依照民事诉讼法主管案件的范围，即民事诉讼法适用于解决哪些民事纠纷案件和非讼案件。

3. 空间效力。空间效力是指民事诉讼法发生作用的地域范围。

4. 时间效力。时间效力是指民事诉讼法发生作用的时间范围，即其何时生效、何时失效以及是否具有溯及力。

▶ 典型真题

依法治国要求树立法律权威，依法办事，因此在民事纠纷解决的过程中，各方主体都须遵守法律的规定。下列哪一行为违背了相关法律?①（2014-03-36，单选）

A. 法院主动对确有错误的生效调解书启动再审

B. 派出所民警对民事纠纷进行调解

C. 法院为下落不明的被告指定代理人参加调解

D. 人民调解委员会主动调解当事人之间的民间纠纷

①【参考答案】C。

第二章　民事诉讼法的基本原则与制度

考点分布

本章属于考查重点章，每年都有考题。各项原则和基本制度都有可能成为命题点。

1. 诉讼权利平等原则；（★★★）
2. 处分原则；（★★★★）
3. 辩论原则；（★★★★）
4. 诚实信用原则；（★★★★）
5. 检察监督原则；（★★★★）
6. 自愿合法调解原则；（★★★）
7. 同等原则和对等原则；（★★）
8. 支持起诉原则；（★★）
9. 回避制；（★★★★）
10. 合议制；（★★★★）
11. 两审终审制；（★★★）
12. 公开审判制。（★★★）

知识讲解

第一节　基本原则

一、民事诉讼法基本原则概述

民事诉讼的基本原则，是指在民事诉讼的整个过程中或者重要的诉讼阶段起指导作用的准则。它体现民事诉讼的精神实质，对民事诉讼具有普遍的指导意义；具有立法准则、行为准则和弥补法律局限性的功能。

基本原则的基本属性有二：(1)内容的根本性。这决定了其基本规则的地位，它体现在基本原则与民事诉讼法的目的、民事诉讼基本价值之间的关系上。(2)效力贯彻的始终性。此即基本原则在民事诉讼法中生效的领域是完全的，对民事诉讼法的全部规范具有宏观指导作用。

理论上一般把民事诉讼基本原则分为共有原则和特有原则两类。前者是三大诉讼共通共用的原则，包括独立审判原则，以事实为根据、以法律为准绳原则，适用本民族语言文字进行诉讼原则等；后者是反映民事诉讼的特殊规律性，为民事诉讼法所特有的原则。下面只阐述民事诉讼法的特有原则。

二、当事人诉讼权利平等原则

（一）概念和依据

诉讼权利平等原则，是指当事人在民事诉讼中享有平等的诉讼权利并具有平等的诉讼地位。《民事诉讼法》第8条规定："民事诉讼当事人有平等的诉讼权利。人民法院审理民事案件，应当保障和便利当事人行使诉讼权利，对当事人在适用法律上一律平等。"这就是当事人诉讼权利平等原则。

诉讼权利平等原则的依据有：(1)它是宪法规定的法律面前人人平等原则的体现。(2)它是现代法制社会的基本要求。(3)它是当事人在民事实体法律关系中平等地位的延伸。民事诉讼法确立平等原则是实体法律关系的必然要求。(4)它是民事诉讼法中程序公正理念的制度形态。

（二）诉讼权利平等原则的内容

当事人诉讼权利平等原则包含以下几方面的内容：

1. 地位平等。民事诉讼中的原告、被告、第三人在诉讼地位上无高低之分，完全平等。这种平等是通过诉讼权利和诉讼义务的平等分配来体现的。诉讼权利分为三类：(1)双方当事人共同享有并能独立行使的权利，如委托代理、申请回避、收集提供的证据、申请财产保全、在法庭提供新证据、要求重新调查、提起上诉、申请再审或执行等。(2)虽为当事人双方享有，但需由双方当事人共同行使才能产生法律后果的诉讼权利，如请求调解权、自行和解权、质证权等。(3)只能由一方当事人专有但与对方当事人某一权利对等的诉讼权利，如起诉权，放弃、变更诉讼请求权等专属于原告，而承认、反驳诉讼请求和反诉的权利则专为被告享有。

2. 机会平等。即双方当事人享有平等地接近、利用法院的机会，以及提出攻击防御之方法的机会。

3. 风险平等。指诉讼之胜败风险要在双方当事人之间平等分配，不应由一方当事人负担较高之败诉不利益风险。

总之，这种平等，既包括形式上的平等，也包括实质上的平等。

（三）诉讼权利平等原则的实现

为实现当事人诉讼权利平等原则，要求法院做到：

1. 平等地保障和便利双方当事人行使诉讼权利。这要求法院以立法平等为基础，做到司法平等，为当事人创造平等地行使诉讼权利的机会，平等地要求当事人履行诉讼义务，不偏袒或者不歧视任何一方。

2. 对当事人在适用法律上一律平等。要求法院对一切诉讼当事人在适用法律上一律平等。任何当事人，在民事诉讼中都应毫无例外地遵守民事实体法和民事程序法，享受法律规定的实体权利和诉讼权利，履行法律规定的实体义务和程序义务。一切当事人的合法权利都应受到保护，一切当事人的违法行为都应受到制裁。

3. 平等保障并不否定必要的符合立法目的的差别对待。例如，由于能力素质、经济条件等差异，一方当事人可能相对弱势，此时就需要法院进行适当释明和帮助，使之与相对强势一方形成实质平等。

三、同等原则和对等原则

《民事诉讼法》第5条第1款规定："外国人、无国籍人、外国企业和组织在人民法院起诉、应诉，同中华人民共和国公民、法人和其他组织有同等的诉讼权利义务。"这一规定就是同等原则，其实质是给予在我国法院起诉、应诉的外国人、无国籍人、外国企业和组织以国民待遇，既不限制他们的诉讼权利，也不加重他们的诉讼义务。

《民事诉讼法》第5条第2款规定："外国法院对中华人民共和国公民、法人和其他组织的民事诉讼权利加以限制的，中华人民共和国人民法院对该国公民、企业和组织的民事诉讼权利，实行对等原则。"这一规定就是对等原则，其实质是给予在我国法院起诉、应诉的外国人、外国企业和组织以歧视待遇。即该外国人所在国法院限制我国当事人的诉讼权利或加重我国当事人的诉讼义务的，那么，当该外国当事人在我国法院进行民事诉讼时，我国法院也可限制其诉讼权利或加重其诉讼义务。

四、自愿合法调解原则

《民事诉讼法》第9条规定："人民法院审理民事案件，应当根据自愿和合法的原则进行调解；调解不成的，应当及时判决。"这就是法院调解原则。根据这一原则，法院审理民事案件时，对能够调解的案件要多对当事人做说服劝导工作，促使双方达成协议，解决纠纷。其基本内容有以下几个方面：

1. 调解在性质上既是法院审理案件的一种方式，也是法院结案的一种方式。因此，凡能用调解方式结案的，就尽可能地以调解的方式结案。

2. 调解的方式是做当事人的思想工作。此即法院审判人员在调解过程中，要多向当事人宣传国家的法律、政策，宣传正面的道德思想和传统文化，促使有过错的当事人认识到自己的过错，主动承担责任，让无过错的当事人能够得理饶人，进而互谅互让，达成协议，彻底解决纠纷。

3. 法院调解的原则是自愿和合法。自愿包括程序上自愿和实体上自愿，合法也包括程序合法和实体合法。不能因为强调调解而违背自愿原则和合法原则。

4. 要正确处理调解和判决的关系。两者都是法院结案的方式，不应厚此薄彼。从法律的规定看，除法律明文规定的外，[①] 调解不是诉讼的必经程序：对于那些不能调解或不具备调解条件的案件，[②] 应当判决结案；对于那些经调解而达不成调解协议的案件，也应当及时判决，不能久调不决。

五、辩论原则

"人民法院审理民事案件时，当事人有权进行辩论。"[③]这是辩论原则的法律依据。所谓辩论原则[④]是指在法院主持下，当事人有权就案件事实和争议问题，各自陈述自己的主张和根据，互相进行反驳和答辩，以维护自己的合法权益。它包含以下内容：

1. 辩论权是辩论原则的核心内容，其行使贯穿于整个民事诉讼过程之中。法庭辩论是辩论权行使的集中体现，但除此之外，辩论权的行使还有其他表现形式，起诉与答辩就构成一组辩论。一审、二审、再审程序中，当事人都可行使辩论权；在执行异议之诉等案件的审理和裁判过程中，当事人仍可行使辩论权。

2. 当事人行使辩论权的范围包括对案件实体方面和程序方面有争议的问题展开辩论。

3. 当事人行使辩论权的形式包括口头和书面两种。口头辩论集中体现在法庭辩论之中，而书面辩论多体现在其他阶段，主要表现为用相关诉讼文书阐述自己的主张和理由以及反驳对方的诉讼主张和理由，例如，起诉状/上诉状与答辩状。

4. 法院应当充分保障当事人行使辩论权。如果法院不注意保障当事人的辩论权，甚至任意限制或剥夺这一重要的诉讼权利，则可能引起当事人对法院裁判的不服而提起上诉或申请再审，乃至于引发涉诉信访。为此，民事诉讼法和相关司法解释从反面规定了法院对当事人辩论权的保障。《民诉法解释》第 325 条规定："下列情形，可以认定为《民事诉讼法》第 170 条第 1 款第 4 项规定的严重违反法定程序：……(四)违法剥夺当事人辩论权利的。"据此，二审法院在审理上诉案件时，如果发现一审法院有违法

①如，《婚姻法》第 32 条第 2 款规定："人民法院审理离婚案件，应当进行调解；如感情确已破裂，调解无效，应准予离婚。"

②有人认为，下述案件不适用调解：适用特别程序、督促程序、公示催告程序审理的案件；涉及追缴、罚款的确认经济合同无效的案件；有严重违法活动，需要给予经济制裁的经济纠纷案件。此外，当事人在执行程序中可以和解，但执行法院不能调解。

③参见《民事诉讼法》第 12 条。

④对辩论原则的理解，应当建立在对辩论、辩论权两个关键词的理解的基础之上。所谓辩论，是指双方用理由来说明自己对事物或问题的见解，指出对方的错误或矛盾，以便最后得到正确的认识或共同的意见(郑钢．全新现代汉语词典[M]．长春：吉林音像出版社、吉林大学出版社，2005：32.)。这是对"辩论"的一般意义上的解释。对诉讼中的"辩论"的理解，不能离开这一基本意义。所谓辩论权，王福华教授将其解释为："辩论权是当事人重要的诉讼权利，辩论权是当事人(包括第三人)对诉讼请求享有的陈述事实和理由的权利，以及针对对方当事人的陈述和诉讼请求进行反驳和答辩的权利。"(王福华．民事诉讼法学[M]．北京：清华大学出版社，2015：49.)辩论、辩论权和辩论原则三者之间是何关系？从民事诉讼法的角度看，辩论，是当事人陈述自己的意见和主张并反驳对方的意见和主张的诉讼行为。辩论权则是民事诉讼法赋予当事人(含其诉讼代理人)在诉讼过程中就争议问题进行辩论的权利。辩论原则就是为规范辩论行为，保障辩论权行使而设立的一项民事诉讼法原则。

剥夺当事人辩论权的情形，应当裁定撤销原判，发回重审。《民诉法解释》第 391 条规定："原审开庭过程中有下列情形之一的，应当认定为民事诉讼法第二百条第九项规定的剥夺当事人辩论权利：（一）不允许当事人发表辩论意见的；（二）应当开庭审理而未开庭审理的；（三）违反法律规定送达起诉状副本或者上诉状副本，致使当事人无法行使辩论权利的；（四）违法剥夺当事人辩论权利的其他情形"。据此，如果原审法院剥夺当事人辩论权，则当事人可以此为由申请再审，法院也应当决定再审。

六、诚实信用原则

（一）法律依据和含义

民事诉讼法第 13 条第 1 款规定："民事诉讼应当遵循诚实信用原则。"民事诉讼法的诚实信用原则，是指法院、检察院、当事人以及其他诉讼参与人在民事诉讼中必须公正、诚实和善意地行使权利和实施诉讼行为。

（二）诚实信用原则的适用

诚实信用原则的适用，是指其适用的主体、客体范围以及违反它应当承担的法律后果。其初始形态是规定当事人的真实义务，是对辩论主义的一项补充条款。

1. 诚实信用原则对当事人的适用。

（1）当事人负有真实陈述义务。这要求当事人在诉讼中要如实陈述案件事实，不得虚构事实，即禁止当事人在诉讼中作虚假陈述，影响法院对案件事实的判断。

（2）当事人负有促进诉讼的义务。这要求当事人在诉讼中不得实施迟延、拖延或干扰诉讼的行为，以协助法院有效率地进行诉讼，完成审判。如果当事人不如期完成诉讼行为，将产生诉讼失权的法律效果，例如，故意或重大过失的逾期举证，将可能使证据失权。

（3）禁止诉讼欺诈。此即要求当事人不得以不正当的方法或手段骗取有利于自己的诉讼状态，进而攫取不当利益。

（4）禁止反悔及矛盾行为。此即所谓禁反言，它要求当事人在诉讼外或诉讼中的陈述要保持前后一致，不得前后不一，互相矛盾。

（5）禁止滥用诉讼权利。这要求当事人不得恶意或无根据地行使诉讼权利，防止当事人以此获得不当法益。

2. 诚实信用原则对法院的适用。

（1）禁止法院在诉讼中滥用自由裁量权。

（2）要求法院在诉讼中尊重当事人的程序权利，为当事人创造平等的诉讼条件。

（3）要求法院在诉讼中尊重当事人程序主体地位，禁止实施突袭性裁判。

3. 诚实信用原则对检察院的适用。

要求检察院根据民事诉讼法的立法目的和本意行使检察监督权，不得滥用。

4. 诚实信用原则对其他诉讼参与人的适用。

其他诉讼参与人也应当本着诚实和善意的心态来实施诉讼行为。例如，证人不得故意提供虚假证言；鉴定人不得故意出具虚假的鉴定意见；翻译人员不得故意作与诉讼主体的意思不符的翻译；诉讼代理人不得滥用代理权或超越代理权；专家辅助人不得对鉴定意见发表不科学或不符合实际的质证意见；负有协助义务的人不得故意拒绝提供协助，等等。

（三）违反诚实信用原则的法律后果①

1. 否定已实施的诉讼行为的效力。
2. 承受相应的法律制裁。如罚款、拘留乃至刑事责任。
3. 承担由此增加的诉讼费用或赔偿给对方当事人造成的损失。
4. 法院、检察院的背信行为可作为当事人上诉或申请再审的理由。
5. 法院背信行为造成当事人损失的，当事人可申请国家赔偿。

七、处分原则

（一）处分原则的含义和意义

《民事诉讼法》第13条第2款规定："当事人有权在法律规定的范围内处分自己的民事权利和诉讼权利。"这就是处分原则的法律依据。所谓处分原则，又称处分权原则，是指民事诉讼当事人有权在法律规定的范围内，自由支配和处置自己的民事权利和诉讼权利。其意义包括：

1. 直接关系着民事诉讼程序的开始。
2. 对于诉讼程序的发展和终结有着重要影响。
3. 审判保护的范围和方法，一般要尊重当事人的意愿。

（二）处分权行使的条件

1. 处分权的享有者只限于诉讼当事人，但处分权的行使者可以是诉讼代理人。
2. 处分权的对象包括自己依法享有的民事权利和诉讼权利。
3. 当事人行使处分权不能超出法律许可的范围。
4. 当事人行使处分权必须自愿。

（三）处分原则的根据

1. 以私法自治原理为根据。此即民事权利是私权，权利人对自己的权利有任意使用和支配的自由。既然当事人在诉讼前的实体领域可以自由支配其实体权利，那么，在诉讼领域他们依然可以自由支配自己的权利。

2. 尊重当事人程序主体地位的需要。在民事诉讼中，只有承认和尊重当事人在诉讼程序上的主导权（即实体处分权和程序处分权），才能使其在一定范围内自行决定如

①宋朝武．民事诉讼法学［M］．北京：高等教育出版社，2017：73-74.

何取舍程序利益，避免因程序拖延和程序耗费给其民事权利造成损害。

（四）处分原则的具体体现

1. 对民事权利的处分：原告在起诉时可以自由地确定请求司法保护的范围和选择保护的方法；在诉讼过程中，原告可以放弃、变更、追加诉讼请求，被告可以承认原告的诉讼请求；当事人可以和解，也可以达成调解协议，等等。

2. 对诉讼权利的处分：诉讼程序（含一审、二审、再审、执行程序等）是否启动，由当事人自主决定；诉讼程序启动后，是否撤回诉讼由当事人自主决定；法律允许当事人达成诉讼上的合意的，是否达成某种合意由当事人自主决定，等等。

需要注意的是，我国民事诉讼中当事人的处分权不是绝对的，它是一种有限的处分，即当事人的处分不得违反法律规定，不得损害国家的、社会的、集体的和公民个人的利益；否则，法院将代表国家实行干预，即通过司法审判确认当事人某种不当的处分行为无效。

八、民事检察监督原则

（一）民事检察监督原则概述

检察监督原则，是指检察院对法院行使民事审判权和民事执行权行为的合法性进行的监督。它包括合法性原则、居中监督原则以及谦抑性原则等三个具体原则。①

2012年《民事诉讼法》第14条规定："人民检察院有权对民事诉讼实行法律监督"；第235条规定："人民检察院有权对民事执行活动实行法律监督"。

（二）民事检察监督原则的修订

1991年民事诉讼法规定："人民检察院有权对民事审判活动实行法律监督"；两者相比，现民事诉讼法对检察监督原则的修订主要体现在以下几个方面：

1. 监督范围的拓宽。(1)由原来的对人民法院的民事审判活动监督拓宽到了对整个民事诉讼活动实行法律监督，包括对执行活动的监督。(2)由原来的事后监督拓宽为全程监督。除了对生效裁判提起抗诉监督外，检察院还可以提出检察建议，对审判程序与执行程序中的违法行为进行监督。②

2. 监督客体的拓宽。由原来的对人民法院作出的生效判决或裁定进行监督拓宽到对生效判决或裁定以及损害国家利益、社会公共利益的调解书的监督。同时还规定，各级人民检察院对审判监督程序以外的其他审判程序中审判人员的违法行为，有权向同级人民法院提出检察建议。

3. 监督方式的拓宽。以前只有抗诉一种监督方式，新民事诉讼法还增加了检察建议的监督方式，并且明确检察建议可以由地方各级人民检察院向同级人民法院提出。

---

①宋朝武．民事诉讼法学[M]．北京：高等教育出版社，2017：75.

②宋朝武．民事诉讼法学[M]．北京：高等教育出版社，2017：77.

4. 监督手段的拓宽。新增加一个条文规定："人民检察院因履行法律监督职责提出检察建议或者抗诉的需要，可以向当事人或者案外人调查核实有关情况。"这明确肯定了检察院为有效展开监督的调查取证权。

5. 监督的前置程序。《民事诉讼法》第 209 条规定："有下列情形之一的，当事人可以向人民检察院申请检察建议或者抗诉：(一) 人民法院驳回再审申请的；(二) 人民法院逾期未对再审申请作出裁定的；(三) 再审判决、裁定有明显错误的。人民检察院对当事人的申请应当在三个月内进行审查，作出提出或者不予提出检察建议或者抗诉的决定。当事人不得再次向人民检察院申请检察建议或者抗诉。"可见，当事人在申请检察监督之前，应先申请再审。

（三）民事检察监督原则的内容

1. 对人民法院生效的民事判决、裁定实行监督。
2. 对损害国家利益、社会公共利益的民事调解书实行监督。
3. 对民事审判程序中审判人员的违法行为实行监督。
4. 对民事执行活动实行监督。

九、支持起诉原则

《民事诉讼法》第 15 条规定："机关、社会团体、企业事业单位对损害国家、集体或者个人民事权益的行为，可以支持受损害的单位或者个人向人民法院起诉。"支持起诉必须具备三个要件：

1. 支持起诉的主体是机关、团体、企业事业单位，公民个人不能支持起诉。
2. 支持起诉的案件范围限于国家、集体或者个人民事权益受到损害的侵权案件。
3. 支持起诉的前提是民事权益受损害的单位或个人不能、不敢或者不便提起诉讼。如果受损害的单位或个人已向人民法院起诉，则无需支持起诉。

第二节　基本制度

民事诉讼法的基本制度，是指法院审判和执行民事案件时所必须遵守的基本的行为准则。我国民事诉讼法的基本制度有：合议制度、回避制度、公开审判制度、两审终审制度。

一、合议制度

（一）合议制度的概念

在我国民事诉讼中，审判组织形式包括合议制度和独任制度。合议制度是由三名以上的单数的审判人员组成审判集体代表法院对案件进行审理和裁判的组织形式。独任制度是由一名审判员组成法庭代表法院对案件进行审理和裁判的组织形式。按合议制度组成的法庭称为合议庭，按独任制度组成的法庭称为独任庭。合议制度是审判组织的基本形式，除法律明文规定可以适用独任制度审判案件的外，法院审判案件均应适用合议制度，因为实行合议制度，有利于发挥集体的智慧，弥补个人能力上的不足，以保证案件的审判质量，同时也有利于推进诉讼民主。

（二）不同程序的合议庭

1. 一审程序（普通程序）的合议庭，其组成方式有二：一是由审判员与人民陪审员组成，二是由审判员组成。

2. 二审程序的合议庭，由审判员组成，不吸收陪审员参加。

3. 重审案件的合议庭，按一审程序另行组成。

4. 再审程序的合议庭，原生效法律文书是由一审法院作出的，按一审程序另行组成；原生效法律文书是由二审法院作出的或者由上级法院提审的，按二审程序另行组成。

5. 特别程序（选民资格案件或者重大、疑难的非讼案件）的合议庭，由审判员组成。

6. 作出除权判决的合议庭、第三人撤销之诉案件的合议庭和执行异议之诉案件的合议庭，[①] 法律和司法解释无明文规定。

（三）合议庭的活动原则

合议庭的审判长由院长或者庭长指定审判员一人担任；院长或者庭长参加审判的，由院长或者庭长担任。陪审员不得担任审判长。

合议庭的成员，享有同等的权利。合议庭评议中的不同意见，必须如实记入笔录。

二、回避制度

（一）概念和意义

回避制度，是指审判人员及其他有关人员，遇有法律规定的回避情形时，退出对某一具体案件的审理或诉讼活动的制度。

回避制度可以使审判人员及其他有关人员合法地退出本案有关工作，又可以消除当事人的某些顾虑，保证案件审判的公正性。

（二）回避适用的对象

适用回避的人员包括：审判人员、[②] 执行员、书记员、翻译人员、鉴定人员、勘验人员等。但证人、专家辅助人不属于回避的范畴。

---

①《民诉法解释》第 454 条规定："适用公示催告程序审理案件，可由审判员一人独任审理；判决宣告票据无效的，应当组成合议庭审理"；第 294 条规定："人民法院对第三人撤销之诉案件，应当组成合议庭开庭审理"；第 310 条规定："人民法院审理执行异议之诉案件，适用普通程序"。

②根据《民诉法解释》第 48 条、第 49 条，审判人员，包括参与本案审理的人民法院院长、副院长、审判委员会委员、庭长、副庭长、审判员、助理审判员和人民陪审员。书记员和执行员适用审判人员回避的有关规定。

（三）适用回避的情形

1. 民事诉讼法规定的情形。根据《民事诉讼法》第44条的规定，审判人员有下列情形之一的，应当自行回避，当事人有权用口头或者书面方式申请他们回避：

(1)是本案当事人或者当事人、诉讼代理人近亲属的；

(2)与本案有利害关系的；

(3)与本案当事人、诉讼代理人有其他关系，可能影响对案件公正审理的。

审判人员接受当事人、诉讼代理人请客送礼，或者违反规定会见当事人、诉讼代理人的，当事人有权要求他们回避。

2. 司法解释规定的情形。

(1)既可自行回避也可申请回避的情形。《民诉法解释》第43条规定："审判人员有下列情形之一的，应当自行回避，当事人有权申请其回避：(一)是本案当事人或者当事人近亲属的；(二)本人或者其近亲属与本案有利害关系的；(三)担任过本案的证人、鉴定人、辩护人、诉讼代理人、翻译人员的；(四)是本案诉讼代理人近亲属的；(五)本人或者其近亲属持有本案非上市公司当事人的股份或者股权的；(六)与本案当事人或者诉讼代理人有其他利害关系，可能影响公正审理的。"

(2)只能申请回避的情形。《民诉法解释》第44条规定："审判人员有下列情形之一的，当事人有权申请其回避：(一)接受本案当事人及其受托人宴请，或者参加由其支付费用的活动的；(二)索取、接受本案当事人及其受托人财物或者其他利益的；(三)违反规定会见本案当事人、诉讼代理人的；(四)为本案当事人推荐、介绍诉讼代理人，或者为律师、其他人员介绍代理本案的；(五)向本案当事人及其受托人借用款物的；(六)有其他不正当行为，可能影响公正审理的。"

（四）回避的方式

1. 自行回避。此即法定回避对象遇有回避事由时主动提出回避。

2. 申请回避。此即当事人或其诉讼代理人知晓回避对象有回避事由时，有权要求其回避。

3. 责令回避。审判人员有应当回避的情形，没有自行回避，当事人也没有申请回避的，由院长或者审判委员会决定其回避。

4. 履职回避。凡在一个审判程序中参与过本案审判工作的审判人员，不得再参与该案其他程序的审判。但是，经过第二审程序发回重审的案件，在一审法院作出裁判后又进入第二审程序的，原第二审程序中合议庭组成人员不受该规定的限制。

（五）回避的程序

1. 回避的提出。可以是当事人提出申请，也可以是审判人员或其他人员主动自行提出。另外，命令回避由院长或者审判委员会提出。

回避应当在案件开始审理时提出，人民法院应当依法告知当事人对合议庭组成人员、独任审判员和书记员等人员有申请回避的权利；回避事由在案件开始审理后知道的，可以在法庭辩论终结前提出。提出回避申请应当说明理由。

2. 回避的决定。审判人员的回避，由法院院长决定；其他人员的回避，由审判长决定。法院对当事人提出的回避申请，应当在申请提出 3 日内，以口头或书面形式作出决定；申请人对决定不服的，可以在接到决定时申请复议一次，法院应当在接到申请后 3 日内作出复议决定，并通知复议申请人。

（六）回避的法律后果

在当事人提出回避申请到法院作出是否同意申请的决定期间，除案件需要采取紧急措施的外，被申请回避的人员应暂停执行有关本案的职务。法院决定同意申请人回避申请的，被申请回避人退出本案的审判或诉讼；法院决定驳回回避申请而当事人申请复议的，复议期间，被申请回避的人员不停止参与本案的审判或诉讼。

三、公开审判制度

（一）公开审判制度的含义和范围

公开审判制度是指法院审理民事案件，除法律规定的案件和环节外，审判过程及结果应当公开；不公开审理的案件，也应当公开宣判。公开的范围包括向群众公开和向社会公开。向群众公开，是指允许群众旁听案件审判过程；向社会公开，是指允许新闻记者采访报道法庭审理的情况，将案件向社会披露，同时允许公众查阅除涉及国家秘密、商业秘密和个人隐私的内容之外的生效的裁判文书。

（二）公开审判的例外

公开审判有两类例外案件，包括：

1. 不得公开审理的案件，即绝对不公开审理的案件：(1)涉及国家秘密的案件；(2)涉及个人隐私的案件；(3)法律另有规定的不得公开审理案件。

2. 可以不公开审理的案件，即相对不公开审理的案件：(1)离婚案件；(2)涉及商业秘密的案件。这两种案件可以公开审理，但若需不公开审理，前提是当事人提出了不公开审理的申请。

四、两审终审制度

两审终审制度是指一个案件经过两级人民法院审判后即告终结的制度。

根据两审终审制，一审法院作出判决、裁定后，当事人不服，且法律允许上诉的，① 当事人可以将案件上诉至上一级法院，该上一级法院所作出的判决、裁定，即为终审的判决、裁定，当事人不得再行上诉。

---

①对第三人撤销之诉案件的判决、执行异议之诉案件的判决，当事人不服的，也可上诉。

两审终审制度也有例外。主要有：

(1)最高法院所作的一审判决、裁定，为终审的判决、裁定，当事人不得上诉。

(2)基层法院及其派出法庭适用小额诉讼程序审理案件所作出的判决、裁定，也是终审的判决、裁定，当事人不得上诉。

(3)一审法院以调解方式结案的，当事人不得对调解书或调解协议提起上诉。

(4)适用特别程序、督促程序、公示催告程序审理的案件，实行一审终审。

(5)对一审法院的裁定，除不予受理的裁定、对管辖权有异议的裁定、驳回起诉的裁定可以上诉外，其余裁定不得上诉。

(6)宣告婚姻无效案件的判决，当事人不得上诉。①

典型真题

甲向法院起诉，要求判决乙返还借款本金2万元。在案件审理中，借款事实得以认定，同时，法院还查明乙逾期履行还款义务近一年，法院遂根据银行同期定期存款利息，判决乙还甲借款本金2万元，利息520元。关于法院对该案判决的评论，下列哪一选项是正确的？(2008-03-38，单选)②

A. 该判决符合法律规定，实事求是，全面保护了权利人的合法权益

B. 该判决不符合法律规定，违反了民事诉讼的处分原则

C. 该判决不符合法律规定，违反了民事诉讼的辩论原则

D. 该判决不符合法律规定，违反了民事诉讼的平等原则

---

①《最高人民法院关于适用〈中华人民共和国婚姻法〉若干问题的解释(一)》第9条规定："人民法院审理宣告婚姻无效案件，对婚姻效力的审理不适用调解，应当依法作出判决；有关婚姻效力的判决一经作出，即发生法律效力。涉及财产分割和子女抚养的，可以调解。调解达成协议的，另行制作调解书。对财产分割和子女抚养问题的判决不服的，当事人可以上诉。"

②【参考答案】B。

第三章　主管与管辖

考点分布

本章内容必考，属命题重点章。

1. 级别管辖；（★★★）
2. 一般地域管辖；（★★★★★）
3. 特殊地域管辖；（★★★★★）
4. 协议管辖；（★★★★★）
5. 专属管辖；（★★★★★）
6. 移送管辖；（★★★★★）
7. 管辖权转移；（★★★）
8. 指定管辖；（★★）
9. 管辖权异议；（★★★★★）
10. 管辖恒定；（★★★）
11. 专门管辖；（★）
12. 共同管辖与选择管辖。（★）

知识讲解

第一节　民事诉讼主管

一、民事诉讼主管概述

主管，一般是指国家机关的职权范围。法院在民事诉讼中的主管，是指法院受理民事案件的权限范围，即法院对哪些民事案件可以依照民事诉讼法受理。确定民事诉讼的主管，主旨是要解决法院和其他国家机关、社会组织在受理和解决民事纠纷上的分工和权限问题。

二、民事诉讼主管的标准

《民事诉讼法》第3条规定："人民法院受理公民之间、法人之间、其他组织之间以及他们相互之间因财产关系和人身关系提起的民事诉讼，适用本法的规定。"据此，法院主管的标准为：因民事法律关系发生的争议就是法院民事诉讼主管的对象。

三、法院的民事诉讼主管范围

法院主管民事诉讼的范围与民事诉讼法对事的效力实际上是同一个问题：凡可以适用我国民事诉讼法审理的案件，都属于人民法院民事诉讼的主管范围。法院可适用民事诉讼法审理的案件有以下五类：

1. 因民法、婚姻法、收养法、继承法等民事实体法调整的平等主体之间的财产关系和人身关系发生的民事案件。

2. 因经济法、劳动法调整的社会关系发生的争议，法律规定适用民事诉讼程序审理的案件。

3. 适用特别程序审理的选民资格案件和宣告公民失踪、死亡等非讼案件。

4. 按照督促程序解决的债务案件。

5. 按照公示催告程序解决的宣告票据和有关事项无效的案件。

四、法院民事诉讼主管与其他国家机关、社会组织处理争议的关系

（一）法院与人民调解委员会主管民事纠纷的关系

根据人民调解法的相关规定，人民调解委员会是群众性自治组织，其任务是调解一般性的民间纠纷，而性质严重、情节复杂、影响重大的民事案件一般难以由人民调解委员会调解。即法院受理的民事纠纷的范围比人民调解委员会受理民事纠纷的范围要大，两者是包含与被包含的关系。对于民事纠纷，只要一方当事人起诉，法院就应受理，而若交由人民调解委员会调解，则需双方自愿。对法院和人民调解委员会都有权处理的纠纷，双方当事人都同意交人民调解委员会调解的，由调解委员会调解；一方向调解委员会申请调解，另一方向法院起诉的，由法院主管；调解不成或调解达成协议后反悔，当事人向法院起诉的，由法院主管。不适合人民调解委员会处理的重大复杂的民事纠纷，由法院主管。

（二）法院与仲裁机构主管民事纠纷的关系

1. 法院与仲裁委员会主管的关系。法院与仲裁委员会在民事纠纷主管问题上的关系是：(1)法院主管的范围大于仲裁委员会主管的范围。仲裁机构主管的民事纠纷仅限于财产关系纠纷，而对婚姻、收养、监护、扶养、继承等人身关系纠纷不能仲裁。但无论财产关系纠纷还是人身关系纠纷都属于法院主管的范围。(2)对既属于仲裁委员会

主管又属于法院主管的纠纷，具体由谁主管取决于当事人的选择：当事人双方达成仲裁协议的，由仲裁委员会受理，不能由法院主管；没有仲裁协议或者仲裁协议无效的，由法院主管。我国仲裁实行一裁终局的制度，因此在作出裁决后当事人就同一纠纷再向法院起诉的，法院不予受理。(3)当事人在仲裁裁决被法院依法撤销或裁定不予执行又未重新达成仲裁协议的情况下，向法院提起民事诉讼，法院应当受理。

2. 法院与劳动争议仲裁委员会主管的关系。就劳动争议主管的范围而言，法院与劳动争议仲裁委员会相同，但在序位上，劳动争议仲裁委员会主管优先于法院主管。依据劳动法的有关规定，实行先裁后审(即仲裁前置)的模式。劳动争议发生后，当事人可以向有关调解组织申请调解，也可以直接向有管辖权的劳动争议仲裁委员会申请仲裁，当事人对仲裁裁决不服的，可以在法定的15日内向有管辖权的法院起诉。

第二节 管辖概述

一、管辖的概念

所谓管辖，是指各级法院之间和同级法院之间受理第一审民事案件的分工和权限。如果说，主管解决的是划分法院与其他机构之间受理民事纠纷的权限范围，那么，管辖则是在法院系统内部确定某一具体的民事案件由哪一级和哪一个法院行使民事审判权的一项制度。一个民事纠纷案件，只有由法院主管时，才涉及所谓管辖的问题。因此，主管是管辖的前提，而管辖则是对主管的落实。

我国的法院有四级，除最高人民法院外，每一级都有多个。因此，要确定某一具体案件的管辖，首先要确定由某一级法院管辖，即确定级别管辖；在此基础上，再进一步确定案件由该级法院中的哪一个法院管辖，即确定地域管辖。这样，确定管辖的步骤是：确定由法院主管→确定级别管辖→确定地域管辖。

二、管辖恒定

所谓管辖恒定，是指某法院对某个案件在原告起诉时依法或依协议享有管辖权，该法院受理此案件后，在诉讼过程中无论确定管辖的因素如何变化，均不影响其管辖权。以前，管辖恒定包括级别管辖恒定和地域管辖恒定两种，而今管辖恒定仅指地域管辖恒定，级别管辖恒定不再适用。

(一)地域管辖恒定

地域管辖恒定，是指地域管辖按起诉时的标准确定后，不因诉讼过程中确定地域管辖的因素发生变化而改变管辖法院。在我国，确定地域管辖的因素有当事人住所地、侵权行为地、诉讼标的物所在地等与诉讼存在密切联系的地点以及这些地点与所在行政区域的关系。根据《民诉法解释》第37~39条的规定，对地域管辖恒定的内容有：

1. 案件受理后，受诉法院的管辖权不受当事人住所地、经常居住地变更的影响。

2. 有管辖权的法院受理案件后，不得以行政区域变更为由，将案件移送给变更后有管辖权的法院。

3. 判决后的上诉案件和依审判监督程序提审的案件，由原审法院的上级法院进行审判；上级法院指令再审、发回重审的案件，由原审法院再审或者重审。

4. 法院对管辖异议审查后确定有管辖权的，不因当事人提起反诉、增加或者变更诉讼请求等改变管辖，但违反级别管辖、专属管辖规定的除外。人民法院发回重审或者按第一审程序再审的案件，当事人提出管辖异议的，人民法院不予审查。

此外，被告提起反诉后本诉撤回的，不影响本诉法院对反诉的管辖权。

（二）级别管辖恒定不再适用

级别管辖恒定，是指在原告起诉时某一级别的法院对此案有管辖权，在诉讼进行中尽管原来确定级别管辖的因素发生了变化，也不能改变级别管辖。在我国，确定级别管辖的因素包括案情繁简、影响大小、金额大小等。其中，最容易改变的因素是争议金额的大小。因此，所谓级别管辖恒定，也主要是针对争议金额大小的变化而言。以前，级别管辖确定后，在诉讼过程中，争议金额的增加或减少原则上不改变级别管辖，除非当事人起诉时故意规避级别管辖的规定。对此，《最高人民法院关于执行级别管辖规定几个问题的批复》第 2 项规定：“当事人在诉讼中增加诉讼请求从而加大诉讼标的额，致使诉讼标的额超过受诉法院级别管辖权限的，一般不再予以变动。但是当事人故意规避有关级别管辖等规定的除外。”但是，2015 年 2 月 4 日生效的《民诉法解释》第 39 条规定：“人民法院对管辖异议审查后确定有管辖权的，不因当事人提起反诉、增加或者变更诉讼请求等改变管辖，但违反级别管辖、专属管辖规定的除外。人民法院发回重审或者按第一审程序再审的案件，当事人提出管辖异议的，人民法院不予审查。”这就意味着增加或者变更诉讼请求不得违反级别管辖的规定；若有违反，就要改变级别管辖。换言之，当事人诉讼请求中争议金额的增加或减少，导致不符合级别管辖标准的，就必须改变级别管辖。因此，级别管辖恒定已不再适用。①

三、专门法院的管辖

（一）军事法院的管辖

根据《民诉法解释》《最高人民法院关于军事法院管辖民事案件若干问题的规定》等司法解释的规定，双方当事人均为军人或军队单位的民事案件、涉及机密级以上军事秘密的民事案件、军队设立选举委员会的选民资格案件、认定营区内无主财产案件由

①杜万华，胡云腾．最高人民法院民事诉讼法司法解释逐条适用解析[M]．北京：法律出版社，2015：51.

军事法院专门管辖；符合条件的合同纠纷案件可由当事人协议选择军事法院管辖；① 其他涉军的民事案件可由当事人选择军事法院或地方法院管辖。军事法院受理第一审民事案件，应当参照民事诉讼法关于地域管辖、级别管辖的规定确定。

（二）海事法院的管辖

1. 海事法院主管的海事纠纷。海事法院受理当事人因海事侵权纠纷、海商合同纠纷以及法律规定的其他海事纠纷提起的诉讼。

2. 海事法院的专属管辖。(1)因沿海港口作业纠纷提起的诉讼，由港口所在地海事法院管辖；(2)因船舶排放、泄漏、倾倒油类或者其他有害物质，海上生产、作业或者拆船、修船作业造成海域污染损害提起的诉讼，由污染发生地、损害结果地或者采取预防污染措施地海事法院管辖；(3)因在中华人民共和国领域和有管辖权的海域履行的海洋勘探开发合同纠纷提起的诉讼，由合同履行地海事法院管辖。

（三）铁路运输法院的管辖

铁路运输法院的管辖案件有：(1)铁路运输合同纠纷和代办托运等铁路运输延伸服务合同、铁路运输保险合同纠纷。(2)与铁路建设有关的各类合同纠纷。(3)对铁路运输企业财产权属发生争议的纠纷。(4)因铁路运输造成的各类人身、财产、环境侵权纠纷以及对铁路造成损害的侵权纠纷。

（四）知识产权法院

北京、上海、广州设立了相当于中级法院的知识产权法院。知识产权法院只管辖知识产权民事案件和知识产权行政案件，不管辖知识产权刑事案件。即知识产权法院管辖有关专利、植物新品种、集成电路布图设计、技术秘密等专业技术性较强的第一审知识产权民事和行政案件。知识产权法院对此类案件实行跨区域管辖。不服国务院行政部门裁定或者决定而提起的第一审知识产权授权确权行政案件，由北京知识产权法院管辖。

需要注意的是，为了统一知识产权案件裁判标准，进一步加强知识产权司法保护，优化科技创新法治环境，加快实施创新驱动发展战略，全国人民代表大会常务委员会在《关于专利等知识产权案件诉讼程序若干问题的决定》(自 2019 年 1 月 1 日起施行)中对知识产权案件的二审和再审的管辖作出了新的决定：(1)当事人对发明专利、实用新型专利、植物新品种、集成电路布图设计、技术秘密、计算机软件、垄断等专业技术性较强的知识产权民事案件第一审判决、裁定不服，提起上诉的，由最高人民法院审理。(2)当事人对专利、植物新品种、集成电路布图设计、技术秘密、计算机软件、垄断等专业技术性较强的知识产权行政案件第一审判决、裁定不服，提起上诉的，由最高人民法院审理。(3)对已经发生法律效力的上述案件第一审判决、裁定、调解书，依

---

①《最高人民法院关于军事法院管辖民事案件若干问题的规定》第 3 条规定："当事人一方是军人或者军队单位，且合同履行地或者标的物所在地在营区内的合同纠纷，当事人书面约定由军事法院管辖，不违反法律关于级别管辖、专属管辖和专门管辖规定的，可以由军事法院管辖。"

法申请再审、抗诉等，适用审判监督程序的，由最高人民法院审理。最高人民法院也可以依法指令下级人民法院再审。

四、确定管辖的原则

1.“两便”原则。
2. 保证案件公正审判的原则。
3. 兼顾各级法院职能和工作负担均衡的原则。
4. 确定性与灵活性相结合的原则。
5. 有利于维护国家主权的原则。

五、管辖的种类

管辖的种类如下图所示：

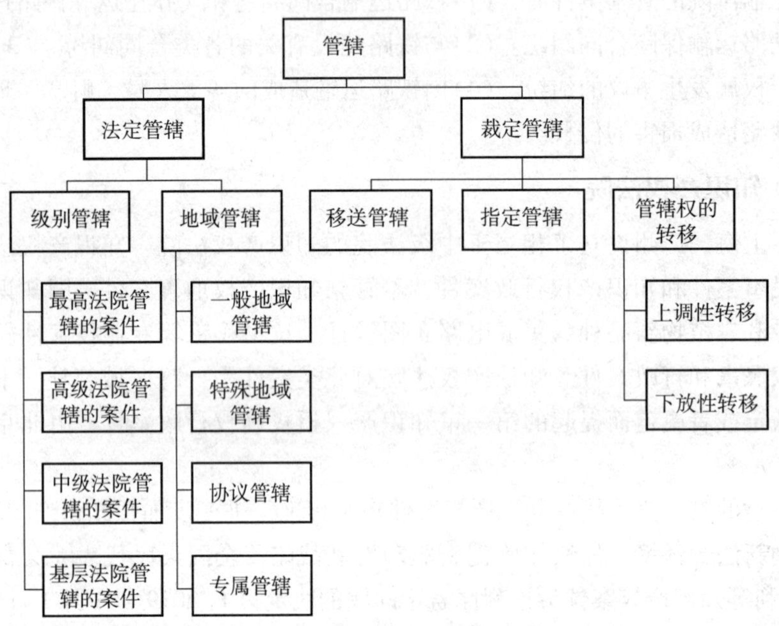

第三节　级别管辖

一、级别管辖的概念

级别管辖，是指划分上下级人民法院之间受理第一审民事案件的分工和权限。确定级别管辖的标准主要有：案件性质、案情繁简、影响大小、金额大小。

二、各级法院管辖的第一审民事案件

（一）基层法院管辖的第一审民事案件

《民事诉讼法》第17条规定："基层人民法院管辖第一审民事案件，但本法另有规定的除外。"由基层人民法院管辖大部分第一审民事案件，符合便利群众诉讼，便利人民法院办案的管辖原则。

（二）中级法院管辖的第一审民事案件

1. 重大的涉外案件。所谓重大涉外案件，包括争议标的额大的案件、案情复杂的案件，或者一方当事人人数众多等具有重大影响的案件。

2. 在本辖区有重大影响的案件。这是指案件的影响超出了基层法院的辖区，在中级法院辖区内产生了重大影响。民事诉讼法对"重大影响"只作了模糊规定，没有列举具体情形，实践中根据案件的情况由中级法院自行认定。

3. 最高法院确定由中级法院管辖的案件。这是灵活性规定，授权最高法院根据审判工作的实际需要，确定某些案件由中级法院管辖。目前这类案件主要有：

（1）海事、海商案件。这类案件由海事法院管辖。海事法院，主管与海相通的可航水域中发生的海事、海商案件，如船舶碰撞、共同海损、海难救助、船舶污染、船舶扣押和拍卖案件，以及涉外海事、海商案件等。我国有十个海事法院，由南至北分别为：海口海事法院、北海海事法院、广州海事法院、厦门海事法院、宁波海事法院、上海海事法院、青岛海事法院、天津海事法院、大连海事法院，加上内陆的武汉海事法院。

（2）专利纠纷案件。专利纠纷案件由知识产权法院、最高人民法院确定的中级人民法院和基层人民法院管辖。

（3）商标纠纷案件。商标民事纠纷一审案件由中级以上法院管辖，但各高级法院也可以确定并经最高院批准部分较大城市1~2个基层法院受理一审商标民事纠纷案件。

（4）著作权纠纷案件。著作权纠纷案件由中级以上法院管辖，但各高级法院可以确定若干个基层法院管辖此类案件。

（5）证券虚假陈述民事赔偿案件和期货纠纷案件。因虚假陈述引发的证券民事赔偿案件由省会市、计划单列市和经济特区的中院管辖。期货纠纷案件由中院管辖，但高院根据需要可以确定部分基层法院受理此类案件。

（6）涉及台、港、澳同胞及其企业、组织的经济纠纷案件。

（7）诉讼标的大，[①] 或者诉讼单位属于省、自治区、直辖市以上的经济纠纷案件。

（8）公司强制清算案件。除有特殊原因外，地区、地级市以上的公司登记机关核准

①参见2015年5月1日施行的《最高人民法院关于调整高级人民法院和中级人民法院管辖第一审民商事案件标准的通知》。

登记公司强制清算案件，由中级法院管辖。[①]

(9)反垄断民事纠纷案件。《最高人民法院关于审理因垄断行为引发的民事纠纷案件应用法律若干问题的规定》(自 2012 年 6 月 1 日起施行)第 3 条规定，第一审垄断民事纠纷案件，由省、自治区、直辖市人民政府所在地的市、计划单列市中级人民法院以及最高人民法院指定的中级人民法院管辖。经最高人民法院批准，基层人民法院可以管辖第一审垄断民事纠纷案件。

（三）高级法院管辖的第一审民事案件

高级人民法院管辖在本辖区有重大影响的第一审民事案件。

（四）最高法院管辖的第一审民事案件

1. 在全国范围有重大影响的案件。
2. 认为应当由本院审理的案件。

第四节　地域管辖

一、地域管辖的概念与依据

（一）地域管辖的概念

地域管辖，是指同级法院之间在各自的辖区受理第一审民事案件的分工和权限。

要最终确定某一案件的管辖法院，则必须在确定了级别管辖之后，再通过地域管辖来进一步具体落实受诉法院。

（二）确定地域管辖的依据

1. 诉讼当事人的所在地与法院辖区之间的联系。
2. 诉讼标的、诉讼标的物或法律事实与法院辖区之间的联系。

根据以上标准，在当事人的所在地、诉讼标的物所在地等处于某一法院辖区内时，诉讼就由该地的法院管辖。

二、一般地域管辖

一般地域管辖，是指以当事人的所在地与法院的隶属关系来确定的诉讼管辖。

---

①最高人民法院在 2009 年 11 月 4 日发布的《关于审理公司强制清算案件工作座谈会纪要》第 2 条明确：“对于公司强制清算案件的管辖应当分别从地域管辖和级别管辖两个角度确定。地域管辖法院应为公司住所地的人民法院，即公司主要办事机构所在地法院；公司主要办事机构所在地不明确、存在争议的，由公司注册登记地人民法院管辖。级别管辖应当按照公司登记机关的级别予以确定，即基层人民法院管辖县、县级市或者区的公司登记机关核准登记公司的公司强制清算案件；中级人民法院管辖地区、地级市以上的公司登记机关核准登记公司的公司强制清算案件。存在特殊原因的，也可参照适用《中华人民共和国企业破产法》第 4 条、《中华人民共和国民事诉讼法》第 37 条和第 39 条的规定，确定公司强制清算案件的审理法院。”

当事人的所在地包括原告所在地和被告所在地。为防止原告滥用诉权和便于传唤被告参与诉讼以及便于对义务人的财产进行保全和执行，一般地域管辖原则上以被告所在地为依据确定管辖，但例外情况下也可根据原告所在地确定管辖。因此，我国民事诉讼法是以被告所在地管辖为原则、原告所在地管辖为例外来确定一般地域管辖的。前者称为“原告就被告”，后者称为“被告就原告”。

（一）原则规定——被告所在地法院管辖

根据《民事诉讼法》第 21 条，“原告就被告”有三层意思：

1. 若被告是公民，则由其住所地法院管辖；被告住所地与经常居住地不一致的，由经常居住地法院管辖。公民的住所地是指公民的户籍所在地；公民的经常居住地是指公民离开住所地至起诉时已连续居住 1 年以上的地方，但公民住院就医的地方除外。

《民诉法解释》对“原告就被告”作了下列补充规定：

(1) 原告、被告均被注销户籍的，由被告居住地人民法院管辖。

(2) 当事人的户籍迁出后尚未落户，有经常居住地的，由该地人民法院管辖；没有经常居住地的，由其原户籍所在地人民法院管辖。

(3) 双方当事人都被监禁或者被采取强制性教育措施的，由被告原住所地人民法院管辖。被告被监禁或者被采取强制性教育措施 1 年以上的，由被告被监禁地或者被采取强制性教育措施地人民法院管辖。

(4) 夫妻双方离开住所地超过 1 年，一方起诉离婚的案件，由被告经常居住地人民法院管辖；没有经常居住地的，由原告起诉时被告居住地人民法院管辖。

2. 若被告为法人或其他组织，则由被告住所地法院管辖。法人或者其他组织的住所地是指法人或者其他组织的主要办事机构所在地。法人或者其他组织的主要办事机构所在地不能确定的，法人或者其他组织的注册地或者登记地为住所地。

《民诉法解释》第 5 条对此有所补充规定：“对没有办事机构的个人合伙、合伙型联营体提起的诉讼，由被告注册登记地人民法院管辖。没有注册登记，几个被告又不在同一辖区的，被告住所地的人民法院都有管辖权。”

3. 对共同被告提起的诉讼，各被告住所地或经常居住地不在同一法院辖区的，则各被告住所地或经常居住地法院均有管辖权。

（二）例外规定——原告所在地法院管辖

考虑到一些特殊情况，为方便原告行使诉权和法院审理案件，民事诉讼法规定了“被告就原告”作为例外，即原告可以到自己所在地法院起诉。

1. 民事诉讼法的规定。下列民事诉讼，由原告住所地人民法院管辖；原告住所地与经常居住地不一致的，由原告经常居住地人民法院管辖：

(1) 对不在中华人民共和国领域内居住的人提起的有关身份关系的诉讼；

(2) 对下落不明或者宣告失踪的人提起的有关身份关系的诉讼；

(3) 对被采取强制性教育措施的人提起的诉讼；

(4) 对被监禁的人提起的诉讼。

2.《民诉法解释》的补充规定。

(1)被告被注销户籍的，由原告住所地法院管辖；原告住所地与经常居住地不一致的，由原告经常居住地法院管辖。

(2)追索赡养费、抚育费、扶养费案件的几个被告的住所地不在同一辖区的，可以由原告住所地法院管辖。

(3)夫妻一方离开住所地超过1年，另一方起诉离婚的案件，可以由原告住所地人民法院管辖。

（三）离婚诉讼管辖的特别规定

《民诉法解释》专门针对定居国外的华侨或在国外居住的中国公民的离婚诉讼的特殊情况，对其管辖问题作出了特别规定。具体如下：

1. 在国内结婚并定居国外的华侨，如定居国法院以离婚诉讼须由婚姻缔结地法院管辖为由不予受理，当事人向人民法院提出离婚诉讼的，由婚姻缔结地或者一方在国内的最后居住地人民法院管辖。

2. 在国外结婚并定居国外的华侨，如定居国法院以离婚诉讼须由国籍所属国法院管辖为由不予受理，当事人向人民法院提出离婚诉讼的，由一方原住所地或者在国内的最后居住地人民法院管辖。

3. 中国公民一方居住在国外，一方居住在国内，不论哪一方向人民法院提起离婚诉讼，国内一方住所地人民法院都有权管辖。国外一方在居住国法院起诉，国内一方向人民法院起诉的，受诉人民法院有权管辖。

4. 中国公民双方在国外但未定居，一方向人民法院起诉离婚的，应由原告或者被告原住所地人民法院管辖。

5. 已经离婚的中国公民，双方均定居国外，仅就国内财产分割提起诉讼的，由主要财产所在地人民法院管辖。

三、特殊地域管辖

特殊地域管辖，是以被告住所地及诉讼标的或者引起法律关系发生、变更、消灭的法律事实所在地为标准，确定管辖法院。

（一）合同纠纷案件的管辖

1. 合同纠纷案件管辖的一般规定。“因合同纠纷提起的诉讼，由被告住所地或者合同履行地人民法院管辖。”这是对合同纠纷案件管辖的一般规定。除了保险合同纠纷案件、运输合同纠纷案件等有特殊规定外，其他合同纠纷案件均应按此条规定确定管辖法院。

对该条的理解和运用，关键在合同履行地。所谓合同履行地，是指合同规定的履行义务的地点，主要是指合同标的物的交付地。合同履行地的确定，在司法实践中是一个相当复杂的问题。法律和司法解释对此也作了许多规定：

(1)合同履行地确定的一般规则。[①] 合同约定的履行地优先原则。当事人应当在合同中明确约定合同履行地。有约定的，优先按约定确定合同履行地，即“合同约定履行地点的，以约定的履行地点为合同履行地。”当事人对履行地的约定，原则上应约定一个履行地点，也可以约定多个履行地。约定的履行地点，都可以作为合同履行地。各履行地的法院对案件都有管辖权。之所以规定履行地约定优先的原则，主要是考虑当事人事先的约定，最符合当事人的预期，因此应当优先考虑。[②]

当事人在合同中对履行地点没有约定或者约定不明确的，根据争议标的的性质来确定合同履行地。这是《合同法》第 62 条规定的体现，同时也为《民诉法解释》第 18 条第 2 款所肯定：“争议标的为给付货币的，接收货币一方所在地为合同履行地；交付不动产的，不动产所在地为合同履行地；其他标的，履行义务一方所在地为合同履行地。”

由于实践中合同实际履行情况非常复杂，易引发太多争议，如果以实际履行地作为根据确定管辖法院，无疑会造成诸多难题，因此，实际履行地不再作为合同履行地。但有唯一的一个例外，就是即时结清的合同，以交易行为地为合同履行地。另需注意的是，约定履行地与实际履行地不一致时，除非双方达成书面的补充协议，约定把合同履行地变更为实际履行地，否则依然应当以约定的履行地作为合同的履行地。

如果合同没有实际履行，且当事人双方住所地都不在合同约定的履行地的，由被告住所地人民法院管辖。在这种情况下，如果还按照合同约定的履行地确定管辖法院，实际上违背了管辖法院与纠纷有实际联系的标准，且不利于双方当事人进行诉讼。换言之，在这种特殊情况下，合同约定的履行地优先原则不能适用。

(2)合同履行地确定的特别规则。司法解释对一些特殊类型的合同履行地的确定作出了特别规定：①财产租赁合同、融资租赁合同履行地的确定。这两种合同以租赁物使用地为合同履行地。合同对履行地有约定的，从其约定。②网络买卖合同履行地的确定。以信息网络方式订立的买卖合同，通过信息网络交付标的的，以买受人住所地为合同履行地；通过其他方式交付标的的，收货地为合同履行地。合同对履行地有约定的，从其约定。③名称与内容不一致的合同。当事人签订的民事合同虽然具有明确、规范的名称，但是合同约定的权利义务与名称不一致的，应当以该合同约定的权利义务内容确定合同的性质，从而确定合同的履行地；合同的名称与合同约定的权利义务内容不一致，而根据该合同约定的权利义务难以区分合同性质的，以及合同的名称与该合同约定的部分权利义务内容相符的，则以合同的名称确定合同的履行地。

2. 合同纠纷案件管辖的特别规定。根据民事诉讼法、合同法等的规定，法律对以下几种合同纠纷或与合同相关的诉讼的管辖有特别规定。在有特别规定时，优先按特别规定确定管辖法院。

---

①参见《民诉法解释》第 18 条。

②杜万华，胡云腾．最高人民法院民事诉讼法司法解释逐条适用解析[M]．北京：法律出版社，2015：24.

（1）保险合同纠纷的管辖。因保险合同纠纷提起的诉讼，由被告住所地或者保险标的物所在地人民法院管辖。《民诉法解释》对此作了补充："因财产保险合同纠纷提起的诉讼，如果保险标的物是运输工具或者运输中的货物，可以由运输工具登记注册地、运输目的地、保险事故发生地人民法院管辖。因人身保险合同纠纷提起的诉讼，可以由被保险人住所地人民法院管辖。"

（2）运输合同纠纷的管辖。因铁路、公路、水上、航空运输和联合运输合同纠纷提起的诉讼，由运输始发地、目的地或者被告住所地人民法院管辖。

运输合同包括客运与货运两大类。运输中的始发地，是指旅客或货物的最初出发地；目的地则是指旅客或货物的最终到达地。根据相关司法解释，水上运输或水陆联合运输合同纠纷发生在我国海事法院辖区的，由海事法院管辖；因海上运输合同纠纷提起的诉讼，除运输始发地、目的地或者被告住所地海事法院有管辖权外，还可以由转运港所在地海事法院管辖。铁路运输合同纠纷，由铁路运输法院管辖。其他运输合同纠纷，由运输始发地、目的地或被告住所地法院管辖。

（3）代位权和撤销权诉讼的管辖。[①]《最高人民法院关于适用〈中华人民共和国合同法〉若干问题的解释（一）》第14条、第23条分别规定："债权人依照合同法第七十三条的规定提起代位权诉讼的，由被告住所地人民法院管辖"；"债权人依照合同法第七十四条的规定提起撤销权诉讼的，由被告住所地人民法院管辖。"[②]

（二）侵权案件的管辖

民事诉讼法和相关司法解释对侵权案件的管辖，有一般规定和特别规定。有特别规定的，优先适用特别规定。

1. 侵权案件管辖的一般规定。《民事诉讼法》第28条规定："因侵权行为提起的诉讼，由侵权行为地或者被告住所地人民法院管辖。"该条文是确定侵权案件管辖法院的一般规定。如果对某类型侵权案件未加特别规定的，就要适用该一般规定来确定其管辖法院。

对这一条文的理解，关键在侵权行为地。所谓侵权行为地，包括侵权行为实施地和侵权结果发生地。一般情况下，侵权行为实施地和损害结果地是重合在一起的；有时在甲地实施侵权行为，却在乙地产生侵权结果，则甲地法院和乙地法院均有管辖权。

鉴于网络侵权行为的特殊性，《民诉法解释》第25条作了相应的解释："信息网络侵权行为实施地包括实施被诉侵权行为的计算机等信息设备所在地，侵权结果发生地包括被侵权人住所地。"

另，对名誉权侵权案件，受侵权的公民、法人和其他组织的住所地，可以认定为

---

①《合同法》第73条："因债务人怠于行使其到期债权，对债权人造成损害的，债权人可以向人民法院请求以自己的名义代位行使债务人的债权，但该债权专属于债务人自身的除外。代位权的行使范围以债权人的债权为限。债权人行使代位权的必要费用，由债务人负担。"

②需注意的是，代位权诉讼的被告不是主债务人，而是次债务人；而撤销权诉讼的被告是指债务人，而非受益人或受让人。

侵权结果发生地，即原告住所地法院对侵犯名誉权案件有管辖权。同时，侵权产品的传播地是侵权行为实施地之一，该地法院对侵犯名誉权案件也有管辖权。

2. 侵权案件管辖的特别规定。

（1）交通事故损害赔偿诉讼的管辖。交通事故是指车辆、船舶、航空器等运输或运载工具在运行过程中于空中或地面发生的碰撞、坠毁、侧翻、抛物、排油等造成他人财产或人身损害的事故。对交通事故引起的损害赔偿诉讼，《民事诉讼法》第 29 条规定了以下法院有管辖权："因铁路、公路、水上和航空事故请求损害赔偿提起的诉讼，由事故发生地或者车辆、船舶最先到达地、航空器最先降落地或者被告住所地人民法院管辖。"

（2）海损事故损害赔偿诉讼的管辖。海损事故包括海洋上的船舶碰撞和其他海损事故。船舶碰撞是指船舶在航行过程中因接触和碰撞而造成的损害事故；其他海损事故是指船舶在航行中因触礁、触岸、失火、爆炸、沉没等造成的事故。海损事故只要发生在我国领海海域内，我国法院就可以对请求损害赔偿的诉讼行使管辖权。《民事诉讼法》第 30 条对这种案件的管辖法院作了规定："因船舶碰撞或者其他海事损害事故请求损害赔偿提起的诉讼，由碰撞发生地、碰撞船舶最先到达地、加害船舶被扣留地或者被告住所地人民法院管辖。"

（3）缺陷产品或服务致人损害诉讼的管辖。因产品、服务质量不合格造成他人财产、人身损害提起的诉讼，产品制造地、产品销售地、服务提供地、侵权行为地和被告住所地人民法院都有管辖权。

（4）因保全所致损失引起诉讼的管辖。①未及时起诉或申请仲裁。当事人申请诉前保全后没有在法定期间起诉或申请仲裁，给被申请人、利害关系人造成损失引起的诉讼，由采取保全措施的人民法院管辖。②申请保全错误。当事人申请诉前保全后在法定期间内起诉或者申请仲裁，被申请人、利害关系人因保全受到损失提起的诉讼，由受理起诉的人民法院或者采取保全措施的人民法院管辖。

（5）知识产权侵权案件的管辖。①侵犯著作权的案件，由侵权行为的实施地、侵权复制品储藏地或者查封、扣押地、被告住所地法院管辖。②侵犯商标权的案件，由侵权行为的实施地、侵权商品的储藏地或者查封、扣押地、被告住所地法院管辖。

（三）票据纠纷案件的管辖

因票据纠纷提起的诉讼，由票据支付地或者被告住所地人民法院管辖。票据支付地，是指票据上载明的付款地；如未载明付款地，则以票据付款人（包括代理付款人）的住所地或主营业所所在地为票据付款地。代理付款人是指根据付款人的委托代为支付票据金额的银行、信用合作社等金融机构。

（四）公司纠纷案件的管辖

因公司设立、确认股东资格、分配利润、解散等纠纷提起的诉讼，由公司住所地人民法院管辖。《民诉法解释》第 22 条补充规定："因股东名册记载、请求变更公司登记、股东知情权、公司决议、公司合并、公司分立、公司减资、公司增资等纠纷提起的诉讼，依照民事诉讼法第二十六条规定确定管辖。”概言之，各种公司纠纷案件由公司住所地法院管辖。

（五）海难救助费用案件的管辖

当在海洋上航行的船舶及船舶上的人员、货物遭遇海难时，可以发出求救信号，在附近海域航行的船舶应赶往救助。救助行为实施后，救助人有权根据救助的事实和效果要求被救助方支付救助费用。双方对此可能出现纠纷引起诉讼，因海难救助费用提起的诉讼，由救助地或者被救助船舶最先到达地人民法院管辖。

（六）共同海损案件的管辖

因共同海损提起的诉讼，由船舶最先到达地、共同海损理算地或者航程终止地的人民法院管辖。共同海损，是指船舶在海运中遭受到海难等意外事故时，为了排除危险，挽救船舶、人员和货物，而作出的物质牺牲或支付的费用。因共同海损作出的牺牲和支付的费用应当根据一定的规则进行理算，并由受益各方分摊。我国颁布了《北京理算规则》并在北京设有共同海损理算处。发生共同海损后，如在我国理算，理算地即为北京。

（七）申请支付令的管辖

债权人申请支付令，由债务人住所地基层人民法院管辖。

四、专属管辖

专属管辖，是指法律规定某些特殊类型的案件专门由特定的法院管辖。专属管辖的特征是排他性，既排除了外国法院对国内民事诉讼案件的管辖，也排除了诉讼当事人以协议方式选择国内的其他法院管辖；同时，还排除了一般地域管辖和特殊地域管辖的适用，即凡法律规定为专属管辖的诉讼，均适用专属管辖，不得适用一般或特殊地域管辖。我国国内民事诉讼中属于专属管辖的案件有以下三类：

（一）不动产纠纷案件的管辖

因不动产纠纷提起的诉讼，由不动产所在地人民法院管辖。所谓不动产纠纷，是指因不动产的权利确认、分割、相邻关系等引起的物权纠纷，不是指侵犯不动产产权或与不动产相关的其他纠纷。所谓不动产所在地，因其登记和未登记而有所不同：不动产已登记的，以不动产登记簿记载的所在地为不动产所在地；不动产未登记的，以不动产实际所在地为不动产所在地。农村土地承包经营合同纠纷、房屋租赁合同纠纷、建设工程施工合同纠纷、政策性房屋买卖合同纠纷，按照不动产纠纷确定管辖。

（二）港口作业纠纷案件的管辖

因港口作业中发生纠纷提起的诉讼，由港口所在地人民法院管辖。港口作业纠纷有两类：一是在港口正常作业中因为装卸、驳运等行为发生的纠纷；二是因违章作业等行为损坏港口设施或造成其他人身或财产的损害而引起的侵权纠纷。这两类纠纷都由港口所在地法院管辖，但需注意的是，因沿海港口作业纠纷提起的诉讼，由港口所在地海事法院专属管辖。

（三）遗产继承案件的管辖

因继承遗产纠纷提起的诉讼，由被继承人死亡时住所地或者主要遗产所在地人民法院管辖。如果有多项遗产且分布在不同法院辖区，则需区分主要遗产和非主要遗产：遗产既有动产又有不动产且价值相当的，一般以不动产所在地作为主要遗产地；动产有多项的，则以价值大的动产所在地作为主要遗产地。

此外，根据《海事诉讼特别程序法》的规定，以下海事案件由海事法院专属管辖：(1)因船舶排放、泄漏、倾倒油类或者其他有害物质，海上生产、作业或者拆船、修船作业造成海域污染损害提起的诉讼，由污染发生地、损害结果地或者采取预防污染措施地海事法院管辖；(2)因在中华人民共和国领域和有管辖权的海域履行的海洋勘探开发合同纠纷提起的诉讼，由合同履行地海事法院管辖。

五、协议管辖

协议管辖，又称合意管辖或约定管辖，是指双方当事人在民事纠纷发生之前或之后，以书面方式约定案件的管辖法院。协议管辖须具备以下条件：

1. 协议管辖只适用于合同或其他财产权益纠纷案件，涉及身份关系的民事纠纷不适用协议管辖。一些因身份关系引起的财产争议，可适用协议管辖，即“当事人因同居或者在解除婚姻、收养关系后发生财产争议，约定管辖的，可以适用民事诉讼法第三十四条规定确定管辖。”

2. 协议管辖仅适用于合同纠纷或其他财产权益纠纷中的第一审案件，对重审、二审、再审案件当事人不得以协议方式选择管辖法院。

3. 协议管辖是要式行为，必须采用书面形式。这里的书面协议，包括书面合同中的协议管辖条款或者诉讼前以书面形式达成的选择管辖的协议。管辖协议具有独立性，即使合同被确认为无效，管辖协议的效力亦不受影响。

4. 当事人必须选择与案件有实际联系的管辖法院。与合同或其他财产关系争议存在实际联系的地点的法院通常有原告住所地、被告住所地、合同签订地、合同履行地、标的物所在地等地的法院，当事人可选择其中一个法院管辖。管辖协议约定两个以上与争议有实际联系的地点的人民法院管辖，原告可以向其中一个人民法院起诉。

5. 当事人协议选择管辖法院时，不得违反级别管辖和专属管辖的规定。当事人在协议时只能变更第一审的地域管辖，不得变更级别管辖，也不允许当事人通过协议改变专属管辖。

此外，在适用协议管辖时，还需注意以下几点：(1)根据管辖协议，起诉时能够确定管辖法院的，从其约定；不能确定的，依照民事诉讼法的相关规定确定管辖。(2)经营者使用格式条款与消费者订立管辖协议，未采取合理方式提请消费者注意，消费者主张管辖协议无效的，法院应予支持。(3)管辖协议约定由一方当事人住所地法院管辖，协议签订后当事人住所地变更的，由签订管辖协议时的住所地法院管辖，但当事人另有约定的除外。(4)合同转让的，合同的管辖协议对合同受让人有效，但转让时受让人不知道有管辖协议，或者转让协议另有约定且原合同相对人同意的除外。

六、共同管辖与选择管辖

共同管辖与选择管辖实际上是一个问题的两个方面。共同管辖是从法院角度说的，指法律规定两个以上的法院对某类诉讼都有管辖权；选择管辖则是从当事人角度说的，是指当两个以上的法院对诉讼都有管辖权时，原告可以选择其中一个法院起诉。

共同管辖是选择管辖的前提，选择管辖则是共同管辖的落实。法律规定共同管辖和选择管辖，其立法目的在于把管辖选择权赋予当事人。因此，对于共同管辖的诉讼，管辖法院的确定，取决于原告的选择；一旦原告选择了管辖法院，则被选中的法院应当尊重当事人所作的选择，不得将诉讼移送给另一有管辖权的法院。如果原告向两个以上有管辖权的法院起诉的，则由最先立案的法院管辖；先立案的法院不得将案件移送给另一有管辖权的法院。法院在立案前发现其他有管辖权的法院已先立案的，不得重复立案；立案后发现其他有管辖权的法院已先立案的，应裁定将案件移送给先立案的法院。共同管辖中因管辖权发生争议的，由相关法院协商确定管辖法院，协商不成的，报请共同的上级法院指定管辖。

第五节　裁定管辖

裁定管辖，是指以法院裁定作为依据确定诉讼的管辖。管辖的确定主要是依据法律规定，裁定管辖是法定管辖的必要补充。

一、移送管辖

移送管辖，是指法院在受理民事案件后，发现自己对案件并无管辖权，依法将案件移送给有管辖权的法院审理。移送管辖是为法院受理案件出现错误时提供的一种纠错办法，它只是案件的移送，而不涉及管辖权的转移。移送管辖一般发生在同级法院之间，用以纠正地域管辖的错误，但有时也发生在上下级法院之间。

移送管辖须符合以下条件：(1)移送的法院已经受理案件。如果法院在受理前即已发现对案件没有管辖权，则应告知原告向有管辖权的法院起诉，而不能受理案件。(2)移送的法院依法对所受理的案件没有管辖权。有管辖权，法院才能受理案件，也才能进行审理和裁判，否则，就应当将案件移送给有管辖权的法院。(3)受移送的法院应当对案件有管辖权。移送的法院不应盲目移送，不能把案件移送给无管辖权的法院，以免造成新的管辖冲突。

对符合上述条件的案件，法院应当移送。还有两种情况需要移送管辖：(1)当事人在答辩期间届满后未应诉答辩，人民法院在一审开庭前，发现案件不属于本院管辖的，应当裁定移送有管辖权的人民法院。(2)人民法院在立案前发现其他有管辖权的人民法院已先立案的，不得重复立案；立案后发现其他有管辖权的人民法院已先立案的，裁定将案件移送给先立案的人民法院。

但以下三种情况不得移送管辖：(1)受移送的法院即使认为本院对移送来的案件并无管辖权，也不得自行将案件移送到其他法院，而只能报请上级法院指定管辖。(2)有管辖权的法院受理案件后，根据管辖恒定的原则，其管辖权不受行政区域变更、当事人住所地或居所地变更的影响，因此不得以上述理由移送案件。(3)两个以上法院对案件都有管辖权时，应当由先立案的法院行使管辖权，先立案的法院不得将案件移送至另一有管辖权的法院。

二、指定管辖

指定管辖，指上级法院以裁定方式指定其下级法院对某一案件行使管辖权。指定管辖适用于以下三种情形：(1)受移送的法院认为自己对移送来的案件无管辖权。(2)有管辖权的法院由于特殊原因不能行使管辖权。特殊原因包括法律方面的原因和事实方面的原因两种情形，前者如法院的全体法官均须回避；后者如管辖法院所在地发生了不可抗力事件。(3)通过协商未能解决管辖权争议。管辖争议又称为管辖冲突，包括积极冲突和消极冲突两种情况：前者指两个以上的法院均认为自己对某一案件有管辖权，竞相受理这一案件；后者指两个以上的法院均认为自己对某一案件无管辖权，都不愿受理这一案件。发生管辖争议，首先由当事法院协商解决；若协商不成，则报请它们的共同上级人民法院指定管辖。发生管辖权争议的两个人民法院因协商不成报请它们的共同上级人民法院指定管辖时，双方为同属一个地、市辖区的基层人民法院的，由该地、市的中级人民法院及时指定管辖；同属一个省、自治区、直辖市的两个人民法院的，由该省、自治区、直辖市的高级人民法院及时指定管辖；双方为跨省、自治区、直辖市的人民法院，高级人民法院协商不成的，由最高人民法院及时指定管辖。报请上级人民法院指定管辖时，应当逐级进行。上级人民法院指定管辖的，应当作出裁定。对报请上级人民法院指定管辖的案件，下级人民法院应当中止审理。指定管辖裁定作出前，下级人民法院对案件作出判决、裁定的，上级人民法院应当在裁定指定管辖的同时，一并撤销下级人民法院的判决、裁定。

三、管辖权转移

（一）管辖权转移的概念

管辖权转移，是指依据上级法院的决定或同意，将案件的管辖权从原来有管辖权的法院转移至无管辖权的法院，使无管辖权的法院因此而取得管辖权。管辖权转移在上下级法院之间进行，通常在直接的上下级法院之间进行，是对级别管辖的变通和个别调整。

（二）管辖权转移的情形

1. 向上转移。这是指管辖权从下级法院转至上级法院。这有两种情况：(1)提审。

上级人民法院有权审理下级人民法院管辖的第一审民事案件。当其认为下级法院管辖的一审案件由自己审理更为合适时，可以决定将案件调上来自己审理。此时，管辖权的转移只需上级法院决定即可，无需下级法院同意。(2)报审。此即下级人民法院对它所管辖的第一审民事案件，认为需要由上级人民法院审理的，可以报请上级人民法院审理。此时，管辖权的转移必须取得上级法院同意方可。

2. 向下转移。这是指上级法院将自己管辖的一审案件交给下级法院审理。此即上级法院认为确有必要将本院的第一审民事案件交下级法院审理的，应当报请其上级法院批准。理解管辖权的向下转移，要注意几点：(1)适用条件是“上级法院认为确有必要”。下列第一审民事案件，人民法院可以在开庭前交下级人民法院审理：①破产程序中有关债务人的诉讼案件；②当事人人数众多且不方便诉讼的案件；③最高人民法院确定的其他类型案件。(2)适用程序上必须先获得上级法院的批准。人民法院交下级人民法院审理前，应当报请其上级人民法院批准。上级人民法院批准后，人民法院应当裁定将案件交下级人民法院审理。(3)向下转移需作出裁定且对此裁定可以提出上诉。上级人民法院将其管辖的第一审民事案件交由下级人民法院审理的，应当作出裁定。当事人对裁定不服提起上诉的，第二审人民法院应当依法审理并作出裁定。[①] 这种裁定属于对级别管辖提出异议的裁定。(4)对于应当由上级人民法院管辖的第一审民事案件，下级人民法院不得报请上级人民法院交其审理。

（三）管辖权转移与移送管辖的区别

管辖权转移与移送管辖具有本质上的区别，具体表现在三个方面：(1)性质不同。管辖权转移是案件的管辖权发生了移位，而移送管辖移送的仅仅是案件而非管辖权。(2)作用不同。管辖权转移是对级别管辖的变通和微调，是为了使级别管辖有一定的柔性，以更好地适应复杂的案件情况。移送管辖是为了纠正移送法院受理案件的错误，尤其是在地域管辖上的错误，使民事诉讼法关于管辖的规定得到正确执行。(3)程序不同。管辖权转移包括因上级法院的单方决定而转移和因下级法院报请与上级法院同意双方行为而转移两种情形。移送管辖则仅表现为单方行为，移送法院作出移送裁定，无须经过受移送法院的同意。[②]

第六节　管辖权异议

一、管辖权异议的概念及意义

管辖权异议，是指当事人向受诉法院提出的该院对案件无管辖权的主张。

法院具有管辖权是诉讼能够有效成立的必备条件之一。在多数情况下，法律赋予

①参见《最高人民法院关于审理民事级别管辖异议案件若干问题的规定》第4条。

②江伟．民事诉讼法[M]．2版．北京：高等教育出版社、北京大学出版社，2004：80.

了原告选择管辖的权利。与此相应，法律也应赋予被告反对受诉法院管辖的权利。这样，有利于受诉法院对本院是否具有管辖权作出正确的判断，防止违法管辖的发生，使法律关于管辖的规定得到正确适用。

二、管辖权异议的条件

1. 异议的主体须是本诉的当事人。法院对案件有无管辖权，是依据原被告之间的诉讼而确定的，即依据本诉确定的。所以，提出管辖权异议的当事人，限于本诉的原告和被告，在诉讼实务中通常是被告。原告起诉时总会向其认为有管辖权的法院起诉，故原告一般不会提出管辖权异议。[①] 有独立请求权的第三人是参加之诉的当事人，非本诉的当事人，故无权对本诉提出管辖权异议。况且，受理本诉的法院即使对参加之诉无管辖权，基于牵连关系，也对参加之诉具有了合并管辖权。无独立请求权的第三人是本诉的参加人，非本诉的当事人，他是参加到本诉的原告或被告一方进行诉讼，通过支持所参加的一方当事人的主张，反对另一方当事人的主张，以维护自身利益，其诉讼地位既非原告亦非被告，而只是本诉的诉讼参加人，无权行使本诉当事人的诉讼权利，所以无权提出管辖权异议。

2. 异议的客体是第一审民事案件的管辖权。当事人只能对第一审民事案件的管辖权提出异议，不能对第二审、再审民事案件管辖权提出异议。当事人既可以对第一审案件的地域管辖权提出异议，也可以对第一审案件的级别管辖权提出异议。被告以受诉人民法院同时违反级别管辖和地域管辖规定为由提出管辖权异议的，受诉人民法院应当一并作出裁定。

3. 异议的时间为提交答辩状期间。当事人对管辖权有异议的，应当在提交答辩状期间提出，即在被告收到起诉状副本之日起 15 日内提出。按期提出的，法院才予以审查；逾期提出的，法院便不予审查。但有一个例外，即：提交答辩状期间届满后，原告增加诉讼请求金额致使案件标的额超过受诉人民法院级别管辖标准，被告提出管辖权异议，请求由上级人民法院管辖的，人民法院应当进行审查并作出裁定。[②]

当事人未就地域管辖或级别管辖提出异议，并应诉答辩的，视为受诉法院有管辖权，但违反级别管辖和专属管辖的除外。这就是默示的协议管辖。

三、法院对管辖权异议的处理

人民法院对当事人提出的异议，应当审查。法院在法定期间内（受理异议之日起 15 日内）审查了当事人的管辖异议后，有两种处理方式：

---

①有学者认为，原告在三种情况下可以提出管辖权异议：(1)原告发现其误向无管辖权的法院起诉后；(2)诉讼开始后被追加的共同原告认为受诉法院无管辖权；(3)受诉法院认为被告提出的管辖异议成立，或者认为自己无管辖权，依职权将案件移送到其他法院，原告对法院的移送裁定有异议。转引自江伟．民事诉讼法[M]．2版．北京：高等教育出版社、北京大学出版社，2004：80-81.

②参见《最高人民法院关于审理民事级别管辖异议案件若干问题的规定》第 3 条。

1. 异议理由成立的，裁定将案件移送有管辖权的法院审理或者裁定驳回起诉。

2. 异议理由不成立的，裁定驳回管辖异议。

处理管辖异议的裁定应当送达双方当事人。当事人不服的，可以在 10 日内向上一级法院提出上诉。对人民法院就级别管辖异议作出的裁定，当事人不服提起上诉的，第二审人民法院应当依法审理并作出裁定。当事人未提出上诉或上诉被驳回的，受诉法院应通知当事人参加诉讼。当事人对管辖权问题提出申诉的，不影响受诉法院对案件的审理。

▶ 典型真题

李某在甲市 A 区新购一套住房，并请甲市 B 区的装修公司对其新房进行装修。在装修过程中，装修工人不慎将水管弄破，导致楼下住户的家具被淹毁。李某与该装修公司就赔偿问题交涉未果，遂向甲市 B 区法院起诉。B 区法院认为该案应由 A 区法院审理，于是裁定将该案移送至 A 区法院，A 区法院认为该案应由 B 区法院审理，不接受移送，又将案件退回 B 区法院。关于本案的管辖，下列哪些选项是正确的?① （2008-03-82，多选）

A. 甲市 A、B 区法院对该案都有管辖权

B. 李某有权向甲市 B 区法院起诉

C. 甲市 B 区法院的移送管辖是错误的

D. A 区法院不接受移送，将案件退回 B 区法院是错误的

---

①【参考答案】ABCD。

第四章　诉

考点分布

1. 诉讼标的；（★★★）
2. 诉的分类；（★★★）
3. 反诉；（★★★★★）
4. 诉的合并与分离。（★★）

知识讲解

一、诉的概念与特征

诉，是指当事人依照法律规定，就特定民事争议向法院提出的保护其合法权益的请求。民事之诉的特征有：

1. 诉的前提是民事法律关系处于非正常状态，即发生了民事纠纷。

2. 诉的主体只能是当事人。只有民事纠纷的当事人才与案件处理结果有利害关系，才具有诉的利益，才能成为诉的主体。

3. 诉的性质是一种请求。这种请求具有两方面的含义：(1)请求法院启动审判程序，对双方当事人之间的纠纷进行审理。这是程序意义上的诉。(2)请求法院满足自己的诉讼请求，判决自己胜诉以保护民事权益。这是实体意义上的诉。两者的关系是：程序意义上的诉是手段，实体意义上的诉是目的。程序意义上的诉与当事人的起诉权相对应，一旦被人民法院接受，人民法院与当事人之间就形成了诉讼法律关系。实体意义上的诉与当事人的胜诉权相对应，一旦被人民法院确认，当事人的胜诉请求即获得了法院的支持。当事人的实体请求(体现为诉讼请求)是法院裁判的依据：在当事人实体请求的范围内，法院有权裁判全部支持、部分支持，也可以裁判驳回；但一般不得超出请求范围或数额进行裁判，裁判也不得遗漏当事人的诉讼请求。

4. 诉只能向法院提出。民事纠纷的救济机制多种多样，只有向法院提出的解决纠纷的请求，才能称之为诉。

5. 诉是法院行使审判权的前提。司法权具有消极性和被动性，没有当事人的起诉，法院就不能启动审判程序，开展审判活动。

二、诉的要素

诉的要素，是指构成一个诉所必须具备的因素。诉的要素具有重要的理论和实践意义：诉的要素的齐备是判断诉成立的标志；诉的要素的明确可以使诉特定化，使此诉与彼诉相区别，进而防止重复起诉；诉的合并与变更，其依据就是诉的要素的合并与变更。

（一）诉的主体——当事人

诉是为解决当事人之间的争议而提供的一条途径。因此，当事人是否客观存在与适格，是法院审理案件时首先要解决的问题。没有当事人，诉的存在就毫无价值；当事人不适格，诉讼程序也不能正常进行。作为诉的主体，当事人变更了，诉也就变更了。故，当事人是诉的要素之一。

（二）诉的客体——诉讼标的

传统上，诉讼标的是指当事人之间发生争执并要求法院审理和裁判的民事法律关系。对民事法律关系发生争议，本质上是对民事法律关系中的权利义务发生争议。因此，从根本上看，诉讼标的是针对民事权利义务而言的。诉讼标的是诉的客体，是法院裁判的对象。当事人是因民事权利义务发生争议才到法院进行诉讼的，所以，当事人争执的特定的民事权利义务便成为法院裁判的对象。

诉讼标的既是民事诉讼理论研究的一个重要课题，也对司法实践具有重要的意义。诉讼标的不仅决定着诉的变更或合并、重复起诉的识别和既判力的客观范围，而且还与正当当事人的识别、管辖的确定、证明对象的确定等密切相关。

在理解诉讼标的时，要注意以下三个“不同”：

(1)不同类型的诉有不同的诉讼标的：①给付之诉的诉讼标的是原告要求被告履行给付义务的请求所基于的原告与被告之间的实体法律关系。②确认之诉的诉讼标的是原告请求法院确认其与被告之间存在或者不存在某一实体法律关系。③变更之诉的诉讼标的则是原告请求法院变更或消灭与被告之间存在的某种法律关系。

(2)诉讼标的与诉讼标的物不同：诉讼标的是当事人之间发生争议并请求法院审理和裁判的民事权利义务关系；诉讼标的物则是民事权利义务关系所指向的对象。例如，在原告请求法院判令被告归还5万元借款的诉讼中，诉讼标的是借款法律关系，而诉讼标的物则是5万元现金。所有的民事案件都有诉讼标的，但并不是所有的民事案件都存在诉讼标的物，例如，单纯的确认之诉或单纯的变更之诉，可能只有诉讼标的而无诉讼标的物。

(3)诉讼标的与诉讼请求不同。对于诉讼标的与诉讼请求，理论界有不同的认识，有人主张二者含义相同，即“同义说”[①]；有人主张二者含义不同，即“区别说”。我们赞同司法部法考统编教材的观点：诉讼标的是当事人争议的民事权利义务关系，诉讼请求则是基于法律关系向法院提出的要求。在诉讼过程中，诉讼标的不允许任意变更，因为变更诉讼标的实际上是要求法院对一个新的民事法律关系进行裁判，这就会给被告的防御和法院的审理带来困难。但在不变更诉讼标的的前提下可以变更诉讼请求，对此，《民事诉讼法》《民诉法解释》明确规定，原告可以放弃、增加或变更诉讼请求且应当在法庭辩论结束前提出。这里的诉讼请求的增加、变更，应当是建立在不变更诉讼标的的基础之上的。

（三）诉的依据——诉讼理由

诉的理由，又称为诉讼理由，是指使当事人提出的诉讼请求得以成立的根据，包括事实依据和法律依据两方面的内容。作为诉的要素的诉讼理由，主要是针对事实理由即案件事实而言的。案件事实不同，就会构成不同的诉。案件事实一般包括两类：一是引起民事法律关系发生、变更或消灭的事实；二是权利受到侵害或法律关系发生争议的事实。

三、诉的分类

按照原告诉讼请求的目的、性质和内容的不同，可以把诉分为给付之诉、确认之诉、变更之诉，分别与实体法上的请求权、支配权和形成权相对应。

（一）给付之诉

给付之诉，是指原告请求被告履行某种给付义务的诉讼。由于原告和被告之间存在着给付内容的民事法律关系，当被告不履行给付义务时，原告即可依据民事实体法上的给付请求权提起给付之诉。对给付之诉可依据不同的标准进行分类：(1)依据给付的内容，给付之诉可分为财产给付之诉和行为给付之诉。财产可以是金钱，也可以是其他财物；行为则包括作为和不作为。(2)依据给付的时间，给付之诉可分为现在给付之诉和将来给付之诉。现在给付之诉，是指判决生效后被告即应向原告履行给付义务的诉讼。将来给付之诉，是指判决生效后被告无须立即给付，需待履行期届满时才履行给付义务。[②] 将来给付之诉仅在被告有到期不能履行的现实危险时，才能得到法院的胜诉裁判。

法院对给付之诉审理后所作出的判决通常为给付判决。此种判决具有给付内容，被告不履行给付义务时，原告可以向法院申请强制执行。因此，给付之诉的特点在于法院的判决具有执行力。

---

①江伟．民事诉讼法[M]．2版．北京：高等教育出版社、北京大学出版社，2004：12.

②理论上对此有不同的认识。有人认为，现在给付之诉是指在法庭辩论终结时履行期已经到来或者履行期未定的给付之诉；将来给付之诉是指在法庭辩论终结时原告请求履行期未到的给付之诉。对于将来给付之诉法院所作出的给付判决通常是命令债务人在将来履行条件成就或者在一定期限到来时履行给付。江伟．民事诉讼法[M]．2版．北京：高等教育出版社、北京大学出版社，2004：8.

（二）确认之诉

确认之诉，是指原告请求法院确认其与被告之间是否存在某种民事法律关系的诉讼。其中，原告起诉要求法院确认其主张的法律关系存在的诉讼，为积极的（或肯定的）确认之诉；而原告起诉要求法院确认其主张的法律关系不存在的诉讼，则为消极的（或否定的）确认之诉。确认之诉的特点在于原告仅要求法院通过审判确认某一特定的法律关系存在或不存在，并不要求判令被告基于存在的法律关系履行给付义务。法院对确认之诉审理后所作出的判决通常为确认判决。确认判决一经生效，即对当事人之间的权利义务产生确认效力，不涉及执行的问题。

在理解确认之诉时，还需注意以下几点：

1. 确认之诉必须具有需要诉讼救济或保护的法律利益，即法律关系是否存在不明确，导致原告感到其法律地位有不妥状态存在，并且这种不妥状态能够通过确认之诉予以除去，也就是所谓的确认利益。换言之，确认利益是提起确认之诉的前提。

2. 大陆法系通常认为，原告要求确认的必须是民事法律关系，对占有等纯粹的事实关系不得提起确认之诉，但有一个例外，即对于能够证明法律关系的证书的真伪可以提起确认之诉，不过，毕业证书之真伪与民事法律关系无关，不得提起确认之诉。

3. 确认之诉的客体——民事法律关系，不限于双方当事人之间的民事法律关系，对于第三人间的民事法律关系也可以提起确认之诉。

4. 确认之诉的起诉主体（原告），不限于具有确认利益的权利人，也可以是争议法律关系中具有确认利益的义务人。例如，侵权纠纷中，受害人狮子大开口，要价奇高，无法调解或和解，此时，加害人即可提起确认之诉，要求法院确认其应负的义务。

（三）形成之诉

形成之诉，又称变更之诉或创设之诉，是指原告请求法院变更既存的某种民事法律关系的诉。法律设立形成之诉的目的主要是使法律关系的变动不仅对当事人发生效力，而且对第三人也发生法律效力。形成之诉多发生在人事诉讼和公司诉讼领域。

形成之诉的特点在于：(1)当事人对现存的民事法律关系本身并无争议，其争议点是要不要变更现存的民事法律关系。(2)原告胜诉的形成判决生效时，无需强制执行就自动发生法律关系变更的效果。这通常表现为原告与被告之间既存的法律关系解除或消灭，如离婚诉讼、解除收养关系的诉讼等，原告也可以要求法院判决变更他人之间的民事法律关系，如撤销权诉讼。

形成之诉因其形成效果不同，分为：(1)实体法上的形成之诉。这是有关实体法上法律状态的变动的诉。此类诉的形成效果，有的指向将来形成实体法上的效果，例如离婚之诉、撤销收养关系之诉等；有的溯及既往形成实体法上的效果，例如，撤销股东会决议之诉、撤销认领子女之诉等。(2)诉讼法上的形成之诉。这是有关诉讼法上法律状态的变动的诉。例如第三人撤销之诉、再审之诉、撤销除权判决之诉、执行异议之诉、撤销仲裁裁决之诉等，会形成诉讼法上的效果。

此外，还需注意，只有原告需要借助法院的判决来改变既存的法律关系时，才有必要提起变更之诉；如果可以通过民法上的形成权以单方的意思表示即可使法律关系发生变更，则无须提起变更之诉。

四、诉的合并、变更或追加

（一）诉的合并

诉的合并，是指法院将两个以上彼此之间有一定关联的诉合并到一个诉讼程序中进行审理和裁判。诉的合并的意义在于：一次解决相关纠纷，有利于达到诉讼经济的目的，且可避免裁判之间的相互矛盾。

在理论上，诉的合并可分为诉的主观合并和诉的客观合并。诉的主观合并，即诉的主体合并，也就是当事人为多数的合并之诉，又称为共同诉讼。诉的客观合并，即诉的客体合并，是指诉讼标的为多数的诉的合并。我国民事诉讼法对诉的主观合并规定得较为充分，如共同诉讼、代表人诉讼等；而对诉的客观合并则规定得不是很明确，如《民事诉讼法》第 140 条规定："原告增加诉讼请求，被告提出反诉，第三人提出与本案有关的诉讼请求，可以合并审理。"但该条对于合并的要件及程序细则却无规定。

从理论上看，为避免原告滥用诉的合并，应当对其设置一定条件进行限制。就诉的客观合并而言，应具备下列条件：(1)须是同一原告对同一被告提起两个以上的诉；(2)受诉法院至少对其中一个诉有管辖权，但其他法院有专属管辖权的除外；(3)合并的多个诉必须适用同种类的诉讼程序；(4)合并之诉须属于法律未禁止合并的诉。

（二）诉的追加与变更

诉的追加与变更，是指诉的任一要素发生追加或变更。广义上的诉的变更包括诉的追加，狭义的诉的变更不包括诉的追加。我国《民事诉讼法》将诉的追加与变更分开来使用，如，该法第 51 条规定了原告可以变更诉讼请求、第 54 条第 3 款规定了代表人变更诉讼请求、第 59 条第 2 款规定了诉讼代理人变更诉讼请求，而第 140 条规定了原告增加诉讼请求。

诉的追加与变更制度应当综合衡量原告的利益、被告的利益和法院的利益进行设置，而不应仅考虑原告的利益。站在法院角度，法院希望彻底迅速地解决当事人之间的所有纠纷；站在被告的角度，被告希望对原告已经在起诉中所特定的诉讼请求以及所提出的证据进行攻击防御，不希望原告任意进行诉的变更。因此，为保护被告的利益以及维护诉讼程序的稳定，诉的追加与变更宜经被告同意并以不影响被告防御以及不会导致诉讼的过度迟延与程序的稳定为要件。①

①江伟．民事诉讼法[M]．2 版．北京：高等教育出版社、北京大学出版社，2004：15.

五、反诉

（一）反诉的概念

反诉，是指本诉的被告向本诉的原告提出的旨在吞并、抵销或排斥原告诉讼请求的反请求。其特征有：(1)当事人的同一性与特定性。(2)反诉请求的独立性。人民法院准许本诉原告撤诉的，应当对反诉继续审理；被告申请撤回反诉的，人民法院应予准许。(3)反诉目的的对抗性。

根据《民事诉讼法》第51条的规定，被告有权提起反诉。反诉制度有其实践意义：(1)利用同一诉讼程序解决相关联的两个以上的纠纷，可以节约诉讼成本，提高诉讼效率。(2)利用同一诉讼程序合并解决相关联的两个以上的纠纷，可以避免数个诉分别审理后可能出现的裁判之间的相互矛盾。

反诉不同于反驳。反驳实质上是被告的防御手段，即被告提出理由和证据来反对原告的主张。反诉与反驳的区别主要有：(1)当事人的地位不同。反诉当事人的地位具有双重性，即一旦本诉的被告提出反诉，本诉当事人的地位就发生变化。本诉的原告变成了反诉的被告，而本诉的被告变成了反诉的原告。而反驳则不会使当事人的诉讼地位发生变化。无论是被告反驳原告的主张，还是原告反驳被告的主张，均不使原告与被告的诉讼地位发生变化。(2)反诉与反驳提出的要求不同。反诉是本诉的被告在本诉原告的诉讼请求之外，另外又提出了一个新的诉讼请求，形成了一个新的诉。而反驳则是被告在原告提出主张的基础上列举事实或理由，否定原告提出的理由和事实，拒绝接受原告的诉讼要求，但这种反驳不会提出新的诉讼主张，不会向本诉的原告主张权利。(3)适用的前提条件不同。反诉不是每个案件都适用，其适用前提是本诉与反诉的诉讼请求互相牵连，又各自独立，除此之外，不能适用反诉。而反驳适用一切案件，不论双方的诉讼请求要求是什么，也不论案件的性质，都适用反驳。(4)法律后果不同。反诉因为是新的诉讼请求，因此，一旦反诉成立并且反诉者胜诉，本诉的原告一定要承担责任；即使是本诉的原告撤诉，也不影响法院对反诉的审理，不影响本诉的原告承担责任。有时，被告反诉请求的数额超过原告本诉请求的数额，而又获得法院支持时，本诉原告最终甚至要反过来向本诉被告承担法律责任，并承担给付义务。而反驳的当事人如果成功，作为被告来说，只是免去自己的责任，而不能使原告反向承担责任。

反诉不同于诉讼抵销。[①] 两者的区别主要有：(1)在法律性质方面，反诉是一个独

①《合同法》第99条、第100条规定了债务抵销。《合同法》第99条："当事人互负到期债务，该债务的标的物种类、品质相同的，任何一方可以将自己的债务与对方的债务抵销，但依照法律规定或者按照合同性质不得抵销的除外。当事人主张抵销的，应当通知对方。通知自到达对方时生效。抵销不得附条件或者附期限。"此为法定抵销。第100条："当事人互负债务，标的物种类、品质不相同的，经双方协商一致，也可以抵销。"此为任意抵销。债务抵销是在诉讼之前或诉讼之外进行的，为诉讼外抵销；债务抵销是在民事诉讼中进行的，为诉讼抵销。在诉讼中，当符合债务抵销要件时，被告有两种选择：一是请求诉讼抵销，二是提起反诉。

立的诉；诉讼抵销并非构成一个独立的诉，且不改变本诉原告、被告的诉讼地位。(2)在提起要件或申请要件方面，反诉的提起应符合起诉条件，同时还应具备诉的合并要件和反诉的特殊要件，但诉讼抵销则无此必要。(3)在审判方面，即使本诉被撤回或终结，反诉也可以继续审理下去，并且对本诉和反诉应当分别作出判决，但诉讼抵销只能与原告之诉合并审理，并因原告之诉不存在而失效，且对诉讼抵销抗辩不得作出单独的判决。(4)在既判力方面，对反诉作出的判决，不论胜败，一旦确定，就具有既判力，而原告之诉的判决对成功抵销的债权具有既判力，未抵销的债权不受既判力约束而可以提起诉讼。

（二）反诉的条件

1. 当事人方面：反诉的当事人应当限于本诉的当事人的范围，且本诉的当事人在反诉中互换诉讼地位。

2. 时间方面：原则上反诉须在本诉受理后、法庭辩论结束前提出；[①] 例外情况下，根据《民诉法解释》第 251 条、第 252 条、第 328 条的规定，二审裁定撤销一审判决发回重审时、再审裁定撤销原判决发回重审时以及在第二审程序中，一审被告还可以提起反诉。但是，根据《民诉法解释》第 405 条的规定，[②] 当事人在再审程序中不得再提出反诉。

3. 管辖方面：反诉向本诉法院提出。本诉法院对反诉具有牵连/合并管辖权。如果被告针对原告所提起的诉只能由其他法院专属管辖，则被告不得提起反诉，只能另行起诉。《民诉法解释》第 233 条第 3 款规定："反诉应由其他人民法院专属管辖，或者与本诉的诉讼标的及诉讼请求所依据的事实、理由无关联的，裁定不予受理，告知另行起诉。"

4. 程序方面：反诉与本诉须适用同种诉讼程序。即反诉与本诉，不能一诉处在一审程序，另一诉处在二审程序；或者一诉适用简易程序或小额诉讼程序，另一诉则适用普通程序。

5. 具有一定的牵连性。反诉的诉讼标的与本诉的诉讼标的须有牵连关系，即两者存在法律上或事实上的联系。法律上的牵连包括两者源于同一法律关系和两者源于相关联的法律关系。反诉与本诉存在牵连关系，才有合并审理的必要，才能够达到通过反诉抵销或吞并本诉诉讼请求的目的。

（三）反诉的审理与裁判

对于反诉，一审法院在举行庭前会议时应当进行审查处理。经审查，认为反诉符合条件的，应当予以受理；如果发现反诉应由其他人民法院专属管辖，或者与本诉的

---

①此为《民诉法解释》第 232 条所规定。《民事诉讼证据规定》第 34 条第 3 款规定："当事人增加、变更诉讼请求或者提起反诉的，应当在举证期限届满前提出。"这就是说，反诉一般应当在举证期限届满前提出，以避免证据突袭和诉讼迟延。超出举证时限提出的反诉，如果法院认为应当合并审理，须重新指定举证期限。

②《民诉法解释》第 405 条规定人民法院审理再审案件应当围绕再审请求进行。当事人的再审请求超出原审诉讼请求的，不予审理；符合另案诉讼条件的，告知当事人可以另行起诉。

诉讼标的及诉讼请求所依据的事实、理由无关联的，裁定不予受理，告知另行起诉。受理后，如果查明反诉与本诉的诉讼请求基于相同法律关系、诉讼请求之间具有因果关系，或者反诉与本诉的诉讼请求基于相同事实的，人民法院应当合并审理。在审理中，反诉与本诉可以合并辩论，也可以分开辩论。审理终结时，对于本诉和反诉应当合并判决，也可以分别判决，在其中一诉已达到可作出判决的程度时，可以先行作出判决。

对于二审中的反诉的处理，根据《民诉法解释》第328条的规定，在第二审程序中，原审被告提出反诉的，第二审人民法院可以根据当事人自愿的原则就反诉进行调解；调解不成的，告知当事人另行起诉。当然，若双方当事人同意由第二审人民法院一并审理的，第二审人民法院可以一并裁判。

此外，对于反诉，还有以下几点需要注意：(1)诉讼代理人代为提起反诉，必须有委托人的特别授权。(2)当事人提起反诉不得违反级别管辖、专属管辖的规定，否则，有可能要移送管辖。(3)被告在提交答辩状期间未提出管辖异议，且提起反诉的，可以认定为民事诉讼法规定的应诉答辩。(4)因当事人提出反诉，致使案件不符合小额诉讼案件条件的，应当适用简易程序的其他规定审理；如果符合普通程序审理的条件的，则裁定转为普通程序。

▶ 典型真题

关于反诉，下列哪些表述是正确的？(2013-03-80)①

A. 反诉的原告只能是本诉的被告

B. 反诉与本诉必须适用同一种诉讼程序

C. 反诉必须在答辩期届满前提出

D. 反诉与本诉之间须存在牵连关系，因此必须源于同一法律关系

①【参考答案】AB。

第五章　当事人

考点分布

本章是法考重点，需切实掌握好每个知识点。

1. 诉讼权利能力与诉讼行为能力；（★★★）
2. 当事人适格；（★★★★★）
3. 当事人的诉讼权利与义务；（★★）
4. 当事人的变更；（★★）
5. 原告与被告的确定/当事人的认定；（★★★★★）
6. 共同诉讼人与共同诉讼；（★★★★★）
7. 诉讼代表人与代表人诉讼；（★★★★）
8. 第三人和第三人撤销之诉；（★★★★★）
9. 公益诉讼。（★★★★★）

知识讲解

第一节　当事人概述

一、当事人的概念

民事诉讼中的当事人，是指以自己的名义进行诉讼，就特定的民事争议要求法院行使民事裁判权的人及相对人。要求法院行使民事裁判权的人是提起诉讼的人，即原告。被原告提起诉讼的相对人就是被告。狭义上的当事人，就是原告和被告。从广义上看，有独立请求权的第三人相对于本诉而言为第三人，但其参加诉讼是以起诉的方式来参加的，也就是提起参加之诉，而在参加之诉中，其实际上为原告，以本诉的原告和被告为被告，因此，有独立请求权的第三人也是当事人。至于无独立请求权的第三人是否属于当事人，则要看法院是否判决其承担民事责任而定。法院判决其承担民事责任，无独立请求权的第三人就是当事人；若法院未判决其承担民事责任，无独立请求权的第三人就不是当事人。共同诉讼人，或者是共同原告，或者是共同被告，毫无疑问地属于当事人；代表人诉讼中的诉讼代表人是从当事人中产生的，自然也属于当事人。

我国民事诉讼理论中提到的当事人概念通常有实体法和诉讼法上的含义。实体法意义上的当事人，即实质上的当事人，是指与案件有利害关系，以自己的名义进行诉讼并受法院裁判拘束的人。这种诉讼参加人是正当当事人。程序意义上的当事人，即形式上的当事人，是纯粹诉讼上的概念，实体权利义务关系不是其判断标准，而是以在形式上是否向法院提出诉讼请求和请求人在主观上以谁为相对人。换言之，通过起诉的方式向法院提出请求的人就是原告，在起诉状中被原告列明的对方当事人就是被告，而有无民事实体权利义务对原告与被告诉讼地位的确定不产生影响。综上，判断实体意义上的当事人的标准是与案件有利害关系，判断程序意义上的当事人的标准是起诉状上的记载。

在不同的诉讼程序和诉讼阶段中，当事人的称谓有所不同。在第一审程序(含普通程序、简易程序和小额诉讼程序)中，当事人分别称为原告、被告、第三人。在第二审程序中，当事人被称为上诉人和被上诉人。在审判监督程序中，如果适用第一审程序进行再审，当事人被称为原审原告和原审被告；如果适用第二审程序进行再审，当事人被称为原审上诉人和原审被上诉人。在特别程序中，当事人通常被称为申请人，只有在选民资格案件程序中被称为起诉人。在督促程序，当事人被称为申请人和被申请人。在公示催告程序中，当事人被称为申请人和利害关系人。在执行程序中，当事人则被称为申请执行人和被执行人。当事人的不同称谓，一方面表明了其所处的诉讼程序和阶段不同，另一方面也表明了其因所处诉讼程序和阶段不同而具有不同的诉讼地位及诉讼权利义务。

二、当事人的主体资格

(一) 诉讼权利能力

诉讼权利能力，又称当事人能力，是指在民事诉讼中成为当事人，享有诉讼权利和承担诉讼义务所必需的诉讼法上的能力或资格。当事人能力是一种抽象的诉讼资格。当事人只有具备这种资格，才能成为诉讼法上各种诉讼行为与诉讼效果的归属主体；没有这种资格，法院就不能对其行使民事审判权，原告的起诉将被驳回。《民事诉讼法》第48条规定，公民、法人[①]和其他组织[②]可以作为民事诉讼的当事人。该条文赋予了公民、法人和其他组织诉讼权利能力。

诉讼权利能力与民事权利能力既有区别又有联系。诉讼权利能力是实施诉讼行为的资格，受民事诉讼法调整；民事权利能力是进行民事活动的资格，受民事实体法调整。通常情况下，诉讼权利能力源于民事权利能力，有诉讼权利能力者同时也就具有民事权利能力，或者反过来有民事权利能力者一般也具有诉讼权利能力。但民事权利能力并不等同于诉讼权利能力，两者并非在任何情况下均一一对应。有民事权利能力的人，不一定有诉讼权利能力；而没有民事权利能力的人，也可以有诉讼权利能力，成为民事诉讼中的当事人，例如不具有民事权利能力的某些其他组织，[③] 也具有诉讼权利能力。

公民的诉讼权利能力与法人和其他组织的诉讼权利能力，在起止时间上有所不同。公民的诉讼权利能力始于出生，终于死亡。法人和其他组织的诉讼权利能力，则始于依法成立之时，终于依法终止之时。[④]

判断：有民事权利能力的人就一定具有诉讼权利能力，而没有民事权利能力的人不一定没有诉讼权利能力。

答：错误。理由：这一判断由前后两个小句构成。其中，后一小句的说法正确，而前一小句的说法错误。某些其他组织没有民事权利能力，但有诉讼权利能力，因而

---

①法人由其法定代表人进行诉讼。法人的法定代表人以依法登记的为准，但法律另有规定的除外。依法不需要办理登记的法人，以其正职负责人为法定代表人；没有正职负责人的，以其主持工作的副职负责人为法定代表人。法定代表人已经变更，但未完成登记，变更后的法定代表人要求代表法人参加诉讼的，人民法院可以准许。在诉讼中，法人的法定代表人变更的，由新的法定代表人继续进行诉讼，并应向人民法院提交新的法定代表人身份证明书。原法定代表人进行的诉讼行为有效。

②其他组织是指合法成立、有一定的组织机构和财产，但又不具备法人资格的组织，包括：(1)依法登记领取营业执照的个人独资企业；(2)依法登记领取营业执照的合伙企业；(3)依法登记领取我国营业执照的中外合作经营企业、外资企业；(4)依法成立的社会团体的分支机构、代表机构；(5)依法设立并领取营业执照的法人的分支机构；(6)依法设立并领取营业执照的商业银行、政策性银行和非银行金融机构的分支机构；(7)经依法登记领取营业执照的乡镇企业、街道企业；(8)其他符合本条规定条件的组织。其他组织由其主要负责人进行诉讼。其他组织，以其主要负责人为代表人。

③《民法总则》第102条规定："非法人组织是不具有法人资格，但是能够依法以自己的名义从事民事活动的组织。非法人组织包括个人独资企业、合伙企业、不具有法人资格的专业服务机构等。"而根据《民诉法解释》第52条的规定，民事诉讼法中的其他组织是指合法成立、有一定的组织机构和财产，但又不具备法人资格的组织，包括：(1)依法登记领取营业执照的个人独资企业；(2)依法登记领取营业执照的合伙企业；(3)依法登记领取我国营业执照的中外合作经营企业、外资企业；(4)依法成立的社会团体的分支机构、代表机构；(5)依法设立并领取营业执照的法人的分支机构；(6)依法设立并领取营业执照的商业银行、政策性银行和非银行金融机构的分支机构；(7)经依法登记领取营业执照的乡镇企业、街道企业；(8)其他符合本条规定条件的组织。显然，民事实体法中的非法人组织和民事诉讼法中的其他组织不完全重合而存在交叉关系。

④民事诉讼法对诉讼权利能力的起止时间没有规定，但诉讼权利能力源于民事权利能力，而《民法总则》对民事权利能力有明确规定，第13条："自然人从出生时起到死亡时止，具有民事权利能力，依法享有民事权利，承担民事义务"；第59条："法人的民事权利能力和民事行为能力，从法人成立时产生，到法人终止时消灭"；第108条："非法人组织除适用本章规定外，参照适用本法第三章第一节的有关规定"。第59条就是《民法总则》第三章第一节的内容，即非法人组织的民事权利能力和民事行为能力，从其成立时产生，到其终止时消灭。

后一小句的说法正确。特定情况下的胎儿具有民事权利能力,[1] 但当胎儿在特定情况下的利益受到损害或发生争议时，由于胎儿尚未出生，还不具有诉讼权利能力，故只能由该胎儿的母亲担当诉讼，胎儿的母亲有诉讼实施权，即胎儿的母亲以当事人的名义参与诉讼，以维护胎儿的利益。在这种情况下，胎儿有民事主体资格，却无诉讼主体资格即诉讼当事人的资格。

（二）诉讼行为能力

诉讼行为能力，又称诉讼能力，是指当事人能够亲自通过自己实施的诉讼行为来行使诉讼权利和履行诉讼义务的资格。

诉讼行为能力强调当事人亲自、有效实施诉讼行为。如果一个人既有诉讼权利能力又有诉讼行为能力，当其发生民事争议时，不但可以成为民事诉讼当事人，而且可以由其亲自实施诉讼行为，所引发的诉讼法上的效果亦由其自己承担；如果一个人有诉讼权利能力却没有诉讼行为能力，虽然也可以成为民事诉讼当事人，却不能亲自实施诉讼行为，而只能通过其法定代理人或法定代理人委托的诉讼代理人代为实施诉讼行为。

关于诉讼行为能力的起止时间。(1)法人、其他组织的诉讼行为能力和诉讼权利能力同时产生，同时消灭，即始于成立之时，终于终止之时。(2)公民(自然人)的诉讼行为能力，则始于成年，终于死亡或被宣告为无民事行为能力人或限制民事行为能力人之时。即公民的诉讼行为能力与诉讼权利能力的存续时间不一致。因此，有诉讼权利能力而无诉讼行为能力的情况只存在于公民作为当事人的某些时候。

诉讼行为能力与民事行为能力既有联系又有区别。其联系体现在：两者都是当事人亲自进行某种活动或实施某种行为的实际能力；有完全民事行为能力的人就具有诉讼行为能力；法人和其他组织的诉讼行为能力与民事行为能力的起止时间完全一致。但两者毕竟由不同的部门法调整，因此两者并非完全对应的关系而存有某些区别。对于公民/自然人而言，其诉讼行为能力与民事行为能力一样，取决于公民的年龄和精神状况。民事行为能力分为三种：完全民事行为能力、限制民事行为能力和无民事行为能力；而公民的诉讼行为能力分为两种：有诉讼行为能力和无诉讼行为能力。完全民事行为能力对应于有诉讼行为能力，限制民事行为能力和无民事行为能力则对应于无诉讼行为能力。换言之，年满18周岁以上且精神正常的成年人为完全民事行为能力人，以自己的劳动收入为主要生活来源的16周岁以上的未成年人视为完全民事行为能力人，他们发生民事争议进行诉讼时，可以亲自实施诉讼行为，为有诉讼行为能力的人；8周岁以上的未成年人和不能完全辨认自己行为的成年人为限制民事行为能力人，不满8周岁的未成年人和完全不能辨认自己行为的成年人为无民事行为能力人，他们发生民事争议进行诉讼时，只能由其监护人担当法定诉讼代理人或由其法定诉讼代理

[1]《民法总则》第16条规定："涉及遗产继承、接受赠与等胎儿利益保护的，胎儿视为具有民事权利能力。但是胎儿娩出时为死体的，其民事权利能力自始不存在。"

人委托诉讼代理人代理进行诉讼，因而属于无诉讼行为能力人。

具有诉讼行为能力是诉讼行为有效的要件，因此如果当事人没有诉讼行为能力，其所为的诉讼行为或者针对其所为的诉讼行为都是无效诉讼行为。

三、当事人的认定与当事人适格

（一）当事人的认定

1. 当事人认定的概念和意义。当事人的认定，是指在某个具体的诉讼案件中，确定实际上由何人担当诉讼上的当事人。这就是通常所说的确定何人为原告，何人为被告，何人为第三人，何人为共同诉讼人等，即确定当事人的诉讼地位。其意义主要有：(1)确定当事人究竟为何人，是决定之后一系列程序问题的前提条件。(2)对于具体的诉讼案件而言，只有确定了谁可以作为原告、谁可以作为被告、谁可以作为第三人之后，诉讼才能够继续进行且诉讼的继续进行才具有实际的意义。

2. 当事人认定的标准。在国外，认定当事人有五种观点：(1)意思说。此即以原告的起诉意图为标准确定当事人。例如，原告本意想起诉甲，却在起诉状中误将乙列为了被告，那么，在确定该案被告时，就应将甲确定为被告。(2)表示说。此即以原告在诉状中所记载的当事人为本案的诉讼当事人。这一观点为德国、日本和我国台湾地区法律界的通说，也与我国的程序当事人理论相吻合。(3)举动说。此即以原告的实际举动作为认定当事人的标准。例如，甲冒充乙起诉并实际进行了诉讼行为，则本案的原告就确定为甲。(4)合/适格说。此即以解决实体法纠纷最恰当的主体为标准认定民事诉讼当事人。这一观点认为，当事人的认定应当从诉讼的全过程的所有资料加以考察，而不能仅仅根据诉状的记载来认定当事人。它与我国的传统利害关系当事人说相契合。(5)规范分类说。这一观点认为，确定当事人应当根据诉讼进程的不同阶段进行考察：在诉讼开始阶段，按照表示说进行认定；在诉讼程序的进行中则应该以评价规范为认定标准。

在我国，理论上认为，当事人的认定与当事人的概念密切相关。(1)传统利害关系当事人说。此种观点认为，民事诉讼当事人是因为民事权利义务发生纠纷，为保护自己的合法权益，以自己的名义到法院参加诉讼并受法院裁判约束的实际的利害关系当事人。很明显，该观点认定当事人的标准是与案件有无民事权利义务关系。(2)权利保护当事人说。该观点认为，民事诉讼当事人是因为民事权利义务关系发生纠纷，为了保护正当的民事权益，以自己的名义参加诉讼，并引起民事诉讼程序产生、变更、消灭的人。同利害关系当事人说相比，权利保护当事人说不仅包括那些为了保护自己的民事权益不受侵害而进行诉讼的人，还包括了那些为了保护他人的民事权益不受非法侵害而进行诉讼的人。后一部分内容是此两个当事人概念的根本区别，它主要是指对于争议的民事法律关系中的民事权利享有管理权和支配权的人，虽然与案件没有直接的利害关系，但却可以成为涉讼案件的当事人参加诉讼活动。显然，该说最直接的后果就是承认了诉讼担当。综上，在权利保护当事人的概念下，凡是以保护实体权利为目的提起诉讼或参加诉讼的人，都可认定为民事诉讼当事人。(3)程序意义上的当事人(即形式当事人)说。该说认为，民事诉讼当事人是指以自己的名义要求法院保护其民事权利或解决民事法律关系纠纷的人和相对方，即原告和被告。判断某人是否为民事诉讼当事人，只需看在诉讼程序中实际进行诉讼的人是谁，而不必探寻其与争议的民事法律关系或案件的诉讼标的有无关系。

从我国的诉讼实践看，通常是按照正当当事人的标准来认定民事诉讼当事人的。正当当事人(即适格当事人)包括利害关系当事人和权利保护意义上的当事人。

3. 我国民事诉讼法对当事人认定的规定。我国民事诉讼法和相关司法解释，对当事人的认定采取的是适格说为主、表示说为辅的认定标准。《民事诉讼法》第 119 条对起诉的条件作了明确规定“原告是与本案有直接利害关系的公民、法人和其他组织”“有明确的被告”；第 121 条要求起诉状写明原告、被告的姓名、性别等身份信息。显然，对原告和被告采取了不同的认定标准，对原告采取利害关系的认定标准，其理论依据是适格说。而对被告，并不强调其与案件有直接的利害关系，只需起诉状写明被告是谁，如何能够同被告取得联系，能把诉讼文书送达给被告即可。也就是说，对被告的认定标准，采用的是表示说的标准。而事实上，如果被告不适格，则原告的起诉将会被法院裁定驳回。因此，总体上看，我国民事诉讼法对当事人的认定就是从适格当事人即具有实体法上直接利害关系当事人的角度出发来规定的。同时，上述两个条文还明确了认定当事人的时点是起诉时，即在起诉阶段，就应将谁是原告、谁是被告、谁是第三人确定下来。

（二）当事人适格

1. 当事人适格的含义。当事人适格，又称正当当事人，是指当事人就特定的诉讼，以自己的名义成为原告或者被告而受本案裁判约束的资格。这种以自己的名义为当事人而受本案裁判约束的权能或资格，称为诉讼实施权或者诉讼行为权。有诉讼实施权的原告为正当原告，有诉讼实施权的被告为正当被告。

在民事诉讼中确定正当当事人，有以下作用：(1)防止滥用诉权，排除不适当的当事人，保障司法资源的合理利用。(2)在多数人诉讼的场合具有节约诉讼资源的功能。(3)实现当事人制度设计的合理性。

当事人适格要以诉讼权利能力为基础，但作为一种资格，它与诉讼权利能力不同。诉讼权利能力是一种抽象的诉讼当事人的资格，通常取决于有无民事权利能力。当事人适格则是一种具体的诉讼当事人的资格，是针对具体的诉讼而言的；当事人适格与否，通常取决于当事人与某个具体案件有无直接利害关系，即当事人与具体案件有直接利害关系的，为适格当事人，否则，为不适格当事人/非正当当事人。

2. 判断当事人适格与否的标准。民事诉讼的目的是为了解决民事纠纷，维护当事人的合法权益。因此，诉讼如果不是在纠纷当事人之间为解决民事纠纷而展开，则民事诉讼的进行不仅毫无疑义，而且会浪费有限的司法资源。因此，需要确定正当当事人。这就需要确立正当当事人的标准。从法律和司法解释的规定以及相关诉讼理论看，这种标准有三：

(1)利害关系标准。民事法律关系的当事人因民事权利的行使、民事义务的履行或者民事权利的归属、侵犯等发生民事争议。如果要通过诉讼来解决民事纠纷，就应当以民事法律关系的当事人作为民事诉讼的当事人。这样，才能保证诉讼有效地进行，也才能使法院的裁判拘束当事人具有正当性。因此，应当以当事人是否系所争议的民事法律关系的主体，作为判断当事人适格与否的标准。即只要是民事法律关系发生争议，该民事法律关系的主体以之为诉讼标的进行诉讼，那就是适格的民事诉讼当事人。换言之，与案件有直接利害关系的人就是正当当事人。

(2)权利保护/诉讼担当标准。在少数例外的情况下，非民事法律关系的主体尽管与案件没有直接的利害关系，但基于对他人的发生争议的民事法律关系中的民事权利享有管理权和支配权，为保护该他人的利益，可以自己的名义成为原告或被告，也可以作为适格的当事人。这就是诉讼担当，稍后专门分析。

(3)诉的利益标准。在确认之诉中，对诉讼标的有确认利益的人或组织也可认定为适格的当事人。在确认之诉中，对适格当事人的判断，不是看该当事人是不是该被争议的民事法律关系的主体，而是看该当事人对该争议的民事法律关系的解决是否具有法律上的利益即诉的利益。例如，甲主张乙在其商店购买了5000元的货物尚未支付货款，乙不承认，于是发生争议。为维护自己的利益，乙向法院起诉，请求法院确认乙和甲之间不存在甲所主张的买卖合同。乙所提起的诉为消极的确认之诉。此时要求原告乙是所争议的货物买卖合同的主体，显然是与消极的确认之诉的性质相悖的，但乙在此诉讼中却具有诉的利益。因此通常来说，在消极的确认之诉中，原告只要对该诉讼标的有诉的利益即确认利益，就可以成为适格的当事人；而被告只要与作为原告诉讼标的的法律关系有争议，就可以成为适格的被告。

在上述三种标准中，利害关系标准是通常情况下确定当事人适格的标准，而权利保护标准、诉的利益标准是例外情况下确定正当当事人的标准。

3. 非正当当事人[①]的处理。正当当事人的存在是诉讼得以存在和继续进行的必要条件。如果当事人不正当或不适格，就没有继续进行诉讼活动的意义。因此，在诉讼进程中，如果发现诉讼当事人不适格，法院可能以诉无理由判决驳回其诉讼请求，或者以诉不合法而驳回其起诉。

（三）诉讼担当

1. 诉讼担当的概念和种类。所谓诉讼担当，是指与案件有直接利害关系的当事人因故不能参加诉讼，由与案件无直接利害关系的第三人以当事人的资格，就该涉讼法

---

①非正当当事人，即当事人适格有欠缺的诉讼当事人。非正当当事人与本案中的特定诉讼标的没有法律上或者事实上的关系，即不是该争议的民事法律关系的主体，同时也不是本案的诉讼担当人或者对本案的诉讼标的不具有诉的利益。因此，对于诉讼的进行根本没有诉讼实施权。非正当当事人与正当当事人是一对相矛盾的概念，二者外延的总和即为诉讼法上的纯粹的当事人，即程序意义上的当事人。江伟．民事诉讼法[M]．2版．北京：高等教育出版社、北京大学出版社，2004：94.

律关系所产生的纠纷行使诉讼实施权，而裁判结果归属于原民事法律关系主体。

非民事权利义务主体能够被允许为他人的利益而享有诉权，往往是基于其与讼争法律关系的真正主体之间具有另一法律关系存在。根据该“另一法律关系”是由法律规定还是由当事人意定，可以把诉讼担当分为两类：(1)法定的诉讼担当。这是指实体法律关系以外的第三人对与他人的法律关系或法律权利的管理权是基于实体法或诉讼法上的明确规定而产生的。(2)任意的诉讼担当。这是指权利主体通过自己的意思表示授予第三人以诉讼实施权。我国民事诉讼法中的诉讼担当都是法定的诉讼担当，对任意的诉讼担当则未加规定，但其他法律对任意的诉讼担当有所规定。

2. 诉讼担当的具体情形。

(1)法定的诉讼担当的情形。

①基于身份权而引发的诉讼担当。公民基于身份权、继承权等权利，为维护死者或胎儿的民事权益而充当民事诉讼当事人。这具体包括：为维护死者的名誉权或著作权等民事权益，死者的近亲属以自己的名义进行诉讼而成为诉讼担当当事人；为维护胎儿的继承权等民事权益，胎儿的母亲有诉讼实施权，等等。

②基于财产管理权为维护财产所有人或财产经营人的民事权益而进行诉讼担当，充任代位当事人。财产管理权是根据实体法的规定或民事法律行为(如委托管理合同等)而产生的。财产管理人对其所管理的财产与他人发生民事纠纷，既可以自己的名义起诉成为原告，也可能被他人起诉而以自己的名义应诉成为被告。这类诉讼担当当事人进行诉讼所维护的讼争利益不属于自己，而属于被代为管理财产的所有人或经营者。这类诉讼担当当事人常见的有失踪人的财产代管人、破产管理人、遗嘱管理人或遗嘱执行人、股东代表诉讼中的股东等。

③基于公益诉权而引发的诉讼担当。《民事诉讼法》第55条规定，对损害社会公共利益的行为，检察院以及法律规定的其他机关和有关组织可以提起民事公益诉讼。

(2)任意的诉讼担当的情形。

《著作权法》第8条第1款规定：“著作权人和与著作权有关的权利人可以授权著作权集体管理组织行使著作权或者与著作权有关的权利。著作权集体管理组织被授权后，可以以自己的名义为著作权人和与著作权有关的权利人主张权利，并可以作为当事人进行涉及著作权或者与著作权有关的权利的诉讼、仲裁活动。”

四、当事人的变更与追加

（一）当事人的变更（即诉讼承担）

当事人的变更，是指诉讼进程中由于特殊原因的出现，原当事人不能继续进行诉讼，而需要将其诉讼权利义务转移给新当事人，由新当事人继续进行诉讼的现象。当事人的变更可分为任意变更和法定变更。前者是根据当事人的意思表示而对当事人进行的变更；后者则是根据法律的规定，将原当事人变更为新当事人。在我国民事诉讼中，当事人的变更就是指法定变更，也即诉讼权利义务的承担。当事人变更的原因，是民事实体权利义务的转移而引起诉讼权利义务的转移。

当事人变更主要有以下情形：

1. 在诉讼中，一方当事人死亡，需要等待继承人表明是否参加诉讼的，裁定中止诉讼。人民法院应当及时通知继承人作为当事人承担诉讼，被继承人已经进行的诉讼行为对承担诉讼的继承人有效。

2. 企业法人合并的，因合并前的民事活动发生的纠纷，以合并后的企业为当事人；企业法人分立的，因分立前的民事活动发生的纠纷，以分立后的企业为共同诉讼人。

3. 在诉讼过程中，如果法人被解散、依法撤销或宣告破产，将由其清算组织接管法人财产，了结债权、债务，参与诉讼，由此发生当事人的变更。

4. 实体权利义务转移后，受让人申请替代当事人承担诉讼的，人民法院可以根据案件的具体情况决定是否准许；不予准许的，可以追加其为无独立请求权的第三人。

当事人变更后，新的当事人将继续原当事人的诉讼程序，而不是诉讼程序重新开始。原当事人的诉讼权利义务由新的当事人承担，原当事人所实施的一切诉讼行为，对新的当事人仍然有效。

（二）当事人的追加

当事人的追加，是指法院受理案件后，在诉讼过程中，发现有必须共同进行诉讼的当事人没有参加诉讼的，法院通知其参加诉讼的一种诉讼活动。

追加当事人的原因，是法院在诉讼中发现与本案的诉讼标的有直接利害关系的人没有参加到诉讼中来，而这些人不参加诉讼又不利于查明案件事实和纠纷的解决，故法院应将其追加为当事人。

《民事诉讼法》第56条第2款规定，无独立请求权的第三人可以申请参加诉讼，或者由人民法院通知其参加诉讼；第132条规定，必须共同进行诉讼的当事人没有参加诉讼的，人民法院应当通知其参加诉讼；《民诉法解释》第73条规定，必须共同进行诉讼的当事人没有参加诉讼的，人民法院应当通知其参加，当事人也可以向人民法院申请追加。可见，被追加的当事人可能是原告，也可能是被告，还可能是第三人。追加当事人的方式有二：(1)当事人申请追加。诉讼开始后，未参加诉讼的当事人可以向法院提出申请，要求参加诉讼。人民法院对当事人提出的申请，应当进行审查，申请理由不成立的，裁定驳回；申请理由成立的，书面通知被追加的当事人参加诉讼。(2)法院依职权追加。即法院发现有当事人应参加诉讼而未参加的，依职权主动将其追加为当事人。

根据《民诉法解释》第74条的规定，人民法院追加共同诉讼的当事人时，应当通知其他当事人。应当追加的原告，已明确表示放弃实体权利的，可不予追加；既不愿意参加诉讼，又不放弃实体权利的，仍应追加为共同原告，其不参加诉讼，不影响人民法院对案件的审理和依法作出判决。被追加的当事人如果是共同被告，则其必须按法院的通知参加诉讼。否则，必须到庭的被告不到庭，则可对其进行拘传；其他被告不到庭，则可缺席判决。

追加当事人不仅可以在一审程序中进行，还可以在二审程序、再审程序中进行。对此，《民诉法解释》第 327 条规定："必须参加诉讼的当事人或者有独立请求权的第三人，在第一审程序中未参加诉讼，第二审人民法院可以根据当事人自愿的原则予以调解；调解不成的，发回重审"；第 422 条规定："必须共同进行诉讼的当事人因不能归责于本人或者其诉讼代理人的事由未参加诉讼的，可以根据民事诉讼法第二百条第八项规定，自知道或者应当知道之日起六个月内申请再审，但符合本解释第四百二十三条规定情形的除外。人民法院因前款规定的当事人申请而裁定再审，按照第一审程序再审的，应当追加其为当事人，作出新的判决、裁定；按照第二审程序再审，经调解不能达成协议的，应当撤销原判决、裁定，发回重审，重审时应追加其为当事人。"

此外，对当事人的追加，还需注意：(1)原告在起诉状中直接列写第三人的，视为其申请人民法院追加该第三人参加诉讼。是否通知第三人参加诉讼，由人民法院审查决定。(2)在诉讼中，争议的民事权利义务转移的，不影响当事人的诉讼主体资格和诉讼地位。人民法院作出的发生法律效力的判决、裁定对受让人具有拘束力。受让人申请以无独立请求权的第三人身份参加诉讼的，人民法院可予准许。受让人申请替代当事人承担诉讼的，人民法院可以根据案件的具体情况决定是否准许；不予准许的，可以追加其为无独立请求权的第三人。(3)再审裁定撤销原判决、发回重审后，如果追加新的诉讼当事人的，则法院应当准许当事人变更、增加诉讼请求或者提出反诉。(4)因追加当事人，致使案件不符合小额诉讼案件条件的，应当适用简易程序的其他规定审理。①

五、当事人的诉讼权利和诉讼义务

为保障诉讼程序的顺利进行，我国民事诉讼法赋予了当事人广泛的诉讼权利，同时也为当事人设定了相应的诉讼义务。

（一）当事人的诉讼权利

民事诉讼法赋予了当事人广泛的诉讼权利。有的诉讼权利规定在基本原则和基本制度之中，如平等权、辩论权、处分权、申请回避权，大多数权利则规定在具体制度之中。从权利行使的效果看，诉讼权利可以分为程序性诉讼权利和实体性诉讼权利。前者是指那些仅产生程序性作用、引发程序性效果的诉讼权利，如辩论权、取证权、质证权、申请回避权等；后者是指那些既可能引起程序性效果又可能对实体权利产生影响的诉讼权利，如同意调解或自行和解的权利，承认、放弃、变更、增加诉讼请求的权利等。多数诉讼权利由双方当事人共同享有，但也有一些诉讼权利只能由一方当事人享有，如起诉权只能由原告享有，反诉权只能由被告享有。

（二）当事人的诉讼义务

根据《民事诉讼法》第 49 条第 3 款的规定，当事人承担的诉讼义务主要有三项：(1)依法行使诉讼权利的义务；(2)遵守诉讼秩序的义务；(3)履行生效法律文书的义务。

①参见《民诉法解释》第 222 条、第 249 条、第 252 条、第 280 条的规定。

第二节 原告与被告

一、原告与被告的概念

原告是为保护自己的民事权益或自己所管理的他人的民事权益，以自己的名义向法院起诉，从而引起民事诉讼程序发生的人。被告是被原告诉称侵犯原告合法权益或与原告发生民事争议，而由法院通知应诉的人。原告与被告是最基本的民事诉讼当事人，在诉讼中是既相互对立又相互依存的两造。

诉讼形式有单一诉讼与复合诉讼两类，前者为原、被告双方各只有一个，后者为原、被告一方或双方有两个以上。具体为“一对一”“一对多”“多对一”“多对多”。这样，当原告一方为二人以上时，称为共同原告；当被告一方为二人以上时，称为共同被告。

二、原告与被告的特征

1. 原告是引起民事诉讼程序发生的人，属于诉讼“进攻者”。

2. 被告是被法院通知应诉的人，属于诉讼“防御者”。

3. 原告与被告处于相互对立的诉讼地位。

三、原告与被告的确定

在此，确定原告与被告，采取的是正当当事人的标准：(1)通常按利害关系标准，以民事法律关系的当事人确定民事诉讼当事人。(2)少数特殊情形下，按诉讼担当标准确定当事人，即为保护他人民事权益而进行诉讼的人可以确定为民事诉讼当事人，这就是权利保护意义上的当事人。(3)以诉的利益标准确定当事人，这是指在确认之诉中具有诉的利益即确认利益的人也可以确定为民事诉讼当事人。按照这些标准，一般情况下，原告与被告比较好确定。但司法实践中的情况是复杂的，民事法律关系有时并不容易理清。因此，一些法律和司法解释对如何确定原告与被告，作了许多具体规定。这里列举一些：

（一）《民诉法解释》等司法解释对确定原告与被告的规定

1. 法人非依法设立的分支机构，或者虽依法设立，但没有领取营业执照的分支机构，以设立该分支机构的法人为当事人。

2. 以挂靠形式从事民事活动，当事人请求由挂靠人和被挂靠人依法承担民事责任的，该挂靠人和被挂靠人为共同诉讼人。

3. 法人或者其他组织的工作人员执行工作任务造成他人损害的，该法人或者其他组织为当事人。

4. 提供劳务一方因劳务造成他人损害，受害人提起诉讼的，以接受劳务一方为被告。

5. 在劳务派遣期间，被派遣的工作人员因执行工作任务造成他人损害的，以接受劳务派遣的用工单位为当事人。当事人主张劳务派遣单位承担责任的，该劳务派遣单位为共同被告。

6. 在诉讼中，个体工商户以营业执照上登记的经营者为当事人。有字号的，以营业执照上登记的字号为当事人，但应同时注明该字号经营者的基本信息。营业执照上登记的经营者与实际经营者不一致的，以登记的经营者和实际经营者为共同诉讼人。这是以业主身份为当事人。

7. 在诉讼中，未依法登记领取营业执照的个人合伙的全体合伙人为共同诉讼人。个人合伙有依法核准登记的字号的，应在法律文书中注明登记的字号。全体合伙人可以推选代表人；被推选的代表人，应由全体合伙人出具推选书。

8. 当事人之间的纠纷经人民调解委员会调解达成协议后，一方当事人不履行调解协议，另一方当事人向人民法院提起诉讼的，应以对方当事人为被告。

9. 下列情形，以行为人为当事人：(1)法人或者其他组织应登记而未登记，行为人即以该法人或者其他组织名义进行民事活动的；(2)行为人没有代理权、超越代理权或者代理权终止后以被代理人名义进行民事活动的，但相对人有理由相信行为人有代理权的除外；(3)法人或者其他组织依法终止后，行为人仍以其名义进行民事活动的。这是以直接责任人身份为当事人。

10. 借用业务介绍信、合同专用章、盖章的空白合同书或者银行账户的，出借单位和借用人为共同诉讼人。

11. 因保证合同纠纷提起的诉讼，债权人向保证人和被保证人一并主张权利的，人民法院应当将保证人和被保证人列为共同被告。保证合同约定为一般保证，债权人仅起诉保证人的，人民法院应当通知被保证人作为共同被告参加诉讼；债权人仅起诉被保证人的，可以只列被保证人为被告。

对于连带保证案件，被告的确定由作为原告的债权人选择：可以只列债务人或者保证人为被告，也可以将债务人(被保证人)和保证人列为共同被告。

企业法人的分支机构为他人提供保证的，人民法院在审理保证纠纷案件中，可以将该企业法人作为共同被告参加诉讼但是商业银行、保险公司的分支机构提供保证的除外。债权人向人民法院请求行使担保物权时，债务人和担保人应当作为共同被告参加诉讼。

同一债权既有保证又有第三人提供物的担保的，债权人可以请求保证人或者物的担保人承担担保责任。当事人对保证担保的范围或者物的担保的范围没有约定或者约定不明的，承担了担保责任的担保人，可以向债务人追偿，也可以要求其他担保人清偿其应当分担的份额。

12. 无民事行为能力人、限制民事行为能力人造成他人损害的，无民事行为能力人、限制民事行为能力人和其监护人为共同被告。

13. 村民委员会或者村民小组与他人发生民事纠纷的，村民委员会或者有独立财产的村民小组为当事人。

14. 在继承遗产的诉讼中，部分继承人起诉的，人民法院应通知其他继承人作为共同原告参加诉讼；被通知的继承人不愿意参加诉讼又未明确表示放弃实体权利的，人民法院仍应将其列为共同原告。

15. 原告起诉被代理人和代理人，要求承担连带责任的，被代理人和代理人为共同被告。

16. 共有财产权受到他人侵害，部分共有权人起诉的，其他共有权人为共同诉讼人。

17. 必须共同进行诉讼的当事人没有参加诉讼的，人民法院应当通知其参加；当事人也可以向人民法院申请追加。

18. 因新闻报道或其他作品发生的名誉权纠纷，应根据原告的起诉确定被告。只诉作者的，列作者为被告；只诉新闻出版单位的，列新闻出版单位为被告；对作者和新闻出版单位都提起诉讼的，将作者和新闻出版单位均列为被告，但作者与新闻出版单位为隶属关系，作品系作者履行职务所形成的，只列单位为被告。

19. 在诉讼中，一方当事人死亡，需要等待继承人表明是否参加诉讼的，裁定中止诉讼。人民法院应当及时通知继承人作为当事人承担诉讼，被继承人已经进行的诉讼行为对承担诉讼的继承人有效。

20. 企业法人合并的，因合并前的民事活动发生的纠纷，以合并后的企业为当事人；企业法人分立的，因分立前的民事活动发生的纠纷，以分立后的企业为共同诉讼人。

21. 企业法人解散的，依法清算并注销前，以该企业法人为当事人；未依法清算即被注销的，以该企业法人的股东、发起人或者出资人为当事人。

22. 对侵害死者遗体、遗骨以及姓名、肖像、名誉、荣誉、隐私等行为提起诉讼的，死者的近亲属为当事人。

23. 股东提起解散公司诉讼应当以公司为被告。原告以其他股东为被告一并提起诉讼的，人民法院应当告知原告将其他股东变更为第三人；原告坚持不予变更的，人民法院应当驳回原告对其他股东的起诉。原告提起解散公司诉讼应当告知其他股东，或者由人民法院通知其参加诉讼。其他股东或者有关利害关系人申请以共同原告或者第三人身份参加诉讼的，人民法院应予准许。

（二）侵权责任法对确定原告与被告的规定

1. 法律规定承担连带责任的，被侵权人有权请求部分或者全部连带责任人承担责任(《侵权责任法》第 13 条)。即在承担连带责任的侵权案件中，被告按照原告的选择予以确定。

2. 用人单位的工作人员因执行工作任务造成他人损害的，由用人单位承担侵权责任。劳务派遣期间，被派遣的工作人员因执行工作任务造成他人损害的，由接受劳务派遣的用工单位承担侵权责任；劳务派遣单位有过错的，承担相应的补充责任。

3. 个人之间形成劳务关系，提供劳务一方因劳务造成他人损害的，由接受劳务一方承担侵权责任。提供劳务一方因劳务自己受到损害的，根据双方各自的过错承担相应的责任。

4. 网络用户、网络服务提供者利用网络侵害他人民事权益的，应当承担侵权责任。网络用户利用网络服务实施侵权行为的，被侵权人有权通知网络服务提供者采取删除、屏蔽、断开链接等必要措施。网络服务提供者接到通知后未及时采取必要措施的，对损害的扩大部分与该网络用户承担连带责任。网络服务提供者知道网络用户利用其网络服务侵害他人民事权益，未采取必要措施的，与该网络用户承担连带责任。

5. 宾馆、商场、银行、车站、娱乐场所等公共场所的管理人或者群众性活动的组织者，未尽到安全保障义务，造成他人损害的，应当承担侵权责任。因第三人的行为造成他人损害的，由第三人承担侵权责任；管理人或者组织者未尽到安全保障义务的，承担相应的补充责任。

6. 无民事行为能力人在幼儿园、学校或者其他教育机构学习、生活期间受到人身损害的，幼儿园、学校或者其他教育机构应当承担责任，但能够证明尽到教育、管理职责的，不承担责任。限制民事行为能力人在学校或者其他教育机构学习、生活期间受到人身损害，学校或者其他教育机构未尽到教育、管理职责的，应当承担责任。

无民事行为能力人或者限制民事行为能力人在幼儿园、学校或者其他教育机构学习、生活期间，受到幼儿园、学校或者其他教育机构以外的人员人身损害的，由侵权人承担侵权责任；幼儿园、学校或者其他教育机构未尽到管理职责的，承担相应的补充责任。

7. 因产品存在缺陷造成损害的，被侵权人可以向产品的生产者请求赔偿，也可以向产品的销售者请求赔偿。

8. 因租赁、借用等情形机动车所有人与使用人不是同一人时，发生交通事故后属于该机动车一方责任的，由保险公司在机动车强制保险责任限额范围内予以赔偿。不足部分，由机动车使用人承担赔偿责任；机动车所有人对损害的发生有过错的，承担相应的赔偿责任。

9. 当事人之间已经以买卖等方式转让并交付机动车但未办理所有权转移登记，发生交通事故后属于该机动车一方责任的，由保险公司在机动车强制保险责任限额范围内予以赔偿。不足部分，由受让人承担赔偿责任。

10. 以买卖等方式转让拼装或者已达到报废标准的机动车，发生交通事故造成损害的，由转让人和受让人承担连带责任。

11. 因药品、消毒药剂、医疗器械的缺陷，或者输入不合格的血液造成患者损害的，患者可以向生产者或者血液提供机构请求赔偿，也可以向医疗机构请求赔偿。患者向医疗机构请求赔偿的，医疗机构赔偿后，有权向负有责任的生产者或者血液提供机构追偿。

12. 遗失、抛弃高度危险物造成他人损害的，由所有人承担侵权责任。所有人将高度危险物交由他人管理的，由管理人承担侵权责任；所有人有过错的，与管理人承担连带责任。

13. 非法占有高度危险物造成他人损害的，由非法占有人承担侵权责任。所有人、管理人不能证明对防止他人非法占有尽到高度注意义务的，与非法占有人承担连带责任。

14. 因第三人的过错致使动物造成他人损害的，被侵权人可以向动物饲养人或者管理人请求赔偿，也可以向第三人请求赔偿。动物饲养人或者管理人赔偿后，有权向第三人追偿。

15. 建筑物、构筑物或者其他设施倒塌造成他人损害的，由建设单位与施工单位承担连带责任。建设单位、施工单位赔偿后，有其他责任人的，有权向其他责任人追偿。

第三节 共同诉讼与共同诉讼人

一、共同诉讼与共同诉讼人概述

（一）共同诉讼与共同诉讼人的概念

当事人一方或者双方为二人以上，其诉讼标的是共同的，或者诉讼标的是同一种类、人民法院认为可以合并审理并经当事人同意的，为共同诉讼。在通常情况下，民事诉讼是“一对一”的单独诉讼的形式。但在某些诉讼中，当事人一方或双方有两人以上，就会形成一种特殊的诉讼形态——共同诉讼。共同诉讼是一种复数诉讼形式，属于诉的主体合并。法律设置共同诉讼制度的意义，在于简化诉讼程序，提高诉讼效率，避免法院在同一事件处理上作出矛盾的判决。

共同诉讼人，是指共同诉讼中多数一方的当事人，即共同起诉或者共同应诉的人。如果原告一方有两人以上，称为共同原告；如果被告一方有两人以上，称为共同被告；如果第三人一方有两人以上，称为共同诉讼第三人。共同诉讼人内部，可能有共同的权利义务关系，也可能没有。

（二）共同诉讼的特征

1. 当事人一方或双方为两人以上。这是共同诉讼的基本特征，也是区分共同诉讼与单独诉讼的标准。

2. 一方或双方为两人以上的当事人在同一诉讼程序中进行诉讼。只有当一方或双方为两人以上的当事人在同一诉讼程序中进行诉讼时，才能成为共同诉讼。

（三）共同诉讼的分类

1. 理论上的分类。在民事诉讼理论上，把共同诉讼分为积极的共同诉讼、消极的共同诉讼和混合的共同诉讼。原告一方为两人以上的共同诉讼，称为积极的共同诉讼；被告一方为两人以上的共同诉讼，称为消极的共同诉讼；原告和被告双方均为两人以上的共同诉讼，称为混合的共同诉讼。

2. 立法上的分类。我国民事诉讼法把共同诉讼分为必要共同诉讼和普通共同诉讼两种。争议的诉讼标的同一的共同诉讼，是必要共同诉讼；争议的诉讼标的同类的共同诉讼，是普通共同诉讼。

二、必要共同诉讼人

（一）必要共同诉讼和必要共同诉讼人的概念

必要共同诉讼，是指当事人一方或者双方为两人以上，诉讼标的同一，法院必须合并审理并在裁判中对诉讼标的合一确定的共同诉讼。必要共同诉讼人，是指必要共同诉讼中必须一同起诉或一同应诉的多数一方的当事人，即必要共同诉讼原告或必要共同诉讼被告。必要共同诉讼具有以下特征：

1. 当事人一方或双方为两人以上。这是共同诉讼的基本要求。

2. 诉讼标的具有同一性。这是必要共同诉讼最根本的特征，即必要共同诉讼人与对方当事人之间只存在同一个发生争议的民事法律关系。这决定了必要共同诉讼人的内部关系和外部关系：对内，他们的诉讼行为和诉讼结果具有一致性；对外，他们具有共同的权利或共同的义务。同时，它还决定了必要共同诉讼是一种不可分之诉。

3. 诉讼行为的一致性。必要共同诉讼人中一人的诉讼行为经其他共同诉讼人承认，对其他共同诉讼人发生效力。

4. 法院可依职权追加必要共同诉讼人。必要共同诉讼人必须一同起诉或一同应诉。如果必须共同参加诉讼的当事人没有参加诉讼的，法院可以追加。这在普通共同诉讼中是不存在的。

5. 法院必须合并审理、合一判决。此即法院必须适用同一诉讼程序进行审理，并对共同诉讼人的权利义务作出内容相同的裁判。

（二）必要共同诉讼的类型

1. 国外对必要共同诉讼的分类。国外民事诉讼理论把必要共同诉讼分为两种：(1)固有的必要共同诉讼。这是指对作为诉讼标的的民事法律关系，全体共同诉讼人必须合一确定，并且必须一同起诉或应诉，当事人方才适格的必要共同诉讼。其典型是共有财产分割之诉。(2)类似的必要共同诉讼（又称为特殊共同诉讼、偶然的必要共同诉讼、非真正必要共同诉讼）。这是指对作为诉讼标的的民事法律关系，各个共同诉讼人既可一同起诉或应诉，又可分别起诉或应诉，但一旦选择一同起诉或应诉，法院对共同诉讼人的诉讼标的就必须合一确定的必要共同诉讼。

2. 我国对必要共同诉讼的分类。我国民事诉讼理论没有固有的必要共同诉讼和类似的必要共同诉讼的区分，所有的必要共同诉讼都视为不可分之诉。但根据诉讼标的的权利义务本身是共同的，还是形成诉讼标的的权利义务的原因是共同的，可将必要共同诉讼分为两种：

(1)权利义务共同型必要共同诉讼。在这类必要共同诉讼中，各共同诉讼人对于诉讼标的原本就存在共同的权利或义务。这种共同的权利义务的存在，是基于他们之间本身就存在着权利义务的共同关系(如共有关系)或连带关系(如连带债权、债务关系或连带责任关系等)，但这种共同关系或连带关系并不是因为同一事实或同一法律上的原因引起的。在诉讼实务中，具体包括：①共同诉讼人之间存在着权利义务共同关系。例如，对共有财产发生争议所引起的诉讼，财产共有人因共有关系而成为民事诉讼的一方当事人。②共同诉讼人之间存在着连带债权或连带债务。如承担连带保证责任的保证人与被保证的主债务人之间存在着连带清偿关系，债权人向保证人和被保证人一并主张权利的，为必要共同诉讼的共同被告。

(2)原因共同型必要共同诉讼。这是指共同诉讼人之间原本没有共同的权利或义务，因为后来发生了同一事实或法律上的原因，才使得共同诉讼人之间具有了共同的权利或义务。因共同侵权引起的诉讼是这类共同诉讼的典型表现。

此外，我国一些法律和司法解释，针对必要共同诉讼人的确定的复杂情况，作了诸多具体规定。这些规定在前面原告与被告的确定部分已作引述，此不赘述。

（三）必要共同诉讼人的关系

1. 必要共同诉讼人的外部关系。此即必要共同诉讼人与对方当事人之间的关系。必要共同诉讼人与对方当事人之间既相互对立又相互依存。对立，是指双方之间的诉讼主张和诉讼利益相互对立；依存，是指双方在诉讼中须“两造具备”，不可或缺。

2. 必要共同诉讼人的内部关系。此即必要共同诉讼人相互之间的关系问题。必要共同诉讼人之间有共同的权利或共同的义务，因此，其中一人的行为只要对全体共同诉讼人有利，就可对全体共同诉讼人发生效力。“有利原则”在域外是普遍的做法。而我国民事诉讼法采取的是“承认原则”，即“共同诉讼的一方当事人对诉讼标的有共同权利义务的，其中一人的诉讼行为经其他共同诉讼人承认，对其他共同诉讼人发生效力”。这种承认包括明示承认和默示承认。所谓默示承认，是指只要共同诉讼人未对其他共同诉讼人实施的诉讼行为表示异议，即表明该共同诉讼人已经承认。但承认原则也有例外，如：共同诉讼人中一人对判决不服提起上诉的，如果上诉后为不可分之诉，不管其他共同诉讼人是否承认该上诉行为，上诉的效力都及于共同诉讼人全体。[①]

三、普通共同诉讼人

（一）普通共同诉讼和普通共同诉讼人的概念

普通共同诉讼(又称一般共同诉讼、非必要共同诉讼)，是指当事人一方或者双方为两人以上，诉讼标的属同一种类，经当事人同意，法院认为可以合并审理而合并审理的共同诉讼。普通共同诉讼是将两个以上的独立的诉人为地合并在一起的诉的合并形态，其目的是要实现诉讼的经济性。普通共同诉讼人，是指普通共同诉讼中多数一

①江伟．民事诉讼法[M]．2版．北京：高等教育出版社、北京大学出版社，2004：110-114.

方的当事人，包括共同原告、共同被告或者共同诉讼第三人。

与必要共同诉讼相比，普通共同诉讼具有以下特征：

1. 诉讼标的同类。这是普通共同诉讼与必要共同诉讼的基本区别。所谓诉讼标的同类，是指各个共同诉讼人与对方当事人争议的民事法律关系的性质是相同的，即他们各自享有的权利或承担的义务属于同一类型。正因为普通共同诉讼人之间的诉讼标的同类而不是同一的，因此共同诉讼人之间没有共同的权利义务关系，对其中一个诉讼标的作出的判决，其效力不及于其他普通共同诉讼人的诉讼标的。诉讼标的同类主要表现为三种：(1)基于同类事实或法律上的同类原因形成的同类诉讼标的。例如，甲将自己所有的在同一小区的三套面积不同的房屋分别出租给乙、丙、丁三人，分别签有三份租价不同的房屋租赁合同，乙、丙、丁都不按期支付租金，甲对乙、丙、丁分别提起诉讼。此时，在当事人均同意的情况下，法院可将这三个房屋租赁合同案件合并进行审理，这就构成普通共同诉讼，而乙、丙、丁三人也成为普通共同诉讼人。(2)基于同一事实或法律上的同一原因形成的同类诉讼标的。例如，甲燃放爆竹时，炸伤了围观的乙、丙、丁三人。(3)基于数人对同一权利义务的确认形成的同类诉讼标的。例如，开发商甲将其开发的某套房屋先后与乙、丙、丁签订购房合同，交房时事情败露，乙、丙、丁分别向法院起诉，要求确认自己对房屋享有所有权。

2. 各普通共同诉讼人与对方当事人之间一定存在有两个以上的诉讼请求。

3. 普通共同诉讼是一种可分之诉。即其既可以单独起诉或应诉，也可以共同起诉或应诉。共同起诉或应诉的，法院认为可以合并审理，且当事人同意合并审理的，就形成了普通共同诉讼。

4. 法院对普通共同诉讼的各个请求不是合一确定，而是分别确定。这是与必要共同诉讼区别的关键点。在实践中，普通共同诉讼与必要共同诉讼有时容易混淆，比较典型的是将一人同时致害数人而涉讼的案件视为固有的必要共同诉讼。其实，这种侵权案件中，各受害人的受害程度不一、损失不一，他们有各自独立的损害赔偿请求权。而这种权利并不是连带的或共同的，他们可以单独起诉，也可以共同起诉。法院既可以分别审理，也可以合并审理。即使合并审理，对诉讼请求只能分别确定，判决时也只能分别判决。基于此，在区分必要共同诉讼与普通共同诉讼时，原则上应以共同诉讼人在实体法律关系上是否存在共同关系或连带关系为基本标准。如果存在共同关系或连带关系的，一般是必要共同诉讼；如果不存在，则一般为普通共同诉讼。

（二）普通共同诉讼的构成要件

1. 有两个以上属于同一种类的诉讼标的。普通共同诉讼属于诉讼客体的合并而导致诉讼主体的合并。因此普通共同诉讼成立，须有两个以上的当事人就两个以上同类的诉讼标的向同一法院起诉或应诉。

2. 属同一法院管辖且适用同一诉讼程序。

3. 符合合并审理的目的，即实现诉讼经济，节约司法资源。

4. 法院认为可以合并审理，当事人也同意合并审理。

（三）普通共同诉讼人的内部关系

1. 普通共同诉讼人的独立性。这是由普通共同诉讼是由两个以上独立的诉合并构成所决定的。基于普通共同诉讼为可分之诉，各普通共同诉讼人也就拥有独立的诉讼实施权。这种独立性表现在：(1)各普通共同诉讼人可以分别委托诉讼代理人代为诉讼。(2)法院应分别审查各普通共同诉讼人是否具备适格要件。(3)各普通共同诉讼人的诉讼行为只对自己产生效力，对其他共同诉讼人均不发生效力。(4)对方当事人对各普通共同诉讼人可以采取不同的甚至相反的诉讼行为。(5)法院发现合并审理不符合诉讼经济原则时，可以将普通共同诉讼分开审理。(6)各普通共同诉讼人的诉讼行为并不具有一致性，一人中止、终结诉讼，不影响其他共同诉讼人继续进行诉讼。(7)诉讼结果不具有一致性，普通共同诉讼人中可以有的胜诉，有的败诉；即使都胜诉或败诉，结果也不会完全相同。

2. 普通共同诉讼人的牵连性。将数个独立的诉合并为普通共同诉讼，不只是基于诉讼目标在于追求诉讼经济、避免裁判矛盾，也在于各普通共同诉讼人的行为之间存在一定的联系。这种牵连性体现在：(1)普通共同诉讼人当中，一人在诉讼中的作为或不作为，在法院认定其他共同诉讼人的请求或答辩时，具有证明作用。(2)主张共通原则。即其中一人所提出的主张，如果对其他普通共同诉讼人有利，而其他普通共同诉讼人对此又不表示反对的，其效力及与其他人。(3)证据共通原则。此为其中一人所提出的证据，可以作为对其他普通共同诉讼人所主张的事实进行认定的证据。即该证据可以作为普通共同诉讼人的共同证据。(4)普通共同诉讼人中，一人所作的抗辩如果足以否认对方主张的权利的，则法院对于其他普通共同诉讼人与对方当事人的关系应仔细加以斟酌。①

第四节　诉讼代表人

一、代表人诉讼与诉讼代表人概述

（一）代表人诉讼概述

1. 代表人诉讼的概念和性质。代表人诉讼，又称群体诉讼，② 是指当事人一方人数众多而不可能全部参加诉讼，只能从中选出部分人作为代表人代表众多的当事人参与诉讼，代表人所为的诉讼行为对被代表的其他当事人有效的诉讼形式。

代表人诉讼制度是以共同诉讼制度为基础，并吸收诉讼代理制度的机能而建立的。其设置主要适用于解决群体性纠纷。换言之，群体性民事纠纷发生时，如果通过诉讼

①江伟．民事诉讼法[M]．2版．北京：高等教育出版社、北京大学出版社，2004：116-117.

②群体诉讼制度在国外有三种类型：日本的选定当事人诉讼、德国的团体诉讼和美国的集团诉讼。

途径解决，则法院宜适用代表人诉讼形式。但有些群体性纠纷基于对某种特殊价值的追求或在性质上有其特殊之处，不适宜用代表人诉讼，例如，对于虚假陈述民事赔偿案件，人民法院应当采取单独或者共同诉讼的形式予以受理，不宜以集团诉讼的形式受理。①

2. 代表人诉讼的特征。(1)当事人一方人数众多。这里的人数众多，一般是指 10 人以上。

(2)由代表人代表全体当事人进行诉讼。人数众多的一方当事人选出 2~5 人作为代表人代表全体当事人参加诉讼，每位代表人可以委托 1~2 人作为诉讼代理人。

(3)裁判效力具有扩张性。所谓扩张性，是指法院对代表人诉讼的裁判不仅对代表人有效，而且对被代表的全体当事人有效，甚至对未参加权利登记、在诉讼时效内提起诉讼的权利人也有预决效力。而一般民事诉讼中的裁判，其效力只能直接约束参加诉讼的当事人。

3. 代表人诉讼的种类。我国民事诉讼中的代表人诉讼可分为人数确定的代表人诉讼和人数不确定的代表人诉讼。

（二）诉讼代表人概述

1. 诉讼代表人的概念及特征。诉讼代表人，是指由人数众多的一方当事人通过选定、商定或法院指定等方式所产生、为维护人数众多一方当事人的利益而进行诉讼活动的人。这种诉讼主体具有以下特征：

(1)诉讼代表人具有当事人和代表人的双重身份。作为当事人，诉讼代表人与案件有直接利害关系，与一般当事人一样受法院生效裁判的约束。作为代表人，其身份类似于诉讼代理人，代理其他当事人实施诉讼行为，但其诉讼行为的效力不仅及于代表人自己，而且一般也及于被代表的其他当事人和在诉讼时效期限内登记权利的人。该特征将诉讼代表人与法定代表人、诉讼代理人区别开来。

(2)诉讼代表人是代表未实际参加诉讼的当事人进行诉讼的人。

(3)诉讼代表人须由本方当事人推选或者由本方当事人与法院商定产生，特定情况下也可由法院指定。

2. 诉讼代表人的条件。我国民事诉讼法和司法解释对诉讼代表人应具备什么条件未作规定，但从理论上看，成为诉讼代表人应符合以下条件：(1)是本案的当事人，即与本案有利害关系。(2)具有诉讼行为能力，即成年且精神健康。(3)具备进行该诉讼的相应能力；(4)能够善意地履行诉讼代表人职责。

3. 诉讼代表人的权限与更换。在代表人诉讼中，诉讼代表人的权限相当于未被授予处分实体权利的诉讼代理人。代表人的诉讼行为对其所代表的当事人发生效力，但代表人变更、放弃诉讼请求或者承认对方当事人的诉讼请求，进行和解，必须经被代表的当事人同意。

①参见《最高人民法院关于受理证券市场因虚假陈述引发的民事侵权纠纷案件有关问题的通知》第 4 条的规定。

诉讼代表人在诉讼中若不能履行职责或滥用代表权时，可以将其更换，但这需要被代表人向法院提出更换申请。法院认为申请有理由的，应裁定中止诉讼，然后召集全体被代表人，通过推选、协商或法院指定重新确定诉讼代表人。新的诉讼代表人产生后，诉讼恢复。原诉讼代表人实施的诉讼行为，对更换后的诉讼代表人有拘束力。

4. 诉讼代表人与共同诉讼人、诉讼代理人的区别。代表人诉讼制度虽然建立在共同诉讼制度的基础上，但诉讼代表人与共同诉讼人仍然存有较大的区别：(1)人数不同。人数众多一方当事人可以推选2~5人为代表人；而共同诉讼人为2~10人。(2)是否亲自参加诉讼不同。在代表人诉讼中，人数众多的一方当事人产生了诉讼代表人后就可不必亲自参加诉讼，而共同诉讼人必须亲自参加诉讼。(3)诉讼行为的效力不同。除了变更、放弃诉讼请求或者承认对方当事人的诉讼请求，进行和解，必须经被代表的当事人同意外，代表人的诉讼行为对其所代表的当事人发生效力。但在必要共同诉讼中，其中一人的诉讼行为经其他共同诉讼人承认，对其他共同诉讼人发生效力；在普通共同诉讼中，其中一人的诉讼行为对其他共同诉讼人不发生效力。

代表人诉讼制度也吸收了诉讼代理制度的某些机能，但诉讼代表人与诉讼代理人也有区别：(1)诉讼代表人本身是当事人，与案件有利害关系；诉讼代理人则与诉讼结果没有法律上的利害关系。(2)诉讼代表人实施诉讼行为的目的，不仅为维护自己的利益，也为维护被代表的其他当事人的利益；而诉讼代理人实施诉讼行为只为维护被代理的当事人的利益。(3)诉讼代表人可由部分当事人推选产生，即由部分当事人授权，但其实施的诉讼行为对全体利害关系人有效；而诉讼代理人实施诉讼代理行为则必须有全体被代理人的授权。

诉讼代表人制度的价值和作用体现在：既为人数众多的共同诉讼人进行诉讼提供了可能，又简化了诉讼程序。

二、人数确定的代表人诉讼

人数确定的代表人诉讼，是指由起诉时人数已经确定的共同诉讼人推选出诉讼代表人，代替全体共同诉讼人参加诉讼的代表人诉讼。它应符合以下五个条件：

1. 当事人一方人数众多。人数众多，一般指10人以上。

2. 起诉时当事人人数已经确定。“确定”，是指人数虽然众多，但数字是明确具体的；且各共同诉讼人的姓名、住址等基本身份信息已经明确。

3. 诉讼标的同一或同类。多数一方当事人与对方当事人之间争议的诉讼标的是同一个法律关系或同类的法律关系。即多数一方当事人的内部关系，既可以是必要共同诉讼人的内部关系，也可以是普通共同诉讼人的内部关系。或者说，多数一方当事人相互之间可以有共同的权利义务关系，也可以没有共同的权利义务关系。

4. 诉讼代表人依法定方式产生。当事人一方人数众多在起诉时确定的，可以由全体当事人推选共同的代表人，也可以由部分当事人推选自己的代表人；推选不出代表人的当事人，在必要的共同诉讼中可以自己参加诉讼，在普通的共同诉讼中可以另行起诉。

5. 由诉讼代表人代表众多一方当事人实施诉讼行为。

三、人数不确定的代表人诉讼

（一）人数不确定的代表人诉讼的概念和条件

人数不确定的代表人诉讼，是指诉讼标的为同一种类，当事人一方人数众多且在起诉时尚未确定，由向法院登记的权利人选出代表人，代表全体当事人参加诉讼的代表人诉讼。它应符合以下几个条件：

1. 当事人一方人数众多，且起诉时尚未确定。这是与人数确定的代表人诉讼的根本区别。

2. 诉讼标的属同一种类。即多数一方当事人与对方当事人之间争议的民事法律关系有多个且性质属同种类型。众多一方当事人的内部，彼此之间没有共同的权利义务关系。只有在这种情况下，才能适用人数不确定的代表人诉讼。

3. 诉讼代表人依法定方式产生。在这类代表人诉讼中，诉讼代表人只能从向人民法院登记了权利的那部分当事人中选出来。根据《民诉法解释》第 77 条的规定，其产生方式有三：(1)选定。当事人一方人数众多在起诉时不确定的，由当事人推选代表人。(2)商定。当事人推选不出的，可以由人民法院提出人选与当事人协商。(3)指定。协商不成的，也可以由人民法院在起诉的当事人中指定代表人。

4. 由诉讼代表人代表众多一方当事人实施诉讼行为。

（二）人数不确定的代表人诉讼的特殊程序

1. 发布公告。当事人一方人数众多在起诉时人数尚未确定的，人民法院可以发出公告，说明案件情况和诉讼请求，通知权利人在一定期间向人民法院登记。这里的权利人，是指主观上认为自己享有权利的人。公告的方式，可以根据纠纷涉及的范围具体确定，如在法院公告栏张贴公告，或在报纸、电视等媒体上发布。公告期间根据案件的具体情况确定，但不得少于 30 日。

2. 权利人登记。登记的目的在于确定当事人的人数，以便为诉讼作准备。向人民法院登记的权利人，应当证明其与对方当事人的法律关系和所受到的损害。证明不了的，不予登记，权利人可以另行起诉。尽管权利人在登记时会提出权利请求，但因登记本身并不引起诉讼的发生和诉讼的系属，只是表明自己具有案件当事人的身份，因此权利人未在公告期内登记的，仅表明他不作为本次诉讼的当事人，对他的实体权利并不会产生不利的影响。登记的效果在于，已经登记的权利人有权推选诉讼代表人，也可以被推选为诉讼代表人，而没有登记的权利人则无此资格。

3. 裁判效力。法院对人数不确定的代表人诉讼审理后所作的裁判，其效力表现为三个方面：(1)对参加诉讼的诉讼代表人有效。诉讼代表人为适格当事人，与案件处理结果有利害关系，法院对此类诉讼的裁判自然对其具有拘束力。(2)对未参加诉讼但已经登记的权利人有效。法院就此类诉讼作出的判决、裁定，对参加登记的全体权利人发生效力。法院的裁判在登记的范围内执行。(3)对未参加诉讼也未参加登记的权利人有预决效力。即未参加登记的权利人在诉讼时效期间内提起诉讼，法院认定其诉讼请求成立的，直接裁定适用法院已作出的判决、裁定，而无须另行审理和裁判。

第五节 诉讼第三人

一、第三人的概念和特征

民事诉讼的第三人，是指对原告和被告所争议的诉讼标的主张全部或部分独立的请求权，或者虽然没有独立的请求权，但与案件的处理结果有法律上的利害关系，而参加到正在进行的诉讼中的人。第三人是原告与被告之外参与诉讼的人，数量上既可以是一人，也可以是两人以上。其特征如下：

1. 参加诉讼的根据是对本诉的诉讼标的主张独立的请求权，或者虽然没有独立的请求权，但与案件的处理结果有法律上的利害关系。

2. 参加到正在进行的本诉中。第三人是“两造”之外的人，是加入到别人的诉讼中的人。第三人加入本诉的时间，是本诉开始之后，案件审理终结前。根据《民诉法解释》第81条第2款的规定，第三人参加诉讼一般应在第一审程序之中，但如果第三人在第一审程序中未参加诉讼，而申请参加第二审程序的，人民法院可以准许。只不过第三人在第二审程序中参加诉讼时，只能与本诉的原告和被告达成调解协议，从而解决纠纷，这样便不涉及第三人的上诉权问题。如果不能达成调解协议的，二审法院应撤销一审判决，发回重审。

3. 有独立的诉讼地位。第三人既不同于共同诉讼人、诉讼代表人，又不同于其他诉讼参与人，而属于广义当事人，有独立的诉讼地位。在诉讼中，他或者作为第三方当事人，与本诉中的原告、被告进行诉讼；或者在形式上辅助一方当事人，与另一方当事人进行诉讼。

4. 与案件有利害关系。这种利害关系来源于两种情形：一是原告和被告对诉讼标的的争议，会使第三人的利益受到侵害；二是法院对本诉的处理结果会影响第三人的利益。

设置第三人制度的意义，在于简化诉讼程序进而节约诉讼成本，彻底解决彼此有联系的纠纷，维护利害关系人的合法权益。

以是否主张独立请求权为标准，可以将第三人分为有独立请求权的第三人和无独立请求权的第三人。

二、有独立请求权的第三人

（一）有独立请求权第三人的概念和特征

有独立请求权的第三人，是指对原告和被告争议的诉讼标的的全部或部分，以独立的实体权利人的资格，提出诉讼请求而参加诉讼的人。其特征有：

1. 参诉方式：起诉。《民诉法解释》第 81 条规定，有独立请求权的第三人有权向人民法院提出诉讼请求和事实、理由，成为当事人。这就是说，有独立请求权的第三人以起诉的方式参加诉讼，其提起的诉讼称为参加之诉。在参加之诉中，原告为有独立请求权的第三人，被告为本诉的原告和被告。

2. 参诉根据：对诉讼标的有独立请求权，即主张独立的实体权利。有独立请求权的第三人的诉讼请求，既不同于本诉原告的诉讼请求，也不同于本诉被告的答辩主张。这种独立请求权可以是对本诉的诉讼标的主张全部的实体权利，也可以是主张部分的实体权利。因此，理论上把有独立请求权的第三人分为有全部独立请求权的第三人和有部分独立请求权的第三人。

3. 诉讼地位：实际上为原告。有独立请求权的第三人在参加之诉中的地位就是原告，是诉讼的当事人。参加之诉与本诉是两个独立且有一定牵连关系的诉，法院为了诉讼经济的目的而将两个诉合并起来加以审理，并同时就两个诉的诉讼请求作出判定。参加之诉的独立性决定了有独立请求权的第三人的诉讼地位的独立性。这具体体现在：(1)参加之诉与本诉是可分之诉，即有独立请求权的第三人既可以在本诉进行中单独提起参加之诉，也可以在本诉审理终结后另行起诉。基于此，有独立请求权的第三人在诉讼中也持有很强的独立性，可以提出主张，提供证据，开展辩论和提起上诉等，并且本诉原告和被告的任何诉讼行为都不对其产生拘束的效力。(2)本诉的撤回不影响参加之诉的继续存在。本诉撤回后，本诉中的原告和被告丧失其诉讼地位，转变成参加之诉中的被告，而有独立请求权的第三人则转变为典型的原告。(3)有独立请求权的第三人在诉讼中应独立承担诉讼结果。不过，除调解外，与本诉原告和被告所承担的诉讼结果总是相反的。如果法院裁判肯定了第三人的主张，确定了有利于第三人的诉讼结果，就必然会同时否定本诉原告、被告的相应请求，使其遭致败诉的结局，反之亦然。①

4. 诉讼权利：有独立请求权的第三人的诉讼地位相当于原告，因此享有原告的诉讼权利，也应履行原告的诉讼义务。

5. 维权方式：既反对原告的主张，也反对被告的主张。在诉讼中，有独立请求权的第三人既对抗本诉的原告，又对抗本诉的被告，即无论本诉的原告胜诉还是被告胜诉，都将损害其利益。因此，在参加之诉中，有独立请求权的第三人都必须将本诉的原告和被告作为被告。

---

①江伟．民事诉讼法[M]．2 版．北京：高等教育出版社、北京大学出版社，2004：124.

（二）有独立请求权第三人参加诉讼的条件

1. 对本诉中的原告和被告争议的诉讼标的认为有全部或部分的独立请求权。所谓独立请求权，是指第三人认为本诉中原告和被告之间争议的民事法律关系的客体，其合法权益全部或部分归自己享有。全部的独立请求权是指该第三人的请求的内容是全部否定本诉原告和被告的实体权利；部分的独立请求权则是指该第三人的请求的内容是部分否定原告和被告的实体权利。这种独立请求权的实体权利依据一般是物上请求权，即物权请求权，通常表现为第三人对他人之间争执的标的物主张所有权。

2. 本诉正在进行。

3. 以起诉的方式参加诉讼。参加之诉应当符合民事诉讼法关于起诉的条件，也应当预交案件受理费；参加之诉提起后也可以撤回。

三、无独立请求权的第三人

（一）无独立请求权第三人的概念和诉讼地位

无独立请求权第三人，是指在本诉进行的过程中，对原告和被告争议的诉讼标的虽然没有独立的请求权，但案件的处理结果与其有法律上的利害关系，为了维护自己的利益而参加到原告一方或被告一方进行诉讼的人。其特征如下：

（1）参诉方式：申请参加或通知参加。根据《民诉法解释》第 81 条的规定，无独立请求权的第三人，可以申请或者由人民法院通知参加诉讼。其参加诉讼的时间是本诉已经开始但尚未终结之前，一般也是在第一审程序中参加。

（2）参诉根据：对本诉的诉讼标的没有独立的请求权，但与案件处理结果有法律上的利害关系。所谓没有独立的请求权，是指对本诉原告和被告争议的实体权利不能以实体权利人的资格提出新的诉讼。所谓与案件处理结果有法律上的利害关系，是指案件的判决或调解的结果可能导致其享有某种民事实体权利或承担一定的民事义务。这种利害关系来源于无独立请求权的第三人与原告或被告之间存在另一民事法律关系。例如，甲装修公司为乙单位装修办公用房，装修完工时经检验不符合质量要求，乙单位拒绝支付装修款并要求甲公司返工和赔偿损失，于是甲乙之间形成纠纷，乙单位将甲公司诉讼到法院。在诉讼进行中，被告甲公司辩称，其依装修设计图施工，不存在偷工减料的行为，不是装修质量问题的成因。该房屋装修质量问题应是装修材料存在问题所致，而甲公司的装修材料购买于丙建材公司。于是法院通知丙公司以无独立请求权的第三人的身份参加诉讼。该案三方当事人之间存在两个民事法律关系，即：原告与被告之间存在一个装修合同关系，被告与第三人之间存在另一个建材买卖合同关系。假使法院在第一个法律关系即装修合同关系中判决被告甲公司败诉，则甲公司基于建材买卖合同关系必然要追究丙公司的责任。正是因为有第二个法律关系的存在，才使得无独立请求权的第三人与案件处理结果形成了利害关系，也才使得无独立请求权的第三人参加诉讼具有了必要性。依据该第二个法律关系给无独立请求权的第三人带来的诉讼结果是获得或失去某种权利还是承担某种义务，可将无独立请求权的第三人分为义务型无独立请求权的第三人和权利型无独立请求权的第三人。审判实务中最常见的是义务型无独立请求权第三人。此类第三人常常是辅助被告进行诉讼，目的是为了避免被告败诉后向自己追偿才参加诉讼的。[①]

(3)诉讼地位：作为广义的当事人，无独立请求权的第三人一般居于诉讼参加人的诉讼地位，只在特定情况下才居于完整意义上的当事人的诉讼地位。具体可从以下几个方面理解：①不具有与当事人完全相同的诉讼地位。虽然无独立请求权的第三人的参诉目的是为了维护自己的合法权益，但其路径则是支持与其存在法律关系的一方当事人使其胜诉而维护自身权益，其并未向法院提出任何诉讼请求，因此，无论其是参加原告一方进行诉讼，还是参加被告一方进行诉讼，都不具有与当事人完全相同的诉讼地位。②没有明确的角色定位。无独立请求权的第三人因本诉的处理结果而享有一定的民事实体权利时，其诉讼地位相当于原告；因本诉的处理结果而承担一定的民事义务时，其诉讼地位则相当于被告。这与有独立请求权的第三人明确地处于原告的诉讼地位不同。③其诉讼地位具有一定的从属性和相对的独立性。无独立请求权的第三人参加一方当事人进行诉讼的目的是为了帮助被参加一方赢得诉讼，因而不得实施与参加人地位和参加目的相悖的诉讼行为，诉讼权利受到限制。但其作为广义的当事人，又享有一些独立的诉讼权利，[②] 如委托诉讼代理人的权利、陈述权、辩论权、取证权、质证权等。④特定情况下可以取得与本诉当事人完全相同的诉讼地位，即法院判决承担民事责任的无独立请求权的第三人，有当事人的诉讼权利义务。

(4)诉讼权利：受有限制。无独立请求权的第三人不享有以下诉讼权利：在一审诉讼中，无独立请求权的第三人无权提出管辖异议，无权放弃、变更诉讼请求或者申请撤诉，无权提起反诉；同时，附条件地享有上诉权，即被判决承担其民事责任时，才有权提起上诉，法院没有判决其承担民事责任时，则不享有上诉权。

(5)维权方式：反对一方，支持一方。即支持与其存在法律关系的一方与另一方进行对抗，避免被支持一方败诉而达到维护自己合法权益的目的。

（二）可列为无独立请求权第三人的情形

1. 债权人以次债务人为被告向人民法院提起代位权诉讼，未将债务人列为第三人的，人民法院可以追加债务人为第三人。

---

①有学者将无独立请求权的第三人分为辅助型第三人和被告型第三人。前者是指对已经开始的诉讼有法律上的利害关系的第三人，为辅助一方当事人胜诉并为保护自己之利益，在诉讼过程中申请参加到该诉讼中来的人。后者是指由于要在实体法上承担民事责任，该第三人与他人之间的法律关系实际上已经成为诉讼标的，是法院审理和判断的对象。被告型无独立请求权第三人的特点是：(1)有当事人的诉讼地位。(2)不是本诉任何一方当事人的共同诉讼人，与他人之间没有同一的诉讼标的。(3)因其在诉讼中要承担责任，因此一审法院判决其承担民事责任时就享有上诉权。参见王福华．民事诉讼法学[M]．2版．2015：147.

②法考统编教材将无独立请求权的第三人的诉讼地位的独立性归纳为以下几个方面：(1)无独立请求权第三人以自己名义参加诉讼；(2)无独立请求权第三人可以独立地行使诉讼权利，承担诉讼义务，不受他人制约；(3)在一审判决中，无独立请求权第三人承担实体义务的，享有上诉权；(4)本诉讼的原告和被告之间的调解涉及无独立请求权第三人承担实体义务时，应由该无独立请求权第三人参加。

2. 债权人提起撤销权诉讼时只以债务人为被告，未将受益人或者受让人列为第三人的，人民法院可以追加该受益人或者受让人为第三人。

3. 债权人转让合同权利后，债务人与受让人之间因履行合同发生纠纷诉至人民法院，债务人对债权人的权利提出抗辩的，可以将债权人列为第三人。

4. 经债权人同意，债务人转移合同义务后，受让人与债权人之间因履行合同发生纠纷诉至人民法院，受让人就债务人对债权人的权利提出抗辩的，可以将债务人列为第三人。

5. 合同当事人一方经对方同意将其在合同中的权利义务一并转让给受让人，对方与受让人因履行合同发生纠纷诉至人民法院，对方就合同权利义务提出抗辩的，可以将出让方列为第三人。

6. 有保证的债务合同发生纠纷，债务人对债权人提起诉讼，债权人提起反诉的，保证人可以作为第三人参加诉讼。

7. 因运输者、仓储者等第三人的过错使产品存在缺陷，造成他人损害的，产品的生产者、销售者赔偿后，有权向第三人追偿。即受害人起诉生产者或销售者时，法院可以通知有过错的运输者或仓储者等作为无独立请求权的第三人参加诉讼。

8.《劳动法》第99条规定："用人单位招用尚未解除劳动合同的劳动者，对原用人单位造成经济损失的，该用人单位应当依法承担连带赔偿责任。"据此，若原用人单位起诉劳动者，可以列新用人单位为无独立请求权的第三人；若其起诉新用人单位，则可列劳动者为无独立请求权的第三人。①

（三）不得追加为无独立请求权第三人的情形

1. 人民法院对与原被告双方争议的诉讼标的无直接牵连和不负有返还或者赔偿等义务的人，不得作为无独立请求权的第三人通知其参加诉讼。

2. 人民法院对与原告或被告约定仲裁或有约定管辖的案外人，或者专属管辖案件的一方当事人，不得作为无独立请求权的第三人通知其参加诉讼。

3. 人民法院在审理产品质量纠纷案件中，对原被告之间法律关系以外的人，证据已证明其已经提供了合同约定或者符合法律规定的产品的，或者案件中的当事人未在规定的质量异议期内提出异议的，或者作为收货方已经认可该产品质量的，不得作为无独立请求权的第三人通知其参加诉讼。

4. 人民法院对已经履行了义务，或者依法取得了一方当事人的财产，并支付了相应对价的原被告之间法律关系以外的人，不得作为无独立请求权的第三人通知其参加诉讼。

---

①最高人民法院《关于审理劳动争议案件适用法律若干问题的解释（一）》第11条规定："用人单位招用尚未解除劳动合同的劳动者，原用人单位与劳动者发生的劳动争议，可以列新的用人单位为第三人。原用人单位以新的用人单位侵权为由向人民法院起诉的，可以列劳动者为第三人。原用人单位以新的用人单位和劳动者共同侵权为由向人民法院起诉的，新的用人单位和劳动者列为共同被告。"

（四）无独立请求权第三人的程序救济

无独立请求权第三人在诉讼中往往处于被动的地位，其诉讼权利难以得到应有的重视与尊重。因此，应为其提供相应的程序救济途径。

1. 虽在一审诉讼中，无独立请求权的第三人无权提出管辖异议，无权放弃、变更诉讼请求或者申请撤诉，但如果一审法院判决其承担民事责任，他就有权提起上诉。

2. 根据《民诉法解释》第 150 条的规定，人民法院调解民事案件，需由无独立请求权的第三人承担责任的，应当经其同意。该第三人在调解书送达前反悔的，人民法院应当及时裁判。

3. 在法定情况下，可以提起第三人撤销之诉。

四、第三人撤销之诉

（一）第三人撤销之诉的概念与意义

第三人撤销之诉，是指因不能归责于本人的事由未参加诉讼的第三人，针对法院作出的存在错误且损害其利益的判决、裁定或调解书，将该生效法律文书的双方当事人作为被告，以起诉的方式，请求法院撤销或改变原生效法律文书中对其不利部分的诉讼。《民事诉讼法》第 56 条第 3 款对第三人撤销之诉作了原则规定，《民诉法解释》第十四部分则对其作了较为详细的规定。

设置第三人撤销之诉的意义体现在：(1)为事先未能参加诉讼因而未获得程序保障的第三人提供事后救济。(2)有利于规制恶意诉讼与虚假诉讼。

（二）第三人撤销之诉的特征

1. 一种事后救济机制。民事诉讼法把第三人撤销之诉制度与第三人制度合并规定在一起，这就在立法层面将面向第三人提供的事前救济与事后救济结合起来，使第三人制度体系化而形成对第三人的诉讼中与诉讼后的全面保护；

2. 一种特殊的、非通常的救济机制；

3. 一种以保护第三人的民事实体权益为主要目的的诉讼程序；

4. 第三人撤销之诉的提起主体具有法定性与特定性。

（三）提起第三人撤销之诉的条件

1. 因不能归责于本人的事由未参加诉讼。这是指没有被列为生效判决、裁定、调解书当事人，且无过错或者无明显过错的情形。具体包括：(1)不知道诉讼而未参加的；(2)申请参加未获准许的；(3)知道诉讼，但因客观原因无法参加的；(4)因其他不能归责于本人的事由未参加诉讼的。在原诉讼中，基于以上原因，第三人被排除在外，失去了向法院主张权利、提供证据、进行辩论进而维护自己合法权益的机会。允许其提起撤销之诉，实际上是为第三人提供补救的机会。

2. 生效的判决、裁定、调解书的全部或者部分内容错误。这里的判决、裁定、调解书的部分或者全部内容，是指判决、裁定的主文，调解书中处理当事人民事权利义务的结果，不包括判决书的理由部分。内容错误主要是指这些生效法律文书缺乏事实基础，尤其是根据原被告双方当事人主张的虚假事实、提供的虚假证据作出的。

3. 发生法律效力的判决、裁定、调解书内容错误损害其民事权益。

4. 须提供相应的证据材料。提供证据材料的目的是为了证明发生法律效力的判决、裁定、调解书的部分或者全部内容错误且损害其民事权益，却因不能归责于本人的事由未参加诉讼，即证明符合第 1、2、3 个条件。

5. 须在法定期限内提起诉讼。即第三人须在自知道或者应当知道其民事权益受到错误的生效法律文书损害之日起 6 个月内起诉。

6. 须向有管辖权的法院起诉。即第三人撤销之诉须向作出生效判决、裁定、调解书的人民法院提出。

（四）第三人撤销之诉的程序

1. 诉讼主体。确定第三人提起撤销之诉的当事人，人民法院应当将该第三人列为原告，生效判决、裁定、调解书的当事人列为被告，但生效判决、裁定、调解书中没有承担责任的无独立请求权的第三人列为第三人。

2. 诉讼客体。即第三人撤销之诉的诉讼对象是损害了第三人民事权益的发生法律效力且有错误的判决、裁定、调解书。

3. 起诉与受理。由于第三人撤销之诉很可能会影响生效裁判的既判力，因此应慎重对待。这在审查起诉方面体现在：(1)审查起诉的方式较为特别。人民法院应当在收到起诉状和证据材料之日起 5 日内送交对方当事人，对方当事人可以自收到起诉状之日起 10 日内提出书面意见。人民法院应当对第三人提交的起诉状、证据材料以及对方当事人的书面意见进行审查。必要时，可以询问双方当事人。(2)审查起诉的期限较长。经审查，符合起诉条件的，人民法院应当在收到起诉状之日起 30 日内立案；不符合起诉条件的，应当在收到起诉状之日起 30 日内裁定不予受理。

此外，法院在审查起诉时，发现有对下列情形提起第三人撤销之诉的，应不予受理：(1)适用特别程序、督促程序、公示催告程序、破产程序等非讼程序处理的案件；(2)婚姻无效、撤销或者解除婚姻关系等判决、裁定、调解书中涉及身份关系的内容；(3)起诉时人数不确定的代表人诉讼中未参加登记的权利人对代表人诉讼案件的生效裁判；(4)损害社会公共利益行为的受害人对公益诉讼案件的生效裁判。

4. 审理与判决。

(1)适用第一审普通程序，采取合议制进行审理。合议庭的组成，既可以另行组成，也可以吸收原审审判人员参与。

(2)第三人撤销之诉与执行的关系：提起第三人撤销之诉，可以在执行程序之前，也可以在执行过程中。如果已进入执行程序，在第三人撤销之诉的审理过程中，原则上不中止执行，但原告提供相应担保，请求中止执行的，法院可以准许。

(3)第三人撤销之诉的审级。第三人撤销之诉是两审终审制，当事人对一审法院所作出的判决不服的，可以提起上诉。

(4)审理结果及裁判效力。对第三人撤销或者部分撤销发生法律效力的判决、裁定、调解书内容的请求，人民法院经审理，按下列情形分别处理：

①改判。请求成立且确认其民事权利的主张全部或部分成立的，改变原判决、裁定、调解书内容的错误部分；

②撤销错误部分。请求成立，但确认其全部或部分民事权利的主张不成立，或者未提出确认其民事权利请求的，撤销原判决、裁定、调解书内容的错误部分；

③驳回诉讼请求。请求不成立的，驳回诉讼请求。

原判决、裁定、调解书的内容未改变或者未撤销的部分继续有效。

由上可见，第三人撤销之诉在性质上属于变更之诉。但从最终的审理结果看，法院所作出的判决可能是变更判决，也可能是确认判决。

（五）第三人撤销之诉与案外人申请再审、案外人执行异议的关系

1. 第三人撤销之诉与案外人申请再审的关系。第三人撤销之诉与案外人申请再审是两个独立的不同的程序，都是向第三人提供事后救济的纠错程序。两者都是在程序的安定性与司法正义之间存有冲突并达到不可调和的程度时基于法定的原因和理由对已经生效且存在某种错误的裁判进行救济，予以全部或部分纠正的程序。针对同一生效判决、裁定或调解书，可能出现第三人撤销之诉与案外人申请再审并列的情况，此时法院不可能同时启动两种程序进行审理。根据《民诉法解释》第 301 条、第 302 条的规定，两者的关系表现为：

(1)以再审程序吸收第三人撤销之诉为原则。即：将第三人诉讼请求并入再审程序审理。第三人撤销之诉案件审理期间，法院对生效判决、裁定、调解书裁定再审的，受理第三人撤销之诉的法院应当裁定将第三人的诉讼请求并入再审程序。

第三人诉讼请求并入再审程序审理的，按照下列情形分别处理：①按照第一审程序审理的，人民法院应当对第三人的诉讼请求一并审理，所作的判决可以上诉；②按照第二审程序审理的，人民法院可以调解，调解达不成协议的，应当裁定撤销原判决、裁定、调解书，发回一审法院重审，重审时应当列明第三人。

(2)例外情形。即有证据证明原审当事人之间恶意串通损害第三人合法权益的，人民法院应当先行审理第三人撤销之诉案件，裁定中止再审诉讼。此时，法院先行审理第三人撤销之诉案件正是体现法律设立该制度的价值追求即规制恶意诉讼的。

2. 第三人撤销之诉与案外人执行异议的关系。第三人撤销之诉与案外人执行异议也可能发生交集。第三人提起撤销之诉后，未中止生效判决、裁定、调解书执行的，执行法院对第三人依照《民事诉讼法》第 227 条规定提出的执行异议(即案外人对执行标的的异议)，应予审查。第三人不服驳回执行异议裁定，申请对原判决、裁定、调解书再审的，人民法院不予受理。

案外人对人民法院驳回其执行异议裁定不服，认为原判决、裁定、调解书内容错误损害其合法权益的，应当根据《民事诉讼法》第 227 条规定申请再审，提起第三人撤

销之诉的，人民法院不予受理。

综合上述，第三人提起撤销之诉、案外人提出执行异议、案外人申请再审的关系可归纳为：(1)案外人先提出第三人撤销之诉的，可以提出执行异议，但不能申请再审。(2)案外人先提出执行异议的，不服异议裁定，只能申请再审，不能提起第三人撤销之诉。(3)如果原生效裁判文书未进入执行程序，案外人认为损害其合法民事权益的，只能提起第三人撤销之诉，不能提出执行异议和以案外人身份申请再审。

第六节 民事公益诉讼

一、民事公益诉讼的概念和特征

民事公益诉讼，是指对损害国家和社会公共利益的违法行为，由法律规定的国家机关和有关组织向有管辖权的法院提起民事诉讼来追究违法者的法律责任并进而维护社会公共利益的诉讼活动。其特征有：

1. 诉讼目的是为维护社会公共利益。

2. 起诉主体具有法定性、特殊性、广泛性。法定性，是指起诉主体的资格由法律明文授予，法律未授权的不得提起公益诉讼。特殊性，是指起诉主体与案件不一定有直接的利害关系。广泛性，是指民事公益诉讼的原告包括法律规定的机关和有关组织，特别是检察机关被明确为民事公益诉讼的起诉主体。

3. 民事公益诉讼的提起并不以存在实际损害为前提条件，对那些给公共利益造成潜在危害的不法行为也可以提起民事公益诉讼。

4. 一些程序具有特殊性。国家对民事公益诉讼干预较强，使其一些诉讼程序具有一定的特殊性。例如，禁止被告提起反诉，和解或调解协议需要公告，撤诉受到严格限制，等等。

5. 判决效力具有扩张性。

二、提起民事公益诉讼的条件

1. 起诉主体为环境保护法、消费者权益保护法等法律规定的机关和有关组织。即原告有两类：(1)法律规定的国家机关，包括行政机关和检察机关。2017 年 6 月修订的民事诉讼法，在第 55 条增加一款："人民检察院在履行职责中发现破坏生态环境和资源保护、食品药品安全领域侵害众多消费者合法权益等损害社会公共利益的行为，在没有前款规定的机关和组织或者前款规定的机关和组织不提起诉讼的情况下，可以向人民法院提起诉讼。前款规定的机关或者组织提起诉讼的，人民检察院可以支持起诉。"(2)有关组织。公民个人不能提起民事公益诉讼。

2. 污染环境、侵害众多消费者合法权益等损害社会公共利益的行为已经发生。

3. 有明确的被告。

4. 有具体的诉讼请求。

5. 有社会公共利益受到损害的初步证据。

6. 属于人民法院受理民事诉讼的范围和受诉人民法院管辖。

三、民事公益诉讼程序的特别规定

（一）原告资格的特别规定

原告资格，即谁可以提起民事公益诉讼，由法律明确规定。法律未授予起诉主体资格的，不得提起民事公益诉讼。

（二）管辖

公益诉讼案件由侵权行为地或者被告住所地中级人民法院管辖，但法律、司法解释另有规定的除外。因污染海洋环境提起的公益诉讼，由污染发生地、损害结果地或者采取预防污染措施地海事法院管辖。

对同一侵权行为分别向两个以上人民法院提起公益诉讼的，由最先立案的人民法院管辖，必要时由它们的共同上级人民法院指定管辖。

（三）民事公益诉讼与行政执法相衔接

人民法院受理公益诉讼案件后，应当在10日内书面告知相关行政主管部门。这里，被告知的行政主管部门是指对被告实施的损害社会公共利益的违法行为负有监督管理职责的部门。它们在收到告知后，很可能会启动行政执法程序对被告的违法行为实施行政处罚或进行其他行政处理。

（四）其他有权提起公益诉讼的原告参与诉讼

人民法院受理公益诉讼案件后，依法可以提起诉讼的其他机关和有关组织，可以在开庭前向人民法院申请参加诉讼。人民法院准许参加诉讼的，列为共同原告。

（五）限制原告自认与被告反诉

《民诉法解释》第92条规定："一方当事人在法庭审理中，或者在起诉状、答辩状、代理词等书面材料中，对于己不利的事实明确表示承认的，另一方当事人无需举证证明。对于涉及身份关系、国家利益、社会公共利益等应当由人民法院依职权调查的事实，不适用前款自认的规定。自认的事实与查明的事实不符的，人民法院不予确认。"可见，在公益诉讼中，原告承认了被告所主张的对原告不利的事实或证据，而法院认为原告的自认损害了社会公共利益，法院将不予确认原告的自认。

基于公益诉讼的性质和特点，禁止被告对公益诉讼提起反诉。

（六）对和解、调解和撤诉的特别规定

对公益诉讼案件，当事人可以和解，人民法院可以调解。当事人达成和解或者调解协议后，人民法院应当将和解或者调解协议进行公告。公告期间不得少于30日。公

告期满后，人民法院经审查，和解或者调解协议不违反社会公共利益的，应当出具调解书；和解或者调解协议违反社会公共利益的，不予出具调解书，继续对案件进行审理并依法作出裁判。这主要是强调让公众知情，以便加强公众对公益诉讼的监督。

公益诉讼案件的原告在法庭辩论终结后申请撤诉的，人民法院不予准许。这里的撤诉，要强调以不损害社会公共利益为前提。

（七）公益诉讼与私益诉讼的关系

人民法院受理公益诉讼案件，不影响同一侵权行为的受害人根据《民事诉讼法》第119条规定提起诉讼。如果公益诉讼被告的侵权行为既损害了公共利益，也损害了私人利益，那么，公益诉讼与私益诉讼可以并行不悖。但法院不能把公益诉讼与私益诉讼合并审理。不过，私益诉讼的原告可以"搭便车"，即如果法院在公益诉讼生效裁判中就被告侵权行为与损害结果之间是否存在因果关系等方面作出对私益诉讼原告有利的认定，私益诉讼的原告在诉讼中可以主张直接适用。①

（八）公益诉讼裁判效力的扩张性

公益诉讼案件的裁判发生法律效力后，其他依法具有原告资格的机关和有关组织就同一侵权行为另行提起公益诉讼的，人民法院裁定不予受理，但法律、司法解释另有规定的除外。

▶ 典型真题

1. 精神病人姜某冲入向阳幼儿园将入托的小明打伤，小明的父母与姜某的监护人朱某及向阳幼儿园协商赔偿事宜无果，拟向法院提起诉讼。关于本案当事人的确定，下列哪一选项是正确的？（2016-03-36，单选）②

A. 姜某是被告，朱某是无独立请求权第三人

B. 姜某与朱某是共同被告，向阳幼儿园是无独立请求权第三人

C. 向阳幼儿园与姜某是共同被告

D. 姜某、朱某、向阳幼儿园是共同被告

2. 根据民事诉讼理论和相关法律法规，关于当事人的表述，下列哪些选项是正确的？（2014-03-81，多选）③

A. 依法解散、依法被撤销的法人可以自己的名义作为当事人进行诉讼

B. 被宣告为无行为能力的成年人可以自己的名义作为当事人进行诉讼

C. 不是民事主体的非法人组织依法可以自己的名义作为当事人进行诉讼

D. 中国消费者协会可以自己的名义作为当事人，对侵害众多消费者权益的企业提起公益诉讼

---

①宋朝武．民事诉讼法学［M］．北京：高等教育出版社，2017：287.

②【参考答案】D。

③【参考答案】BCD。

第六章　诉讼代理人

考点分布

1. 诉讼代理人的特点；（★★）
2. 诉讼代理人的权限；（★★★）
3. 诉讼代理人的范围；（★★）
4. 离婚案件中诉讼代理的特别规定。（★★）

知识讲解

一、诉讼代理人概述

（一）诉讼代理人的概念和特点

诉讼代理人，是指根据法律规定或当事人的委托，以当事人的名义，在法定或委托的权限内代当事人实施民事诉讼行为的人。该概念涉及代理权限和代理行为两个名词。所谓代理权限，是指诉讼代理人代当事人进行民事诉讼活动的权限范围；所谓代理行为，是指代理人代当事人实施的诉讼行为，包括代为诉讼行为和代受诉讼行为两个方面。我国民事诉讼法把诉讼代理人分为法定诉讼代理人和委托诉讼代理人两类。

诉讼代理人具有以下特点：(1)以被代理人的名义进行诉讼活动。(2)诉讼代理人应有诉讼行为能力。(3)须在代理权限内实施诉讼行为。(4)诉讼代理的法律后果由被代理人承担。(5)在同一诉讼中，不能代理双方当事人进行诉讼活动。

（二）民事诉讼代理制度的作用

1. 正确实施诉讼行为。
2. 保障当事人的诉讼权利。
3. 通过诉讼代理实现当事人与法院之间的协同关系。
4. 补充和扩张当事人诉讼能力的不足。

二、法定诉讼代理人

（一）法定诉讼代理人的概念及范围

法定诉讼代理人，是指根据法律规定，代理无诉讼行为能力的当事人实施诉讼行为的人。其基本特征在于其代理权的取得，是基于法律的直接规定而不是基于当事人的委托。

在法定诉讼代理关系中，被代理人是无诉讼行为能力的当事人。因此法定诉讼代理人的范围，一般与其监护人的范围一致。《民诉法解释》第 83 条规定，在诉讼中，无民事行为能力人、限制民事行为能力人的监护人是他的法定代理人。事先没有确定监护人的，可以由有监护资格的人协商确定；协商不成的，由人民法院在他们之中指定诉讼中的法定代理人。

《民法总则》第 32 条规定，没有依法具有监护资格的人的，监护人由民政部门担任，也可以由具备履行监护职责条件的被监护人住所地的居民委员会、村民委员会担任。可见，法定诉讼代理人一般为自然人，但作为例外，民政部门或组织也可以作为法定诉讼代理人。对此，《民诉法解释》第 83 条规定，当事人没有父母等监护人的，法院可以指定有关组织担任诉讼中的法定代理人。

（二）法定诉讼代理人的代理权限

法定诉讼代理人在诉讼中具有与当事人类似的诉讼地位，享有包括处分被代理人实体权利在内的广泛的诉讼权利。其代理权限具有以下特点：

1. 法定代理权源自监护权。

2. 法定诉讼代理是一种全权代理。法定诉讼代理人在诉讼中的意思表示被视为代理人的意思表示，法定诉讼代理人的诉讼行为与当事人的诉讼行为具有同等的效力。法定代理人无需被代理人的授权即可自由处分当事人的诉讼权利和实体权利，但其与当事人仍然存在区别：(1)法定诉讼代理人只能以当事人的名义起诉或应诉；(2)裁判所针对的是当事人，而不是法定诉讼代理人；(3)在诉讼中，如果法定诉讼代理人死亡，法院可以另行指定监护人作为法定诉讼代理人继续诉讼，而不一定中止或终结诉讼。

3. 法定诉讼代理人的权利义务相适应。法定诉讼代理人在享有诉讼权利的同时也应履行当事人所应承担的一切诉讼义务，否则，将承担相应的法律后果。例如，无诉讼行为能力人的法定代理人经传票传唤无正当理由拒不到庭的，如属原告方，可按撤诉处理；如属被告方，则可缺席判决。给国家、集体或他人造成损害的未成年人的法定代理人，如其必须到庭，经两次传票传唤无正当理由拒不到庭的，可以适用拘传。

（三）法定诉讼代理权的取得和消灭

法定诉讼代理权产生于监护权，代理诉讼是监护权的内容之一。因此，法定诉讼代理权的取得依赖于监护权的取得。

法定诉讼代理人的代理权因监护权的消灭而消灭。引起监护权消灭的情形包括：(1)被监护人取得或恢复了民事行为能力；(2)监护人死亡或丧失了民事行为能力；(3)因离婚或解除收养关系，监护人失去监护权；(4)诉讼结束；(5)其他导致法定诉讼代理权消灭的情况。

如果法定诉讼代理人在诉讼过程中的监护权消灭，应当及时将法定诉讼代理权消灭的事实告知法院，并退出诉讼。

三、委托诉讼代理人

（一）委托诉讼代理人的概念和特点

委托诉讼代理人，是指根据当事人、法定代表人或法定代理人的委托，以当事人的名义代为诉讼的人。其特点：(1)诉讼代理权来源于委托人的委托。(2)诉讼代理的权限范围和代理事项由被代理人决定。(3)委托诉讼代理人必须具有诉讼行为能力。

（二）委托诉讼代理人的范围

1. 可以担任委托诉讼代理人的人。

(1)律师、基层法律工作者。

(2)当事人的近亲属或者工作人员。与当事人有夫妻、直系血亲、三代以内旁系血亲、近姻亲关系以及其他有抚养、赡养关系的亲属，可以当事人近亲属的名义作为诉讼代理人。与当事人有合法劳动人事关系的职工，可以当事人工作人员的名义作为诉讼代理人。

(3)当事人所在社区、单位以及社会团体推荐的公民。有关社会团体推荐公民担任诉讼代理人的，应当符合下列条件：①社会团体属于依法登记设立或者依法免予登记设立的非营利性法人组织；②被代理人属于该社会团体的成员，或者当事人一方住所地位于该社会团体的活动地域；③代理事务属于该社会团体章程载明的业务范围；④被推荐的公民是该社会团体的负责人或者与该社会团体有合法劳动人事关系的工作人员。专利代理人经中华全国专利代理人协会推荐，可以在专利纠纷案件中担任诉讼代理人。

2. 不得担任委托诉讼代理人的人。无民事行为能力人、限制民事行为能力人以及其他依法不能作为诉讼代理人的，当事人不得委托其作为诉讼代理人。

（三）委托诉讼代理人的代理权限与诉讼地位

1. 代理权限。委托诉讼代理人的代理权限，来源于当事人、法定代表人或法定代理人的委托，因此委托诉讼代理人只能在被代理人授权的范围内实施诉讼行为。代理人在代理权限范围内实施诉讼代理行为的法律后果由被代理人承担。

当事人的诉讼权利，大致可以分为两类：第一类是纯粹的诉讼权利或与实体权利无直接关系的诉讼权利，如申请回避权、管辖异议权、举证权、质证权、辩论权等。第二类是与实体权利密切相关的诉讼权利，如代为承认、放弃、变更诉讼请求，进行和解或调解，提起反诉或上诉等。这两类权利是性质不同的权利。委托人在授予代理权时，可以只授予第一类权利而保留第二类权利，也可以在授予第一类权利的同时，将第二类权利中的部分或全部授予诉讼代理人。第二类诉讼权利与当事人的利益关系密切，因此民事诉讼法规定，诉讼代理人行使这类权利需要被代理人的特别授权。所谓特别授权，是指被代理人对涉及自己的实体权利的处分事项，专门、明确地授予诉讼代理人特定权限。当事人向人民法院提交的授权委托书，应当在开庭审理前送交人民法院。对需要特别授权的事项，被代理人在授权委托书中必须一一写明，仅写“全权代理”而无具体授权的，诉讼代理人无权代为承认、放弃、变更诉讼请求，进行和解，提出反诉或者提起上诉。适用简易程序审理的案件，双方当事人同时到庭并径行开庭审理的，可以当场口头委托诉讼代理人，由人民法院记入笔录。

另需注意，侨居在国外的中华人民共和国公民从国外寄交或者托交的授权委托书，必须经中华人民共和国驻该国的使领馆证明；没有使领馆的，由与中华人民共和国有外交关系的第三国驻该国的使领馆证明，再转由中华人民共和国驻该第三国使领馆证明，或者由当地的爱国华侨团体证明。

2. 诉讼地位。诉讼代理人在诉讼中具有独立的诉讼地位，可以在代理权限范围内独立地代为或代受诉讼行为。但关于案件事实的陈述，诉讼代理人的陈述与当事人的陈述不一致时，若当事人与代理人一同出庭的，当事人可及时撤销或更正诉讼代理人的陈述。代理诉讼的律师和其他诉讼代理人有权调查收集证据，可以查阅本案有关材料。查阅本案有关材料的范围和办法由最高人民法院规定。

在未经被代理人同意的情况下，诉讼代理人不能再委托其他人为诉讼代理人，即不能转委托。

当事人委托诉讼代理人后，本人可以出庭参加诉讼，也可以不出庭。但下列情形例外：(1)离婚案件。《民事诉讼法》第62条规定，离婚案件有诉讼代理人的，本人除不能表达意思的以外，仍应出庭；确因特殊情况无法出庭的，必须向人民法院提交书面意见。(2)法院为查明案件事实要求当事人出庭的。当事人作为案件事实的亲历者，对民事纠纷的来龙去脉相较于诉讼代理人而言更为清楚。为查明案件事实，有时需当事人出庭陈述或由法官对当事人进行询问。此时，当事人也应出庭。

四、委托诉讼代理权的取得、变更和消灭

委托诉讼代理人的诉讼代理权来源于被代理人的委托授权，即委托诉讼代理人要取得代理权代为诉讼，须有被代理人通过授权委托书的委托授权。《民事诉讼法》第59条规定：“委托他人代为诉讼，必须向人民法院提交由委托人签名或者盖章的授权委托书。授权委托书必须记明委托事项和权限。”此外，《民诉法解释》第88条还规定，诉讼代理人除了需要提交授权委托书外，还应当按照下列规定向人民法院提交相关材料：(1)律师应当提交律师执业证、律师事务所证明材料；(2)基层法律服务工作者应当提交法律服务工作者执业证、基层法律服务所出具的介绍信以及当事人一方位于本辖区

内的证明材料；(3)当事人的近亲属应当提交身份证件和与委托人有近亲属关系的证明材料；(4)当事人的工作人员应当提交身份证件和与当事人有合法劳动人事关系的证明材料；(5)当事人所在社区、单位推荐的公民应当提交身份证件、推荐材料和当事人属于该社区、单位的证明材料；(6)有关社会团体推荐的公民应当提交身份证件和符合《民诉法解释》第 87 条规定条件的证明材料。

委托代理关系在诉讼过程中可能发生变化。诉讼代理人的权限如果变更或者解除，当事人应当书面告知人民法院，并由人民法院通知对方当事人。

委托诉讼代理权因下列原因之一而消灭：(1)诉讼终结；(2)诉讼代理人辞去委托或被代理人解除委托；(3)诉讼代理人死亡或丧失诉讼行为能力。

典型真题

某市法院受理了中国人郭某与外国人珍妮的离婚诉讼，郭某委托黄律师作为代理人，授权委托书中仅写明代理范围为“全权代理”。关于委托代理的表述，下列哪一选项是正确的?①（2013-03-42，单选）

A. 郭某已经委托了代理人，可以不出庭参加诉讼

B. 法院可以向黄律师送达诉讼文书，其签收行为有效

C. 黄律师可以代为放弃诉讼请求

D. 如果珍妮要委托代理人代为诉讼，必须委托中国公民

①【参考答案】B。

第七章　民事诉讼证据

考点分布

1. 民事诉讼证据的特点；（★★★）
2. 民事诉讼证据的立法种类；（★★★★★）
3. 民事诉讼证据的理论分类；（★★★★）
4. 证据保全。（★★★）

知识讲解

第一节　民事诉讼证据概述

一、民事诉讼证据的概念及特征

民事诉讼证据，是指能够证明民事案件真实情况的各种资料。其特征有：

1. 真实性。这是指作为定案根据，民事诉讼证据本身必须是客观、真实存在的事实，而不是主观臆造的或想象的、虚构的。在民事案件中，民事诉讼证据是民事法律关系产生、发展、变化的客观记录，真实地表现民事法律关系以及纠纷发生和变化的过程。

2. 关联性。这是指证据必须与待证事实有内在的、客观的联系，能够证明待证事实的全部或部分。在理解关联性时，要注意以下几点：(1)关联性具有多样性。即证据与待证事实之间的联系可以表现为直接的联系，也可以表现为间接的联系；可以表现为肯定的联系，也可以表现为否定的联系。在国外，关联性被学者们区分为逻辑上的关联和法律上的关联。逻辑上的关联，是指证据与待证事实之间具有逻辑上的前因后果关系，也就是有事实上的关联。法律上的关联，是指法律对证据的立证价值的判断。在很多情况下，证据在事实上有关联，但不具有法律上的关联。例如，《美国联邦证据规则》第 403 条规定，证据虽然具有关联性，但可能导致不公正、偏见、混淆争议或误导陪审团的危险大于该证据可能具有的价值时，或者考虑到过分拖延、浪费时间或者无需出示重复证据时，也可以不采纳。第 402 条规定，所有具有关联性的证据均可采纳，没有相关性的证据不能采纳。[①]（2）关联性具有客观性。即证据与待证事实的联系是客观存在的，是一种真实的联系，不是主观想象的、虚假的联系。（3）关联性的有无及大小，决定了证据证明力的有无及大小。

判断有无关联性的标准是：由于证据的存在，使得待证事实的真实或虚假变得更为清晰，从而有助于证明待证事实的真伪。

3. 合法性。这是指证据必须符合法律的要求，不为法律所禁止。合法性包括以下内容：（1）收集证据的合法性。以法律禁止的方法或手段取得的事实材料不得作为民事诉讼证据。（2）证据形式的合法性。（3）证据材料转化为诉讼证据的合法性。

二、民事诉讼证据的构成要素

（一）民事诉讼证据的证据能力

证据能力，是指一定的事实材料可否作为诉讼证据的法律上的资格，故又称证据资格。具备证据能力，是事实材料成为民事诉讼证据的先决条件。

证据能力没有大小之分，只涉及有无的问题。

事实材料是否具有证据能力由法律、司法解释或判例确定，即有无合法性为其有无证据能力的判断标准。

（二）民事诉讼证据的证明力

民事诉讼证据的证明力，又称证据力，是指证据证明案件事实的能力，即证据对证明案件事实的作用。

在司法实务中，某一民事诉讼证据是否具有证明力，是法官根据证据的判断标准进行判断的结果。民事诉讼证据的证明力的确定是证据制度中的核心问题，传统上，各类民事诉讼证据制度的命名与证明力的确定都有密切的关系，比如，神示证据制度、法定证据制度、自由心证制度等都说明了这一点。

证据的证明力既有有无之分，也有大小之别。

证明力的判断标准为：①证据的关联性程度。证据材料与案件事实有关联性，就具有一定的证明力；若没有关联性，就没有证明力。同时，关联性越大，证据的证明力也越大；关联性越小，证据的证明力也越小。②法律、司法解释或判例的规定，如法定证据制度。③逻辑推理与日常生活经验。

①王福华．民事诉讼法学［M］．北京：清华大学出版社，2015：197.

第二节 民事诉讼证据的种类

一、当事人的陈述

（一）当事人陈述的概念和特点

当事人陈述，指当事人在诉讼中就本案有关事实，尤其是作为诉讼请求根据或反驳诉讼请求根据的事实向人民法院所作的陈述。具有专门知识的人即专家辅助人在法庭上就专业问题提出的意见，视为当事人的陈述。

其特点是具有两重性，即真实性与虚假性并存。

（二）当事人陈述的效力

1. 具有免除对方当事人证明的效力。

2. 具有证据效力。当事人所作的对自己有利的陈述，经其他证据证明为真实后，法院可以将其作为认定案件事实的根据之一。

3. 不具有证据效力。当事人所作的对自己有利的陈述，如果未得到其他证据证实，法院不得将其作为认定案件事实的根据，该陈述也就没有任何证据效力。《民事证据规定》第76条予以肯定："当事人对自己的主张，只有本人陈述而不能提出其他相关证据的，其主张不予支持。但对方当事人认可的除外。"

（三）对当事人陈述的审查判断

人民法院对当事人的陈述，应当结合本案的其他证据，审查确定能否作为认定事实的根据。当事人拒绝陈述的，不影响人民法院根据证据认定案件事实。

诉讼过程中，当事人在起诉状、答辩状、陈述及其委托代理人的代理词中承认的对己方不利的事实和认可的证据，人民法院应当予以确认，但当事人反悔并有相反证据足以推翻的除外。

人民法院认为有必要的，可以要求当事人本人到庭，就案件有关事实接受询问。在询问当事人之前，可以要求其签署保证书。保证书应当载明据实陈述、如有虚假陈述愿意接受处罚等内容。当事人应当在保证书上签名或者捺印。负有举证证明责任的当事人拒绝到庭、拒绝接受询问或者拒绝签署保证书，待证事实又欠缺其他证据证明的，人民法院对其主张的事实不予认定。

二、书证

（一）书证的概念和特征

书证是指以文字、符号、图画等所记载的内容或表达的思想来证明案件事实的书面文件或其他物品。书面文件是书证的主要表现形式。

书证有如下特征：(1)书证并不是一般的物品，而是用文字符号记载和表达一定思想内容的物品。(2)书证是把一定的思想内容固定下来，以此证明待证事实，即书证是以其表达的思想内容证明案件事实。(3)书证多为直接证据，往往能直接证明案件的主要事实。(4)书证有较强的客观性和真实性。即使伪造，也易于发现。

（二）书证的分类

1. 文字书证、图形书证和符号书证。这是根据书证内容的表达方式进行的分类。

2. 处分性书证与报道性书证。这是根据书证反映的内容及法律后果进行的分类。

3. 公文书与私文书。这是根据书证的制作者和是否利用公权进行的分类。公文书，是指国家机关或者其他依法具有社会管理职能的组织，在其职权范围内所制作的文书。公文书所记载的事项推定为真实，但有相反证据足以推翻的除外。必要时，人民法院可以要求制作文书的机关或者组织对文书的真实性予以说明。公证书也是一种公文书。经过法定程序公证证明的法律事实和文书，人民法院应当作为认定事实的根据，但有相反证据足以推翻公证证明的除外。

4. 原本、正本、副本、复制本、影印本、外文本和节录本。这是根据书证的制作方式进行的分类。

（三）书证的收集和提交

当书证为举证的一方当事人持有时，举证人将书证提交给法庭即可。但书证为对方当事人或第三人持有时或有其他困难情形时，举证人要获取和提交书证可能就会遇到阻碍。

1. 提交书证原件的困难。书证应当提交原件。提交原件确有困难的，可以提交复制件、副本、节录本。提交外文书证，必须附有中文译本。这里，所谓提交书证原件确有困难，具体包括下列情形：(1)书证原件遗失、灭失或者毁损的；(2)原件在对方当事人控制之下，经合法通知提交而拒不提交的；(3)原件在他人控制之下，而其有权不提交的；(4)原件因篇幅或者体积过大而不便提交的；(5)承担举证证明责任的当事人通过申请人民法院调查收集或者其他方式无法获得书证原件的。遇有这些情形，人民法院应当结合其他证据和案件具体情况，审查判断书证复制品等能否作为认定案件事实的根据。

2. 对妨害书证的处理。(1)对方当事人拒不提交书证。书证在对方当事人控制之下的，承担举证证明责任的当事人可以在举证期限届满前书面申请人民法院责令对方当事人提交。申请理由成立的，人民法院应当责令对方当事人提交，因提交书证所产生的费用，由申请人负担。对方当事人无正当理由拒不提交的，人民法院可以认定申请人所主张的书证内容为真实。(2)毁灭书证或其他妨害书证的行为。持有书证的当事人以妨碍对方当事人使用为目的，毁灭有关书证或者实施其他致使书证不能使用行为的，人民法院可以依照《民事诉讼法》第111条规定，对其处以罚款、拘留。

（四）书证的证据效力

书证的证据效力，指书证所具有的证明待证事实的能力和效果。书证产生证据效力须具备两个条件：(1)书证本身是真实的；(2)书证所表达的内容对待证事实能够起到证明作用。据此，可以把书证的证据效力区分为形式上的证据效力和实质上的证据效力。判断书证有无形式上的证据效力的标准是书证本身是否具有真实性，是否为当事人主张的文书制作者所制作。判断书证有无实质上的证据效力的标准是书证所记载的内容是否真实可靠，与待证事实有无关联性。书证形式上的证据效力与实质上的证据效力的关系是：书证形式上的证据效力是实质上的证据效力的前提，但有形式上的证据效力，未必一定有实质上的证据效力，当书证记载的内容不真实或与待证事实无关联时，就不具有实质上的证据效力。作为法院认定待证事实根据的书证，必须是形式上的证据效力和实质上的证据效力的统一体。①

三、物证

（一）物证的概念与特征

所谓物证，是指以其存在的形状、特征、质量、规格、性能、受损程度等来证明案件事实的物品、物质痕迹。

物证具有以下特点：(1)其根本特征是以其存在状况、物质属性、物质痕迹等来证明案件事实的，其本身不具有任何的思想内容。(2)稳定性和可靠性较强。(3)需要结合人的说明才能发挥证明作用。

（二）物证与书证的区别

1. 物证以其外形、质量等证明案件事实；而书证以其思想内容证明案件事实。

2. 法律对物证无形式上的特殊要求；而法律对某些书证有特殊形式要求。

（三）物证的提交

以物证是否为原件为标准，可以把物证分为原始的物证和复制的物证。因此，物证应当提交原物。提交原物确有困难的，可以提交复制品或照片。

（四）物证的证明力

无法与原物核对的复制品不能单独作为认定案件事实的依据；一方当事人提出的物证原物或者与物证原物核对无误的复制件、照片、录像资料等，对方当事人提出异议但没有足以反驳的相反证据的，人民法院应当确认其证明力。

四、视听资料

（一）视听资料的概念和特征

视听资料，是利用录音、录像设备储存的资料和信息来证明待证事实的证据。视听资料包括录音资料和影像资料。

①江伟．民事诉讼法[M]．2版．北京：高等教育出版社、北京大学出版社，2004：141-142.

视听资料具有以下特征：(1)高科技性。(2)动态连续性和直观性，即生动逼真性。(3)不易制作，但便于携带、保管。其制作需要相应的技术和设备，否则将无法制作。(4)易于伪造，须认真审核。

（二）视听资料的审查判断

因视听资料易于伪造，所以法院必须对其认真审查，核实其真伪，并结合本案的其他证据，审查确定能否作为认定事实的根据。另，存有疑点的视听资料不能单独作为认定案件事实的依据；一方当事人提出的有其他证据佐证并以合法手段取得的、无疑点的视听资料或者与视听资料核对无误的复制件，对方当事人提出异议但没有足以反驳的相反证据的，人民法院应当确认其证明力。

五、电子数据

（一）电子数据的概念

电子数据是指通过电子邮件、电子数据交换、网上聊天记录、博客、微博客、手机短信、电子签名、域名等形成或者存储在电子介质中的信息。存储在电子介质中的录音资料和影像资料，适用电子数据的规定。

（二）电子数据与视听资料的区别

在真实性认定、非法证据排除等具体的证据规则适用上，电子数据与视听资料具有一定的共性特征。但电子数据又存在自己的独特性：(1)视听资料的受众广、门槛低，在数码化时代的今天，一般人都可以轻易地摄制、播放视听资料。电子数据则存在代码性特征，接触、阅读、获取、复制、展示电子数据都需要比视听资料更复杂的软硬件，因而在电子数据的搜集、审查上，往往需要借助专业机构的辅助。(2)视听资料具有形象性，诉讼主体能够比较容易地认知视听资料的内容，而电子数据具有更强的抽象性，在阅读和理解上往往需要专业人士的判断。

六、证人证言

（一）证人证言的概念和特征

证人，是指知晓案件事实并应当事人的要求和法院的传唤到庭作证的人。证人证言是指证人就其所了解的案件情况向法院所作的陈述。

证人和证人证言的特点：(1)证人具有不可替代性。(2)证人与客观存在的案件事实形成的联系，是特定的。(3)证人只是了解案件的某些情况，他与该案的审理结果无法律上的利害关系。(4)证人只能对已发生了的案件事实进行重述，而不是推测可能发生的事实。(5)证人证言的真实性、可靠性受到多种因素的影响。

（二）证人的条件和范围

1. 证人资格。《民事诉讼法》第72条规定：“凡是知道案件情况的单位和个人，都有义务出庭作证。有关单位的负责人应当支持证人作证。不能正确表达意思的人，不能作证。"《民事证据规定》第53条规定："不能正确表达意思的人，不能作为证人。待证事实与其年龄、智力状况或者精神健康状况相适应的无民事行为能力人和限制民事行为能力人，可以作为证人。"基此，成为证人须具备两个基本条件：(1)了解一定的案件情况。(2)能准确表达意思。

2. 不能充当证人的人。不能充当证人的人有：(1)不能正确表达意思的人。(2)诉讼代理人。(3)办理本案的法官、书记员、鉴定人、翻译人员和勘验人员。

3. 证人的范围。在民事诉讼中，可以作为证人的除自然人个人外，单位也可以作为证人。单位证人作证的程序是：单位向人民法院提出的证明材料，应当由单位负责人及制作证明材料的人员签名或者盖章，并加盖单位印章。人民法院就单位出具的证明材料，可以向单位及制作证明材料的人员进行调查核实。必要时，可以要求制作证明材料的人员出庭作证。单位及制作证明材料的人员拒绝人民法院调查核实，或者制作证明材料的人员无正当理由拒绝出庭作证的，该证明材料不得作为认定案件事实的根据。

（三）证人的权利和义务

1. 证人的义务。

(1)出庭义务。经人民法院通知，证人应当出庭作证。可见，出庭作证是证人的基本义务。证人在人民法院组织双方当事人交换证据时出席陈述证言的，可视为出庭作证。同时考虑到一些特殊情形，民事诉讼法也规定了几种例外，即有下列情形之一的，经人民法院许可，可以通过书面证言、视听传输技术或者视听资料等方式作证：①因健康原因不能出庭的；②因路途遥远，交通不便不能出庭的；③因自然灾害等不可抗力不能出庭的；④其他有正当理由不能出庭的。

(2)如实作证和不作伪证的义务。出庭作证的证人应当客观陈述其亲身感知的事实。证人为聋哑人的，可以其他表达方式作证。证人作证时，不得使用猜测、推断或者评论性的语言。为保证证人如实作证，人民法院在证人出庭作证前应当告知其如实作证的义务以及作伪证的法律后果，并责令其签署保证书，但无民事行为能力人和限制民事行为能力人除外。证人拒绝签署保证书的，不得作证，并自行承担相关费用。

2. 证人的权利。

(1)证人对书记员在法庭笔录中误记或漏记的内容，有权要求补充或更正。

(2)证人因作证，其人身安全受到威胁的，有权要求法院给予保护。

(3)作证费用补偿权。《民事诉讼法》第74条规定，证人因履行出庭作证义务而支出的交通、住宿、就餐等必要费用以及误工损失，由败诉一方当事人负担。当事人申请证人作证的，由该当事人先行垫付；当事人没有申请，人民法院通知证人作证的，由人民法院先行垫付。

（四）证人作证的程序

1. 证人出庭作证程序的启动方式。有两种方式：(1)由当事人申请证人出庭作证。当事人申请证人出庭作证的，应当在举证期限届满前提出。(2)由法院依职权通知证人出庭作证。属于法院依职权调查收集证据的范围的，人民法院可以依职权通知证人出庭作证。

2. 证人出庭作证原则上由法院通知。未经人民法院通知，证人不得出庭作证，但双方当事人同意并经人民法院准许的除外。

3. 证人出庭作证费用的确定与预缴。证人因履行出庭作证义务而支出的交通、住宿、就餐等必要费用，按照机关事业单位工作人员差旅费用和补贴标准计算；误工损失按照国家上年度职工日平均工资标准计算。人民法院准许证人出庭作证申请的，应当通知申请人预缴证人出庭作证费用。

4. 询问证人。证人应当出庭作证，接受审判人员和当事人的质询。审判人员和当事人可以对证人进行询问。证人不得旁听法庭审理；询问证人时，其他证人不得在场。人民法院认为有必要的，可以让证人进行对质。询问证人不得使用威胁、侮辱及不适当引导证人的言语和方式。

七、鉴定意见

（一）鉴定意见的概念和特征

鉴定意见，是指鉴定人运用自己的专门知识和技能对案件中专门性问题进行分析、鉴别、判断后提出的看法。它以鉴定书的形式表现出来，其内容主要包括鉴定对象、鉴定方法、鉴定意见和鉴定依据。

鉴定意见的特征有：(1)它是鉴定人根据案件事实材料，按科学技术要求，针对案件中的专门性问题，以自己的专门知识，进行鉴定后提出的结论性意见，因而具有专业技术性和一定的权威性。(2)它是鉴定人对诉讼中有待查明的事实问题所作的结论性意见，而不是就法律问题提供意见。(3)它是专家的分析意见，是人对事物的一种主观上的认识，这与证人对自己所见所闻的案件事实所作的客观描述是不一样的。

（二）鉴定人的诉讼权利义务

1. 鉴定人的诉讼权利。鉴定人有权了解进行鉴定所需要的案件材料，必要时可以询问当事人、证人。有权获得相应报酬。此外，相关司法解释还规定了鉴定人参加勘验等其他诉讼权利。

2. 鉴定人的诉讼义务。(1)按法律要求制作鉴定意见书。即鉴定人应当提出书面鉴定意见，在鉴定书上签名或者盖章。(2)出席法庭如实陈述鉴定意见并接受询问。当事人对鉴定意见有异议或者人民法院认为鉴定人有必要出庭的，鉴定人应当出庭作证。(3)遵守鉴定规则和纪律，不作虚假鉴定。(4)不履行出庭义务须承担一定的法律后果。

即经人民法院通知，鉴定人拒不出庭作证的，鉴定意见不得作为认定事实的根据；支付鉴定费用的当事人可以要求返还鉴定费用。①

（三）鉴定程序

1. 鉴定程序的启动。有两种方式：(1)依申请启动。当事人可以就查明事实的专门性问题向人民法院申请鉴定。当事人申请鉴定的，由双方当事人协商确定具备资格的鉴定人；协商不成的，由人民法院指定。(2)依职权启动。当事人未申请鉴定，人民法院对专门性问题认为需要鉴定的，应当委托具备资格的鉴定人进行鉴定。

2. 对申请鉴定的时限和对象的限制。(1)当事人申请鉴定，可以在举证期限届满前提出，但申请重新鉴定的除外。对需要鉴定的事项负有举证责任的当事人，在人民法院指定的期限内无正当理由不提出鉴定申请或者不预交鉴定费用或者拒不提供相关材料，致使对案件争议的事实无法通过鉴定结论予以认定的，应当对该事实承担举证不能的法律后果。(2)申请鉴定的事项与待证事实无关联，或者对证明待证事实无意义的，人民法院不予准许。

3. 鉴定人的确定。(1)人民法院准许当事人鉴定申请的，应当组织双方当事人协商确定具备相应资格的鉴定人。当事人协商不成的，由人民法院指定。(2)符合依职权调查收集证据条件的，人民法院应当依职权委托鉴定，在询问当事人的意见后，指定具备相应资格的鉴定人。

4. 重新鉴定。(1)对法院委托的鉴定申请重新鉴定。当事人对人民法院委托的鉴定部门作出的鉴定意见有异议申请重新鉴定，提出证据证明存在下列情形之一的，人民法院应予准许：①鉴定机构或者鉴定人员不具备相关的鉴定资格的；②鉴定程序严重违法的；③鉴定意见明显依据不足的；④经过质证认定不能作为证据使用的其他情形。对有缺陷的鉴定意见，可以通过补充鉴定、重新质证或者补充质证等方法解决的，不予重新鉴定。(2)对当事人自行委托的鉴定申请重新鉴定。一方当事人自行委托有关部门作出的鉴定意见，另一方当事人有证据足以反驳并申请重新鉴定的，人民法院应予准许。

5. 申请专家辅助人对鉴定意见进行质证。当事人可以申请人民法院通知有专门知识的人出庭，就鉴定人作出的鉴定意见或者专业问题提出意见。据此，当事人可以在举证期限届满前申请一至二名具有专门知识的人出庭，代表当事人对鉴定意见进行质证，或者对案件事实所涉及的专业问题提出意见。具有专门知识的人在法庭上就专业问题提出的意见，视为当事人的陈述。人民法院准许当事人申请的，相关费用由提出申请的当事人负担。人民法院可以对出庭的具有专门知识的人进行询问。经法庭准许，当事人可以对出庭的具有专门知识的人进行询问，当事人各自申请的具有专门知识的人可以就案件中的有关问题进行对质。具有专门知识的人不得参与专业问题之外的法庭审理活动。

---

①有学者认为，鉴定人的主要权利有：了解权、自主鉴定权、报酬请求权和请求保护权；鉴定人的主要义务是：按时鉴定义务、公正鉴定义务、出庭义务。

6. 对鉴定意见书的审查。审判人员对鉴定人出具的鉴定书，应当审查是否具有下列内容：(1)委托人姓名或者名称、委托鉴定的内容；(2)委托鉴定的材料；(3)鉴定的依据及使用的科学技术手段；(4)对鉴定过程的说明；(5)明确的鉴定结论；(6)对鉴定人鉴定资格的说明；(7)鉴定人员及鉴定机构签名盖章。

八、勘验笔录

（一）勘验笔录的概念和特点

勘验笔录，是审判人员对与案件争议有关的现场和物品进行查验、拍照、测量后所制作的笔录。包括现场勘验笔录、物证勘验笔录和人身检查笔录。它既是一种独立的证据，也是一种固定和保全证据的方法。

勘验笔录的特点有：(1)它是审判人员以查看、检验等方式亲自认知现场、物品等，并将认知结果记录下来后形成的证据。(2)它应是审判人员对勘验对象的客观记载，不得掺入勘验人员的主观意志。(3)勘验可以通过感官完成，但往往需要借助特殊的专业技术或专业知识。

（二）制作勘验笔录的程序

1. 勘验的启动。《民诉法解释》第 124 条："人民法院认为有必要的，可以根据当事人的申请或者依职权对物证或者现场进行勘验。勘验时应当保护他人的隐私和尊严。"可见，在我国，制作勘验笔录有两种情形：(1)法院依据当事人的申请而制作。(2)法院在认为有必要时依职权而制作。

2. 法院进行勘验时，应严格依照法定程序进行。勘验物证或者现场，勘验人必须出示人民法院的证件，并邀请当地基层组织或者当事人所在单位派人参加。当事人或者当事人的成年家属应当到场，拒不到场的，不影响勘验的进行。有关单位和个人根据人民法院的通知，有义务保护现场，协助勘验工作。

3. 鉴定人参加勘验。人民法院可以要求鉴定人参与勘验。必要时，可以要求鉴定人在勘验中进行鉴定。

4. 勘验笔录的内容和形式。人民法院勘验物证或者现场，应当制作笔录，记录勘验的时间、地点、勘验人、在场人、勘验的经过、结果，由勘验人、在场人签名或者盖章。对于绘制的现场图应当注明绘制的时间、方位、测绘人姓名、身份等内容。

第三节　民事诉讼证据在理论上的分类

一、本证与反证

以证据与举证责任、待证事实之间的关系为标准，可以把证据分为本证和反证。本证，是指对待证事实负有举证责任的一方当事人为证明其主张的待证事实成立而提出的证据。反证，是指对待证事实不负举证责任的一方当事人为证明该待证事实不存在或不真实而提出的证据。

反证的作用在于削弱、动摇本证的证明力。因此，在负证明责任一方当事人提出本证，并使事实的认定发生不利于对方当事人的变化时，对方当事人才有提出反证的必要。反证通常在本证之后提出，但也不排除先行提出的可能。对先行提出的反证，一般无调查的必要。

区分反证与本证的实践意义在于：(1)表明两者的证明标准不同。用本证证明其待证事实要达到高度盖然性的证明标准，而用反证证明其待证事实仅需要达到低度盖然性标准即可，即只要能动摇法官对待证事实的确信，使待证事实陷于真伪不明的状态就可。(2)明确调查证据的顺序。在本证与反证均有时，先调查本证，若本证的证明力很弱，明显达不到证明标准时，就没有必要再调查反证。(3)反证否定的对象是针对本证所证明的事实，而不是直接针对对方当事人的诉讼请求，用以否定对方当事人诉讼请求的证据不一定都是反证。

反证不同于证据反驳。证据反驳，也称证据抗辩，是指一方当事人针对对方所提出的证据，指出该证据不具有真实性、关联性、合法性或者该证据证明力微弱(即证据存在瑕疵)，因此不能作为法院认定案件事实的根据。可见，证据反驳的特点，在于通过揭示证据瑕疵来间接否定对方主张的事实。当事人在反驳证据时，既未主张新的事实，又未提出新的证据。反证则不同，提出反证是为了否定对方当事人所主张的事实。①

二、直接证据和间接证据

以单个证据与案件事实的证明关系为标准，可以把证据分为直接证据和间接证据。所谓直接证据，是指与待证事实有直接联系，能够单独直接证明案件主要事实的证据。所谓间接证据，是指与待证事实有间接联系，不能单独直接证明案件主要事实的证据，但是可以结合其他证据来共同起到证明作用的证据。

相较于直接证据而言，间接证据的证明力较弱，但其仍具有重要作用：(1)可补充直接证据的效力，对案件事实起辅助性的证明作用。(2)可以为发现直接证据提供线索。(3)在没有直接证据的情况下，将多个有效的间接证据结合在一起，形成证据链条，也能证明案件事实。

间接证据的运用规则如下：(1)各个间接证据本身必须真实可靠。(2)间接证据须具备一定的数量，并构成完整的证据链条。(3)间接证据本身须具有一致性，相互之间不存在矛盾。

这种分类的实践意义在于：(1)因直接证据的证明力一般大于间接证据，所以诉讼主体在收集和运用证据时，应重视直接证据的收集和运用。(2)在无法获得直接证据而需要运用间接证据认定案件事实时，应遵守间接证据的运用规则。

---

①江伟．民事诉讼法[M]．2版．北京：高等教育出版社、北京大学出版社，2004：137-138.

三、原始证据与传来证据

按照证据来源的不同，可以将证据分为原始证据和传来证据。所谓原始证据，指来自原始出处，即直接来源于案件事实的证据。所谓传来证据，又叫派生证据，是指由原始证据衍生出来的证据，是原始证据经过复制、摘抄、转述等中间环节而形成的证据。

原始证据作为第一手材料，未经过中间环节，因而其可靠性和证明力较强。传来证据因其经过中间环节，在转述、复制、摘抄的过程中可能发生信息衰减或失真，可靠性较差，相对于原始证据而言证明力较弱。可见，原始证据的证明力一般大于传来证据。因此，《民事诉讼法》第 70 条、《民事证据规定》第 22 条等规定，当事人提供证据应当提供原始证据，在提供原始证据有困难的情况下才可以提供传来证据。

把证据区分为原始证据与传来证据的实践意义在于：(1)原始证据的证明力大于传来证据，这就告诉诉讼主体应当重点收集和运用原始证据认定案件事实。(2)须谨慎使用传来证据。传来证据可能存在信息失真，使用时必须慎重，只有在与原始证据核对无误后才能使用。《民事证据规定》第 65 条明确要求审判人员对单一证据进行审核认定时要审查复印件、复制品与原件、原物是否相符；第 69 条则明确规定无法与原件、原物核对的复印件、复制品不能单独作为认定案件事实的依据。最高人民法院《关于民事经济审判方式改革问题的若干规定》第 27 条第 3 款规定，原则上对只有传来证据证明的事实不予认定。

第四节　证据的保全

一、证据保全的概念和种类

证据保全，是指在证据有可能灭失或以后难以取得的情况下，人民法院根据诉讼参加人的请求或依职权采取措施，对证据加以固定和保护的行为。

证据要对案件事实发挥证明作用，需要实际存在且能获取并提交法庭。如果证据灭失或难以取得，则证据的证明价值也随之丧失。因此，当证据面临灭失或难以取得的情况时，就需要及时采取有效措施对证据加以提取和保护。这就是证据保全的意义。

证据保全有诉讼中的证据保全和诉讼/仲裁前的证据保全两种。

二、证据保全的条件

证据保全须具备以下条件：

1. 所保全的证据应当与案件所涉及的法律关系有关，即能证明案件事实。

2. 证据可能毁损、灭失或以后难以取得。所谓毁损，是指证据的品质、外形、属性、内容或数量等可能发生变化而导致其失去证据价值。所谓灭失，是指证据本体可能因丢失、消失等不复存在而丧失证据价值。所谓以后难以取得，是指因有关情形的存在，有可能使证据在将来难以收集到而无法实现证据价值。

3. 证据保全的时间既可在诉讼过程中，也可在诉讼或仲裁程序启动之前。

三、证据保全的程序

1. 证据保全程序的启动方式。有两种方式：一是依申请启动，二是依职权启动。(1)在诉讼中需要启动证据保全的，通常情况下由当事人申请，有时人民法院也可以依职权主动采取保全措施。(2)诉讼/仲裁前的证据保全则只能在情况紧急时由利害关系人向有管辖权的法院提出证据保全的申请。

2. 证据保全的管辖法院。(1)诉讼中的证据保全由受诉法院管辖。(2)诉讼/仲裁前的证据保全由证据所在地、被申请人住所地或者对案件有管辖权的法院管辖。

3. 申请证据保全的时限。(1)对诉讼中的证据保全，《民诉法解释》第98条规定，当事人向法院申请保全证据，可以于举证期限届满前书面提出。(2)对诉讼/仲裁前的证据保全，利害关系人可以在提起诉讼或者申请仲裁前向法院提出保全申请。

4. 证据保全中的担保。证据保全可能对他人造成损失的，人民法院应当责令申请人提供相应担保。

5. 证据保全的其他程序，参照适用《民事诉讼法》第九章保全的有关规定。例如，在提起诉讼前需要启动证据保全的，利害关系人必须提供担保，不提供担保的，裁定驳回申请；人民法院应当在48小时内裁定是否保全；裁定采取保全措施的，应当立即开始执行；申请人在人民法院采取保全措施后30日内不依法提起诉讼或者申请仲裁的，人民法院应当解除保全。

6. 对证据保全申请的处理。对当事人提出的申请，人民法院应当予以审查，并尽快决定是否同意申请。人民法院决定采取保全措施，应当作出裁定，并及时采取相关的保全措施。

四、证据保全的方法

法院采取证据保全措施，应根据证据的不同种类和特点，采用不同的方法。对书证、视听资料、电子数据，尽量提取原件，提取原件有困难的，可以复制、复印；对证人证言，可以录音、录像或制作询问笔录；对物证，可以封存原物、制作勘验笔录或拍照、录像或绘图；对专门性问题，要及时进行鉴定。不管采用何种方法保全证据，都应客观、全面、真实地反映证据的本来面貌。经保全获得的证据，应当由采取保全措施的法院存卷保管，以便用于证明相关案件事实，由此还可以免除有关当事人提供证据的责任。

典型真题

战某打电话向牟某借款5万元，并发短信提供账号，牟某当日即转款。之后，因战某拒不还款，牟某起诉要求战某偿还借款。在诉讼中，战某否认向牟某借款的事实，主张牟某转的款是为偿还之前向自己借的款，并向法院提交了证据；牟某也向法院提供了一些证据，以证明战某向其借款5万元的事实。关于这些证据的种类和类别的确定，下列哪一选项是正确的？(2016-03-39，单选)①

A. 牟某提供的银行转账凭证属于书证，该证据对借款事实而言是直接证据

B. 牟某提供的记载战某表示要向其借款5万元的手机短信属于电子数据，该证据对借款事实而言是间接证据

C. 牟某提供的记载战某表示要向其借款5万元的手机通话录音属于电子数据，该证据对借款事实而言是直接证据

D. 战某提供一份牟某书写的向其借款10万元的借条复印件，该证据对牟某主张战某借款的事实而言属于反证

①【参考答案】B。

第八章　民事诉讼中的证明

考点分布

证据与证明是法考命题的重点，考生须认真复习并掌握。

1. 证明对象；（★★）
2. 免证事实；（★★★）
3. 证明责任；（★★）
4. 证明标准；（★★）
5. 证据收集；（★★）
6. 举证时限；（★★）
7. 新的证据；（★★）
8. 证据交换；（★★）
9. 质证；（★★）
10. 认证。（★★）

知识讲解

第一节　证明对象

一、证明对象概述

所谓证明对象，又称证明客体，是指证明主体运用证据予以证明的对审理案件有重要意义的事实。确定证明对象是证明过程的第一个环节，是整个证明活动的起点，因而对当事人和法院都具有重要意义。对当事人而言，确定了证明对象，就可以围绕证明对象收集、提供证据，进行质证和辩论；对法院而言，证明对象的确定意味着证据调查范围的划定和审理对象的明晰。

案件事实要成为证明对象，须符合以下条件：(1)该事实是当事人在诉讼中主张的事实。这将法院依职权主动调查的事实排除在证明对象之外。(2)该事实具有实体法或程序法的意义。法院在诉讼中需要查明的，是那些对正确适用实体法和民事诉讼法具有重要意义的案件事实。(3)双方当事人对该事实存有争议。无争议的事实，无需证据证明，法院可以直接认定。(4)该事实处于真伪不明的状态。也就是说，该事实存在与否必须由证明主体进行证明，以消除真伪不明这一状态，可见，证明对象与证明责任的关系相当紧密。①

二、证明对象的范围

哪些事实需要证据加以证明，就是证明对象的范围。作为证明对象的事实包括：

（一）实体法事实

实体法事实，是指引起民事法律关系发生、变更或消灭的事实以及就民事权利义务发生争议的事实(即民事纠纷事实)。这些事实可能是积极事实，也可能是消极事实；可能是法律事件，也可能是法律行为。

实体法事实关系到诉讼当事人的实体权利义务，也关系到法院对案件的实体处理，因此是民事诉讼中主要的证明对象。它具体包括主要事实、间接事实和辅助事实。

1. 主要事实。它又称为法律要件事实、基本事实，是指由民事实体法规范规定的作为形成特定民事权利义务关系基本要素的事实。该事实直接影响对作为诉讼标的的法律关系的判断和认定。从证明对象与证明责任的关系看，法律要件事实可分为：

(1)权利发生的事实，指产生民事法律关系的基本事实。如订立合同、实施侵权行为。

(2)权利消灭的事实，指消灭民事法律关系的基本事实。即当事人之间的民事权利义务已合法成立，但因出现该事实而导致权利消灭。如债务抵销等。

(3)权利妨碍事实，指因该事实的存在而导致权利无法发生。如，权利或义务主体丧失行为能力、不可抗力的发生等。

(4)权利排除事实，指民事权利义务关系已经成立，但因对方当事人行使抗辩权或形成请求权而排除该权利。如解除合同、抵销诉讼等。

2. 间接事实。这是指用来推断主要事实是否存在的事实。有时，主要事实本身难以直接证明，需要通过先证明与主要事实有关的另一些事实来间接地推断主要事实存在与否。例如，过错为主要事实，但过错作为一种心理状态，很难直接证明，这就需要通过证明与过错有关的其他事实来推断过错的存在。

3. 辅助事实。这是指与证据能力和证明力有关的事实。即用于明确证据能力的有无、证明力的有无及大小的事实。当法庭质证和法庭辩论围绕证据能力或证明力展开时，就需要对相关事实进行证明。例如，非法证据不具有证据资格，为此，需要证明

---

①江伟．民事诉讼法[M]．2版．北京：高等教育出版社、北京大学出版社，2004：157.

获取这些证据的手段或方法的非法性或侵权性。[①]

（二）程序法事实

程序法事实是指能够引起民事诉讼法律关系发生、变更或消灭的事实。它虽然不直接涉及当事人之间实体权益的分配，但却对民事诉讼程序的开始、进行和终止，都具有重要的意义。作为证明对象，它有两类：(1)需要当事人向法院主张后才需要证明的事实，例如，申请回避、耽误期限有正当理由等。(2)不需要当事人主张而应由法院依职权主动予以查明的事实。如，当事人是否适格，受诉法院是否有管辖权等。

（三）证据事实

证据事实是指证据的形式和内容。证据的形式和内容是否客观、真实、合法，往往成为法庭质证和法庭辩论的焦点，因而也成为双方当事人以证据加以证明的事实即证明对象。

（四）外国法和地方性法规、习惯

外国法不属于法官职务上应当知悉的范围；地方性法规数量繁多、更新较快，甲地的法官不一定了解乙地的地方性法规；习惯往往具有地域性、民族性，非本地、本民族的法官也不一定了解，故对外国法、地方性法规和习惯，就需要当事人加以证明。

（五）特殊性经验法则

经验法则，是指人们从生活经验中归纳获得的关于事物因果关系或属性状态的法则或知识。经验法则包括两类：(1)一般性经验法则，即日常生活中常人所熟知的常识。(2)特殊性经验法则，即不为一般人所知晓的某些专门性知识。

经验法则能否成为证明对象不能一概而论：对于一般性经验法则，常人知晓，法官也应当了解和把握，因此无须当事人加以证明；对于特殊性经验法则，法官没有终极性探知义务，当事人就此发生争议时，则应当加以证明。

三、免证事实

免证事实，也称无需证明的事实，是指当事人虽然作为诉讼请求或者反驳诉讼请求的根据提出，且为对方当事人所争议，但却没有证明的必要，而由法院直接作出认定的事实。有些国家的民事诉讼法对免证事实作了明确规定，我国民事诉讼法对此未加规定，但相关司法解释有规定。根据《民诉法解释》第93条的规定，下列事实，当事人无须举证证明：

1. 自然规律以及定理、定律。
2. 众所周知的事实。
3. 根据法律规定推定的事实。这是法律上的推定，即法律明确规定的推定。它包

①江伟．民事诉讼法[M]．2版．北京：高等教育出版社、北京大学出版社，2004：158；王福华．民事诉讼法学[M]．2版．清华大学出版社，2015：223-224.

括两种：(1)法律上的事实推定。即法律规定以某一事实的存在为基础来认定待证事实的存在与否。(2)法律上的权利推定。即法律就某种权利或法律关系是否存在所作出的推定。但要注意的是，法律上的权利推定并不属于证据法则，因为证明对象仅为事实而非权利是否存在。

4. 根据已知的事实和日常生活经验法则推定出的另一事实。这是事实上的推定。事实上的推定又称为裁判上的推定，是指法官利用已经被证明的事实(间接事实)为基础，用经验法则推认一定事实存在与否。事实上的推定有以下特征：(1)事实上的推定具有较高的可靠性。(2)事实上的推定属于法官自由心证的范畴。(3)推定事实与作为前提的间接事实之间须存在牵连关系：①两者之间互有因果关系；②两者存在主从关系；③两者之间存在排斥关系，如履行合同的事实与否定签订合同的事实。[①]

5. 已为人民法院发生法律效力的裁判所确认的事实。

6. 已为仲裁机构生效裁决所确认的事实。

7. 已为有效公证文书所证明的事实。

在前述免证事实中对第 2 项至第 4 项规定的事实，当事人有相反证据足以反驳的除外；第 5 项至第 7 项规定的事实，当事人有相反证据足以推翻的除外。

8. 自认的事实。自认是指在民事诉讼过程中一方当事人对另一方当事人主张的于己不利的事实表示承认。其构成要件有：①自认的对象须为主要事实。案件主要事实与诉讼请求是否成立紧密相关。间接事实、辅助事实不能成为自认的对象。②自认的事实必须是对方当事人主张的事实。一方当事人主动承认对方当事人没有主张的事实，属于当事人陈述而不是自认。③自认的事实必须是于己不利的事实。④自认的时间必须是在民事诉讼过程中。⑤自认不得违反法律和司法解释的强制性规定。

对自认可以根据不同的标准进行分类：①根据表现形式不同，自认可分为明示自认与默示自认。《民诉法解释》第 92 条第 1 款规定，一方当事人在法庭审理中，或者在起诉状、答辩状、代理词等书面材料中，对于己不利的事实明确表示承认的，另一方当事人无需举证证明。这就是明示自认，即一方当事人对另一方主张的不利于自己的事实，以书面或口头方式明确表示承认。默示自认，又称拟制自认，是指一方当事人对另一方当事人所主张的案件事实保持沉默而不加争执与反驳，经法定程序推定其承认该事实而成立的自认。默示自认规定于《民事证据规定》第 8 条第 2 款：“对一方当事人陈述的事实，另一方当事人既未表示承认也未否认，经审判人员充分说明并询问后，其仍不明确表示肯定或者否定的，视为对该项事实的承认。”与明示自认不同，默示自认的效果可以在随后的诉讼过程中因当事人就该事实发生了争辩而被撤销。②根据作出自认的主体不同，自认可分为当事人自认与诉讼代理人自认。当事人委托代理人参加诉讼的，代理人的承认视为当事人的承认。但未经特别授权的代理人对事实的承认直接导致承认对方诉讼请求的除外；当事人在场但对其代理人的承认不作否认表示的，视为当事人的承认。③根据作出自认的时间不同，可将自认分为诉讼中的自认和诉讼

①王福华．民事诉讼法学[M]．2 版．北京：清华大学出版社，2015：230-231.

外的自认。能够产生免证效果的自认，只能是诉讼中的自认，诉讼外的自认一般不发生免证效果。

自认对法院和当事人均产生效力。这具体为：①对自认当事人的拘束力。作出自认的当事人必须受自认内容的拘束，不能再对自认所涉及的案件事实提出相反的主张。②免除对方当事人的证明责任。自认一旦作出，对方当事人就无需对自认的案件事实承担证明责任。③对法院的拘束力。通常情况下，法院应当将当事人自认的事实作为认定案件事实的依据。而且，自认对法院的拘束力并不仅限于第一审法院，对第二审法院和再审法院同样具有拘束力。但是，法院认为当事人的自认是出于恶意或是为了达到规避法律或其他非法目的的，或者与法院查明的事实不一致的，可以不受自认的拘束。

当事人可以撤回自认。具有下列情形之一的，作出自认的当事人可以申请撤回自认：①当事人在法庭辩论终结前撤回自认并经对方当事人同意的；②有充分证据证明其自认行为是在受胁迫情况下作出且与事实不符的；③有充分证据证明其自认行为是在重大误解情况下作出的，且与事实不符。

自认不同于认诺。自认只是对于己不利的案件事实的承认，而认诺是对对方诉讼请求的承认。自认成立的，只是免除对方当事人的证明责任，对方的诉讼请求并不一定会因此直接得到法院的支持；认诺成立的，法院应当直接支持对方的诉讼请求。换言之，自认的结果尽管有可能导致自认者败诉，但却不是其直接效果。

《民诉法解释》第 92 条对自认还作出了限制性规定：①对于涉及身份关系、国家利益、社会公共利益等应当由人民法院依职权调查的事实，不适用自认的规定。②自认的事实与查明的事实不符的，人民法院不予确认。

第二节　证明责任

一、证明责任的概念与作用

（一）证明责任的概念

证明责任，也称举证责任，是指当事人对自己提出的事实主张，有责任提供证据加以证明，若当事人在案件审理终结时未能提供证据证明其主张的事实，致使该事实仍处于真伪不明状态时，则由提出该事实主张的当事人承担不利后果的责任。《民事证据规定》第 2 条对此作出了规定："当事人对自己提出的诉讼请求所依据的事实或者反驳对方诉讼请求所依据的事实有责任提供证据加以证明。没有证据或者证据不足以证明当事人的事实主张的，由负有举证责任的当事人承担不利后果。"可见，证明责任的概念包含三层基本含义：(1)当事人对自己所主张的事实应提供证据加以证明。(2)当事人对自己提出的用以证明其主张的事实的证据也应以其他证据加以证明，以表明自己所提供的证据能够证明其主张的事实。(3)案件审理终结时若当事人对自己主张的事实不能提供证据或虽提供证据但不能达到证明标准，以致其主张的事实得不到证明而仍处于真伪不明状态，将可能承担不利的诉讼结果。

理解证明责任的概念时，以下几点值得注意：

1. 证明责任只能由一方当事人承担，而不可能由双方当事人同时承担。

2. 证明责任的发生以待证事实处于真伪不明状态为前提。作为裁判基础的法律要件事实通过证据证明在案件审理终结时会表现为三种状态：一是被证明为真，此时法官可确定该要件事实；二是证明为假，此时法官可否定该要件事实；三是该要件实事的真伪未获得证明。在前两种情况下，均不会发生承担证明责任的不利后果；只有要件实事处于真伪不明状态时，法官才能依据证明责任规则作出判决，证明责任才显现出来。真伪不明作为一种状态，是指因为当事人没有证据或虽有证据但不能达到证明标准以致法官难以确信该待证事实存在的状态。

3. 证明责任是一种不利的诉讼后果，这种后果是法官在不得已的情况下判归一方当事人的。

4. 证明责任是一种裁判规范，而非当事人诉讼行为的规范。作为裁判规范，证明责任只在作为裁判基础的法律要件事实处于真伪不明的状态时才发生作用。

5. 承担证明责任的主体是当事人，法院不承担证明责任。

6. 证明责任具体由哪一方当事人承担是由法律、法规或司法解释预先确定的，因此在诉讼中不存在转移证明责任的问题。

7. 应当注意作为一种不利后果的证明责任与当事人的举证权的关系。双方当事人都享有举证权，但证明责任的不利后果只能归属于一方。

8. 证明责任是一种拟制或假定。当作为裁判基础的要件事实不能得到证明时，拟制或假定该要件事实不存在，并在此基础上让负有证明责任的当事人承担不利后果。但不能证明并不等于该要件事实就是真的不存在，因此，证明责任规则只有在法官穷尽所有的证据调查方法后仍然无法确信该要件事实是否存在时才能适用。换言之，法官应尽可能避免适用证明责任规则来裁判案件，只有在不得已的情况下才可适用，因为证明责任判决作为一种不利后果的承担毕竟是在一种拟制或假定的前提下决定的。

（二）证明责任的作用

1. 证明责任为当事人展开攻击或防御提供了方向。

2. 在案件事实处于真伪不明状态时，证明责任为法院及时裁判案件提供了依据，从而避免产生案件因真伪不明而无法裁判或者久拖不决的现象。

二、证明责任的分配

（一）证明责任分配的含义

证明责任的分配，是指按照一定的标准，将要件实事真伪不明的败诉风险，在双方当事人之间合理地进行分配，是各方当事人各自负担一些事实真伪不明的风险。

证明责任的分配直接关系到当事人的诉讼利益，因此，证明责任既给当事人带来积极提供证据的动力，也给当事人带来证明活动的压力。这就要求从诉讼平等、诉讼效率和发现真实的原则出发，将证明责任在当事人之间合理地进行分配，进而公平地调整当事人之间的利害关系。理解证明责任分配时，要注意以下几点：

1. 证明责任分配属于实体法问题。证明责任分配，实际上是分配要件事实真伪不明时的败诉风险。有时，实体法直接规定证明责任由何方当事人负担，但通常需要通过对规范权利要件的每个具体实体法规范的解释来明确证明责任。

2. 证明责任与当事人的诉讼地位无关，是按照主张权利还是否定权利的标准进行分配。

3. 证明责任是脱离每一具体诉讼而抽象分配的。

4. 证明责任分配的前提是案件事实真伪不明。案件事实真伪不明可分解为以下具体条件：(1)原告方提出有说服力的主张；(2)被告方提出实质性的反主张；(3)对争议的事实主张有证明的必要(即不属于免证事实)；(4)用尽所有程序上许可的和可能的证明手段，法官仍不能获得心证，即所谓“自由心证之尽头，即为证明责任之开始”；(5)口头辩论已经结束，而法官心证不足的状况仍没有改观。①

（二）证明责任分配的规则

1. 证明责任分配的一般规则。《民事诉讼法》第 64 条第 1 款规定，当事人对自己提出的主张，有责任提供证据。人们通常将其归纳为“谁主张、谁举证”，但该款并没有明确证明责任分配的具体规则。《民诉法解释》第 91 条根据法律要件分类说将其具体化，即人民法院应当依照下列原则确定举证证明责任的承担，但法律另有规定的除外：(1)主张法律关系存在的当事人，应当对产生该法律关系的基本事实承担举证证明责任。(2)主张法律关系变更、消灭或者权利受到妨害的当事人，应当对该法律关系变更、消灭或者权利受到妨害的基本事实承担举证证明责任。

2. 证明责任分配的特殊规则。司法解释对一些具体的诉讼案件如何分配证明责任作了规定。这些规定，有的只是对一般分配规则的具体化，有的则实行证明责任倒置。

(1)合同纠纷案件证明责任的分配。在合同纠纷案件中，主张合同关系成立并生效的一方当事人对合同订立和生效的事实承担举证责任；主张合同关系变更、解除、终止、撤销的一方当事人对引起合同关系变动的事实承担举证责任。对合同是否履行发生争议的，由负有履行义务的当事人承担举证责任。对代理权发生争议的，由主张有代理权一方当事人承担举证责任。

(2)劳动争议案件证明责任的分配。在劳动争议纠纷案件中，因用人单位作出开除、除名、辞退、解除劳动合同、减少劳动报酬、计算劳动者工作年限等决定而发生劳动争议的，由用人单位负举证责任。

①江伟．民事诉讼法[M]．2 版．北京：高等教育出版社、北京大学出版社，2004：173-174；王福华．民事诉讼法学[M]．2 版．北京：清华大学出版社，2015：238.

(3)一些性质较为特殊的侵权案件的证明责任的分配——证明责任倒置。[①] 根据《民事证据规定》第4条，下列侵权诉讼，按照以下规定承担举证责任：

①因新产品制造方法发明专利引起的专利侵权诉讼，由制造同样产品的单位或者个人对其产品制造方法不同于专利方法承担举证责任。

②高度危险作业致人损害的侵权诉讼，由加害人就受害人故意造成损害的事实承担举证责任。

③因环境污染引起的损害赔偿诉讼，由加害人就法律规定的免责事由及其行为与损害结果之间不存在因果关系承担举证责任。

④建筑物或者其他设施以及建筑物上的搁置物、悬挂物发生倒塌、脱落、坠落致人损害的侵权诉讼，由所有人或者管理人对其无过错承担举证责任。

⑤饲养动物致人损害的侵权诉讼，由动物饲养人或者管理人就受害人有过错或者第三人有过错承担举证责任。

⑥因缺陷产品致人损害的侵权诉讼，由产品的生产者就法律规定的免责事由承担举证责任。[②]

⑦因共同危险行为致人损害的侵权诉讼，由实施危险行为的人就其行为与损害结果之间不存在因果关系承担举证责任。

⑧因医疗行为引起的侵权诉讼，由医疗机构就医疗行为与损害结果之间不存在因果关系及不存在医疗过错承担举证责任。

有关法律对侵权诉讼的举证责任有特殊规定的，从其规定。

(4)垄断民事纠纷案件的证明责任分配。根据《最高人民法院关于审理因垄断行为引发的民事纠纷案件应用法律若干问题的规定》，垄断行为的类型不同，证明责任的分配也有所不同。

①被诉垄断行为属于下列垄断协议的，被告应对该协议不具有排除、限制竞争的效果承担举证责任：固定或者变更商品价格；限制商品的生产数量或者销售数量；分割销售市场或者原材料采购市场；限制购买新技术、新设备或者限制开发新技术、新产品；联合抵制交易。这些垄断协议是具有竞争关系的经营者达成的横向垄断协议，反垄断法予以明文禁止。

---

①证明责任倒置，是指将依据法律要件分类说应当有主张权利的一方当事人负担的证明责任，改由否认权利的另一方当事人就法律要件事实的不存在负证明责任。证明责任的倒置主要发生在侵权诉讼中。在侵权诉讼中，被告有过失、被告的违法行为与原告所受损害有因果关系，是产生损害赔偿请求权的要件实事。按照法律要件分类说，本应由主张赔偿请求权的原告负证明责任，但实行证明责任倒置后，否认损害赔偿请求权的被告须对自己无过失和原告所受损害与自己的违法行为不存在因果关系负证明责任。参见江伟．民事诉讼法[M]．2版．北京：高等教育出版社、北京大学出版社，2004：181.

②根据《产品质量法》第46条规定，所谓缺陷，是指产品存在危及人身、他人财产安全的不合理的危险；产品有保障人体健康和人身、财产安全的国家标准、行业标准的，是指不符合该标准。另，《产品质量法》第41条规定，生产者能够证明有下列情形之一的，不承担赔偿责任：(1)未将产品投入流通的；(2)产品投入流通时，引起损害的缺陷尚不存在的；(3)将产品投入流通时的科学技术水平尚不能发现缺陷的存在的；(4)损害是由受害人或第三人的故意或重大过失造成的。免责条件适用的主体为生产者，在某种情形也可能涉及销售者；只适用于无过错责任而不适用于过错责任。在此类诉讼中，受害人原告证明的关键点在证明产品存在缺陷，被告证明的关键点在证明免责事由。

②被诉垄断行为属于反垄断法第 17 条第 1 款规定的滥用市场支配地位的,[①] 原告应当对被告在相关市场内具有支配地位和其滥用市场支配地位承担举证责任。

被告以其行为具有正当性为由进行抗辩的，应当承担举证责任。

(5)法律、司法解释对证明责任分配没有具体规定时分配证明责任的原则。在法律没有具体规定，依《民事证据规定》及其他司法解释无法确定举证责任承担时，人民法院可以根据公平原则和诚实信用原则，综合当事人举证能力等因素确定举证责任的承担。

第三节　证明标准

一、证明标准的概念和作用

证明标准，又称证明度，是指证明案件事实所要达到的法定程度。它可以从两个方面进行观察：首先，从当事人的角度看，是指负有证明责任的当事人就其主张的事实予以证明所应达到的水平、程度。其次，从法院的角度看，是指对被证明的事实在法官内心形成的心证程度，即法院在诉讼中认定案件事实所要达到的证明程度。[②] 证明标准是当事人卸除证明责任和法院认定案件事实的基准。在诉讼中，通过证据的运用，如果待证事实的证明没有达到证明标准的要求，仍然处于真伪不明状态，则当事人的证明责任不能卸除，还需继续举证证明，或者在审理终结时承担败诉的风险，而法院也不能认定该待证事实；反之，对待证事实的证明已达到证明标准时，不但当事人可以卸除证明责任，而且法院也可以认定案件事实并以该事实作为裁判的基础。

在大陆法系国家的民事诉讼中，对不同的证明对象规定了不同的证明标准：(1)证明。这适用于对终局性的实体权利义务关系的证明，要求使法官对待证事实达到确信的程度。(2)疏明。它主要适用于与当事人的实体权利义务无关的程序性事项，足以使法官达到大致确信的程度。

证明标准的作用体现在：(1)证明标准具有抑制当事人起诉并指示其如何起诉的作用。此即告诉当事人在证据不足明显达不到证明标准时不要贸然起诉，也不要在证据准备较充分、能满足证明标准要求的情况下不敢起诉。(2)证明标准具有促进、引导当事人举证的作用。诉讼中，当事人无论是提出本证还是反证，当不能满足证明标准要求时，当事人就有必要进一步补充证据。(3)证明标准具有决定免除证明责任所要达到的证明程度的作用。

---

①《反垄断法》第 17 条第 1 款："禁止具有市场支配地位的经营者从事下列滥用市场支配地位的行为：(一)以不公平的高价销售商品或者以不公平的低价购买商品；(二)没有正当理由，以低于成本的价格销售商品；(三)没有正当理由，拒绝与交易相对人进行交易；(四)没有正当理由，限定交易相对人只能与其进行交易或者只能与其指定的经营者进行交易；(五)没有正当理由搭售商品，或者在交易时附加其他不合理的交易条件；(六)没有正当理由，对条件相同的交易相对人在交易价格等交易条件上实行差别待遇；(七)国务院反垄断执法机构认定的其他滥用市场支配地位的行为。"

②王福华．民事诉讼法学[M]．2 版．北京：清华大学出版社，2015：243.

二、我国民事诉讼的证明标准

证明标准是证明待证事实所应达到的最低限度的要求。在英美法系和大陆法系国家，不同诉讼或不同诉讼阶段或不同证明对象的证明标准具有多元性，而我国的证明标准则具有一元性。从民事诉讼的角度看，大陆法系和英美法系国家普遍采用“盖然性”作为民事诉讼的证明标准。所谓盖然性，是指法官从证据资料看，待证事实具有存在与否的某种可能性。在理论上，“盖然性”又分为高度盖然性的证明标准、较高盖然性的证明标准和低度盖然性的证明标准。高度盖然性标准是指对待证事实的证明虽然没有达到使法官确信只能如此的程度，但已经达到相信其存在极大可能或非常可能如此的程度。较高盖然性标准是指对待证事实的证明已经达到了使法官相信其有较大可能性是如此的程度。低度盖然性标准是指对待证事实的证明虽然无法使法官获得认定事实的确信，但却有一定可能性是如此的程度。

在我国，根据《民事诉讼法》第 153 条、第 170 条、第 200 条的规定，民事诉讼的证明标准为案件事实清楚、证据确实充分。但这一标准相当原则、抽象。为此，《民诉法解释》第 108 条、第 109 条对证明标准作了补充和细化：

（一）一般性证明标准——高度可能性标准

对负有举证证明责任的当事人提供的证据，人民法院经审查并结合相关事实，确信待证事实的存在具有高度可能性的，应当认定该事实存在。对一方当事人为反驳负有举证证明责任的当事人所主张事实而提供的证据，人民法院经审查并结合相关事实，认为待证事实真伪不明的，应当认定该事实不存在。法律对于待证事实所应达到的证明标准另有规定的，从其规定。

（二）例外性证明标准——排除合理怀疑标准

当事人对欺诈、胁迫、恶意串通事实的证明，以及对口头遗嘱或者赠与事实的证明，法院确信该待证事实存在的可能性能够排除合理怀疑的，应当认定该事实存在。

第四节 证明过程

一、取证

取证，即调查收集证据。按照民事诉讼规律，由当事人收集并提出证据是原则，由法院调查收集证据是例外。无论是当事人及其诉讼代理人还是法院和检察院，在调查收集证据的过程中，都不得以严重侵害他人合法权益、违反法律禁止性规定或者严重违背公序良俗的方法形成或者获取证据，否则就构成非法证据而不得作为认定案件事实的根据。

（一）当事人收集证据

1. 当事人及其诉讼代理人的取证权。《民事诉讼法》第 49 条规定，当事人有权收集、提供证据，可以查阅本案有关材料，并可以复制本案有关材料和法律文书；第 61 条规定，代理诉讼的律师和其他诉讼代理人有权调查收集证据，可以查阅本案有关材料。

2. 证据交换。当事人彼此之间交换证据，可以相互从对方获取证据，是当事人收集证据的一种特殊方式。

（1）证据交换的概念。证据交换，是指在庭审之前，法官组织当事人双方将各自持有的证据材料与对方进行交流的诉讼活动。其目的是为了整理争点、固定证据材料、防止诉讼突袭。

（2）证据交换的适用范围。在我国，目前证据交换不是民事诉讼的必经程序，一般适用于以下情况：①证据较多或者复杂疑难的案件。此类案件在答辩期届满后、开庭审理前，由法院组织双方当事人进行证据交换。②当事人申请证据交换。经当事人申请，人民法院可以组织当事人在开庭审理前交换证据。

（3）证据交换的程序：①证据交换的时间。根据《民诉法解释》第 224 条、第 225 条的规定，交换证据在答辩期届满后的庭前会议中进行。《民事证据规定》第 38 条规定，交换证据的时间可以由当事人协商一致（即协商确定）并经人民法院认可，也可以由人民法院指定。人民法院组织当事人交换证据的，交换证据之日举证期限届满。当事人申请延期举证经人民法院准许的，证据交换日相应顺延。②证据交换应当在法官的主持下进行。③证据交换一般不超过两次。但重大、疑难和案情特别复杂的案件，法院认为确有必要再次进行证据交换的除外。④证据交换的情况应记录在卷。在证据交换的过程中，审判人员对当事人无异议的事实、证据应当记录在卷；对有异议的证据，按照需要证明的事实分类记录在卷，并记载异议的理由。通过证据交换，确定双方当事人争议的主要问题。

（二）法院调查收集证据

当事人及其诉讼代理人因客观原因不能自行收集的证据，或者人民法院认为审理案件需要的证据，人民法院应当调查收集。人民法院有权向有关单位和个人调查取证，有关单位和个人不得拒绝。只不过法院调查收集证据，原则上应依当事人申请进行，仅在少数特殊情形下依职权进行。

1. 法院依申请调查收集证据。这是指当事人及其诉讼代理人因客观原因不能自行收集的证据，可以申请法院调查收集。

申请法院调查收集证据需满足以下条件：（1）前提条件是某些证据因客观原因不能自行收集。（2）申请调查收集证据的范围限于：①证据由国家有关部门保存，当事人及其诉讼代理人无权查阅调取的；②涉及国家秘密、商业秘密或者个人隐私的；③当事人及其诉讼代理人因客观原因不能自行收集的其他证据。（3）提出申请的主体必须是当事人本人或其代理人。（4）须提交申请书。当事人须书面申请法院调查收集证据。申请书应当载明被调查人的姓名或者单位名称、住所地等基本情况、所要调查收集的证据的内容、需要由人民法院调查收集证据的原因及其要证明的事实。(5)符合申请提交的期限。当事人及其诉讼代理人申请人民法院调查收集证据，不得迟于举证期限届满，即须在举证期限届满前提出申请。(6)当事人申请调查收集的证据，与待证事实无关联、对证明待证事实无意义或者其他无调查收集必要的，法院不予准许。

在程序上，当事人及其诉讼代理人申请人民法院调查收集证据，不得迟于举证期限届满前7日。人民法院对当事人及其诉讼代理人的申请不予准许的，应当向当事人或其诉讼代理人送达通知书。当事人及其诉讼代理人可以在收到通知书的次日起3日内向受理申请的人民法院书面申请复议一次。人民法院应当在收到复议申请之日起5日内作出答复。

2. 法院依职权调查收集证据。这是指人民法院认为审理案件需要的证据，可由法院依职权主动调查收集。

法院依职权调查收集证据的范围有限，仅限于：①涉及可能损害国家利益、社会公共利益的；②涉及身份关系的；③涉及公益诉讼的；④当事人有恶意串通损害他人合法权益可能的；⑤涉及依职权追加当事人、中止诉讼、终结诉讼、回避等程序性事项的。除这五种情形外，人民法院调查收集证据，应当依照当事人的申请进行。

3. 法院调查收集证据的程序。(1)人民法院不管是依申请还是依职权调查收集证据，应当由2人以上共同进行。调查笔录等调查材料经被调查人校阅后要由调查人、被调查人、记录人签名、捺印或者盖章。(2)人民法院派出人员进行调查时，应当向被调查人出示证件。(3)人民法院在必要时可以委托外地人民法院调查。委托调查，必须提出明确的项目和要求。受委托人民法院可以主动补充调查。受委托人民法院收到委托书后，应当在30日内完成调查。因故不能完成的，应当在上述期限内函告委托人民法院。

（三）检察院调查收集证据

1. 人民检察院办理公益诉讼案件，可以向有关行政机关以及其他组织、公民调查收集证据材料；有关行政机关以及其他组织、公民应当配合；需要采取证据保全措施的，依照民事诉讼法、行政诉讼法相关规定办理。

2. 检察院在再审程序中也具有调查取证权，即检察院因履行法律监督职责提出检察建议或者抗诉的需要，可以向当事人或者案外人调查核实有关情况。

二、举证

举证，即当事人及其诉讼代理人将所获取的证据材料提交给法庭的行为，通称为提供证据。法律和司法解释确立了一些举证规则。

（一）提供证据的规则

1. 当事人向法院提供证据，应当提供原件或原物。书证应当提交原件。物证应当提交原物。提交原件或者原物确有困难的，可以提交复制品、照片、副本、节录本。

调查人员调查收集计算机数据或者录音、录像等视听资料的，应当要求被调查人提供有关资料的原始载体。提供原始载体确有困难的，可以提供复制件。提供复制件的，调查人员应当在调查笔录中说明其来源和制作经过。

2. 域外证据的提供规则。当事人向法院提供的证据系在我国领域外形成的，该证据应当经所在国公证机关予以证明，并经我国驻该国使领馆予以认证，或者履行我国与该所在国订立的有关条约中规定的证明手续。当事人向法院提供的证据是在我国香港、澳门、台湾地区形成的，应履行相关的证明手续。

3. 外文书面证据资料的翻译。当事人向法院提供外文书证或者外文说明资料时应附有中文译本。

4. 证人出庭作证规则。证人出庭作证一般应经当事人申请。经人民法院通知，证人应当出庭作证；没有法院通知，证人原则上不得出庭。证人因履行出庭作证义务而支出的交通、住宿、就餐等必要费用以及误工损失，由败诉一方当事人负担。当事人申请证人作证的，由该当事人先行垫付；当事人没有申请，人民法院通知证人作证的，由人民法院先行垫付。

5. 法院应出具收取证据的收据。人民法院收到当事人提交的证据材料，应当出具收据，写明证据名称、页数、份数、原件或者复印件以及收到时间等，并由经办人员签名或者盖章。

（二）举证时限与逾期提供证据的后果

1. 举证时限的概念。举证时限，也称举证期限，是指当事人须在确定的时间范围内将证据材料提交给法庭以证明其主张的基础事实，若其未在该时限内提交证据材料，则丧失证据提出权，或者法院接纳该证据但要给予逾期举证的当事人以相应处罚的制度。其目的是要解决当事人在什么期限内提供证据才有效以及在什么情况下允许有例外等问题。具体包含三个方面：

（1）提出证据的期限。举证期限由法院指定或当事人商定。当事人应当在举证期限内向人民法院提交证据材料，当事人在举证期限内不提交的，视为放弃举证权利。当事人在举证期限内提交证据材料确有困难的，应当在举证期限内向人民法院申请延期举证，经人民法院准许，可以适当延长举证期限。

（2）在举证时限外提出证据的例外情形。如果证据材料属于“新的证据”，其提出不受举证时限的限制。但是，必须对“新的证据”加以明确，否则举证时限制度就失去了意义。“新的证据”及其提出，包括以下情形：

①一审程序中的新的证据包括：当事人在一审举证期限届满后新发现的证据；当事人确因客观原因无法在举证期限内提供，经人民法院准许，在延长的期限内仍无法提供的证据。当事人在一审程序中提供新的证据的，应当在一审开庭前或者开庭审理时提出。这里，所谓“新发现的证据”应当包括：一是举证时限届满后，才知道该证据的所在；二是虽然知道作为证据载体的材料的所在，并持有该证据材料，但并没有意识到其作为证明相关诉讼请求、主张的证据价值所在。需要注意的是，再审程序中的

“新的证据”不包括这里所指的第二种情形。

②二审程序中的新的证据包括：一审庭审结束后新发现的证据；当事人在一审举证期限届满前申请人民法院调查取证未获准许，二审法院经审查认为应当准许并依当事人申请调取的证据。当事人在二审程序中提供新的证据的，应当在二审开庭前或者开庭审理时提出；二审不需要开庭审理的，应当在人民法院指定的期限内提出。

③审判监督程序中的新的证据，是指原审庭审结束后新发现的证据。当事人在再审程序中提供新的证据的，应当在申请再审时提出。

关于新的证据的认定问题，根据《最高人民法院关于适用〈关于民事诉讼证据的若干规定〉中有关举证时限规定的通知》第 10 条，人民法院对于“新的证据”，应当依照相关规定，结合以下因素综合认定：①证据是否在举证期限或者司法解释规定的其他期限内已经客观存在；②当事人未在举证期限或者司法解释规定的其他期限内提供证据，是否存在故意或者重大过失的情形。

(3)重新确定举证时限的情形。这包括：①当事人在一审答辩期内提出管辖权异议的，人民法院应当在驳回当事人管辖权异议的裁定生效后，重新指定举证期限。②诉讼过程中，当事人变更诉讼请求的，人民法院应当重新指定举证期限。③人民法院依职权调查收集的证据在庭审中出示后，当事人要求提供相反证据的，人民法院可以酌情确定相应的举证期限。④人民法院在追加当事人或者有独立请求权的第三人参加诉讼的情况下，应当为新参加诉讼的当事人指定举证期限。该举证期限适用于其他当事人。⑤当事人申请延长举证期限经人民法院准许的，为平等保护双方当事人的诉讼权利，延长的举证期限适用于其他当事人。⑥举证期限届满后，当事人对已经提供的证据，申请提供反驳证据或者对证据来源、形式等方面的瑕疵进行补正的，人民法院可以酌情再次确定举证期限，该期限不受普通程序 15 日或二审程序 10 日的限制。

举证期限制度的设立，是证据从随时提出主义转向适时提出主义的产物，有利于促使当事人积极举证，提高诉讼效率；有利于防止证据突袭，确保司法公正；有利于法院对诉讼争点和证据进行整理。

2. 举证时限的程序规则。这主要有：

(1)举证时限的告知。人民法院应当在送达案件受理通知书和应诉通知书的同时向当事人送达举证通知书。举证通知书应当载明举证责任的分配原则与要求、可以向人民法院申请调查取证的情形、人民法院根据案件情况指定的举证期限以及逾期提供证据的法律后果。

(2)举证时限的确定。人民法院应当在审理前的准备阶段确定当事人的举证期限。举证期限可以由当事人协商，并经人民法院准许。人民法院确定举证期限，第一审普通程序案件不得少于 15 日，当事人提供新的证据的第二审案件不得少于 10 日。

(3)举证时限的延长。当事人申请延长举证期限的，应当在举证期限届满前向人民法院提出书面申请。申请理由成立的，人民法院应当准许，适当延长举证期限，并通知其他当事人。延长的举证期限适用于其他当事人。申请理由不成立的，人民法院不予准许，并通知申请人。

3. 逾期举证的法律后果。当事人不遵守举证时限、逾期提供证据的行为将产生一定的法律后果。对此，民事诉讼法和相关司法解释均有明确规定。

(1)民事诉讼法的规定。当事人对自己提出的主张应当及时提供证据。人民法院根据当事人的主张和案件审理情况，确定当事人应当提供的证据及其期限。当事人在该期限内提供证据确有困难的，可以向人民法院申请延长期限，人民法院根据当事人的申请适当延长。当事人逾期提供证据的，人民法院应当责令其说明理由；拒不说明理由或者理由不成立的，人民法院根据不同情形可以不予采纳该证据，或者采纳该证据但予以训诫、罚款。

(2)司法解释的规定。《民事证据规定》明文规定，当事人在举证时期限内不提交证据材料的，视为放弃举证权利。根据《民诉法解释》第101条、第102条的规定，对当事人逾期提供证据的行为，有以下几种处理方式：①采纳该证据，但责令当事人说明理由。当事人逾期提供证据的，人民法院应当责令其说明理由，必要时可以要求其提供相应的证据。当事人因客观原因逾期提供证据，或者对方当事人对逾期提供证据未提出异议的，视为未逾期。②对逾期提供的证据不予采纳。当事人因故意或者重大过失逾期提供的证据，人民法院不予采纳。③有条件采纳逾期提供的证据并予以制裁。具体包括两种：一是当事人因故意或者重大过失逾期提供证据，若该证据与案件基本事实有关的，人民法院应当采纳，并依法予以训诫、罚款；二是当事人非因故意或者重大过失逾期提供的证据，人民法院应当采纳，并对当事人予以训诫。

此外，当事人一方要求另一方赔偿因逾期提供证据致使其增加的交通、住宿、就餐、误工、证人出庭作证等必要费用的，人民法院可予支持。

三、质证

（一）质证的概念和意义

质证，是指当事人及其诉讼代理人在法庭的主持下，对所提供的证据进行宣读、展示、辨认、质疑、说明、辩驳等诉讼活动。

质证，既是当事人一项重要的诉讼权利，也是法院审查判断证据并确定证据的证据资格和证明力的一种重要的方式，是排除伪证、非法证据等的一道重要关口。因此，《民事诉讼法》第68条规定，证据应当在法庭上出示，并由当事人互相质证。对涉及国家秘密、商业秘密和个人隐私的证据应当保密，需要在法庭出示的，不得在公开开庭时出示；第200条规定，原判决、裁定认定事实的主要证据未经质证的，当事人可以申请再审，法院也应当再审。《民诉法解释》第103条也规定，未经当事人质证的证据，不得作为认定案件事实的根据。

质证不仅是证据法中的一项重要制度，也是民事诉讼庭审阶段的重要环节，是司法证明的一个关键阶段，因而为民事诉讼程序所不可或缺。其重要作用具体表现在：(1)质证是民事冲突双方当事人实现诉权的重要手段。(2)质证是法院审查证据并认定案件事实的前提。(3)质证是法庭辩论程序得以顺利进行的基础。[①]

（二）质证的构成

1. 质证的主体。质证的主体是当事人及其诉讼代理人。审判人员主持质证活动，也有权向当事人发问，但不是质证的主体。

2. 质证的客体。质证的客体是进入诉讼程序的各种证据材料，既包括当事人向法庭提供的证据材料，也包括法院调查收集的证据材料。但是，当事人在审理前的准备阶段认可的证据，经审判人员在庭审中说明后，视为质证过的证据，可不经质证程序而作为定案的根据。涉及国家秘密、商业秘密、个人隐私或者法律规定应当保密的证据，不得公开质证。

3. 质证的内容。质证的内容是审查证据材料是否具备证据的客观性、关联性和合法性的特征，以确定其是否具有证据资格和证明力。通过质证，明确肯定其具有客观性、关联性和合法性的，就可以肯定其证据资格和证明力，进而将其作为认定案件事实的根据，否则，就应将其排除。对此，《民诉法解释》第104条规定："人民法院应当组织当事人围绕证据的真实性、合法性以及与待证事实的关联性进行质证，并针对证据有无证明力和证明力大小进行说明和辩论。能够反映案件真实情况、与待证事实相关联、来源和形式符合法律规定的证据，应当作为认定案件事实的根据。"

（三）质证的程序

1. 出示证据。质证程序始于一方当事人向法庭和对方当事人出示证据。出示证据的方式有宣读、展示、播放等。按照《民事证据规定》，对书证、物证、视听资料进行质证时，当事人有权要求出示证据的原件或者原物。但有下列情况之一的除外：(1)出示原件或者原物确有困难并经人民法院准许出示复制件或者复制品的；(2)原件或者原物已不存在，但有证据证明复制件、复制品与原件或原物一致的。人民法院依照当事人申请调查收集的证据，作为提出申请的一方当事人提供的证据予以出示。人民法院依照职权调查收集的证据应当在庭审时出示，听取当事人意见，并可就调查收集该证据的情况予以说明。

2. 辨认证据。一方当事人出示证据后，由另一方当事人进行辨认。辨认的结果分为认可和不予认可两种。认可的方式有明示和不予反驳的默示两种。对对方当事人认可的证据，法院可以直接确认其证据资格和证明力，无需作进一步质证。

3. 对证据进行质疑、质询和辩驳。一方提出的证据为另一方存疑而予以否认后，否认方当事人就需要向法庭说明否认的理由。其理由陈述完毕后，出示方当事人可以就否认理由进行反驳，然后再由质证方对反驳的理由进行辩驳，直至法庭认为该证据已经查证属实。质证过程中，质证方经法庭许可还可向出示方提出各种问题，除非所提问题与质证目的无关，出示方应予回答。必要时审判人员也可以向当事人发问。[②]

---

①蔡虹．民事诉讼法学[M]．3版．北京：北京大学出版社，2013：258-259.

②江伟．民事诉讼法[M]．2版．北京：高等教育出版社、北京大学出版社，2004：197-198.

对以上三个步骤,《民事证据规定》第 51 条作出了规定:“质证按下列顺序进行:(一)原告出示证据,被告、第三人与原告进行质证;(二)被告出示证据,原告、第三人与被告进行质证;(三)第三人出示证据,原告、被告与第三人进行质证。”

(四)质证的方法

质证以质疑与答问的方式进行;以公开质证为原则,以不公开质证为例外。

至于具体的质证方法可以根据案件的证据材料的具体情况,灵活采用。常用的质证方法是一证一质、逐个进行,也可以采用一组一质的方法。案件有两个以上独立的诉讼请求的,当事人可以逐个出示证据进行质证。

(五)质证中要注意的其他问题

1. 证人证言的质证。(1)证人不是质证的客体,其陈述的证词即证人证言才是质证的客体。否则,就把证据材料和证据方法混同了。(2)证人证言、鉴定意见的出示应当坚持证人、鉴定人亲自出庭原则,只有在确有困难不能出庭时,经法院许可后,可以用提交书面证言或视听资料的方式替代出庭。(3)证人应当出庭作证,接受当事人的质询。审判人员和当事人可以对证人进行询问。证人不得旁听法庭审理;询问证人时,其他证人不得在场。人民法院认为有必要的,可以让证人进行对质。经法庭许可,当事人可以向证人、鉴定人、勘验人发问。

2. 当事人陈述的质证。人民法院认为有必要的,可以要求当事人本人到庭,就案件有关事实接受询问。在询问当事人之前,可以要求其签署保证书:保证书应当载明据实陈述、如有虚假陈述愿意接受处罚等内容。当事人应当在保证书上签名或者捺印。负有举证证明责任的当事人拒绝到庭、拒绝接受询问或者拒绝签署保证书,待证事实又欠缺其他证据证明的,人民法院对其主张的事实不予认定。

3. 专家辅助人参与质证。当事人可以申请人民法院通知有专门知识的人出庭,就鉴定人作出的鉴定意见或者专业问题提出意见。人民法院可以对出庭的具有专门知识的人进行询问。经法庭准许,当事人可以对出庭的具有专门知识的人进行询问,当事人各自申请的具有专门知识的人可以就案件中的有关问题进行对质。具有专门知识的人不得参与专业问题之外的法庭审理活动。

四、认证

(一)认证的概念和意义

认证,是证据认定的简称,是指法院认定证据材料是否具有证据资格从而成为定案根据,衡量具有证据资格的证据的证明力进而对案件事实作出认定。认证的目的是确认证据材料可否成为定案根据。认证的内容包括两个方面:一是确认证据材料的证据资格;二是确认证据材料的证明力。认证的主体是法院而非其他诉讼主体。

认证在诉讼中的意义主要有:(1)在法庭上出示的证据材料被法院认定,表明当事人举证、质证的目的得以实现。(2)认证为认定案件事实奠定了基础。

（二）认证的标准和原则

1. 认证的标准。这是指法庭评价证据材料能否成为证据的标准。证据材料只有具备客观性、关联性和合法性才能转变成定案根据。法庭应按照此三性标准进行认证。

2. 认证的原则和要求。为防止审判人员随意认证，应确立一定的原则和基本要求来规范认证行为。对此，《民事诉讼法》第 64 条第 3 款规定："人民法院应当按照法定程序，全面地、客观地审查核实证据。"《民诉法解释》第 105 条规定："人民法院应当按照法定程序，全面、客观地审核证据，依照法律规定，运用逻辑推理和日常生活经验法则，对证据有无证明力和证明力大小进行判断，并公开判断的理由和结果。"

（三）认证的方法

1. 对单一证据的审核认定。审判人员对单一证据可以从以下方面进行审核认定：(1)证据是否原件、原物，复印件、复制品与原件、原物是否相符；(2)证据与本案事实是否相关；(3)证据的形式、来源是否符合法律规定；(4)证据的内容是否真实；(5)证人或者提供证据的人，与当事人有无利害关系。①

2. 对全部证据的综合审查判断。审判人员对案件的全部证据，应当从各证据与案件事实的关联程度、各证据之间的联系等方面进行综合审查判断。

（四）认证的规则

1. "让步不产生偏见"规则。此即在诉讼中，当事人为达成调解协议或者和解协议作出妥协而认可的事实，不得在后续的诉讼中作为对其不利的根据，但法律另有规定或者当事人均同意的除外。

2. 非法证据排除规则。对以严重侵害他人合法权益、违反法律禁止性规定或者严重违背公序良俗的方法形成或者获取的证据，不得作为认定案件事实的根据。

3. 补强证据规则。这是指某一证据的证明力较弱而不能单独作为认定案件事实的依据，只有以其他证据予以佐证来补充强化其证明力时，才能作为本案的定案根据。这主要体现在：(1)人民法院对视听资料，应当辨别真伪，并结合本案的其他证据，审查确定能否作为认定事实的根据。(2)人民法院对当事人的陈述，应当结合本案的其他证据，审查确定能否作为认定事实的根据。当事人拒绝陈述的，不影响人民法院根据证据认定案件事实。(3)人民法院认为有必要的，可以要求当事人本人到庭，就案件有关事实接受询问。在询问当事人之前，可以要求其签署保证书。保证书应当载明据实陈述、如有虚假陈述愿意接受处罚等内容。当事人应当在保证书上签名或者捺印。负有举证证明责任的当事人拒绝到庭、拒绝接受询问或者拒绝签署保证书，待证事实又

①参见《民事证据规定》第 65 条。

欠缺其他证据证明的，人民法院对其主张的事实不予认定。(4)因提交书证原件确有困难[①]而提交书证复制件的，人民法院应当结合其他证据和案件具体情况，审查判断书证复制品等能否作为认定案件事实的根据。(5)单位向人民法院提出的证明材料，应当由单位负责人及制作证明材料的人员签名或者盖章，并加盖单位印章。人民法院就单位出具的证明材料，可以向单位及制作证明材料的人员进行调查核实。必要时，可以要求制作证明材料的人员出庭作证。单位及制作证明材料的人员拒绝人民法院调查核实，或者制作证明材料的人员无正当理由拒绝出庭作证的，该证明材料不得作为认定案件事实的根据。(6)下列证据不能单独作为认定案件事实的依据：①未成年人所作的与其年龄和智力状况不相当的证言；②与一方当事人或者其代理人有利害关系的证人出具的证言；③存有疑点的视听资料；④无法与原件、原物核对的复印件、复制品；⑤无正当理由未出庭作证的证人证言。

4. 公文书效力推定规则。国家机关或者其他依法具有社会管理职能的组织，在其职权范围内制作的文书所记载的事项推定为真实，但有相反证据足以推翻的除外。必要时，人民法院可以要求制作文书的机关或者组织对文书的真实性予以说明。

5. 证明妨碍规则。证明妨碍，是指当事人为妨碍对方当事人使用证据，故意将证据毁损、灭失、隐匿或增加证据使用难度，法院可以结合案件中的其他证据推定当事人所主张的事实为真实。证明妨碍制度的设立，目的就是为了规制妨害证据使用的行为。它包括两种情形：

(1)积极的证明妨碍。这是指当事人为妨碍对方当事人使用证据而故意毁损、灭失或隐匿证据的行为。《民诉法解释》第 113 条规定，持有书证的当事人以妨碍对方当事人使用为目的，毁灭有关书证或者实施其他致使书证不能使用行为的，人民法院可以依法对其处以罚款、拘留。

(2)消极的证明妨碍。这是指当事人没有正当理由而不协助法院取得证据的不作为行为。《民诉法解释》第 112 条规定，书证在对方当事人控制之下的，承担举证证明责任的当事人可以在举证期限届满前书面申请人民法院责令对方当事人提交。申请理由成立的，人民法院应当责令对方当事人提交，因提交书证所产生的费用，由申请人负担。对方当事人无正当理由拒不提交的，人民法院可以认定申请人所主张的书证内容为真实。[②]

6. 判断证明力的规则。判断证据的证明力是认证的重要内容之一。民事诉讼法及其相关司法解释对如何认定证据的证明力有以下规定：

(1)人民法院有权向有关单位和个人调查取证，有关单位和个人不得拒绝。人民法院对有关单位和个人提出的证明文书，应当辨别真伪，审查确定其效力。

(2)一方当事人提出的下列证据，对方当事人提出异议但没有足以反驳的相反证据

---

①提交书证原件确有困难，包括下列情形：(1)书证原件遗失、灭失或者毁损的；(2)原件在对方当事人控制之下，经合法通知提交而拒不提交的；(3)原件在他人控制之下，而其有权不提交的；(4)原件因篇幅或者体积过大而不便提交的；(5)承担举证证明责任的当事人通过申请人民法院调查收集或者其他方式无法获得书证原件的。

②王福华．民事诉讼法学[M]．2 版．北京：清华大学出版社，2015：254-256.

的，人民法院应当确认其证明力：①书证原件或者与书证原件核对无误的复印件、照片、副本、节录本；②物证原物或者与物证原物核对无误的复制件、照片、录像资料等；③有其他证据佐证并以合法手段取得的、无疑点的视听资料或者与视听资料核对无误的复制件；④一方当事人申请人民法院依照法定程序制作的对物证或者现场的勘验笔录。

(3)一方当事人提出的证据，另一方当事人认可或者提出的相反证据不足以反驳的，人民法院可以确认其证明力。一方当事人提出的证据，另一方当事人有异议并提出反驳证据，对方当事人对反驳证据认可的，可以确认反驳证据的证明力。

(4)双方当事人对同一事实分别举出相反的证据，但都没有足够的依据否定对方证据的，人民法院应当结合案件情况，判断一方提供证据的证明力是否明显大于另一方提供证据的证明力，并对证明力较大的证据予以确认。

(5)人民法院就数个证据对同一事实的证明力，可以依照下列原则认定：①国家机关、社会团体依职权制作的公文书证的证明力一般大于其他书证；②物证、档案、鉴定意见、勘验笔录或者经过公证、登记的书证，其证明力一般大于其他书证、视听资料和证人证言；③原始证据的证明力一般大于传来证据；④直接证据的证明力一般大于间接证据；⑤证人提供的对与其有亲属或者其他密切关系的当事人有利的证言，其证明力一般小于其他证人证言。

7. 证明标准对认证的影响：(1)对负有举证证明责任的当事人提供的证据，人民法院经审查并结合相关事实，确信待证事实的存在具有高度可能性的，应当认定该事实存在；对一方当事人为反驳负有举证证明责任的当事人所主张事实而提供的证据，人民法院经审查并结合相关事实，认为待证事实真伪不明的，应当认定该事实不存在。(2)当事人对欺诈、胁迫、恶意串通事实的证明，以及对口头遗嘱或者赠与事实的证明，人民法院确信该待证事实存在的可能性能够排除合理怀疑的，应当认定该事实存在。

▶ 典型真题

高某诉张某合同纠纷案，终审高某败诉。高某向检察院反映，其在一审中提交了偷录双方谈判过程的录音带，其中有张某承认货物存在严重质量问题的陈述，足以推翻原判，但法院从未组织质证。对此，检察院提起抗诉。关于再审程序中证据的表述，下列哪些选项是正确的？(2013-03-85，多选)①

A. 再审质证应当由高某、张某和检察院共同进行

B. 该录音带属于电子数据，高某应当提交证据原件进行质证

C. 虽然该录音带系高某偷录，但仍可作为质证对象

D. 如再审法院认定该录音带涉及商业秘密，应当依职权决定不公开质证

①【参考答案】CD。

第九章　期间、送达

考点分布

1. 期间的种类；（★★★）
2. 期间的计算；（★★）
3. 期间的耽误与顺延；（★★）
4. 送达的方式；（★★★★）
5. 送达的效力。（★★）

知识讲解

第一节　期间

一、期间的概念

期间，是指法院、当事人和其他诉讼参与人实施或完成诉讼行为应遵守的时间。狭义的期间仅指期限，广义的期间则包括期限和期日。期限，是指法院、当事人和其他诉讼参与人单独实施诉讼行为的时间界限，即自何时起始至何时终止的时间范围。期日，是指法院与当事人、其他诉讼参与人会合在一起共同完成某一诉讼行为的日期。

二、期间的种类

（一）法定期间

法定期间，是指由法律或司法解释明文规定的期间。法定期间原则上为不变期间，除法律明文规定允许变动的例外情形，任何诉讼主体都不得任意改变。

法定期间包括绝对不变期间和相对不变期间。绝对不变期间，是指该期间经法律确定，任何机构和人员都不得改变。相对不变期间，是指该期间经法律确定后，在通常情况下不可改变，但遇有法定事由时，法律允许法院作一定的变更。前者例如，下列诉讼行为的期间为 6 个月：第三人提起撤销之诉；当事人对判决、裁定、调解书申请再审；利害关系人对人民法院作出的确认调解协议、准许实现担保物权的裁定提出异议；例外情形下再审申请人撤回再审申请后再次申请再审；必要共同诉讼人申请再审；案外人申请再审。利害关系人对错误的除权判决提起诉讼的期间为 1 年。这里的 6 个月或 1 年为不变期间，不适用诉讼时效中止、中断、延长的规定。后者例如，对申请再审案件，人民法院应当自受理之日起 3 个月内审查完毕，但公告期间、当事人和解期间等不计入审查期限。有特殊情况需要延长的，由本院院长批准。

（二）指定期间

指定期间，是指法院根据案件的具体情况和审理案件的需要，依职权指定当事人及其他诉讼参与人完成某项诉讼行为的期间。指定期间为可变期间，一旦指定，一般也不应任意变更，但如情况变化，法院可重新指定期间，也可延长原来的指定期间。

三、期间的计算

1. 期间以时、日、月、年计算。

2. 期间开始的时和日，不计算在期间内。民事诉讼中以时起算的期间从次时起算；以日、月、年计算的期间从次日起算。立案期限，因起诉状内容欠缺通知原告补正的，从补正后交人民法院的次日起算。由上级人民法院转交下级人民法院立案的案件，从受诉人民法院收到起诉状的次日起算。

3. 期间届满的最后一日是节假日的，以节假日后的第一日为期间届满的日期。

4. 期间不包括在途时间，诉讼文书在期满前交邮的，不算过期。

四、期间的耽误和补救

期间的耽误，是指当事人、诉讼代理人没有在规定的期限内完成某项诉讼行为。

无正当理由而耽误期间，法律后果一般是失权，由行为人自行负担。

如果耽误期间有法律规定的正当理由，则允许申请顺延期间，即"当事人因不可抗拒的事由或者其他正当理由耽误期限的，在障碍消除后的 10 日内，可以申请顺延期限，是否准许，由人民法院决定"。

对当事人在规定期间内提出的申请，法院应及时进行审查，凡有符合法律规定的顺延事由的，应允许顺延。对法定期间，顺延的时间一般为被耽误的时间。如果被耽误的是指定期间，则由法院根据具体情况确定顺延的时间。

第二节 送达

一、送达的概念和意义

人民法院按照法定的方式和程序，将诉讼文书以及其他法律文书送交给诉讼当事人或者其他诉讼参与人的行为，即为送达。

送达的特征有：(1)送达是人民法院向诉讼参与人实施的一种诉讼行为，即法院是送达人。(2)送达是在诉讼中人民法院向诉讼参与人所为的诉讼行为，即诉讼参与人是受送达人。(3)送达必须按照法律规定的程序和方式进行，否则不产生送达的法律效果。(4)送达的内容是各类诉讼文书以及其他法律文书。(5)送达地址具有恒定性。《民诉法解释》第137条规定，当事人在提起上诉、申请再审、申请执行时未书面变更送达地址的，其在第一审程序中确认的送达地址可以作为第二审程序、审判监督程序、执行程序的送达地址。

送达作为民事诉讼的一项重要制度，具有重要的意义。具体体现在：(1)对法院而言，依法送达诉讼文书是严格执行民事诉讼法的一个重要环节，是保证诉讼程序合法性和诉讼行为有效性的重要措施。(2)对当事人而言，送达直接关系到他们的权益，法院依法将诉讼文书送达后，他们才能够了解诉讼文书的内容，才能依据文书的内容和要求实施必要的诉讼行为。

二、送达回证

除法律规定的例外情形，法院在送达时须有送达回证。所谓送达回证，是法院已按法定程序和方式进行送达的凭证，对诉讼文书已合法送达具有重要的证明作用。作为一种格式化的诉讼文书，送达回证的内容包括：送达法院的名称，受送达人，送达的诉讼文书的名称，送达的处所和时间，送达的基本情况，受送达人或有关见证人的签名或盖章。受送达人在送达回证上的签收日期为送达日期。

三、送达方式

（一）直接送达

直接送达，是指由法院的送达人员将所需送达的诉讼文书、法律文书直接送交受送达人或其同住的成年家属、代收人、诉讼代理人的送达方式。直接送达是最基本的送达方式，凡是能够直接送达的均应直接送达，只有在直接送达确有困难时才可据情选用其他送达方式。

送达诉讼文书，应当直接送交受送达人。受送达人是公民的，本人不再交他的同住成年家属签收；受送达人是法人或者其他组织的，应当由法人的法定代表人、其他组织的主要负责人或者该法人、组织负责收件的人签收；受送达人有诉讼代理人的，可以送交其代理人签收；受送达人已向人民法院指定代收人的，送交代收人签收。受送达人的同住成年家属，法人或者其他组织的负责收件的人，诉讼代理人或者代收人在送达回证上签收的日期为送达日期。

人民法院直接送达诉讼文书的，可以通知当事人到人民法院领取。当事人到达人民法院，拒绝签署送达回证的，视为送达。审判人员、书记员应当在送达回证上注明送达情况并签名。人民法院可以在当事人住所地以外向当事人直接送达诉讼文书。当事人拒绝签署送达回证的，采用拍照、录像等方式记录送达过程即视为送达。审判人员、书记员应当在送达回证上注明送达情况并签名。人民法院在定期宣判时，当事人拒不签收判决书、裁定书的，应视为送达，并在宣判笔录中记明。

（二）留置送达

留置送达，是指在向受送达人或其他有资格接受送达的人送交需送达的诉讼文书、法律文书而遭拒绝签收时，送达人依法将诉讼文书、法律文书留放在受送达人住所的送达方式。留置送达是在直接送达遭拒时所采用的送达方式。对留置送达要注意以下几点：

1. 受送达人或者他的同住成年家属拒绝接收诉讼文书的，送达人可以邀请有关基层组织或者所在单位的代表到场，说明情况，在送达回证上记明拒收事由和日期，由送达人、见证人签名或者盖章，把诉讼文书留在受送达人的住所；也可以把诉讼文书留在受送达人的住所，并采用拍照、录像等方式记录送达过程，即视为送达。这里的有关基层组织和所在单位的代表，可以是受送达人住所地的居民委员会、村民委员会的工作人员以及受送达人所在单位的工作人员。

2. 向法人或者其他组织送达诉讼文书，应当由法人的法定代表人、该组织的主要负责人或者办公室、收发室、值班室等负责收件的人签收或者盖章，拒绝签收或者盖章的，适用留置送达。

3. 受送达人有诉讼代理人的，人民法院既可以向受送达人送达，也可以向其诉讼代理人送达。受送达人指定诉讼代理人为代收人的，向诉讼代理人送达时，适用留置送达。

4. 调解书应当直接送达当事人本人，不适用留置送达。当事人本人因故不能签收的，可由其指定的代收人签收。

5. 向债务人本人送达支付令，债务人拒绝接收的，人民法院可以留置送达。

（三）电子送达

电子送达，是指采用传真、电子邮件、移动通信等受送达人能够及时收悉的方式进行送达。这是法院利用电子信息化手段，将需送达的文书的电子版本发送至受送达人的接收终端的送达方式。对电子送达要注意：

1. 电子送达以受送达人同意为前提。若受送达人不同意电子送达的，法院不得采用。若受送达人同意采用电子方式送达的，应当在送达地址确认书中予以确认。

2. 电子送达的对象限于判决书、裁定书、调解书之外的其他诉讼文书。即对判决书、裁定书、调解书不得采用电子送达。

3. 电子送达可以采用传真、电子邮件、移动通信等即时收悉的特定系统作为送达媒介，以传真、电子邮件等到达受送达人特定系统的日期为送达日期。所谓到达受送达人特定系统的日期，为人民法院对应系统显示发送成功的日期，但受送达人证明到达其特定系统的日期与人民法院对应系统显示发送成功的日期不一致的，以受送达人证明到达其特定系统的日期为准。

（四）委托送达

委托送达，是指法院直接送达诉讼文书有困难的，委托受送达人所在地法院代为送达。委托送达的前提是法院直接送达诉讼文书有困难。委托其他人民法院代为送达的，委托法院应当出具委托函，并附需要送达的诉讼文书和送达回证，以受送达人在送达回证上签收的日期为送达日期。委托送达的，受委托人民法院应当自收到委托函及相关诉讼文书之日起10日内代为送达。

（五）邮寄送达

邮寄送达，是指法院将需要送达的诉讼文书通过邮局以法院专递的方式邮寄给受送达人的送达方式。

《民事诉讼法》第88条将邮寄送达和委托送达规定在同一条文中，二者的适用前提都是“直接送达诉讼文书有困难”，但其关系不是一种合并关系，而是一种平行选择关系。对于邮寄送达，2004年最高人民法院发布的《关于以法院专递方式邮寄送达民事诉讼文书的若干规定》(2005年1月1日生效)作了详细规定。根据该司法解释，对邮寄送达要注意：

1. 下列情形不适用邮寄送达：(1)受送达人或者其诉讼代理人、受送达人指定的代收人同意在指定的期间内到人民法院接受送达的；(2)受送达人下落不明的；(3)法律规定或者我国缔结或者参加的国际条约中约定有特别送达方式的。

2. 当事人确认送达地址。当事人起诉或者答辩时应当向人民法院提供或者确认自己准确的送达地址，并填写送达地址确认书。当事人拒绝提供的，人民法院应当告知其拒不提供送达地址的不利后果，并记入笔录。送达地址确认书的内容应当包括送达地址的邮政编码、详细地址以及受送达人的联系电话等内容。当事人要求对送达地址确认书中的内容保密的，人民法院应当为其保密。当事人在第一审、第二审和执行终结前变更送达地址的，应当及时以书面方式告知人民法院。

3. 受送达人指定代收人的，指定代收人的签收视为受送达人本人签收。邮政机构在受送达人提供或确认的送达地址未能见到受送达人的，可以将邮件交给与受送达人同住的成年家属代收，但代收人是同一案件中另一方当事人的除外。

4. 受送达人及其代收人应当在邮件回执上签名、盖章或者捺印。受送达人及其代收人在签收时应当出示其有效身份证件并在回执上填写该证件的号码；受送达人及其代收人拒绝签收的，由邮政机构的投递员记明情况后将邮件退回人民法院。

5. 有下列情形之一的，即为送达：(1)受送达人在邮件回执上签名、盖章或者捺印的；(2)受送达人是无民事行为能力或者限制民事行为能力的自然人，其法定代理人签收的；(3)受送达人是法人或者其他组织，其法人的法定代表人、该组织的主要负责人或者办公室、收发室、值班室的工作人员签收的；(4)受送达人的诉讼代理人签收的；(5)受送达人指定的代收人签收的；(6)受送达人的同住成年家属签收的。

6. 邮寄送达的，以回执上注明的收件日期为送达日期。

（六）转交送达

转交送达，是指法院将诉讼文书交给受送达人所在单位，由单位转交给受送达人的一种送达方式。

转交送达适用于三种情况：(1)受送达人是军人的，通过其所在部队团以上单位的政治机关转交；(2)受送达人被监禁的，通过其所在监所转交；(3)受送达人被采取强制性教育措施的，通过其所在强制性教育机构转交。代为转交的机关、单位收到诉讼文书后，必须立即交受送达人签收，以在送达回证上的签收日期，为送达日期。

（七）公告送达

公告送达，是指法院在受送达人下落不明或采用其他送达方法均无法送达时，而将诉讼文书的主要内容予以公告，公告经过一定期限后即产生送达效果的送达方式。公告送达实际上是一种推定送达。对公告送达应注意以下几点：

1. 采用公告送达的，自发出公告之日起，经过60日，即视为送达。公告送达，应当在案卷中记明原因和经过。

2. 公告送达可以在法院的公告栏和受送达人住所地张贴公告，也可以在报纸、信息网络等媒体上刊登公告，发出公告日期以最后张贴或者刊登的日期为准。对公告送达方式有特殊要求的，应当按要求的方式进行。公告期满，即视为送达。人民法院在受送达人住所地张贴公告的，应当采取拍照、录像等方式记录张贴过程。

3. 公告送达应当说明公告送达的原因；公告送达起诉状或者上诉状副本的，应当说明起诉或者上诉要点，受送达人答辩期限及逾期不答辩的法律后果；公告送达传票，应当说明出庭的时间和地点及逾期不出庭的法律后果；公告送达判决书、裁定书的，应当说明裁判主要内容，当事人有权上诉的，还应当说明上诉权利、上诉期限和上诉的人民法院。

4. 适用简易程序的案件，不适用公告送达。

四、送达的效力

送达的效力，是指诉讼文书送达后所产生的法律后果。具体包括：

1. 实体上的效果。例如，判决书、裁定书、调解书、支付令的效力开始发生。

2. 程序上的效果。例如：有关的诉讼期限开始计算；当事人及其他诉讼参与人知晓应在何时参加某一诉讼活动，若不参加，将承担相应的法律后果；标志着有关诉讼法律关系的产生或消灭，等等。

典型真题

张某诉美国人海斯买卖合同一案，由于海斯在我国无住所，法院无法与其联系，遂要求张某提供双方的电子邮件地址，电子送达了诉讼文书，并在电子邮件中告知双方当事人在收到诉讼文书后予以回复，但开庭之前法院只收到张某的回复，一直未收到海斯的回复。后法院在海斯缺席的情况下，对案件作出判决，驳回张某的诉讼请求，并同样以电子送达的方式送达判决书。关于本案诉讼文书的电子送达，下列哪一做法是合法的？（2014-03-42，单选）①

A. 向张某送达举证通知书

B. 向张某送达缺席判决书

C. 向海斯送达举证通知书

D. 向海斯送达缺席判决书

①【参考答案】A。

第十章　法院调解与诉讼和解

考点分布

1. 法院调解的原则；（★★）
2. 法院调解的程序；（★★）
3. 法院调解协议及其效力；（★★★）
4. 二审、再审程序中的调解；（★★★）
5. 诉讼和解的处理方式。（★★）

知识讲解

第一节　法院调解

一、法院调解概述

（一）法院调解的概念和特征

法院调解，又称诉讼调解，是指在审判人员的主持下，双方当事人就其民事权益争议，通过自愿、平等协商，互谅互让，达成协议，解决纠纷的诉讼活动和结案方式。

与诉讼外的调解相比较，法院调解有如下特点：

1. 法院调解是一种诉讼活动。这有两层意思：(1)法院调解发生在诉讼过程中，调解行为属于诉讼行为，对当事人产生诉讼上的约束力；诉讼外的调解发生在诉讼之外，当事人的行为无诉讼上的意义。(2)就性质而言，法院调解是我国诉讼制度的重要组成部分，是法院行使审判权的重要方式。诉讼外的调解在性质上有的属于民间调解，有的属于行政调解，均不具有诉讼的性质。

2. 法院调解与其他调解依据的法律规范不同。

3. 法院调解的主持者是法院的审判人员。诉讼外调解则是在人民调解组织、行政机关、仲裁机构工作人员的主持下进行。需注意的是，人民法院进行调解，可以邀请有关单位和个人协助。被邀请的单位和个人，应当协助人民法院进行调解。

4. 法院调解要遵循较为严格的法律原则和程序，而诉讼外调解对法律原则和程序规范的要求较为宽松。

5. 法院调解与其他调解的效力不同。经法院调解形成的调解书或者不需要制作调解书的调解协议生效后，具有强制执行的法律效力。诉讼外调解，除仲裁调解文书以及经过司法确认的人民调解协议可以申请法院强制执行外，民间调解、行政调解形成的文书或者协议均不具有强制执行的效力。

（二）法院调解和判决的关系

调解和判决都是法院行使审判权和解决民事纠纷的方式，两者相辅相成，不存在孰优孰劣的问题，既不能重调解而轻判决，也不能重判决而轻调解，而应根据案件的具体情况和当事人的意愿，选择恰当的民事纠纷解决方式。根据民事诉讼理论以及民事诉讼法和司法解释的规定，在处理二者关系时要注意以下几点：

1. 除法律另有规定外，调解不是法院解决民事纠纷的必经程序。对二者应当遵循“能调则调，当判则判，调判结合，案结事了”的民事审判工作指导方针，根据案件具体情况分别处理。

2. 对当事人明确表示不愿意接受调解的，不能违背自愿原则强制进行调解。即当事人一方或者双方坚持不愿调解的，应当及时裁判。人民法院审理离婚案件，应当进行调解，但不应久调不决。

3. 法院调解的案件范围相较于判决要窄。人民法院受理案件后，经审查，认为法律关系明确、事实清楚，在征得当事人双方同意后，可以径行调解。但适用特别程序、督促程序、公示催告程序的案件，婚姻等身份关系确认案件以及其他根据案件性质不能进行调解的案件，不得调解。

4. 如果当事人调解的目的是为拖延诉讼，法院在查明其目的后应当及时判决。

5. 调解未达成协议或者调解书送达前一方反悔的，人民法院应当及时判决。

6. 当事人自行和解或者调解达成协议后，请求人民法院按照和解协议或者调解协议的内容制作判决书的，人民法院不予准许。无民事行为能力人的离婚案件，由其法定代理人进行诉讼。法定代理人与对方达成协议要求发给判决书的，可根据协议内容制作判决书。

二、法院调解的原则

1. 查明事实，分清是非的原则。这是指法院调解应当在事实清楚、是非分明的基础上进行。法院调解不是无原则地“和稀泥”，应当以事实为依据，以法律为准绳，体现对社会公平正义的追求。法院调解虽然对案件事实清楚的要求程度不像判决那么高，但也应做到事实基本清楚、是非基本明确，否则调解方案的提出和内容的审查就没有依据，既难以使当事人接受，也无法保证其合法性。

2. 当事人自愿原则。这是指法院进行调解时，必须以双方当事人的自愿为前提，不得违背当事人的自主意志强行启动调解程序，以及强迫当事人接受调解方案。自愿包括：(1)程序上的自愿，自愿表现为法院采用调解的方式解决民事纠纷。除离婚等必须进行调解的案件以外，对于任何案件进行调解，都必须首先征得当事人双方同意。(2)实体上的自愿，调解达成协议，必须双方自愿，不得强迫。当事人在是否同意调解意愿的表达上必须是明示的，不能采取默示的方式。

3. 合法原则。这是指法院调解不仅必须依法进行，而且调解的过程以及调解协议的内容也要符合法律的规定。合法也包括两个方面：(1)程序合法。即法院调解的启动、方式、步骤以及调解协议的达成与调解书的制作、送达，均应符合法律规定。(2)实体合法，即调解协议的内容不得违反法律规定，不得损害国家利益、社会公共利益和他人的合法权益。

三、法院调解的程序

（一）调解的启动

1. 启动方式。在民事诉讼中，法院调解的启动有两种方式：一是由当事人提出申请而启动；二是法院依职权主动启动。

2. 启动时间。根据民事诉讼法的规定，法院在第一审程序的立案阶段、审前阶段和庭审阶段，以及在第二审程序和再审程序中，都可以对案件进行调解。

（二）调解的进行

根据民事诉讼法的规定，一审调解有三种：一是立案前的先行调解；二是立案后至开庭前的调解，即庭前调解；三是庭审中的调解，即庭中调解。

1. 调解的主持。法院进行调解，可以由审判员一人主持，也可以由合议庭主持。

2. 调解的地点。法院调解时双方当事人都应当出庭，调解的场所可以是法院，也可以是当事人所在单位或者住所，但应尽可能就地进行。

3. 调解的通知方式。法院进行调解，可以用简便方式通知当事人、证人到庭。

4. 协助调解。人民法院进行调解，可以邀请有关单位和个人协助。被邀请的单位和个人，应当协助人民法院进行调解。

5. 调解中的保密原则。当事人申请不公开进行调解的，人民法院应当准许。保密体现在：(1)人民法院审理民事案件，调解过程不公开，但当事人同意公开的除外。(2)调解协议内容不公开，但为保护国家利益、社会公共利益、他人合法权益，人民法院认为确有必要公开的除外。(3)主持调解以及参与调解的人员，对调解过程以及调解过程中获悉的国家秘密、商业秘密、个人隐私和其他不宜公开的信息，应当保守秘密，但为保护国家利益、社会公共利益、他人合法权益的除外。

6. 调解的方式。调解时当事人各方应当同时在场，根据需要也可以对当事人分别作调解工作。即根据具体案情，可以采取面对面的调解方式，也可以采取背靠背的调解方式。

7. 诉讼代理人参加调解。人民法院调解案件时，当事人不能出庭的，经其特别授权，可由其委托代理人参加调解，达成的调解协议，可由委托代理人签名。离婚案件当事人确因特殊情况无法出庭参加调解的，除本人不能表达意志的以外，应当出具书面意见。

8. 调解方案的提出。当事人可以自行提出调解方案，主持调解的人员也可以提出调解方案供当事人协商时参考。

9. 对恶意调解的处理。人民法院审理民事案件，发现当事人之间恶意串通，企图通过和解、调解方式侵害他人合法权益的，应当依照《民事诉讼法》第 112 条的规定处理，即人民法院应当驳回其请求，并根据情节轻重予以罚款、拘留；构成犯罪的，依法追究刑事责任。

（三）调解的结束

1. 法院结束调解的情形。(1) 因调解不成而结束。这包括：不能达成调解协议；达成调解协议后调解书送达前，一方当事人反悔；达成调解协议，但调解协议的内容违法，法院不予确认。在法院调解中，对于调解不成的案件，法院应当及时判决，不得久调不决。(2) 当事人达成调解协议，并由法院审查认可而结束。调解成立的，除法定情形外，法院应当制作调解书并送达双方当事人。对于不需制作调解书的，应将协议内容记入笔录，并由当事人双方签字或盖章。

2. 对于调解协议要注意的问题。(1) 调解协议内容超出诉讼请求的，人民法院可以准许。(2) 人民法院对于调解协议约定一方不履行协议应当承担民事责任的，应予准许。调解协议约定一方不履行协议，另一方可以请求人民法院对案件作出裁判的条款，人民法院不予准许。(3) 调解协议约定一方提供担保或者案外人同意为当事人提供担保的，人民法院应当准许。案外人提供担保的，人民法院制作调解书应当列明担保人，并将调解书送交担保人。担保人不签收调解书的，不影响调解书生效。当事人或者案外人提供的担保符合担保法规定的条件时生效。(4) 调解协议具有下列情形之一的，人民法院不予确认：侵害国家利益、社会公共利益的；侵害案外人利益的；违背当事人真实意思的；违反法律、行政法规禁止性规定的。(5) 当事人就部分诉讼请求达成调解协议的，人民法院可以就此先行确认并制作调解书。当事人就主要诉讼请求达成调解协议，请求人民法院对未达成协议的诉讼请求提出处理意见并表示接受该处理结果的，人民法院的处理意见是调解协议的一部分内容，制作调解书的记入调解书。(6) 当事人自行和解或者经调解达成协议后，请求人民法院按照和解协议或者调解协议的内容制作判决书的，人民法院不予支持。(7) 当事人自行和解或者调解达成协议后，请求人民法院按照和解协议或者调解协议的内容制作判决书的，人民法院不予准许。无民事行为能力人的离婚案件，由其法定代理人进行诉讼。法定代理人与对方达成协议要求发给判决书的，可根据协议内容制作判决书。

四、调解协议的效力

所谓调解协议，是指经过法院的调解，当事人之间就其争议的民事权利义务关系所达成的并经过法院审查批准的协议。它可以通过调解书或法庭笔录加以固定。

（一）调解协议的表现形式及生效时间

1. 需要制作调解书的调解协议及生效时间。调解书是法院依据调解协议内容制作的法律文书，即调解协议内容的书面表现形式。《民事诉讼法》第 97 条规定："调解达成协议，人民法院应当制作调解书。调解书应当写明诉讼请求、案件的事实和调解结果。调解书由审判人员、书记员署名，加盖人民法院印章，送达双方当事人。调解书经双方当事人签收后，即具有法律效力。"

2. 不要制作调解书的调解协议及生效时间。下列案件调解达成协议，法院可以不制作调解书：(1)调解和好的离婚案件；(2)调解维持收养关系的案件；(3)能够即时履行的案件；(4)其他不需要制作调解书的案件。对不需要制作调解书的协议，应当记入法庭笔录，由双方当事人、审判人员、书记员签名或者盖章后，即具有法律效力。其中，对"其他不需要制作调解书的案件"，当事人各方同意在调解协议上签名或者盖章后生效，经人民法院审查确认后，应当记入笔录或者将协议附卷，并由当事人、审判人员、书记员签名或者盖章后即具有法律效力。当事人请求制作调解书的，人民法院审查确认后可以制作调解书送交当事人。当事人拒收调解书的，不影响调解协议的效力。一方不履行调解协议的，另一方可以持调解书向人民法院申请执行。

（二）调解协议效力的具体表现

生效后的调解协议，与生效判决具有同等的法律效力。这具体表现在：

1. 确定力。通过调解达成协议，当事人之间的民事争议归于消灭，其民事权利义务关系得以确定。

2. 禁止上诉。一审调解协议，当事人一旦签收或在法庭笔录上签字，立即生效，其不得声明不服而提起上诉。

3. 既判力。法院调解协议生效后，诉讼程序也随之结束，当事人不得以同一事实和理由再行起诉。

4. 执行力。调解协议生效后，负有义务的一方当事人未按调解协议履行义务时，权利人可以根据调解书向人民法院申请强制执行。

（三）对调解协议效力的其他规定

1. 调解书需经当事人签收后才发生法律效力的，应当以最后收到调解书的当事人签收的日期为调解书生效日期。

2. 人民法院调解民事案件，需由无独立请求权的第三人承担责任的，应当经其同意。该第三人在调解书送达前反悔的，人民法院应当及时裁判。

3. 当事人不能对诉讼费用如何承担达成协议的，不影响调解协议的效力。人民法院可以直接决定当事人承担诉讼费用的比例，并将决定记入调解书。

4. 对调解书的内容既不享有权利又不承担义务的当事人不签收调解书的，不影响调解书的效力。

5. 当事人以民事调解书与调解协议的原意不一致为由提出异议，人民法院审查后认为异议成立的，应当根据调解协议裁定补正民事调解书的相关内容。

6. 调解书确定的担保条款条件或者承担民事责任的条件成就时，当事人申请执行的，人民法院应当依法执行。不履行调解协议的当事人按照前款规定承担了调解书确定的民事责任后，对方当事人又要求其承担迟延履行责任的，人民法院不予支持。

7. 调解书约定给付特定标的物的，调解协议达成前该物上已经存在的第三人的物权和优先权不受影响。第三人在执行过程中对执行标的物提出异议的，即应当按照案外人对执行标的的异议进行处理。

第二节　诉讼和解

一、诉讼和解概述

（一）诉讼和解的概念和意义

诉讼和解，是指在民事诉讼过程中，当事人双方在没有第三方的参与下通过谈判、协商，达成解决争议的协议，法院在此基础上结束诉讼程序的一种制度。和解是法律所鼓励的一种较为理想的当事人自行解决纠纷的方式，其意义体现在：对法院而言，有利于提高纠纷解决的效率，节约审判资源，并体现了对当事人程序主体地位和诉讼权利的尊重；对当事人而言，也有利于节约诉讼成本，保持友好合作的关系。

（二）诉讼和解与法院调解的关系

1. 两者的联系。这体现在：(1)两者在民事诉讼中都以当事人双方自愿、合意为基础。(2)当事人在诉讼过程中自行达成和解协议的，可以申请人民法院依法确认和解协议并制作调解书。当事人自行和解或者经调解达成协议后，请求人民法院按照和解协议或者调解协议的内容制作判决书的，人民法院不予支持。(3)当事人在和解过程中可以申请人民法院对和解活动进行协调，人民法院可以委派审判辅助人员或者邀请、委托有关单位和个人从事协调活动。[①] (4)在诉讼中，当事人为达成调解协议或者和解协议作出妥协而认可的事实，不得在后续的诉讼中作为对其不利的根据，但法律另有

①参见《最高人民法院关于人民法院民事调解工作若干问题的规定》第4条。

规定或者当事人均同意的除外。(5)诉讼代理人代为和解或调解并达成协议，均须有委托人的特别授权。

2. 两者的区别。(1)有无第三方介入不同。和解是在没有第三方介入的情况下通过自主谈判协商的方式自行解决民事争议的方式；法院调解则是在法院的主持下，在当事人均同意的情况下通过法院斡旋、说服劝导等方式促成当事人达成协议而解决争议。(2)性质不同。这具体包括：①和解属于私力救济的范畴，而法院调解则属于公力救济的范畴。②诉讼和解虽在诉讼程序之中进行，但却不是法院行使审判权的结果，也不是法院结案的方式，而是双方当事人自我解决纠纷的合意行为；法院调解则是当事人行使处分权和法院行使审判权的结合，是法院的一种结案方式。(3)法律效力不同。当事人在民事诉讼中达成的和解协议不具有法律上的强制执行力，而法院主持调解所达成的调解协议一旦生效则具有确定力、既判力和执行力。

二、诉讼和解的适用范围

《民事诉讼法》第50条规定，双方当事人可以自行和解。对于大多数案件来说，双方当事人有权自行和解。但有些案件由于其性质特殊，不允许当事人和解。这主要有：

1. 按照民事诉讼法规定适用特别程序、公示催告程序、督促程序的民事案件不适用诉讼和解。

2. 单纯的确认之诉，即确认民事行为无效、经济合同无效、确认身份关系以及婚姻关系等案件不适用和解。

3. 对于当事人人数众多，在起诉时尚未确定的诉讼案件，不适用诉讼和解。

4. 对于涉及身份关系，如亲子关系、婚姻关系的案件，不适用诉讼和解。[①]

三、诉讼和解的程序问题

（一）诉讼和解后案件的处理方式

《民诉法解释》第339条规定，当事人在第二审程序中达成和解协议的，人民法院可以根据当事人的请求，对双方达成的和解协议进行审查并制作调解书送达当事人；因和解而申请撤诉，经审查符合撤诉条件的，人民法院应予准许。据此，当事人在一审、二审或再审程序中达成和解协议后，法院对案件的处理方式有两种：

1. 制作调解书发给当事人。当事人自行达成的和解，无论性质上还是法律效力上都不同于法院的调解，和解协议也不同于法院调解以后制作的调解书。因此，当事人之间凡是因为达成和解协议而申请法院制作调解书的，法院都应当依法对和解协议本身以及和解协议的形成过程进行审查，只有符合法律规定的和解协议才能制作调解书。需要注意的是，法院虽然可以根据当事人的和解协议制作调解书，原则上却不能依据

①宋朝武．民事诉讼法学[M]．北京：高等教育出版社，2017：205.

和解协议制作判决书。①

2. 准许当事人申请撤诉。当事人达成和解协议后，原告申请撤诉的，法院应当进行审查。审查的内容包括：(1)达成和解协议的当事人双方是否具有民事诉讼行为能力；(2)当事人是否作出和解的意思表示及其意思表示的真实性；(3)和解协议内容是否属于当事人处分权的范畴，对所涉及的内容与事项当事人是否能够自由处分；(4)和解协议的内容是否违反法律、行政法规的强制性规定，是否侵害国家利益和社会公共利益、危害他人的合法利益，以及协议内容是否符合善良风俗和社会公德。经审查，原告的撤诉申请符合上述要求的，法院应当裁定准予撤诉；不符合上述要求的，应当裁定不准撤诉。法院裁定准予撤诉的，诉讼程序结束。

（二）诉讼和解中要注意的其他程序问题

1. 代表人与对方当事人进行和解，必须经被代表的当事人同意。诉讼代理人代当事人进行和解，必须有委托人的特别授权。

2. 诉讼和解期间不计入有关期限内。这包括：(1)双方当事人申请庭外和解的期间，不计入审限。(2)人民法院适用普通程序审理案件的审限，是指从立案之日起至裁判宣告、调解书送达之日止的期间，但公告期间、鉴定期间、双方当事人和解期间、审理当事人提出的管辖异议以及处理人民法院之间的管辖争议期间不应计算在内。(3)对申请再审案件，人民法院应当自受理之日起3个月内审查完毕，但公告期间、当事人和解期间等不计入审查期限。

3. 公益诉讼中的和解。对公益诉讼案件，当事人可以和解，人民法院可以调解。当事人达成和解或者调解协议后，人民法院应当将和解或者调解协议进行公告。公告期间不得少于30日。公告期满后，人民法院经审查，和解或者调解协议不违反社会公共利益的，应当出具调解书；和解或者调解协议违反社会公共利益的，不予出具调解书，继续对案件进行审理并依法作出裁判。

4. 人民法院审理民事案件，发现当事人之间恶意串通，企图通过和解、调解方式侵害他人合法权益的，应当依照《民事诉讼法》第112条的规定处理，即人民法院应当驳回其请求，并根据情节轻重予以罚款、拘留；构成犯罪的，依法追究刑事责任。

5. 再审申请审查期间，当事人达成和解协议且已履行完毕的，法院应裁定终结审查，但当事人在和解协议中声明不放弃申请再审权利的除外。

▶ 典型真题

甲公司因合同纠纷向法院提起诉讼，要求乙公司支付货款280万元。在法院的主持下，双方达成调解协议。协议约定：乙公司在调解书生效后10日内支付280万元本金，另支付利息5万元。为保证协议履行，双方约定由丙公司为乙公司提供担保，丙

---

①只有一个例外，即在无民事行为能力人的离婚案件中，法定代理人与对方达成协议要求发给判决书的，可根据和解协议内容制作判决书。

公司同意。法院据此制作调解书送达各方，但丙公司反悔拒绝签收。关于本案，下列哪一选项是正确的？(2016-03-42，单选)①

A. 调解协议内容尽管超出了当事人诉讼请求，但仍具有合法性

B. 丙公司反悔拒绝签收调解书，法院可以采取留置送达

C. 因丙公司反悔，调解书对其没有效力，但对甲公司、乙公司仍具有约束力

D. 因丙公司反悔，法院应当及时作出判决

①【参考答案】A。

第十一章 保全和先予执行

考点分布

1. 财产保全；（★★★）
2. 行为保全；（★★）
3. 先予执行。（★★）

知识讲解

第一节 保全

一、民事保全的概念和意义

民事保全，是指法院为保证判决的有效执行，或者避免造成一方当事人的其他损害，依申请或者依职权，对被申请人的相关财产取强制性保护措施，或者责令被申请人为或者不为一定行为的制度。保全制度的意义主要有：(1)保证判决生效后能够得到有效执行；(2)避免一方当事人损害的扩大。

二、民事保全的种类

（一）财产保全、行为保全和证据保全

依保全对象的不同，可以把保全分为财产保全、行为保全和证据保全。其中证据保全前已论及，此不赘述。

1. 财产保全，是指法院依申请或者依职权，针对被申请人的财产采取的查封、扣押、冻结等强制措施，以避免财产被转移、隐匿、毁损。

2. 行为保全，又称临时禁令，是指法院依申请或者依职权，对一方当事人的侵害

行为或者有侵害可能的行为采取强制措施，责令其为或不为一定的行为，以避免对方当事人的利益受到不应有的损害。行为保全通常适用于侵权诉讼，早先只适用于侵犯知识产权、海事侵权等特别法规定的侵权案件中，2012 年修订的民事诉讼法则将其适用范围扩大到各类民事诉讼案件。《反家庭暴力法》规定的人身安全保护令是一种较为典型的行为保全措施。

行为保全与财产保全的区别在于，前者针对的是被申请人的行为，是法院命令被申请人不得继续实施或者必须实施一定的行为；后者针对的是被申请人的财产，是将被申请人的财产查封、扣押、冻结等。无论是诉前保全还是诉讼保全，都既可能针对财产，也可能针对行为。

（二）诉前保全和诉讼保全

依照采取保全措施的时间，可以把保全分为诉前保全和诉讼保全。

1. 诉前保全，是指在提起诉讼之前，法院根据利害关系人的申请，对被申请人的财产采取的强制性保护措施或者对有关行为予以限制的措施。

诉前保全须具备以下条件：(1)具有采取保全措施的紧迫性。所谓紧迫性，是指客观上存在需要立即采取保全措施的紧急情况，如果不立即采取保全措施将有可能使利害关系人的合法权益遭受难以弥补的现实危险。(2)须有利害关系人提出保全的申请。(3)须向有管辖权的法院提出申请。即向被保全财产所在地、被申请人住所地或者对案件有管辖权的人民法院申请采取保全措施，但其他法律有特别规定的，从其规定，例如，《反家庭暴力法》中的人身安全保护令案件由申请人或者被申请人居住地、家庭暴力发生地的基层人民法院管辖。(4)申请人必须提供担保。利害关系人申请诉前保全的，应当提供担保。申请诉前财产保全的，应当提供相当于请求保全数额的担保；情况特殊的，人民法院可以酌情处理。申请诉前行为保全的，担保的数额由人民法院根据案件的具体情况决定。

2. 诉讼保全，是指在诉讼过程中，为保证生效判决在将来得以顺利执行，法院依申请或依职权，对有关财产采取保护性措施或者对有关行为采取措施予以限制。在例外情况下，诉讼保全也可以在作出一审判决后进行。

构成诉讼保全必须具备的条件包括：(1)须是给付之诉。(2)须具有采取保全措施的必要性，即只有对可能因当事人一方的行为或者其他原因，使判决在将来难以执行或者造成当事人其他损害的案件，才能够采取保全措施。(3)保全程序的启动，须由当事人向受诉法院提出保全申请，或由受诉法院依职权决定。(4)法院可以责令申请人提供担保。在诉讼中，人民法院依申请或者依职权采取保全措施的，应当根据案件的具体情况，决定当事人是否应当提供担保以及担保的数额。

三、保全的范围、措施、效力及解除

（一）保全的范围

保全限于请求的范围，或者与本案有关的财物。

就财产保全而言，所谓请求的范围，是指保全的财产其价值与诉讼请求相当或与利害关系人的请求相当。所谓与本案有关的财物，是指标的物等涉案财物，或者是可供将来执行的法院判决的财物或利害关系人请求予以保全的财物。

就行为保全而言，所谓请求的范围，是请求相对人为一定的行为(作为)或不为一定行为(不作为)。作为方面，包括办理证照手续、转移所有权、交付特定物、返还原物、恢复原状等各类行为；不作为方面，主要包括排除妨碍、停止侵害等行为。

（二）保全的措施

1. 财产保全的措施。人民法院采取财产保全的方法和措施，依照执行程序相关规定办理。根据民事诉讼法和司法解释的规定，财产保全措施有查封、扣押、冻结或者法律规定的其他方法。

(1)查封、扣押、冻结。对这类措施应当注意：①人民法院在财产保全中采取查封、扣押、冻结财产措施时，应当妥善保管被查封、扣押、冻结的财产。不宜由人民法院保管的，人民法院可以指定被保全人负责保管；不宜由被保全人保管的，可以委托他人或者申请保全人保管。②查封、扣押、冻结担保物权人占有的担保财产，一般由担保物权人保管；由人民法院保管的，质权、留置权不因采取保全措施而消灭。③由人民法院指定被保全人保管的财产，如果继续使用对该财产的价值无重大影响，可以允许被保全人继续使用；由人民法院保管或者委托他人、申请保全人保管的财产，人民法院和其他保管人不得使用。④财产已被查封、冻结的，不得重复查封、冻结，但是，另一法院进行的轮候查封是允许的。

(2)法律规定的其他方法。这主要有：①保存价款。人民法院对季节性商品、鲜活、易腐烂变质以及其他不宜长期保存的物品采取保全措施时，可以责令当事人及时处理，由人民法院保存价款；必要时，人民法院可予以变卖，保存价款。②保全抵押物、质押物、留置物。人民法院对抵押物、质押物、留置物可以采取财产保全措施，但不影响抵押权人、质权人、留置权人的优先受偿权。③限制支取应得收益。人民法院对债务人到期应得的收益，可以采取财产保全措施，限制其支取，通知有关单位协助执行。④保全到期债权。债务人的财产不能满足保全请求，但对他人有到期债权的，人民法院可以依债权人的申请裁定该他人不得对本案债务人清偿。该他人要求偿付的，由人民法院提存财物或者价款。

2. 行为保全的措施。法院作出行为保全裁定后，应当向被申请人发出命令或强制令，责令其作为或不作为。如果其不履行命令，法院可以采取强制措施，迫使其履行，或者采取替代性方式，确保申请人权利受到保护，相关费用由被申请人承担。例如，《反家庭暴力法》中的人身安全保护令可以包括下列措施：禁止被申请人实施家庭暴力；禁止被申请人骚扰、跟踪、接触申请人及其相关近亲属；责令被申请人迁出申请人住所；保护申请人人身安全的其他措施。

（三）保全的效力

1. 时间效力。除法律另有规定外，法院的保全裁定一经作出，立即发生法律效力，且其效力一般应维持到生效法律文书执行时止。当事人不服保全的裁定时，有权申请复议一次，但复议期间不停止保全裁定的执行，故复议不影响保全的效力。

对保全裁定的时间效力另有规定的，从其规定。例如：诉前保全的裁定作出后利害关系人不在法定期间起诉的和保全裁定作出后被申请人提供了担保的，法院应解除保全措施，由此，其有效期限为保全裁定作出到法院解除的这段时间；《反家庭暴力法》中的人身安全保护令的有效期不超过 6 个月，自作出之日起生效。人身安全保护令失效前，人民法院可以根据申请人的申请撤销、变更或者延长。

2. 对人效力。保全裁定不仅对保全的申请人和被申请人有效，而且对其他相关单位和个人也有效。对保全裁定负有协助执行义务的有关单位和个人，必须及时予以协助执行。《民诉法解释》第 165 条还规定，人民法院裁定采取保全措施后，除作出保全裁定的人民法院自行解除或者其上级人民法院决定解除外，在保全期限内，任何单位不得解除保全措施。

3. 续行效力。《民诉法解释》第 168 规定，保全裁定未经人民法院依法撤销或者解除，进入执行程序后，自动转为执行中的查封、扣押、冻结措施，期限连续计算，执行法院无需重新制作裁定书，但查封、扣押、冻结期限届满的除外。

《最高人民法院关于人民法院办理财产保全案件若干问题的规定》(下称《财产保全规定》)第 17 条、第 18 条对续行效力作了补充：(1)利害关系人申请诉前财产保全，在人民法院采取保全措施后 30 日内依法提起诉讼或者申请仲裁的，诉前财产保全措施自动转为诉讼或仲裁中的保全措施；进入执行程序后，保全措施自动转为执行中的查封、扣押、冻结措施。自动转为诉讼、仲裁中的保全措施或者执行中的查封、扣押、冻结措施的，期限连续计算，人民法院无需重新制作裁定书。(2)申请保全人申请续行财产保全的，应当在保全期限届满 7 日前向人民法院提出；逾期申请或者不申请的，自行承担不能续行保全的法律后果。人民法院进行财产保全时，应当书面告知申请保全人明确的保全期限届满日以及有关申请续行保全的事项。

（四）保全的解除

根据《民诉法解释》第 165 条、第 166 条等规定，解除保全措施的主体只有作出保全裁定的法院和其上级法院。法院解除保全，可由法院依申请进行，也可由法院依职权进行。裁定采取保全措施后，有下列情形之一的，人民法院应当作出解除保全的裁定：(1)保全错误的。(2)申请人撤回保全申请的。(3)申请人的起诉或者诉讼请求被生效裁判驳回的。(4)人民法院认为应当解除保全的其他情形。这里的“其他情形”主要包括：①财产纠纷案件，被申请人提供了担保的。②诉前保全中申请人(即利害关系人)在人民法院采取保全措施后 30 日内不依法提起诉讼或者申请仲裁的。③法律文书生效后，进入执行程序前，债权人因对方当事人转移财产等紧急情况，不申请保全将可能导致生效法律文书不能执行或者难以执行的，可以向执行法院申请采取保全措施。债权人在法律文书指定的履行期间届满后 5 日内不申请执行的，人民法院应当解除保全。④法院确认被申请人申请复议意见有理，而作出新裁定，撤销原财产保全裁定的。

⑤被申请人依法履行了法院判决的义务，财产保全已没有存在意义的。解除以登记方式实施的保全措施的，应当向登记机关发出协助执行通知书。

《财产保全规定》第 23 条规定，人民法院采取财产保全措施后，有下列情形之一的，申请保全人应当及时申请解除保全：(1)采取诉前财产保全措施后 30 日内不依法提起诉讼或者申请仲裁的；(2)仲裁机构不予受理仲裁申请、准许撤回仲裁申请或者按撤回仲裁申请处理的；(3)仲裁申请或者请求被仲裁裁决驳回的；(4)其他人民法院对起诉不予受理、准许撤诉或者按撤诉处理的；(5)起诉或者诉讼请求被其他人民法院生效裁判驳回的；(6)申请保全人应当申请解除保全的其他情形。人民法院收到解除保全申请后，应当在 5 日内裁定解除保全；对情况紧急的，必须在 48 小时内裁定解除保全。申请保全人未及时申请人民法院解除保全，应当赔偿被保全人因财产保全所遭受的损失。被保全人申请解除保全，人民法院经审查认为符合法律规定的，应当在规定的期间内裁定解除保全。

四、保全的程序

（一）财产保全的程序

1. 程序启动。诉前保全只能由利害关系人提出申请而启动。诉讼保全可由当事人提出申请也可由法院依职权决定而启动。申请原则上应当采用书面形式，但对于采用书面形式确有困难的，也可用口头方式提出申请，由法院记入笔录。《财产保全规定》第 1 条规定，当事人、利害关系人申请财产保全，应当向人民法院提交申请书，并提供相关证据材料。

2. 提供担保。在采取诉前保全、诉讼保全措施时，法院责令利害关系人或者当事人提供担保的，应当书面通知。人民法院采取诉讼保全措施，可以责令申请人提供担保，申请人不提供担保的，裁定驳回申请。人民法院采取诉前保全措施，申请人应当提供担保，不提供担保的，裁定驳回申请。《财产保全规定》第 5~9 条对财产保全中的担保作了详细的规定：

(1)人民法院依照《民事诉讼法》第 100 条规定责令申请保全人提供财产保全担保的，担保数额不超过请求保全数额的 30%；申请保全的财产系争议标的的，担保数额不超过争议标的的价值的 30%。利害关系人申请诉前财产保全的，应当提供相当于请求保全数额的担保；情况特殊的，人民法院可以酌情处理。财产保全期间，申请保全人提供的担保不足以赔偿可能给被保全人造成的损失的，人民法院可以责令其追加相应的担保；拒不追加的，可以裁定解除或者部分解除保全。

(2)申请保全人或第三人为财产保全提供财产担保的，应当向人民法院出具担保书。担保书应当载明担保人、担保方式、担保范围、担保财产及其价值、担保责任承担等内容，并附相关证据材料。第三人为财产保全提供保证担保的，应当向人民法院提交保证书。保证书应当载明保证人、保证方式、保证范围、保证责任承担等内容，并附相关证据材料。对财产保全担保，人民法院经审查，认为违反物权法、担保法、公司法等有关法律禁止性规定的，应当责令申请保全人在指定期限内提供其他担保；逾期未提供的，裁定驳回申请。

（3）保险人以其与申请保全人签订财产保全责任险合同的方式为财产保全提供担保的，应当向人民法院出具担保书。担保书应当载明，因申请财产保全错误，由保险人赔偿被保全人因保全所遭受的损失等内容，并附相关证据材料。

（4）金融监管部门批准设立的金融机构以独立保函形式为财产保全提供担保的，人民法院应当依法准许。

（5）当事人在诉讼中申请财产保全，有下列情形之一的，人民法院可以不要求提供担保：①追索赡养费、扶养费、抚育费、抚恤金、医疗费用、劳动报酬、工伤赔偿、交通事故人身损害赔偿的；②婚姻家庭纠纷案件中遭遇家庭暴力且经济困难的；③人民检察院提起的公益诉讼涉及损害赔偿的；④因见义勇为遭受侵害请求损害赔偿的；⑤案件事实清楚、权利义务关系明确，发生保全错误可能性较小的；⑥申请保全人为商业银行、保险公司等由金融监管部门批准设立的具有独立偿付债务能力的金融机构及其分支机构的。法律文书生效后，进入执行程序前，债权人申请财产保全的，人民法院可以不要求提供担保。

3. 审查与裁定。法院对保全申请是否符合法定条件，应当认真审查，以防申请人滥用保全而给被申请人造成损害。经审查，符合条件的，才能裁定采取保全措施；不符合条件的，则应当裁定驳回保全申请。

4. 执行：保全措施的适用。如果认为符合采取保全措施条件的，对诉前保全和情况紧急的诉讼保全，必须在48小时内作出裁定并立即开始执行；对情况不紧急的诉讼保全，也应当在合理期限内作出裁定并执行。需要有关单位协助执行的，法院应发出协助执行通知书，有关单位有义务协助法院执行。

《财产保全规定》第4条规定，人民法院接受财产保全申请后，应当在5日内作出裁定；需要提供担保的，应当在提供担保后5日内作出裁定；裁定采取保全措施的，应当在5日内开始执行。对情况紧急的，必须在48小时内作出裁定；裁定采取保全措施的，应当立即开始执行。

5. 对保全裁定的救济。这包括两个方面：

（1）申请复议。当事人对保全裁定不服的，可以自收到裁定书之日起5日内向作出裁定的人民法院申请复议。人民法院应当在收到复议申请后10日内审查。裁定正确的，驳回当事人的申请；裁定不当的，变更或者撤销原裁定。

利害关系人对保全的裁定不服申请复议的，由作出裁定的人民法院依照《民事诉讼法》第108条规定处理，即复议次数只能是一次，复议期间不停止裁定的执行。

《财产保全规定》第25~27条对申请复议以及异议之诉作出了补充规定：①申请保全人、被保全人对保全裁定或者驳回申请裁定不服的，可以自裁定书送达之日起5日内向作出裁定的人民法院申请复议一次。人民法院应当自收到复议申请后10日内审查。对保全裁定不服申请复议的，人民法院经审查，理由成立的，裁定撤销或变更；理由不成立的，裁定驳回。对驳回申请裁定不服申请复议的，人民法院经审查，理由成立的，裁定撤销，并采取保全措施；理由不成立的，裁定驳回。②申请保全人、被保全人、利害关系人认为保全裁定实施过程中的执行行为违反法律规定提出书面异议的，人民法院应当依照《民事诉讼法》第225条规定审查处理，即按执行行为异议处理。③人民法院对诉讼争议标的以外的财产进行保全，案外人对保全裁定或者保全裁定实施过程中的执行行为不服，基于实体权利对被保全财产提出书面异议的，人民法院应当依照《民事诉讼法》第227条规定审查处理并作出裁定。案外人、申请保全人对该裁定不服的，可以自裁定送达之日起15日内向人民法院提起执行异议之诉。人民法院裁定案外人异议成立后，申请保全人在法律规定的期间内未提起执行异议之诉的，人民法院应当自起诉期限届满之日起7日内对该被保全财产解除保全。

(2)赔偿损失。法院根据申请人的申请而采取保全措施的，如果由于申请人的错误而导致被申请人因财产保全而受损失的，申请人应承担赔偿责任。申请错误的情形主要有：①申请人在法院采取保全措施后30日内不起诉或者不申请仲裁，被法院解除保全；②申请人在法院采取保全措施后败诉；③申请人部分胜诉，胜诉部分小于请求法院保全的范围。对法院错误地依职权实施保全而造成的损失，适用《国家赔偿法》第38条规定给予赔偿。

（二）行为保全的程序

行为保全的程序与财产保全基本相同，可参照财产保全制度施行。但由于行为保全制度的目的不在于保护财产，而在于保障权利，因此行为保全措施不因被申请人提供担保而解除。

（三）保全程序其他相关问题的处理

1. 当事人向采取诉前保全措施以外的其他有管辖权的人民法院起诉的，采取诉前保全措施的人民法院应当将保全手续移送受理案件的人民法院。诉前保全的裁定视为受移送人民法院作出的裁定。

2. 两种特殊情形下的保全：(1)对当事人不服一审判决提起上诉的案件，在第二审人民法院接到报送的案件之前，当事人有转移、隐匿、出卖或者毁损财产等行为，必须采取保全措施的，由第一审人民法院依当事人申请或者依职权采取。第一审人民法院的保全裁定，应当及时报送第二审人民法院。(2)法律文书生效后，进入执行程序前，债权人因对方当事人转移财产等紧急情况，不申请保全将可能导致生效法律文书不能执行或者难以执行的，可以向执行法院申请采取保全措施。债权人在法律文书指定的履行期间届满后5日内不申请执行的，人民法院应当解除保全。

3. 第二审人民法院裁定对第一审人民法院采取的保全措施予以续保或者采取新的保全措施的，可以自行实施，也可以委托第一审人民法院实施。再审人民法院裁定对原保全措施予以续保或者采取新的保全措施的，可以自行实施，也可以委托原审人民法院或者执行法院实施。

4. 对申请保全人或者他人提供的担保财产，人民法院应当依法办理查封、扣押、冻结等手续。

5. 财产保全的被保全人提供其他等值担保财产且有利于执行的，人民法院可以裁定变更保全标的物为被保全人提供的担保财产。

第二节　先予执行

一、先予执行的概念和意义

先予执行，是指法院对某些民事案件作出判决前，为解决当事人一方生活或生产的急需，根据其申请，裁定另一方当事人先行给付申请人一定的钱物，或者停止实施某种行为，并立即执行的一项制度。

先予执行制度是为了保护有特殊需要的原告的合法权益而设置的，它可以救原告的燃眉之急，可以在满足原告诉讼请求的判决生效前实现其内容。①

二、先予执行的适用范围和条件

（一）先予执行的适用范围

1. 先予执行的案件范围。人民法院对下列案件，根据当事人的申请，可以裁定先予执行：(1)追索赡养费、扶养费、抚育费、抚恤金、医疗费用的案件。(2)追索劳动报酬的案件。(3)因情况紧急需要先予执行的案件。这里的情况紧急，包括：①需要立即停止侵害、排除妨碍的；②需要立即制止某项行为的；③追索恢复生产、经营急需的保险理赔费的；④需要立即返还社会保险金、社会救助资金的；⑤不立即返还款项，将严重影响权利人生活和生产经营的。

2. 先予执行的数量范围。先予执行应当限于当事人诉讼请求的范围，并以当事人的生活、生产经营的急需为限。

（二）先予执行的适用条件

1. 当事人之间权利义务关系明确。双方当事人之间谁是权利的享有者谁是义务的承担者是十分明确的，不存在对待给付义务。

2. 具有先予执行的必要性。即不先予执行将严重影响申请人的生活或生产经营。

3. 当事人提出申请。此申请，原则上应以书面方式提出，也可以口头方式提出。

4. 当事人须在法定期限内提出申请。即人民法院应当在受理案件后终审判决作出前采取先予执行措施。

5. 被申请人有履行能力。因为只有被申请人具有履行的能力，申请人的申请才有可能实现，法院作出的先予执行的裁定才有实际意义。

6. 若法院审查后责令申请人提供担保，则提供担保也是先予执行的条件之一。

①宋朝武．民事诉讼法学［M］．北京：高等教育出版社，2017：218-219.

三、先予执行的程序

1. 当事人提出申请。法院启动先予执行，必须基于当事人的申请，不能在没有权利人提出申请的情况下依职权主动采取措施。

2. 审查与责令担保。法院接到当事人提出的先予执行的申请后，应当就其是否属于先予执行的范围和是否符合先予执行的条件进行审查。对符合条件的，法院还需要考虑是否责令申请人提供担保。若法院责令申请人提供担保，申请人不提供担保的，将驳回申请。此时，提供担保就成了法院适用先予执行的条件之一。

3. 先予执行的裁定及执行。经审查，法院对符合先予执行条件的申请，应当及时作出先予执行的裁定。裁定送达后即发生法律效力，并由法院移交执行；对不符合条件的申请，则应裁定驳回。当事人对保全或者先予执行裁定不服的，可以自收到裁定书之日起5日内向作出裁定的人民法院申请复议。人民法院应当在收到复议申请后10日内审查。裁定正确的，驳回当事人的申请；裁定不当的，变更或者撤销原裁定。利害关系人对保全或者先予执行的裁定不服申请复议的，由作出裁定的人民法院依照《民事诉讼法》第108条规定处理。

4. 对先于执行错误的补救。法院在案件审理终结时，应当在裁判中对先予执行的裁定及该裁定的执行情况予以说明及提出处理意见。权利人胜诉，先予执行正确的，法院应在判决中说明权利人应享有的权利在先予执行中已得到全部或部分的实现；权利人败诉，先予执行错误的，法院也应在裁判中说明其错误。依据民事诉讼法和司法解释，对先予执行的错误，有两种补救措施：

(1)执行回转。人民法院先予执行后，根据发生法律效力的判决，申请人应当返还因先予执行所取得的利益的，适用《民事诉讼法》第233条的规定，即对已被执行的财产，人民法院应当作出裁定，责令取得财产的申请人返还；拒不返还的，强制执行。

(2)赔偿损失。申请人败诉的，应当赔偿被申请人因先予执行遭受的财产损失。

▶ 典型真题

甲公司生产的“晴天牌”空气清新器销量占据市场第一，乙公司见状，将自己生产的同类型产品注册成“清天牌”，并全面仿照甲公司产品，使消费者难以区分。为此，甲公司欲起诉乙公司侵权，同时拟申请诉前禁令，禁止乙公司销售该产品。关于诉前保全，下列哪些选项是正确的？(2015-03-81，多选)①

A. 甲公司可向有管辖权的法院申请采取保全措施，并应当提供担保

B. 甲公司可向被申请人住所地法院申请采取保全措施，法院受理后，须在48小时内作出裁定

C. 甲公司可向有管辖权的法院申请采取保全措施，并应当在30天内起诉

D. 甲公司如未在规定期限内起诉，保全措施自动解除

---

①【参考答案】ABC。

第十二章　对妨害民事诉讼的强制措施

考点分布

1. 妨害民事诉讼行为；（★★）
2. 民事诉讼强制措施。（★★★）

知识讲解

第一节　对妨害民事诉讼的强制措施概述

一、对妨害民事诉讼的强制措施的概念和性质

民事诉讼强制措施，是指法院为制止和排除妨害民事诉讼的行为，保证诉讼活动的顺利进行，依法对实施妨害诉讼行为的人采取的强制手段。

作为一种保障民事诉讼正常进行的辅助性制度，对妨害民事诉讼的强制措施在性质上是一种排除妨害的强制性手段，是对行为人的一种教育手段。其目的是维护诉讼秩序、保障民事诉讼顺利进行；其直接功能是排除妨害民事诉讼的行为。

二、对妨害民事诉讼的强制措施的特征

1. 针对妨害民事诉讼的行为而设置。

2. 适用的对象具有广泛性。妨害民事诉讼的行为主体，既可以是当事人，也可以是其他诉讼参与人，还可以是案外人。

3. 适用于民事诉讼的全过程，既适用于民事审判程序又适用于民事执行程序。

4. 法院依职权适用。[①] 其他主体例如检察院、公安机关等不得适用民事诉讼强制措施。

---

①宋朝武．民事诉讼法学[M]．北京：高等教育出版社，2017：221.

三、对妨害民事诉讼的强制措施的作用

1. 保障法院的审判活动和执行活动顺利进行。
2. 保障当事人和其他诉讼参与人有效行使诉讼权利，促其积极履行诉讼义务。
3. 维护法庭威严，维持正常的诉讼秩序，保证诉讼的正常进行。
4. 教育公民遵守国家的法律，维护国家的法律权威。

第二节　妨害民事诉讼行为的构成和种类

一、妨害民事诉讼行为的构成

妨害民事诉讼的行为，是指在民事诉讼过程中，当事人、其他诉讼参与人或案外人故意实施的扰乱民事诉讼秩序、阻碍民事诉讼活动正常进行的行为。它是法院对行为人采取强制措施的前提。同时具备以下要件的，才能构成妨害民事诉讼的行为：

1. 妨害民事诉讼的行为已经实际发生。这有两层意思：一是行为人已实施了某个行为；二是该行为具有一定的危害性，即在客观上阻碍了民事诉讼活动的正常进行。

2. 行为人在主观上须是故意的。所谓主观上的故意，是指行为人在主观上希望或放任妨害民事诉讼结果的发生。如果行为人不是出于故意而是因为过失实施的某个行为，即使在客观上阻碍了民事诉讼的顺利进行，也不能将该行为认定为妨害民事诉讼的行为，对行为人不能施以强制措施。

3. 行为人实施妨害行为的时间一般是在诉讼过程中。这是指从法院受理起诉到执行完毕的整个诉讼过程，包括审判阶段和执行阶段。在诉讼过程之外，个别特殊情况下的行为也可能构成妨害民事诉讼的行为。例如，《民诉法解释》第 521 条规定，在执行终结 6 个月内，被执行人或者其他人对已执行的标的有妨害行为的，人民法院可以依申请排除妨害，并可以依照《民事诉讼法》第 111 条规定进行处罚。因妨害行为给执行债权人或者其他人造成损失的，受害人可以另行起诉。

二、妨害民事诉讼行为的种类

1. 当事人拒不到庭或到场的行为。这一般是指依法必须到庭的被告，经法院两次传票传唤，无正当理由拒不到庭的行为。所谓必须到庭的被告，是指负有赡养、抚育、扶养义务和不到庭就无法查清案情的被告。除必须到庭的被告外，如果只有在原告到庭参加诉讼的情况下才能查清案件基本事实，原告也属于必须到庭的当事人。该种情形下如果因原告不到庭作出撤诉裁定，将会损害国家利益、社会公共利益或他人合法权益。执行程序中，在法院决定对被执行人、被执行人的法定代表人、负责人或实际控制人调查询问时，这些人员也必须到法院指定的场所接受询问，如拒不到场，也构

成妨害诉讼的行为。①

2. 违反法庭规则、扰乱法庭秩序的行为。这类行为包括：(1)未经准许进行录音、录像、摄影的；(2)未经准许以移动通信等方式现场传播审判活动的；(3)哄闹、冲击法庭的行为；(4)在法庭上侮辱、诽谤、威胁、殴打审判人员的行为；(5)其他扰乱法庭秩序，妨害审判活动进行的行为等。其中，有第1、2项情形的，人民法院可以暂扣诉讼参与人或者其他人进行录音、录像、摄影、传播审判活动的器材，并责令其删除有关内容；拒不删除的，人民法院可以采取必要手段强制删除。

3. 妨害证据的行为。这包括：(1)伪造、毁灭重要证据，妨碍人民法院审理案件的行为。这种妨害行为具体表现为故意以编造、涂改等方式制造假证据以及故意将证据销毁，使对方当事人和法院无法收集等。(2)以暴力、威胁、贿买方法阻止证人作证或者指使、贿买、胁迫他人作伪证的行为。(3)证人签署保证书后作虚假证言，妨碍人民法院审理案件的行为。(4)伪造、隐藏、毁灭或者拒绝交出有关被执行人履行能力的重要证据，妨碍人民法院查明被执行人财产状况的行为。

4. 妨害已被采取措施的涉案财产的行为。这是指隐藏、转移、变卖、毁损已被查封、扣押的财产，或者已被清点并责令其保管的财产，转移已被冻结的财产的行为以及擅自解冻已被人民法院冻结的财产的行为。

5. 侵害法定人员的行为。这是指对司法工作人员、诉讼参加人、证人、翻译人员、鉴定人、勘验人、协助执行的人，进行侮辱、诽谤、诬陷、殴打或者打击报复的行为。

6. 以暴力、威胁或者其他方法阻碍司法工作人员执行职务的行为。这具体包括：(1)在人民法院哄闹、滞留，不听从司法工作人员劝阻的；(2)故意毁损、抢夺人民法院法律文书、查封标志的；(3)哄闹、冲击执行公务现场，围困、扣押执行或者协助执行公务人员的；(4)毁损、抢夺、扣留案件材料、执行公务车辆、其他执行公务器械、执行公务人员服装和执行公务证件的；(5)以暴力、威胁或者其他方法阻碍司法工作人员查询、查封、扣押、冻结、划拨、拍卖、变卖财产的；(6)以暴力、威胁或者其他方法阻碍司法工作人员执行职务的其他行为。

7. 拒不履行生效裁判的行为。这是指拒不履行人民法院已经发生法律效力的判决、裁定的行为，即当事人败诉后，有条件、有能力履行而故意不履行裁判所确定的义务。这具体包括：(1)在法律文书发生法律效力后隐藏、转移、变卖、毁损财产或者无偿转让财产、以明显不合理的价格交易财产、放弃到期债权、无偿为他人提供担保等，致使人民法院无法执行的；(2)隐藏、转移、毁损或者未经人民法院允许处分已向人民法院提供担保的财产的；(3)违反人民法院限制高消费令进行消费的；(4)有履行能力而拒不按照人民法院执行通知履行生效法律文书确定的义务的；(5)有义务协助执行的个人接到人民法院协助执行通知书后，拒不协助执行的。

---

①《民诉法解释》第484条："对必须接受调查询问的被执行人、被执行人的法定代表人、负责人或者实际控制人，经依法传唤无正当理由拒不到场的，人民法院可以拘传其到场。"

8. 冒充他人进行诉讼的行为。这是指冒充他人提起诉讼或者参加诉讼的行为。

9. 通风报信的行为。这是指接到人民法院协助执行通知书后，给当事人通风报信，协助其转移、隐匿财产的行为。①

10. 恶意诉讼行为。这是指当事人之间故意串通，非法勾结，利用诉讼程序和执行程序骗取法律文书，侵害他人权益的行为。具体有两种：(1)虚假诉讼行为。这是指当事人之间恶意串通，企图通过诉讼、调解等方式侵害他人合法权益的行为。此处的"他人合法权益"，包括案外人的合法权益、国家利益、社会公共利益。第三人依法提起撤销之诉，经审查，原案当事人之间恶意串通进行虚假诉讼的，也应按虚假诉讼行为处理。(2)规避强制执行行为。这是指被执行人与他人恶意串通，通过诉讼、仲裁、调解等方式逃避履行法律文书确定的义务的行为。

11. 拒不履行协助义务的行为。为保障审判和执行活动的顺利进行，有关单位依法负有协助法院调查、执行的义务，但这些单位却拒绝履行协助义务。此类妨害行为包括：(1)有关单位拒绝或者妨碍人民法院调查取证的行为；(2)有关单位接到人民法院协助执行通知书后，拒不协助查询、扣押、冻结、划拨、变价财产的行为；(3)有关单位接到人民法院协助执行通知书后，拒不协助扣留被执行人的收入、办理有关财产权证照转移手续、转交有关票证、证照或者其他财产的行为；(4)其他拒绝协助执行的行为。此外，有关单位接到人民法院协助执行通知书后所实施的下列行为也可认定为拒不履行协助义务的行为：(1)允许被执行人高消费的；(2)允许被执行人出境的；(3)拒不停止办理有关财产权证照转移手续、权属变更登记、规划审批等手续的；(4)以需要内部请示、内部审批，有内部规定等为由拖延办理的。

第三节 民事诉讼强制措施的种类和适用

一、对妨害民事诉讼的强制措施的种类

（一）拘传

拘传是指法院派出司法警察，强制当事人等到庭参加诉讼和到场接受询问的强制措施。

（二）训诫

训诫，指法院以口头方式训斥实施妨害诉讼行为的人，指出其行为的违法性，责

①《民诉法解释》第189条："诉讼参与人或者其他人有下列行为之一的，人民法院可以适用民事诉讼法第一百一十一条的规定处理：(一)冒充他人提起诉讼或者参加诉讼的；(二)证人签署保证书后作虚假证言，妨碍人民法院审理案件的；(三)伪造、隐藏、毁灭或者拒绝交出有关被执行人履行能力的重要证据，妨碍人民法院查明被执行人财产状况的；(四)擅自解冻已被人民法院冻结的财产的；(五)接到人民法院协助执行通知书后，给当事人通风报信，协助其转移、隐匿财产的。"

令其改正并保证不得再犯。训诫是一种较轻的强制措施，适用于性质较轻的妨害行为。

（三）责令退出法庭

责令退出法庭是指法院对于违反法庭规则的人，命令其离开法庭，若其不服从命令则由司法警察强制其离开法庭的措施。

（四）罚款

罚款是法院决定由妨害民事诉讼的行为人交纳一定数额金钱以防止其继续妨害民事诉讼的强制措施。罚款的强制力度要重于训诫和责令退出法庭，但轻于拘留。

（五）拘留

拘留是法院对妨害行为情节较严重的人，将其留置在特定的场所，在一定期限内限制其人身自由的强制措施。

除上述强制措施外，民事诉讼法还规定，妨害民事诉讼行为情节特别严重、构成犯罪的，依法追究其刑事责任。

二、对妨害民事诉讼的强制措施的适用

（一）适用的原则

1. 与妨害行为相当原则。应根据妨害行为的种类、情节和严重程度，适用相应的强制措施。所采取的强制措施既要能够有效地排除妨害行为，又不至于过于严厉。

2. 严格遵循法定程序的原则。如拘传、罚款、拘留必须经院长批准，拘传应当发拘传票，罚款、拘留应当用决定书等。

3. 一行为一强制原则。法院在适用强制措施时，对同一妨害诉讼的行为，只能给予一次性强制，不得连续适用罚款、拘留。但该原则允许法院在同一次强制中适用两种措施。

（二）强制措施的具体适用

1. 拘传的适用。

（1）拘传的适用条件。适用拘传措施，须符合三个条件：①适用对象特定。拘传仅适用于以下人员：一是必须到庭的被告；二是不到庭就无法查清案件事实的原告；三是无诉讼行为能力的被告的法定代理人；四是必须接受调查询问的被执行人以及被执行人的法定代表人、负责人或者实际控制人。②经两次传票传唤。③无正当理由拒不到庭或到场。

（2）拘传的适用程序。有两点需注意：①拘传必须经院长批准。②拘传必须用拘传票，并直接送达被拘传人；在拘传前，应当向被拘传人说明拒不到庭的后果，经批评教育仍拒不到庭的，可以拘传其到庭。如果被拘传人拒绝随票到庭的，司法警察可以使用械具强制其到庭。

2. 训诫的适用。训诫是民事诉讼强制措施中最轻的一种。适用训诫的决定，由合

议庭或独任审判员作出。训诫的内容由书记员记入笔录。

3. 责令退出法庭的适用。责令退出法庭也是民事诉讼强制措施中较轻的一种。适用这一强制措施，由法庭作出决定，审判长或独任审判员在宣布这一措施时，应说明责令退出法庭的理由，一经宣布，该强制措施立即生效，行为人如拒不退出法庭，司法警察可将其强行带离法庭。

4. 罚款的适用。罚款涉及被罚者的财产权，适用时应当慎重，需注意以下几点：

(1)罚款的数额。对个人的罚款金额，为人民币 10 万元以下。对单位的罚款金额，为人民币 5 万元以上 100 万元以下。

(2)适用罚款的程序。对此要注意的是：①罚款必须经院长批准。罚款是一种适用范围广泛的较为严厉的强制措施。罚款的决定权在法院院长，具体适用时由合议庭或独任审判员提出罚款的意见和理由，报院长审查批准。②罚款应当用决定书。院长审查后批准对行为人罚款的，再制作罚款决定书。③罚款与拘留可以单独适用，也可以合并适用。④对同一妨害民事诉讼行为的罚款不得连续适用。发生新的妨害民事诉讼行为的，人民法院可以重新予以罚款。⑤对决定不服的，可以向上一级人民法院申请复议一次，但复议期间不停止执行。被罚款的人不服罚款决定申请复议的，应当自收到罚款决定书之日起 3 日内提出。上级人民法院应当在收到复议申请后 5 日内作出决定，并将复议结果通知下级人民法院和当事人。上级人民法院复议时认为强制措施不当的，应当制作决定书，撤销或者变更下级人民法院作出的罚款决定。情况紧急的，可以在口头通知后 3 日内发出决定书。⑥单位有《民事诉讼法》第 112 条或者第 113 条规定行为的(即单位实施恶意诉讼行为的)，人民法院应当对该单位进行罚款，并可以对其主要负责人或者直接责任人员予以罚款、拘留；构成犯罪的，依法追究刑事责任。⑦人民法院对个人或者单位采取罚款措施时，应当根据其实施妨害民事诉讼行为的性质、情节、后果，当地的经济发展水平，以及诉讼标的额等因素，在法定的限额内确定相应的罚款金额。

5. 拘留的适用。拘留是最严厉的民事诉讼强制措施，直接涉及行为人的人身自由，因而法律规定了较为严格的适用程序。具体为：

(1)拘留的期限，为 15 日以下。

(2)拘留必须经院长批准并制作拘留决定书。适用拘留措施，须由合议庭或独任审判员提出意见和理由，报本院院长批准后，制作拘留决定书。因哄闹、冲击法庭，用暴力、威胁等方法抗拒执行公务等紧急情况，必须立即采取拘留措施的，可在拘留后，立即报告院长补办批准手续。院长认为拘留不当的，应当解除拘留。

(3)被拘留的人，由人民法院交公安机关看管。在拘留期间，被拘留人承认并改正错误的，人民法院可以决定提前解除拘留。《民诉法解释》对此补充规定，采取拘留措施的，应由司法警察将被拘留人送交当地公安机关看管。被拘留人在拘留期间认错悔改的，可以责令其具结悔过，提前解除拘留。提前解除拘留，应报经院长批准，并作出提前解除拘留决定书，交负责看管的公安机关执行。

(4)人民法院对被拘留人采取拘留措施后，应当在 24 小时内通知其家属；确实无法按时通知或者通知不到的，应当记录在案。

(5)被拘留人对拘留决定不服的，可以向上一级人民法院申请复议一次，但复议期间不停止执行。被拘留的人不服拘留决定申请复议的，应当自收到拘留决定书之日起3日内提出。上级人民法院应当在收到复议申请后5日内作出决定，并将复议结果通知下级人民法院和当事人。上级人民法院复议时认为强制措施不当的，应当制作复议决定书，撤销或者变更下级人民法院作出的拘留决定。情况紧急的，可以在口头通知后3日内发出复议决定书。

(6)对同一妨害民事诉讼行为的拘留不得连续适用。发生新的妨害民事诉讼行为的，人民法院可以重新予以拘留。

(7)被拘留人不在本辖区的，作出拘留决定的人民法院应当派员到被拘留人所在地的人民法院，请该院协助执行，受委托的人民法院应当及时派员协助执行。被拘留人申请复议或者在拘留期间承认并改正错误，需要提前解除拘留的，受委托人民法院应当向委托人民法院转达或者提出建议，由委托人民法院审查决定。

(8)采取对妨害民事诉讼的强制措施必须由人民法院决定。任何单位和个人采取非法拘禁他人或者非法私自扣押他人财产追索债务的，应当依法追究刑事责任，或者予以拘留、罚款。

三、妨害民事司法的刑事责任及追究

（一）妨害民事司法的犯罪及构成要件

针对诉讼中出现的严重妨害司法的行为，《刑法》规定了虚假诉讼罪，妨害作证罪，扰乱法庭秩序罪，拒不执行法院判决、裁定罪，妨害司法机关查封、扣押、冻结财产罪。这些规定既是对民事诉讼程序的保护，也是追究妨害诉讼行为人刑事责任的依据。

在民事诉讼中因妨害诉讼而构成犯罪，须具备如下条件：(1)犯罪主体为自然人；(2)犯罪的主观方面是故意；(3)侵犯的客体是民事诉讼秩序；(4)犯罪的客观方面是行为人实施了情节严重的妨害民事诉讼行为。

（二）追究妨害民事司法行为刑事责任的程序

对实施妨害诉讼行为构成犯罪的人，应由犯罪行为发生地的法院管辖。追究刑事责任，应按刑事诉讼法规定的程序进行。法院在执行过程中，对拒不执行判决、裁定情节严重的人，可以先行司法拘留。认为行为人已构成犯罪的，将案件移送行为发生地的公安机关立案查处。①

▶ 典型真题

叶某诉汪某借款纠纷案，叶某向法院提交了一份内容为汪某向叶某借款3万元并收到该3万元的借条复印件，上有“本借条原件由汪某保管，借条复印件与借条原件具

①宋朝武．民事诉讼法学[M]．北京：高等教育出版社，2017：227.

有同等效力”字样，并有汪某的署名。法院据此要求汪某提供借条原件，汪某以证明责任在原告为由拒不提供，后又称找不到借条原件。证人刘某作证称，他是汪某向叶某借款的中间人，汪某向叶某借款的事实确实存在；另外，汪某还告诉刘某，他在叶某起诉之后把借条原件烧毁，汪某在法院质证中也予以承认。在此情况下，下列哪些选项是正确的？（2017-03-80，多选）①

A. 法院可根据叶某提交的借条复印件，结合刘某的证言对案涉借款事实进行审查判断

B. 叶某提交给法院的借条复印件是案涉借款事实的传来证据

C. 法院可认定汪某向叶某借款 3 万元的事实

D. 法院可对汪某进行罚款、拘留

①【参考答案】ABCD。

第十三章　普通程序

考点分布

1. 普通程序的特征；（★★）
2. 起诉与受理；（★★★★★）
3. 审理前的准备；（★★★）
4. 开庭审理；（★★★★）
5. 撤诉；（★★★★）
6. 缺席判决；（★★★★）
7. 延期审理；（★★）
8. 诉讼中止；（★★★）
9. 诉讼终结。（★★★）

知识讲解

第一节　普通程序概述

一、普通程序的概念和地位

普通程序，是指人民法院审判第一审民事案件通常所适用的程序。

民事诉讼法规定的审判程序包括诉讼案件的审判程序和非讼案件的审判程序。诉讼案件的审判程序包括第一审程序、第二审程序和审判监督程序，其中，第一审程序又分为普通程序和简易程序。在整个审判程序体系中，普通程序规定的结构最为完整，内容最为充实；而且法院在适用其他程序审理案件的过程中，其他程序没有规定的，要适用普通程序的规定。因此，普通程序是我国民事审判程序体系中最为重要的程序，是整个民事审判程序的基础。

二、普通程序的特征

（一）程序的完整性

普通程序不仅对起诉与受理、审理前的准备、开庭审理以及裁判等各个环节一一作出规定，而且对审判过程中可能出现的一些特殊情况也作出了规定。与其他诉讼程序相比较，普通程序是整个民事审判程序中体系最完整、内容最充实、程序结构最完备的一个程序。

（二）程序的基础性

其他审判程序仅是根据各自案件的特点作出相应的规定，内容比较简略，体系结构也不完整。因此，当法院适用其他审判程序审理案件时，其他程序有规定的适用其规定；其他程序没有规定的，则适用普通程序的规定。这就使得普通程序成为其他程序适用的基础。

（三）适用的广泛性

普通程序具有广泛的适用性。这具体表现为：(1)适用法院的广泛性。无论是专门法院还是普通法院，在普通法院中无论是基层法院、中级法院还是高级法院、最高法院，均可适用普通程序审理案件。而简易程序仅适用于基层法院及其派出法庭，二审程序适用于中级以上的法院。(2)适用诉讼阶段的广泛性。无论是一审阶段还是二审阶段或再审阶段，一审法院、二审法院或再审法院均可适用普通程序审理案件。(3)适用案件的广泛性。普通程序的内容既可适用于诉讼案件，也可适用于非讼案件。

由于我国现行民事诉讼法中没有关于程序总则的单独规定，而普通程序又具有上述基本特征，因此普通程序的规定具有程序通则的作用。

第二节　普通程序的基本阶段

一、起诉与受理

（一）起诉

1. 起诉的概念。起诉，是指公民、法人或者其他组织认为自己享有的或者依法由自己管理、支配的民事权益受到侵害，或者与他人发生争议，以自己的名义要求法院通过审判予以司法保护的诉讼行为。

诉权是当事人享有的一项基本权利。起诉权是诉权的一项重要内容。由于民事诉讼实行“不告不理”的原则，没有当事人起诉，法院不会主动启动民事诉讼程序。换言之，当事人的起诉行为是启动诉讼程序的前提条件。因此，保障当事人的起诉权对于保障当事人的合法权益而言，意义重大。基于此，我国《民事诉讼法》第 123 条明确规定，法院应当保障当事人依照法律规定享有的起诉权利。对符合条件的起诉，必须受理。

2. 起诉的条件。

(1)原告必须是与本案有直接利害关系的公民、法人或其他组织。这一条件包含了两层含义：一是原告必须具备民事诉讼权利能力；二是原告必须与案件存在法律上的"利害关系"，即原告是正当当事人。

(2)有明确的被告。所谓明确的被告，是指原告在起诉时必须在起诉状中载明是谁侵害了其民事权益或者与其发生了争议。按照《民诉法解释》第209条的规定，原告提供被告的姓名或者名称、住所等信息具体明确，足以使被告与他人相区别的，可以认定为有明确的被告。起诉状列写被告信息不足以认定明确的被告的，人民法院可以告知原告补正。原告补正后仍不能确定明确的被告的，人民法院裁定不予受理。

(3)有具体的诉讼请求和事实、理由。所谓"诉讼请求"，是原告通过法院向对方当事人提出的实体权利主张或法律上的利益请求，也是要求法院予以司法保护的权益范围。没有诉讼请求，人民法院的审判便失去了对象，原告起诉的目的也就无法实现；诉讼请求不明确、具体，法院也无从审理。所谓"事实"，是指引起民事实体法律关系发生、变更、消灭的事实以及发生争议的事实。所谓"理由"，是指原告的诉讼请求应当得到法院支持的法律依据。

(4)属于人民法院受理民事案件的范围和受诉人民法院管辖。管辖权是诉讼要件之一。法院对某一案件没有管辖权，诉讼就无法成立。而管辖权的前提是法院有主管的权力。

3. 起诉的方式和起诉状的内容。起诉应当向人民法院递交起诉状，并按照被告人数提出副本。书写起诉状确有困难的，可以口头起诉，由人民法院记入笔录，并告知对方当事人。可见，起诉的方式，以书面起诉为原则，以口头起诉为例外。起诉状应当记明下列事项：(1)原告的姓名、性别、年龄、民族、职业、工作单位、住所、联系方式，法人或者其他组织的名称、住所和法定代表人或者主要负责人的姓名、职务、联系方式；(2)被告的姓名、性别、工作单位、住所等信息，法人或者其他组织的名称、住所等信息；(3)诉讼请求和所根据的事实与理由；(4)证据和证据来源，证人姓名和住所。

4. 先行调解。《民事诉讼法》第122条规定，当事人起诉到人民法院的民事纠纷，适宜调解的，先行调解，但当事人拒绝调解的除外。法院接到起诉状后立案之前的先行调解属于立案调解，是2012年修订的民事诉讼法增加的一种调解制度。在实践中，这种调解通常由法院委托人民调解组织进行调解，调解达成协议的，双方可以申请人民法院进行司法确认。需要注意的是，这种调解的启动必须以当事人自愿为前提。

（二）受理

1. 审查起诉。审查起诉由法院的立案部门负责。法院接到原告的起诉后，应当从两个方面进行审查：一是实质要件的审查。即审查原告的起诉是否符合《民事诉讼法》

第 119 条规定的起诉条件且不属于第 124 条规定的不予受理的情形。二是形式要件的审查。即审查原告的起诉状是否具备法定内容，有无遗漏或错误，是否依法准备起诉状副本等。若起诉状内容不完备、需要补交必要的相关材料或未提交起诉状副本，法院应责令原告限期提交；若发现诉状中有谩骂和人身攻击言词的，法院应当告知其修改后提起诉讼；起诉状列写被告信息不足以认定明确的被告的，人民法院可以告知原告补正。

2. 立案登记(即受理)。人民法院接到当事人提交的民事起诉状时，对符合起诉条件，且不属于不予受理情形的，应当登记立案；对当场不能判定是否符合起诉条件的，应当接收起诉材料，并出具注明收到日期的书面凭证。需要补充必要相关材料的，人民法院应当及时告知当事人。在补齐相关材料后，应当在 7 日内决定是否立案。立案后发现不符合起诉条件或者属于不予受理情形的，裁定驳回起诉。换言之，经审查，符合起诉条件的，法院应当在 7 日内登记立案，并通知当事人；不符合起诉条件的，法院应当在 7 日内作出裁定书，不予受理；原告对裁定不服的，可以提起上诉。这里的“登记立案”是指法院经过审查，认为原告的起诉符合民事诉讼法规定的起诉条件且不属于排除受理的法定情形，而决定予以立案审理的行为。即登记立案就是受理案件。

原告的起诉被法院受理，标志着一审程序正式启动。从此，诉讼系属于法院。

3. 受理的法律效果。法院受理原告的起诉，将产生以下法律效果：(1)受诉法院取得了该案的审判权。受诉人民法院受理了原告的起诉，就依法取得了对本案的审判权，有权开始对案件进行审理并作出裁判。(2)当事人的诉讼地位得以确定。法院受理原告的起诉后，争议双方原告、被告的诉讼地位由此确定，并依法享有各自的诉讼权利和承担相应的诉讼义务。(3)当事人不得另行起诉。原告的起诉被法院受理以后，其他法院对该案不得行使管辖权，当事人也不得就同一诉讼标的，对同一对方当事人，以同一事实和理由再行起诉。(4)诉讼时效中断。原告起诉成立后，诉讼时效即告中断。

（三）对特殊情况下的起诉的处理

1. 有下列情形之一的起诉，人民法院不予受理：

(1)按行政诉讼法的规定，属于行政诉讼受案范围的，告知原告提起行政诉讼。

(2)依照法律规定，双方当事人达成书面仲裁协议申请仲裁、不得向人民法院起诉的，告知原告向仲裁机构申请仲裁。当事人在书面合同中订有仲裁条款，或者在发生纠纷后达成书面仲裁协议，一方向人民法院起诉的，人民法院应当告知原告向仲裁机构申请仲裁，其坚持起诉的，裁定不予受理，但仲裁条款或者仲裁协议不成立、无效、失效、内容不明确无法执行的除外。在人民法院首次开庭前，被告以有书面仲裁协议为由对受理民事案件提出异议的，人民法院应当进行审查。经审查符合下列情形之一的，人民法院应当裁定驳回起诉：①仲裁机构或者人民法院已经确认仲裁协议有效的；②当事人没有在仲裁庭首次开庭前对仲裁协议的效力提出异议的；③仲裁协议符合《仲裁法》第16条规定且不具有《仲裁法》第17条规定情形的。

(3)依法律规定，应当由其他机关处理的争议，告知原告向有关机关申请解决。

(4)对不属于本院管辖的案件，告知原告向有管辖权的人民法院起诉。原告坚持向本院起诉的，裁定不予受理；立案后发现本院没有管辖权的，应当将案件移送有管辖权的人民法院。

(5)对判决、裁定、调解书已经发生法律效力的案件，当事人又起诉的，告知原告申请再审，但人民法院准许撤诉的裁定除外。

(6)依照法律规定，在一定期限内不得起诉的案件，在不得起诉的期限内起诉的，不予受理。例如，判决不准离婚和调解和好的离婚案件，判决、调解维持收养关系的案件，没有新情况、新理由，原告在6个月内又起诉的，不予受理。撤诉或者按照撤诉处理的离婚案件，没有新情况、新理由，原告在6个月内又起诉的，不予受理。

(7)起诉状列写被告信息不足以认定明确的被告的，人民法院可以告知原告补正。原告补正后仍不能确定明确的被告的，人民法院裁定不予受理。

(8)当事人重复起诉的，裁定不予受理；已经受理的，裁定驳回起诉，但法律、司法解释另有规定的除外。原审原告在第二审程序中撤回起诉后重复起诉的，人民法院不予受理。一审原告在再审审理程序中撤回起诉后重复起诉的，人民法院不予受理。外国法院判决、裁定已经被人民法院承认，当事人就同一争议向人民法院起诉的，人民法院不予受理。这就是禁止重复起诉原则。①

(9)反诉应由其他人民法院专属管辖，或者与本诉的诉讼标的及诉讼请求所依据的事实、理由无关联的，裁定不予受理，告知另行起诉。

(10)公益诉讼案件的裁判发生法律效力后，其他依法具有原告资格的机关和有关组织就同一侵权行为另行提起公益诉讼的，人民法院裁定不予受理，但法律、司法解释另有规定的除外。

(11)对下列情形提起第三人撤销之诉的，人民法院不予受理：①适用特别程序、督促程序、公示催告程序、破产程序等非讼程序处理的案件；②婚姻无效、撤销或者解除婚姻关系等判决、裁定、调解书中涉及身份关系的内容；③《民事诉讼法》第54条规定的未参加登记的权利人对代表人诉讼案件的生效裁判；④《民事诉讼法》第55条规定的损害社会公共利益行为的受害人对公益诉讼案件的生效裁判。

(12)案外人对人民法院驳回其执行异议裁定不服，认为原判决、裁定、调解书内容错误损害其合法权益的，应当根据《民事诉讼法》第227条规定申请再审，提起第三人撤销之诉的，人民法院不予受理。

2. 有下列情形之一的起诉，人民法院应当予以受理：

(1)裁定不予受理、驳回起诉的案件，原告再次起诉，符合起诉条件且不属于《民

---

①根据《民诉法解释》第247条的规定，当事人就已经提起诉讼的事项在诉讼过程中或者裁判生效后再次起诉，同时符合下列条件的，构成重复起诉：(1)后诉与前诉的当事人相同；(2)后诉与前诉的诉讼标的相同；(3)后诉与前诉的诉讼请求相同，或者后诉的诉讼请求实质上否定前诉裁判结果。

事诉讼法》第124条规定情形的，人民法院应予受理。

(2)原告撤诉或者人民法院按撤诉处理后，原告以同一诉讼请求再次起诉的，人民法院应予受理。但是，在第二审程序中或者再审程序中，经其他当事人同意原审原告撤回起诉的除外。

(3)当事人达成的仲裁条款、仲裁协议无效、失效或者内容不明确无法执行的，人民法院有权依法受理当事人一方的起诉。当事人一方向人民法院起诉时未声明有仲裁协议，人民法院受理后，对方当事人又应诉答辩的，视为该人民法院有管辖权。

(4)夫妻一方下落不明，另一方诉至人民法院，只要求离婚，不申请宣告下落不明人失踪或者死亡的案件，人民法院应当受理，对下落不明人公告送达诉讼文书。

(5)赡养费、扶养费、抚育费案件，裁判发生法律效力后，因新情况、新理由，一方当事人再行起诉要求增加或者减少费用的，人民法院应作为新案受理。

(6)当事人超过诉讼时效期间起诉的，人民法院应予受理。受理后对方当事人提出诉讼时效抗辩，人民法院经审理认为抗辩事由成立的，判决驳回原告的诉讼请求。

(7)判决不准离婚和调解和好的离婚案件，判决、调解维持收养关系的案件，有新情况、新理由，原告在6个月内又起诉的，应予受理。撤诉或者按照撤诉处理的离婚案件，有新情况、新理由，原告在6个月内又起诉的，应予受理。

(8)判决不准离婚和调解和好的离婚案件，判决、调解维持收养关系的案件，被告在6个月内起诉的，应予受理。撤诉或者按照撤诉处理的离婚案件，被告在6个月内起诉的，应予受理。

(9)裁判发生法律效力后，发生新的事实，当事人再次提起诉讼的，人民法院应当依法受理。

(10)法院受理公益诉讼案件，不影响同一侵权行为的受害人根据《民事诉讼法》第119条规定提起诉讼。即法院在受理公益诉讼案件的同时，可以受理受害人的起诉。

(11)中华人民共和国法院和外国法院都有管辖权的案件，一方当事人向外国法院起诉，而另一方当事人向中华人民共和国法院起诉的，人民法院可予受理。判决后，外国法院申请或者当事人请求人民法院承认和执行外国法院对本案作出的判决、裁定的，不予准许；但双方共同缔结或者参加的国际条约另有规定的除外。

二、审理前准备

（一）审理前准备的概念和意义

审理前准备，是指法院受理案件以后至开庭审理之前，由审判案件的合议庭依法进行的各项诉讼活动的总称。其目的是为了保证庭审活动及时有效地进行，防止诉讼拖延。其意义体现在：(1)确定争议焦点，明确开庭审理的范围。(2)固定证据，提高开庭审理的效率。①

①宋朝武．民事诉讼法学[M]．北京：高等教育出版社，2017：244.

（二）审理前准备的具体内容

1. 在法定期间内送达诉讼文书。所送达的诉讼文书主要有：(1)案件受理通知书、应诉通知书和举证通知书。其中，举证通知书应当载明举证责任的分配原则与要求、可以向人民法院申请调查取证的情形、人民法院根据案件情况指定的举证期限以及逾期提供证据的法律后果。(2)起诉状副本和答辩状副本。人民法院应当在立案之日起5日内将起诉状副本发送被告，被告应当在收到之日起15日内提出答辩状。答辩状应当记明被告的姓名、性别、年龄、民族、职业、工作单位、住所、联系方式；法人或者其他组织的名称、住所和法定代表人或者主要负责人的姓名、职务、联系方式。人民法院应当在收到答辩状之日起5日内将答辩状副本发送原告。被告不提出答辩状的，不影响人民法院审理。

2. 告知当事人诉讼权利义务和合议庭组成人员。人民法院对决定受理的案件，应当在受理案件通知书和应诉通知书中向当事人告知有关的诉讼权利义务，或者口头告知。合议庭组成人员确定后，应当在3日内告知当事人。告知的目的，是让当事人了解自己所享有的诉讼权利和所承担的诉讼义务，并在诉讼中正确行使诉讼权利和积极履行诉讼义务。

3. 确定举证期限。人民法院应当在审理前的准备阶段确定当事人的举证期限。举证期限可以由当事人协商，并经人民法院准许。人民法院确定举证期限，第一审普通程序案件不得少于15日，当事人提供新的证据的第二审案件不得少于10日。

4. 审阅诉讼材料，调查收集必要的证据。对当事人提交的起诉状、答辩状以及相关的证据材料，审判人员应当进行认真审核，以便归纳、明确当事人争议的焦点以及确定应当由人民法院自己收集调查的证据的范围。人民法院派出人员进行调查时，应当向被调查人出示证件。调查笔录经被调查人校阅后，由被调查人、调查人签名或者盖章。人民法院在必要时可以委托外地人民法院调查。委托调查，必须提出明确的项目和要求。受委托人民法院可以主动补充调查。受委托人民法院收到委托书后，应当在30日内完成调查。因故不能完成的，应当在上述期限内函告委托人民法院。

5. 审查管辖权异议。人民法院受理案件后，当事人对管辖权有异议的，应当在提交答辩状期间提出。人民法院对当事人提出的异议，应当审查。异议成立的，裁定将案件移送有管辖权的人民法院；异议不成立的，裁定驳回。当事人未提出管辖异议，并应诉答辩的，视为受诉人民法院有管辖权，但违反级别管辖和专属管辖规定的除外。当事人在提交答辩状期间提出管辖异议，又针对起诉状的内容进行答辩的，人民法院应当对管辖异议进行审查。当事人未提出管辖异议，就案件实体内容进行答辩、陈述或者反诉的，可以认定为“应诉答辩”。

6. 追加当事人。必须共同进行诉讼的当事人没有参加诉讼的，人民法院应当通知其参加诉讼。

7. 程序分流。此即由法院根据案件具体情况选择所适用的程序。人民法院对受理的案件，分别情形，予以处理：(1)当事人没有争议，符合督促程序规定条件的，可以转入督促程序；(2)开庭前可以调解的，采取调解方式及时解决纠纷；(3)根据案件情况，确定适用简易程序或者普通程序；(4)需要开庭审理的，通过要求当事人交换证据等方式，明确争议焦点。

8. 召集庭前会议。庭前会议，是指在答辩期届满后，人民法院组织双方当事人为开庭进行的实体审理所实施的诉讼准备行为。其内容主要有：

(1)明确原告的诉讼请求和被告的答辩意见。

(2)审查处理当事人增加、变更诉讼请求的申请和提出的反诉，以及第三人提出的与本案有关的诉讼请求。

(3)根据当事人的申请决定调查收集证据，委托鉴定，要求当事人提供证据，进行勘验，进行证据保全。

(4)组织交换证据。为防止证据突袭，保障司法公正、高效地进行，人民法院可以在答辩期届满后，通过组织证据交换、召集庭前会议等方式，做好审理前的准备。证据交换具体包括以下内容：①证据交换由当事人提出申请或特定情况下由法院依职权组织当事人进行。②交换证据的时间，可以由当事人协商确定并经人民法院认可；也可以由人民法院直接指定。③证据交换应当由审判人员主持，在证据交换的过程中，审判人员对当事人无异议的证据应当记录在卷；对有异议的证据，按照需要证明的事实分类记录在卷并记载异议的理由。④交换证据的次数一般不超过两次，对于重大、疑难和案情特别复杂的案件，人民法院认为确有必要再次进行证据交换的除外。

(5)归纳争议焦点。人民法院应当根据当事人的诉讼请求、答辩意见以及证据交换的情况，归纳争议焦点，并就归纳的争议焦点征求当事人的意见。争点，包括事实上的争点和法律上的争点。争点的确定，为庭审集中审理创造了条件。

(6)进行调解。这里的调解是指庭前调解。

三、开庭审理

（一）开庭审理的概念和形式

1. 开庭审理的概念和任务。开庭审理，简称庭审，是指法院在当事人及其他诉讼参与人的参加下，于确定的期日，依照法定程序和形式，在法庭上对案件进行实体审理并作出裁判的诉讼活动。

开庭审理的任务是，通过法庭调查和法庭辩论，审查核实证据，查明案件事实，分清是非责任，并在此基础上，通过合议庭评议，形成裁判结果，以确认当事人之间的民事权利义务关系，制裁民事违法行为，保护当事人的合法权益。

2. 开庭审理的形式。一审法院违法剥夺当事人的辩论权①是严重违反法定程序的，

---

①《民诉法解释》第391条规定，原审开庭过程中有下列情形之一的，应当认定为《民事诉讼法》第200条第9项规定的剥夺当事人辩论权利：(1)不允许当事人发表辩论意见的；(2)应当开庭审理而未开庭审理的；(3)违反法律规定送达起诉状副本或者上诉状副本，致使当事人无法行使辩论权利的；(4)违法剥夺当事人辩论权利的其他情形。

其中包括应当开庭审理而未开庭审理的情形。因此，一审法院必须开庭审理。若当事人以一审法院未经开庭审理为由提起上诉或申请再审的，二审法院或者再审法院可以裁定撤销原判，发回重审。要注意的是，一审法院开庭审理应当在答辩期限届满并做好必要的准备工作后进行。当事人明确表示不提交答辩状，或者在答辩期限届满前已经答辩，或者同意在答辩期间开庭的，也可以在答辩期限届满前开庭审理。同时，开庭审理必须严格依照法定形式进行。可从以下几个方面作全面理解：

(1)开庭审理必须采用法庭审理的形式。这是指开庭审理应当在法庭上进行。所谓法庭，有两层含义：一是指由审判人员组成的合议庭，即开庭审理的审判组织形式；二是指用于审判活动的特定空间，即开庭审理的具体场所。

(2)一般应当采用公开审理的形式。开庭审理的形式以公开审理为原则，以不公开审理为例外。人民法院审理民事案件，除涉及国家秘密、个人隐私或者法律另有规定的以外，应当公开进行。离婚案件，涉及商业秘密的案件，当事人申请不公开审理的，可以不公开审理。

(3)开庭审理必须采用言词审理的形式，不能采用书面审理的方式。

（二）开庭审理的程序

法庭审理应当围绕当事人争议的事实、证据和法律适用等焦点问题进行。开庭审理必须严格按照法定程序进行。根据民事诉讼法的规定，开庭审理由以下几个既相对独立又相互联系的阶段组成。

1. 开庭准备。开庭准备与审理前准备不同。开庭准备是开庭审理的初始阶段，是指法庭在开庭期日到来时，为了保证案件实体审理的顺利进行而完成的必需的准备工作。这包括：(1)将开庭期日告知当事人和其他诉讼参与人，通知其出庭。人民法院审理民事案件，应当在开庭3日前通知当事人和其他诉讼参与人。人民法院适用普通程序审理案件，应当在开庭3日前用传票传唤当事人。对诉讼代理人、证人、鉴定人、勘验人、翻译人员应当用通知书通知其到庭。当事人或者其他诉讼参与人在外地的，应当留有必要的在途时间。(2)发布开庭公告。公开审理的，应当公告当事人姓名、案由和开庭的时间、地点。(3)开庭审理前，书记员应当查明当事人和其他诉讼参与人是否到庭，宣布法庭纪律。

2. 宣布开庭。合议庭的审判活动由审判长主持。进入法庭调查前的宣布开庭阶段，审判长的工作主要有：(1)核对当事人和诉讼代理人的身份。(2)宣布案由和审判人员、书记员名单，并对依法不公开审理和缺席审理的案件作出解释和说明。(3)告知当事人有关的诉讼权利义务，询问当事人是否提出回避申请。

3. 法庭调查。法庭调查，是指审判人员通过当事人及其诉讼代理人的举证、质证，审查核实证据进而查明案件事实的诉讼活动。法庭调查是开庭审理的重要阶段，其主要任务有两项：一是审查核实证据；二是查清案件事实。法庭调查按照下列顺序进行：

(1)当事人陈述。此即由当事人对自己的诉讼请求及其所根据的事实和理由加以陈述。陈述的顺序是原告方宣读起诉状、被告方宣读答辩状、第三人陈述。人民法院对当事人的陈述，应当结合本案的其他证据，审查确定能否作为认定事实的根据。当事人拒绝陈述的，不影响人民法院根据证据认定案件事实。

(2)告知证人的权利义务，证人作证，宣读未到庭的证人证言。证人负有出庭作证、如实作证、不作假证等义务，因此，证人作证前，法庭应告知其义务以及作伪证的法律后果，并责令其签署保证书。证人拒绝签署保证书的，不得作证，并自行承担相关费用。此外，证人还有义务接受法官、当事人及其诉讼代理人的询问。

(3)出示书证、物证、视听资料和电子数据。证据应当在法庭上出示，并由当事人互相质证。对涉及国家秘密、商业秘密和个人隐私的证据应当保密，需要在法庭出示的，不得在公开开庭时出示。书证应当提交原件，物证应当提交原物。提交原件或者原物确有困难的，可以提交复制品、照片、副本、节录本。人民法院对视听资料，应当辨别真伪，并结合本案的其他证据，审查确定能否作为认定事实的根据。

(4)宣读鉴定意见。鉴定意见应当在法庭上当庭宣读。当事人对鉴定意见有异议或者人民法院认为鉴定人有必要出庭的，鉴定人应当出庭作证。经人民法院通知，鉴定人拒不出庭作证的，鉴定意见不得作为认定事实的根据；支付鉴定费用的当事人可以要求返还鉴定费用。

(5)宣读勘验笔录。勘验笔录应在法庭上当庭宣读，作为勘验笔录组成部分的照片、绘图或影像资料应一并在法庭上展示或播放，再由当事人及其诉讼代理人质证。

关于法庭调查，还有以下两点值得注意：

第一，所有的证据材料都应当质证，未经质证的证据不得作为认定案件事实的依据。质证应按一定的顺序进行。

第二，当事人在法庭上可以提出新的证据。当事人经法庭许可，可以向证人、鉴定人、勘验人发问。当事人要求重新进行调查、鉴定或者勘验的，是否准许，由人民法院决定。

法庭调查结束前，审判长应当就法庭调查认定的事实和当事人争议的问题进行归纳总结。然后，由审判长宣布法庭调查结束，进入法庭辩论阶段。

4. 法庭辩论。法庭辩论，指在审判人员的主持下，当事人及其诉讼代理人根据法庭查明的事实和证据，就案件中的争议问题，阐明自己的观点和意见，并相互进行辩驳的诉讼活动。

法庭辩论是当事人行使辩论权的主要形式。通过辩论，能够进一步明确双方当事人的诉讼请求和理由，达到查清案件事实、分清是非责任的目的，为人民法院正确适用法律作出公正裁判打下坚实的基础。

审判人员应当为当事人及其诉讼代理人进行法庭辩论提供平等的机会，也应正确引导他们围绕争议焦点进行辩论。法庭辩论按照下列顺序进行：(1)原告及其诉讼代理人发言；(2)被告及其诉讼代理人答辩；(3)第三人及其诉讼代理人发言或者答辩；(4)互相辩论。

法庭辩论终结，由审判长按照原告、被告、第三人的先后顺序征询各方最后意见。

关于法庭辩论，还有以下几点值得注意：(1)在案件受理后，法庭辩论结束前，原告增加诉讼请求，被告提出反诉，第三人提出与本案有关的诉讼请求，可以合并审理的，人民法院应当合并审理。(2)人民法院根据案件具体情况并征得当事人同意，可以将法庭调查和法庭辩论合并进行。(3)法庭辩论终结，应当依法作出判决。判决前能够调解的，还可以进行调解，调解不成的，应当及时判决。

5. 合议庭评议。合议庭评议，是指在法庭辩论结束后，合议庭成员以法庭调查和法庭辩论的内容为基础，认定案件事实，分清是非责任，适用法律对案件作出处理结论的活动。

法庭辩论结束后，当事人不愿调解的，合议庭应当休庭进行评议，就案件事实的认定、是非责任的划分、适用的法律及处理结果进行评议。合议庭评议案件应当在庭审结束后5个工作日内进行。合议庭评议案件时，先由承办法官对认定案件事实、证据是否确实、充分以及适用法律等发表意见，审判长最后发表意见；审判长作为承办法官的，由审判长最后发表意见。对案件的裁判结果进行评议时，由审判长最后发表意见。审判长应当根据评议情况总结合议庭评议的结论性意见。合议庭成员对评议结果的表决，以口头表决的形式进行，每个成员独立行使表决权。合议庭评议实行少数服从多数的原则，评议结果及不同意见应当如实记入评议笔录，由合议庭成员签字；合议庭评议应当保密，评议笔录需另行制作，不得与法庭笔录合一制作。合议庭对案件的评议结果，是法院作出裁判的依据。

6. 宣告判决。宣告判决，是指法庭向当事人、诉讼参与人和社会公开宣告对案件的判决结果。

对于宣判，要注意以下几点：(1)公开宣判。法院对公开审理或者不公开审理的案件，一律公开宣告判决。(2)宣判的方式。宣判分为当庭宣判与定期宣判两种。当庭宣判的，应当在10日内发送判决书；定期宣判的，宣判后立即发给判决书。(3)宣判的内容。包括宣读裁判中认定的事实、适用的法律、判决的结果与理由、诉讼费用的负担等。(4)宣判时的告知事项。宣告判决时，必须告知当事人上诉权利、上诉期限和上诉的法院。宣告离婚判决，必须告知当事人在判决发生法律效力前不得另行结婚。(5)宣判后发现裁判错误的处理。一审宣判后，原审人民法院发现判决有错误，当事人在上诉期内提出上诉的，原审人民法院可以提出原判决有错误的意见，报送第二审人民法院，由第二审人民法院按照第二审程序进行审理；当事人不上诉的，按照审判监督程序处理。

（三）审理期限

审理期限，简称审限，是指法院从受理案件至审结案件的时间限制。

人民法院适用普通程序审理的案件，应当在立案之日起6个月内审结。有特殊情况需要延长的，由本院院长批准，可以延长6个月；还需要延长的，报请上级人民法院批准。普通程序的审限，是指从立案之日起至裁判宣告、调解书送达之日止的期间，但公告期间、鉴定期间、双方当事人和解期间、审理当事人提出的管辖异议以及处理人民法院之间的管辖争议期间不应计算在内。另外，案情重大、疑难，需由审判委员会作出决定的案件，自提交审判委员会之日至作出决定之日止的期间，以及需要向有关部门征求意见的案件，征求意见的期间，也不计入审理期限内。

（四）庭审笔录

庭审笔录，又称法庭笔录，是指在开庭审理的过程中，由书记员如实地对法庭审理的所有活动所做的书面记录。作为一种重要的法律文书，法庭笔录的作用和意义体现在：真实地记录了法院开庭审理的全部活动，能固定案件事实和证据，为法院正确裁判提供依据，也为二审和再审提供依据，同时还为审查法院程序是否合法提供依据。

对于法庭笔录的程序要求，要注意的是：书记员应当将法庭审理的全部活动记入笔录，由审判人员和书记员签名。法庭笔录应当当庭宣读，也可以告知当事人和其他诉讼参与人当庭或者在 5 日内阅读。当事人和其他诉讼参与人认为对自己的陈述记录有遗漏或者差错的，有权申请补正。如果不予补正，应当将申请记录在案。法庭笔录由当事人和其他诉讼参与人签名或者盖章。拒绝签名盖章的，记明情况附卷。

第三节　审理中的特殊情形

一、撤诉

（一）撤诉的概念和种类

狭义的撤诉，是指当事人向法院撤回起诉，不再要求法院对其诉讼请求进行审判的诉讼行为。广义的撤诉，泛指当事人向法院撤回诉之请求，不再要求法院继续对案件进行审判的诉讼行为。撤诉是当事人一项重要的诉讼权利，是处分权的体现。根据民事诉讼法和司法解释的规定，对撤诉可以从不同的角度进行分类：

1. 根据撤诉是否由当事人主动提出，可以将撤诉分为申请撤诉和按撤诉处理。前者是当事人主动向受诉法院提出撤诉申请，不再要求法院对案件继续进行审判；后者是基于当事人的某些不作为行为，法律法规或司法解释明确规定依照当事人申请撤诉论处。在性质上，前者是一种积极处分诉讼权利的行为，后者则是一种消极处分诉讼权利的行为。

2. 根据所处的审级不同，可将撤诉分为撤回起诉和撤回上诉。(1) 撤回起诉，一般发生在第一审程序，其效果是导致第一审程序的结束。特殊情况下，撤回起诉也可以发生在二审程序和再审程序之中。《民诉法解释》第 338 条规定，在第二审程序中，原审原告申请撤回起诉，经其他当事人同意，且不损害国家利益、社会公共利益、他人合法权益的，人民法院可以准许。准许撤诉的，应当一并裁定撤销一审裁判。原审原告在第二审程序中撤回起诉后重复起诉的，人民法院不予受理。《民诉法解释》第 410 条规定，一审原告在再审审理程序中申请撤回起诉，经其他当事人同意，且不损害国家利益、社会公共利益、他人合法权益的，人民法院可以准许。裁定准许撤诉的，应当一并撤销原判决。一审原告在再审审理程序中撤回起诉后重复起诉的，人民法院不予受理。可见，在二审和再审程序中撤回起诉，其效果有三：一是二审程序或再审程序结束；二是一审裁判或原审裁判被一并撤销；三是撤诉者丧失再行起诉的权利，即禁止其重复起诉。(2)撤回上诉，发生于二审程序，其效果不仅导致二审程序的完结，而且也意味着当事人接受了一审裁判。上诉人撤回上诉后，在对方当事人未提起上诉的情况下，一审裁判生效。

3. 根据撤诉的主体不同，可将撤诉分为原告撤回起诉、被告撤回反诉、有独立请求权的第三人撤回参加之诉、第三人撤回撤销之诉、案外人撤回执行异议之诉等。

（二）申请撤诉的条件

1. 申请撤诉的主体必须合法。申请撤诉的主体是法律法规或司法解释明确规定享有撤诉权的人，即发动诉讼的当事人、法定代理人、经特别授权的委托诉讼代理人。在代表人诉讼、合伙人诉讼中，被选出的代表人只有取得其他当事人的一致同意，才能实施撤诉行为。

2. 申请撤诉的方式原则上为书面方式，也可以是口头方式。

3. 申请撤诉必须是当事人的真实意思表示。其他任何人不得强迫当事人撤诉，法院也不得动员当事人撤诉。

4. 撤诉申请必须在法定期间内提出。当事人若要撤回其提出的诉，应当在法院立案之后、宣告判决之前提出。

5. 撤诉申请必须经法院审查同意。当事人的处分行为必须在法律规定的范围实施方为有效。当事人行使撤诉权，须以申请撤诉的目的正当、合法为前提。如果撤诉是为了掩盖非法目的，或者损害国家利益、社会公共利益、他人合法权益，则法院在审查时不应准许其撤诉。可见，撤诉权的行使具有相对性，要受到法院的必要干预。对此，《民事诉讼法》第145条规定，宣判前，原告申请撤诉的，是否准许，由人民法院裁定。《民诉法解释》第238条规定："当事人申请撤诉或者依法可以按撤诉处理的案件，如果当事人有违反法律的行为需要依法处理的，人民法院可以不准许撤诉或者不按撤诉处理。法庭辩论终结后原告申请撤诉，被告不同意的，人民法院可以不予准许"；第337条规定："在第二审程序中，当事人申请撤回上诉，人民法院经审查认为一审判决确有错误，或者当事人之间恶意串通损害国家利益、社会公共利益、他人合法权益的，不应准许"。

（三）按撤诉处理的情形

按撤诉处理，是指当事人虽然没有提出撤诉申请，但其在诉讼中的一定行为已经表明其不愿意继续进行诉讼，而由法院依法决定撤销案件不予审理的行为。

按撤诉处理的情形有：(1)原告经传票传唤，无正当理由拒不到庭的，或者未经法庭许可中途退庭的，可以按撤诉处理。(2)原告应当预交而未预交案件受理费，人民法院应当通知其预交，通知后仍不预交或者申请减、缓、免未获批准而仍不预交的，裁定按撤诉处理。(3)适用简易程序审理的案件转为普通程序的，原告自接到人民法院交纳诉讼费用通知之日起 7 日内补交案件受理费。原告无正当理由未按期足额补交的，按撤诉处理，已经收取的诉讼费用退还一半。(4)无民事行为能力的当事人的法定代理人，经传票传唤无正当理由拒不到庭，属于原告方的，比照《民事诉讼法》第 143 条的规定，按撤诉处理。(5)有独立请求权的第三人经人民法院传票传唤，无正当理由拒不到庭的，或者未经法庭许可中途退庭的，比照《民事诉讼法》第 143 条的规定，按撤诉处理。(6)一审宣判时或者判决书、裁定书送达时，当事人口头表示上诉的，人民法院应告知其必须在法定上诉期间内递交上诉状。未在法定上诉期间内递交上诉状的，视为未提起上诉。虽递交上诉状，但未在指定的期限内交纳上诉费的，按自动撤回上诉处理。

（四）本诉原告撤诉与反诉、参加之诉的关系

人民法院准许本诉原告撤诉的，应当对反诉继续审理；被告申请撤回反诉的，人民法院应予准许。有独立请求权的第三人参加诉讼后，原告申请撤诉，人民法院在准许原告撤诉后，有独立请求权的第三人作为另案原告，原案原告、被告作为另案被告，诉讼继续进行。

（五）撤诉的法律后果

1. 诉讼程序终结。这是撤诉最直接的法律后果。

2. 视为原告未起诉。撤诉之后，如果当事人之间的实体权利义务争议未得到解决，当事人仍可对此纠纷再行起诉，法院应当予以受理，但一审原告在二审程序或再审程序中撤回起诉的除外。

3. 由撤诉的当事人负担诉讼费用，但减半收取。

4. 诉讼时效重新开始计算。原告起诉后，诉讼时效中断，而自人民法院裁定准予撤诉之日起，诉讼时效重新开始计算。

二、缺席判决

缺席判决，是相对于对席判决而言的，是指在一方当事人经传票传唤无正当理由拒不到庭或者未经法庭许可中途退庭的情况下，法院依法对案件进行审理并作出判决的制度。生效的缺席判决与生效的对席判决具有相同的法律效力。

缺席判决适用于下列情况：(1)原告经传票传唤，无正当理由拒不到庭或者未经法庭许可中途退庭，按撤诉处理后，被告反诉的，可以缺席判决。(2)被告经传票传唤，无正当理由拒不到庭的，或者未经法庭许可中途退庭的，可以缺席判决。《民诉法解释》第 241 条对此作了具体解释：被告经传票传唤无正当理由拒不到庭，或者未经法庭许可中途退庭的，人民法院应当按期开庭或者继续开庭审理，对到庭的当事人诉讼请求、双方的诉辩理由以及已经提交的证据及其他诉讼材料进行审理后，可以依法缺席判决。(3)法院裁定不准许撤诉的，原告经传票传唤，无正当理由拒不到庭的，可以缺席判决。(4)无民事行为能力的被告的法定代理人，经传票传唤无正当理由拒不到庭

的，可以缺席判决。必要时，人民法院可以拘传其到庭。(5)在借贷案件中，债权人起诉时，债务人下落不明的，人民法院受理案件后公告传唤债务人应诉。公告期限届满，债务人仍不应诉，借贷关系明确的，经审理后可缺席判决。在审理中债务人出走，下落不明，借贷关系明确的，可以缺席判决。(6)无独立请求权的第三人经人民法院传票传唤，无正当理由拒不到庭，或者未经法庭许可中途退庭的，不影响案件的审理。这种情况下，经法庭审理确定无独立请求权的第三人承担责任的，可以对无独立请求权的第三人适用缺席判决。

需要注意的是，缺席判决须在案件事实清楚、证据充分的前提下作出；且需注意保护缺席一方当事人的合法权益。

三、延期审理

延期审理，是指出现法律规定的特殊情形，致使不能按照确定的日期进行法庭审理，由法院另定日期进行开庭审理的诉讼制度。

延期审理的情形有：(1)必须到庭的当事人和其他诉讼参与人有正当理由没有到庭的；(2)当事人临时提出回避申请的；(3)需要通知新的证人到庭，调取新的证据，重新鉴定、勘验，或者需要补充调查的；(4)其他应当延期的情形。延期审理只是审理期日的顺延，不产生其他诉讼后果。但延期的时间不计算在审理期限内。

四、诉讼中止

诉讼中止，指在诉讼进行过程中，因出现了法定的特殊情况，使诉讼活动难以继续进行而由法院裁定暂时停止诉讼程序，待特殊情形消失后再恢复诉讼程序的制度。

中止诉讼的情形有：(1)一方当事人死亡，需要等待继承人表明是否参加诉讼的；(2)一方当事人丧失诉讼行为能力，尚未确定法定代理人的；(3)作为一方当事人的法人或者其他组织终止，尚未确定权利义务承受人的；(4)一方当事人因不可抗拒的事由，不能参加诉讼的；(5)本案必须以另一案的审理结果为依据，而另一案尚未审结的；(6)其他应当中止诉讼的情形。中止诉讼的原因消除后，恢复诉讼。诉讼中止前的诉讼行为仍然有效。

五、诉讼终结

诉讼终结，是指在诉讼进行中，因发生法定的特殊情形，使诉讼无法继续进行或者继续进行已无必要，而由法院裁定结束诉讼程序的制度。

终结诉讼适用于：(1)原告死亡，没有继承人，或者继承人放弃诉讼权利的；(2)被告死亡，没有遗产，也没有应当承担义务的人的；(3)离婚案件一方当事人死亡的；(4)追索赡养费、扶养费、抚育费以及解除收养关系案件的一方当事人死亡的。

诉讼终结与诉讼中止的区别：(1)效果不同。诉讼中止是民事诉讼程序的暂时停止，待中止诉讼的原因消除后，将恢复诉讼程序；诉讼终结是永远结束诉讼程序，不再恢复。(2)原因不同。中止诉讼的原因多样，由法院自由裁量，决定是否中止诉讼；诉讼终结的原因单一，以一方当事人的死亡为适用条件，法院必须依法决定。[①]

诉讼终结并没有解决当事人之间的实体权益问题，但被法院裁定终结诉讼的案件，当事人不得以同一事实和理由，就同一诉讼标的再行起诉，法院也不得再行受理此案。

▶ 典型真题

张丽因与王旭感情不和，长期分居，向法院起诉要求离婚。法院向王旭送达应诉通知书，发现王旭已于张丽起诉前因意外事故死亡。关于本案，法院应作出下列哪一裁判？(2015-03-48，单选)[②]

A. 诉讼终结的裁定　　B. 驳回起诉的裁定

C. 不予受理的裁定　　D. 驳回诉讼请求的判决

---

①宋朝武．民事诉讼法学[M]．北京：高等教育出版社，2017：257.

②【参考答案】B。

第十四章　简易程序

考点分布

1. 简易程序的适用范围；（★★）
2. 简易程序的具体适用；（★★★★）
3. 小额案件审理的特别规定。（★★）

知识讲解

第一节　简易程序的概念和适用范围

一、简易程序的概念

简易程序，是指基层法院及其派出法庭审理第一审简单民事案件所适用的诉讼程序。其特征有：起诉方式简便、受理程序简便、传唤方式简便、审判组织为独任制、庭审程序简化、审理期限较短等。①

简易程序是相对于普通程序而言的，但它并不是普通程序的简化，而是一种与普通程序相并列的独立的一审诉讼程序。简易程序适用于解决简单的民事案件，具有简单易行、迅速快捷的特点，体现了我国民事诉讼立法中的“两便”原则——既方便当事人诉讼，又方便法院办案。人民法院在适用简易程序审理民事案件时，简易程序中未作规定的，适用普通程序的规定进行审理。人民法院在审理过程中，发现案件不宜适用简易程序的，可以裁定转为普通程序，但已经按照普通程序审理的案件，在开庭后不得转为简易程序审理。

①宋朝武．民事诉讼法学［M］．北京：高等教育出版社，2017：266-267.

二、简易程序的适用范围

（一）简易程序适用的法院范围

《民事诉讼法》第157条规定："基层人民法院和它派出的法庭审理事实清楚、权利义务关系明确、争议不大的简单的民事案件，适用本章规定。基层人民法院和它派出的法庭审理前款规定以外的民事案件，当事人双方也可以约定适用简易程序。"据此，从普通法院的角度看，只有基层人民法院及其派出法庭可适用简易程序审理案件，中级以上的法院不得适用简易程序。另外，《民诉法解释》第273条规定："海事法院可以审理海事、海商小额诉讼案件。案件标的额应当以实际受理案件的海事法院或者其派出法庭所在的省、自治区、直辖市上年度就业人员年平均工资30%为限。"因此，专门法院中只有海事法院可适用简易程序审理海事海商小额诉讼案件，因为在我国，对小额诉讼案件的审理并没有设立一个与简易程序并行的小额诉讼程序，而仅是将其作为简易程序中的一个特别问题加以规定，或者说，法院审理小额诉讼案件的程序只是简易程序中的一个特别规定而已。

（二）简易程序适用的案件范围

1. 可以适用简易程序审理的案件

(1)法院可依职权决定适用简易程序审理的案件。这类案件仅限于事实清楚、权利义务关系明确、争议不大的简单民事案件。简单民事案件中的事实清楚，是指当事人对争议的事实陈述基本一致，并能提供相应的证据，无须人民法院调查收集证据即可查明事实；权利义务关系明确是指能明确区分谁是责任的承担者，谁是权利的享有者；争议不大是指当事人对案件的是非、责任承担以及诉讼标的争执无原则分歧。

(2)当事人合意选择适用简易程序审理的案件。基层人民法院和它派出的法庭审理简单民事案件以外的其他民事案件，当事人双方也可以约定适用简易程序。即基层人民法院适用第一审普通程序审理的民事案件，当事人各方自愿选择适用简易程序，经人民法院审查同意的，可以适用简易程序进行审理。人民法院不得违反当事人自愿原则，将普通程序转为简易程序。

2. 不得适用简易程序审理的案件

下列案件，不适用简易程序审理：(1)起诉时被告下落不明的；(2)发回重审的；(3)当事人一方人数众多的；(4)适用审判监督程序的；(5)涉及国家利益、社会公共利益的；(6)第三人起诉请求改变或者撤销生效判决、裁定、调解书的；(7)其他不宜适用简易程序的案件。对这些案件，当事人约定适用简易程序的，人民法院不予准许。

（三）对适用简易程序的异议及其处理

当事人就案件适用简易程序提出异议，人民法院经审查，异议成立的，裁定转为普通程序；异议不成立的，口头告知当事人，并记入笔录。转为普通程序的，人民法院应当将合议庭组成人员及相关事项以书面形式通知双方当事人。转为普通程序前，双方当事人已确认的事实，可以不再进行举证、质证。

第二节 简易程序的具体内容

一、起诉与答辩

（一）起诉

适用简易程序审理的民事案件，原告有两种起诉方式：一是书面起诉方式；二是口头起诉方式。《民事诉讼法》第158条第1款规定："对简单的民事案件，原告可以口头起诉。"原告口头起诉的，人民法院应当将当事人的姓名、性别、工作单位、住所、联系方式等基本信息，诉讼请求，事实及理由等准确记入笔录，由原告核对无误后签名或者捺印。对当事人提交的证据材料，应当出具收据。

当事人双方约定适用简易程序的，应当在开庭前提出。口头提出的，记入笔录，由双方当事人签名或者捺印确认。

（二）答辩

在简易程序中，被告可以选择口头形式或者书面形式进行答辩。根据《最高人民法院关于适用简易程序审理民事案件的若干规定》（以下简称《简易程序规定》）第7条的规定，双方当事人到庭后，被告同意口头答辩的，人民法院可以当即开庭审理；被告要求书面答辩的，人民法院应当将提交答辩状的期限和开庭的具体日期告知各方当事人，并向当事人说明逾期举证以及拒不到庭的法律后果，由各方当事人在笔录和开庭传票的送达回证上签名或者捺印。

二、审理前准备

适用简易程序审理案件，可以简便方式进行审理前的准备。

（一）送达

1. 送达地址的确认。当事人应当在起诉或者答辩时向人民法院提供自己准确的送达地址、收件人、电话号码等其他联系方式，并签名或者捺印确认。送达地址应当写明受送达人住所地的邮政编码和详细地址；受送达人是有固定职业的自然人的，其从业的场所可以视为送达地址。

人民法院按照原告提供的被告的送达地址或者其他联系方式无法通知被告应诉的，应当按以下情况分别处理：(1)原告提供了被告准确的送达地址，但人民法院无法向被告直接送达或者留置送达应诉通知书的，应当将案件转入普通程序审理；(2)原告不能提供被告准确的送达地址，人民法院经查证后仍不能确定被告送达地址的，可以被告不明确为由裁定驳回原告起诉。

被告到庭后拒绝提供自己的送达地址和联系方式的，人民法院应当告知其拒不提供送达地址的后果；经人民法院告知后被告仍然拒不提供的，按下列方式处理：(1)被告是自然人的，以其户籍登记中的住所地或者经常居住地为送达地址；(2)被告是法人或者其他组织的，应当以其工商登记或者其他依法登记、备案中的住所地为送达地址。人民法院应当将上述告知的内容记入笔录。

因当事人自己提供的送达地址不准确、送达地址变更未及时告知人民法院，或者当事人拒不提供自己的送达地址而导致诉讼文书未能被当事人实际接收的，按下列方式处理：(1)邮寄送达的，以邮件回执上注明的退回之日视为送达之日；(2)直接送达的，送达人当场在送达回证上记明情况之日视为送达之日。上述内容，人民法院应当在原告起诉和被告答辩时以书面或者口头方式告知当事人。

2. 诉讼文书的送达。适用简易程序审理案件，人民法院可以采取捎口信、电话、短信、传真、电子邮件等简便方式送达裁判文书以外的诉讼文书。以简便方式送达的开庭通知，未经当事人确认或者没有其他证据证明当事人已经收到的，人民法院不得缺席判决。根据《简易程序规定》第 11 条的规定，受送达的自然人以及他的同住成年家属拒绝签收诉讼文书的，或者法人、其他组织负责收件的人拒绝签收诉讼文书的，送达人应当依据民事诉讼法的相关规定邀请有关基层组织或者所在单位的代表到场见证，被邀请的人不愿到场见证的，送达人应当在送达回证上记明拒收事由、时间和地点以及被邀请人不愿到场见证的情形，将诉讼文书留在受送达人的住所或者从业场所，即视为送达，也就是留置送达。但是，受送达人的同住成年家属或者法人、其他组织负责收件的人是同一案件中另一方当事人的，不适用留置送达。适用简易程序的案件，不适用公告送达。

温馨提示：关于简易程序中诉讼文书的送达，有以下几点特别值得注意：一是裁判文书不得以简便方式送达；二是以简便方式送达的开庭通知，未经当事人确认或者没有其他证据证明当事人已经收到的，人民法院不得缺席判决；三是受送达人的同住成年家属或者法人、其他组织负责收件的人是同一案件中另一方当事人的，不适用留置送达；四是适用简易程序的案件，不适用公告送达。

（二）确定举证期限

适用简易程序案件的举证期限由人民法院确定，也可以由当事人协商一致并经人民法院准许，但不得超过 15 日。被告要求书面答辩的，人民法院可在征得其同意的基础上，合理确定答辩期间。人民法院应当将举证期限和开庭日期告知双方当事人，并向当事人说明逾期举证以及拒不到庭的法律后果，由双方当事人在笔录和开庭传票的送达回证上签名或者捺印。当事人双方均表示不需要举证期限、答辩期间的，人民法院可以立即开庭审理或者确定开庭日期。《简易程序规定》第 22 条对此规定，当事人双方同时到基层人民法院请求解决简单的民事纠纷，但未协商举证期限，或者被告一方经简便方式传唤到庭的，当事人在开庭审理时要求当庭举证的，应予准许；当事人当庭举证有困难的，举证的期限由当事人协商决定，但最长不得超过 15 日；协商不成的，由人民法院决定。

在适用简易程序审理案件时，人民法院不但负有告知义务，同时，还应对不依法履行相应义务可能产生的法律后果负有向当事人释明的义务。

（三）申请法院调查收集证据

适用简易程序审理的民事案件，当事人及其诉讼代理人申请人民法院调查收集证据和申请证人出庭作证，应当在举证期限届满前提出。

（四）实行独任制审理

适用简易程序审理案件，由审判员独任审判，书记员担任记录。

（五）先行调解

适用简易程序审理的下列民事案件，人民法院在开庭审理时应当先行调解：(1)婚姻家庭纠纷和继承纠纷；(2)劳务合同纠纷；(3)交通事故和工伤事故引起的权利义务关系较为明确的损害赔偿纠纷；(4)宅基地和相邻关系纠纷；(5)合伙协议纠纷；(6)诉讼标的额较小的纠纷。但是根据案件的性质和当事人的实际情况不能调解或者显然没有调解必要的除外。

调解达成协议并经审判人员审核后，双方当事人同意该调解协议经双方签名或者捺印生效的，该调解协议自双方签名或者捺印之日起发生法律效力。当事人要求摘录或者复制该调解协议的，应予准许。调解协议符合前款规定的，人民法院应当另行制作民事调解书。调解协议生效后一方拒不履行的，另一方可以持民事调解书申请强制执行。人民法院可以当庭告知当事人到人民法院领取民事调解书的具体日期，也可以在当事人达成调解协议的次日起 10 日内将民事调解书发送给当事人。当事人以民事调解书与调解协议的原意不一致为由提出异议，人民法院审查后认为异议成立的，应当根据调解协议裁定补正民事调解书的相关内容。

三、开庭审理

（一）通知出庭

法院可以用简便方式传唤当事人和证人。即适用简易程序审理案件，人民法院可以采取捎口信、电话、短信、传真、电子邮件等简便方式传唤双方当事人、通知证人。以简便方式发送的开庭通知，未经当事人确认或者没有其他证据足以证明当事人已经收到的，人民法院不得将其作为按撤诉处理和缺席判决的根据。

（二）告知诉讼权利义务

开庭前已经书面或者口头告知当事人诉讼权利义务，或者当事人各方均委托律师代理诉讼的，审判人员除告知当事人申请回避的权利外，可以不再告知当事人其他的诉讼权利义务。对没有委托律师、基层法律服务工作者代理诉讼的当事人，人民法院在庭审过程中可以对回避、自认、举证证明责任等相关内容向其作必要的解释或者说明，并在庭审过程中适当提示当事人正确行使诉讼权利、履行诉讼义务。

（三）选择开庭方式

当事人双方可就开庭方式向人民法院提出申请，由人民法院决定是否准许。经当事人双方同意，可以采用视听传输技术等方式开庭。

（四）庭审程序

简易程序的庭审程序简便。适用简易程序开庭审理案件时，不受《民事诉讼法》第136条、第138条、第141条规定的限制。即可以不受开庭3日前通知当事人和其他诉讼参与人、发布开庭公告、法庭调查顺序、法庭辩论顺序的限制。

开庭时，审判人员可以根据当事人的诉讼请求和答辩意见归纳出争议焦点，经当事人确认后，由当事人围绕争议焦点举证、质证和辩论。当事人对案件事实无争议的，审判人员可以在听取当事人就适用法律方面的辩论意见后径行判决、裁定。

适用简易程序审理的民事案件，应当一次开庭审结，但人民法院认为确有必要再次开庭的除外。庭审结束时，审判人员可以根据案件的审理情况对争议焦点和当事人各方举证、质证和辩论的情况进行简要总结，并就是否同意调解征询当事人的意见。

原告经传票传唤，无正当理由拒不到庭或者未经法庭许可中途退庭的，可以按撤诉处理；被告经传票传唤，无正当理由拒不到庭或者未经法庭许可中途退庭的，人民法院可以根据原告的诉讼请求及双方已经提交给法庭的证据材料缺席判决。按撤诉处理或者缺席判决的，人民法院可以按照当事人自己提供的送达地址将裁判文书送达给未到庭的当事人。

（五）审理期限

人民法院适用简易程序审理案件，应当在立案之日起3个月内审结。适用简易程序审理的案件，审理期限到期后，双方当事人同意继续适用简易程序的，由本院院长批准，可以延长审理期限。延长后的审理期限累计不得超过6个月。

（六）庭审笔录

书记员应当将适用简易程序审理民事案件的全部活动记入笔录。对于下列事项，应当详细记载：(1)审判人员关于当事人诉讼权利义务的告知、争议焦点的概括、证据的认定和裁判的宣告等重大事项；(2)当事人申请回避、自认、撤诉、和解等重大事项；(3)当事人当庭陈述的与其诉讼权利直接相关的其他事项。

四、裁判

（一）裁判文书的简化

适用简易程序审理的案件，有下列情形之一的，人民法院在制作判决书、裁定书、调解书时，对认定事实或者裁判理由部分可以适当简化：(1)当事人达成调解协议并需要制作民事调解书的；(2)一方当事人明确表示承认对方全部或者部分诉讼请求的；

(3)涉及商业秘密、个人隐私的案件，当事人一方要求简化裁判文书中的相关内容，人民法院认为理由正当的；(4)当事人双方同意简化的。

人民法庭制作的判决书、裁定书、调解书，必须加盖基层人民法院印章，不得用人民法庭的印章代替基层人民法院的印章。

（二）裁判文书的宣告与送达

宣判方式有两种：当庭宣判和定期宣判。适用简易程序审理的民事案件，除人民法院认为不宜当庭宣判的以外，应当当庭宣判。

当庭宣判的案件，除当事人当庭要求邮寄送达的以外，人民法院应当告知当事人或者诉讼代理人领取裁判文书的期间和地点以及逾期不领取的法律后果。上述情况，应当记入笔录。人民法院已经告知当事人领取裁判文书的期间和地点的，当事人在指定期间内领取裁判文书之日即为送达之日；当事人在指定期间内未领取的，指定领取裁判文书期间届满之日即为送达之日，当事人的上诉期从人民法院指定领取裁判文书期间届满之日的次日起开始计算。

当事人因交通不便或者其他原因要求邮寄送达裁判文书的，人民法院可以按照当事人自己提供的送达地址邮寄送达。人民法院根据当事人自己提供的送达地址邮寄送达的，邮件回执上注明收到或者退回之日即为送达之日，当事人的上诉期从邮件回执上注明收到或者退回之日的次日起开始计算。

定期宣判的案件，定期宣判之日即为送达之日，当事人的上诉期自定期宣判的次日起开始计算。当事人在定期宣判的日期无正当理由未到庭的，不影响该裁判上诉期间的计算。当事人确有正当理由不能到庭，并在定期宣判前已经告知人民法院的，人民法院可以按照当事人自己提供的送达地址将裁判文书送达给未到庭的当事人。

第三节　小额诉讼程序的特别规定

一、小额诉讼案件概述

所谓小额诉讼案件，是指在简易程序中法院审理的当事人争议的标的额不超过法定限度的金钱给付案件。

《民事诉讼法》第162条对小额诉讼案件的审理程序作了特别规定：“基层人民法院和它派出的法庭审理符合本法第157条第1款规定的简单的民事案件，标的额为各省、自治区、直辖市上年度就业人员年平均工资30%以下的，实行一审终审。”可见，在我国，审理小额诉讼案件的程序仅仅是简易诉讼程序中的一个特别规定，是民事诉讼立法在简易诉讼程序中设置的审理较一般简单民事案件更为简单、更为特殊的民事案件的程序规定，不构成独立的小额诉讼程序。

法院审理小额诉讼案件，法律和司法解释有规定的，优先适用相关规定；没有规定的，则适用简易程序的其他规定。

二、小额诉讼程序特别规定的适用

（一）适用主体

可以适用小额诉讼程序特别规定审理案件的法院有两类：(1)基层人民法院和它派出的法庭。(2)海事法院。海事法院可以审理海事、海商小额诉讼案件。案件标的额应当以实际受理案件的海事法院或者其派出法庭所在的省、自治区、直辖市上年度就业人员年平均工资30%为限。

（二）适用原则

1. 强制适用。这是指凡符合适用小额诉讼程序特别规定进行审理的案件，均应按照小额诉讼程序的特别规定进行审理。

2. 一审终审。这是指凡适用小额诉讼程序特别规定审理的案件，都实行一审终审制，当事人不得提起上诉。①

（三）适用条件

1. 属于事实清楚、权利义务关系明确、争议不大的简单民事案件。

2. 争议的标的额应当在各省、自治区、直辖市上年度就业人员年平均工资30%以下。各省、自治区、直辖市上年度就业人员年平均工资，是指已经公布的各省、自治区、直辖市上一年度就业人员年平均工资。在上一年度就业人员年平均工资公布前，以已经公布的最近年度就业人员年平均工资为准。

（四）适用的案件范围

1. 可以适用小额诉讼程序审理的案件。下列金钱给付的案件，适用小额诉讼程序审理：(1)买卖合同、借款合同、租赁合同纠纷；(2)身份关系清楚，仅在给付的数额、时间、方式上存在争议的赡养费、抚育费、扶养费纠纷；(3)责任明确，仅在给付的数额、时间、方式上存在争议的交通事故损害赔偿和其他人身损害赔偿纠纷；(4)供用水、电、气、热力合同纠纷；(5)银行卡纠纷；(6)劳动关系清楚，仅在劳动报酬、工伤医疗费、经济补偿金或者赔偿金给付数额、时间、方式上存在争议的劳动合同纠纷；(7)劳务关系清楚，仅在劳务报酬给付数额、时间、方式上存在争议的劳务合同纠纷；(8)物业、电信等服务合同纠纷；(9)其他金钱给付纠纷。

2. 不能适用小额诉讼程序审理的案件。下列案件，不适用小额诉讼程序审理：(1)人身关系、财产确权纠纷；(2)涉外民事纠纷；(3)知识产权纠纷；(4)需要评估、鉴定或者对诉前评估、鉴定结果有异议的纠纷；(5)其他不宜适用一审终审的纠纷。

三、小额诉讼案件审理程序的特别规定

1. 案件的受理。当事人向法院提起小额诉讼，符合起诉条件的，基层法院或海事

---

①宋朝武．民事诉讼法学［M］．北京：高等教育出版社，2017：275-276.

法院应当受理。受理后，要注意以下问题的处理：(1)被告要求书面答辩的，人民法院可以在征得其同意的基础上合理确定答辩期间，但最长不得超过15日。当事人到庭后表示不需要举证期限和答辩期间的，人民法院可立即开庭审理。(2)当事人对小额诉讼案件提出管辖异议的，人民法院应当作出裁定。裁定一经作出即生效。(3)人民法院受理小额诉讼案件后，发现起诉不符合《民事诉讼法》第119条规定的起诉条件的，裁定驳回起诉。裁定一经作出即生效。(4)因当事人申请增加或者变更诉讼请求、提出反诉、追加当事人等，致使案件不符合小额诉讼案件条件的，应当适用简易程序的其他规定审理。对这些案件，应当适用普通程序审理的，裁定转为普通程序。适用简易程序的其他规定或者普通程序审理前，双方当事人已确认的事实，可以不再进行举证、质证。这意味着小额诉讼程序可以转为简易程序或普通程序。

2. 诉讼告知。人民法院受理小额诉讼案件，应当向当事人告知该类案件的审判组织、一审终审、审理期限、诉讼费用交纳标准等相关事项。

3. 当事人异议的处理。当事人对按照小额诉讼案件审理有异议的，应当在开庭前提出。人民法院经审查，异议成立的，适用简易程序的其他规定审理；异议不成立的，告知当事人，并记入笔录。

4. 举证期限的确定。小额诉讼案件的举证期限由人民法院确定，也可以由当事人协商一致并经人民法院准许，但一般不超过7日。

5. 裁判文书的简化。小额诉讼案件的裁判文书可以简化，主要记载当事人基本信息、诉讼请求、裁判主文等内容。

▶ 典型真题

郑飞诉万雷侵权纠纷一案，虽不属于事实清楚、权利义务关系明确、争议不大的案件，但双方当事人约定适用简易程序进行审理，法院同意并以电子邮件的方式向双方当事人通知了开庭时间(双方当事人均未回复)。开庭时被告万雷无正当理由不到庭，法院作出了缺席判决。送达判决书时法院通过各种方式均未联系上万雷，遂采取了公告送达方式送达了判决书。对此，法院下列的哪些行为是违法的?①（2015-03-83，多选）

A. 同意双方当事人的约定，适用简易程序对案件进行审理

B. 以电子邮件的方式向双方当事人通知开庭时间

C. 作出缺席判决

D. 采取公告方式送达判决书

①【参考答案】CD。

第十五章　二审程序

考点分布

1. 二审程序与一审程序的关系；(★★)
2. 上诉的提起与受理；(★★★★★)
3. 上诉案件的审理；(★★★★)
4. 上诉案件的裁判。(★★★★)

知识讲解

第一节　第二审程序概述

一、第二审程序的概念

第二审程序，是指第二审法院审理当事人不服一审裁判而提起上诉的案件所适用的程序。第二审程序是因当事人提起上诉而引起的程序，故又称上诉审程序；在我国，因实行两审终审制，即第二审法院作出的裁判为终审的裁判，当事人不得对其再提起上诉，因而第二审程序又称为终审程序。

第二审程序具有以下特点：(1)是为适应审理上诉案件的需要而设立的程序。(2)以当事人的上诉权和上一级法院的审判监督权为基础。(3)为实现上诉审法院的职能而设立。上诉审法院的职能有三：一是保障当事人和其他诉讼参与人充分行使法律所赋予他们在上诉审中的诉讼权利，以进一步保护当事人的合法权益。二是保证上诉审法院对一审法院行使审判监督权。这种审判监督权体现在上级法院可以对下级法院的裁判进行审查，对下级法院的裁判依法撤销或变更。三是通过上诉审程序，完成对诉讼案件的审判程序，终结诉讼。①

第一审法院的裁判作出后，在法定的期间内，当事人可以提起上诉而引起第二审程序；如果当事人服判或者放弃上诉权②而不提起上诉，则第二审程序无从启动。因此，第二审程序不是当事人进行诉讼的必经程序。

二、第二审程序与第一审程序的关系

（一）第二审程序与第一审程序的联系

1. 根据我国民事诉讼法的有关规定，第二审是第一审的继续审，即第一审程序是第二审程序的前提和基础，第二审程序是第一审程序的继续和发展。

2. 第二审法院审理上诉案件，首先适用第二审程序的有关规定；第二审程序没有规定的，要适用第一审普通程序的有关规定。

（二）第二审程序与第一审程序的区别

1. 引起程序发生的原因不同。一审程序的发生是基于当事人的起诉权，而二审程序的发生是基于当事人的上诉权。

2. 审级不同。一审程序是案件在一审人民法院审理的程序，是初审；二审程序是案件在二审人民法院审理的程序，是续审，也是终审。

3. 适用的法院不同。一审简易程序适用于基层法院，一审普通程序适用于四级法院；而二审程序适用于中级以上的法院。

4. 审判组织不同。一审简易程序实行独任制的审判组织形式，一审普通程序实行合议制的审判组织形式。适用合议制时，合议庭可以由审判员组成，也可以由审判员与陪审员共同组成。二审程序的审判组织只有合议制一种形式，合议庭只能由审判员组成，不吸收陪审员参加。

5. 审理对象不同。一审的审理对象是双方争议的民事权利义务关系，包括事实认定和法律适用；二审的审理对象是对上诉请求的有关事实和适用法律进行审查。

6. 审理方式不同。一审法院必须开庭审理案件；二审法院审理上诉案件，以开庭审理为原则，以不开庭审理为例外。

7. 审结期限不同。一审普通程序的审结期限一般为 6 个月，简易程序为 3 个月；适用二审程序审理案件，对判决不服的，审结期限为 3 个月；对裁定不服的，审结期限为 30 日。

---

①宋朝武．民事诉讼法学[M]．北京：高等教育出版社，2017：294.

②所谓上诉权，是指当事人申请上一级法院对案件继续进行审判的请求权，也是当事人不服一审法院裁判的上告权。当事人上诉的目的有二：一是要求上诉审法院继续解决与对方当事人之间的民事权益之争，以维护自己的合法权益；二是希望上诉审法院通过对案件的审理，撤销或者变更一审法院的裁判(宋朝武．民事诉讼法学[M]．北京：高等教育出版社，2017：294)。另，王福华教授认为，上诉权具有以下特点：上诉权是程序启动权、上诉权是程序选择权、上诉权是诉讼处分权、上诉权是裁判变更请求权(王福华．民事诉讼法学[M]．2 版．北京：清华大学出版社，2015：45)。

8. 裁判效力不同。地方各级人民法院所作出的一审判决和准许上诉的裁定，在法定的上诉期内不发生法律效力；而二审人民法院作出的判决、裁定，一经宣判和送达，即发生法律效力，是终审的判决和裁定。

第二节 上诉的提起与受理

一、上诉的提起

上诉，是指当事人不服地方各级法院尚未生效的一审判决、裁定，在法定期间内依法请求上一级法院对其上诉请求进行审理并撤销或变更一审判决、裁定的诉讼行为。上诉权是当事人享有的一项重要的诉讼权利，上诉则是引起第二审程序发生的原因。但当事人行使上诉权而实施上诉行为需具备一定的条件，并符合一定的程序。

（一）提起上诉的条件

1. 上诉对象合法。当事人声明不服而提起上诉的对象必须是法律许可上诉的判决书、裁定书。可以提起上诉的判决包括：地方各级人民法院适用普通程序和简易程序（小额诉讼案件的判决除外）审理后作出的第一审判决；第二审法院发回重审后的判决；按照第一审程序对案件再审作出的判决。可以提起上诉的裁定包括：不予受理的裁定、对管辖权有异议的裁定和驳回起诉的裁定。

2. 上诉人和被上诉人合格。上诉人和被上诉人都是一审程序中的当事人。上诉人，是指对一审裁判不服而在法定期限内提起上诉的当事人。被上诉人，是指与上诉人的上诉请求有利害关系的对方当事人。换言之，上诉人与被上诉人之间存在某种利害冲突。一般情况下，上诉人和被上诉人比较好确定，提起上诉的人是上诉人，上诉人提起上诉的对方当事人是被上诉人。在特定情况下，上诉人和被上诉人的确定须遵从司法解释的规定。这有两种情形：（1）双方当事人和第三人都提起上诉的，均列为上诉人。人民法院可以依职权确定第二审程序中当事人的诉讼地位。（2）必要共同诉讼人的一人或者部分人提起上诉的，按下列情形分别处理：①上诉仅对与对方当事人之间权利义务分担有意见，不涉及其他共同诉讼人利益的，对方当事人为被上诉人，未上诉的同一方当事人依原审诉讼地位列明；②上诉仅对共同诉讼人之间权利义务分担有意见，不涉及对方当事人利益的，未上诉的同一方当事人为被上诉人，对方当事人依原审诉讼地位列明；③上诉对双方当事人之间以及共同诉讼人之间权利义务承担有意见的，未提起上诉的其他当事人均为被上诉人。

对二审中的当事人，还有几点要注意：（1）无民事行为能力人、限制民事行为能力人的法定代理人，可以代理当事人提起上诉。（2）上诉案件的当事人死亡或者终止的，人民法院依法通知其权利义务承继者参加诉讼。需要终结诉讼的，适用《民事诉讼法》第 151 条规定裁定终结诉讼。（3）在第二审程序中，作为当事人的法人或者其他组织分立的，人民法院可以直接将分立后的法人或者其他组织列为共同诉讼人；合并的，将合并后的法人或者其他组织列为当事人。

3. 须在法定期间内提起上诉。《民事诉讼法》第164条规定，当事人不服地方人民法院第一审判决的，有权在判决书送达之日起15日内向上一级人民法院提起上诉；当事人不服地方人民法院第一审裁定的，有权在裁定书送达之日起10日内向上一级人民法院提起上诉。上诉期间从判决书、裁定书送达之日起计算。当事人不能同时接收裁判的，上诉期从各自收到判决书、裁定书之日计算。

4. 须提交上诉状。上诉必须采用书面形式，即当事人提起上诉必须递交上诉状。一审宣判时或者判决书、裁定书送达时，当事人口头表示上诉的，人民法院应告知其必须在法定上诉期间内递交上诉状。未在法定上诉期间内递交上诉状的，视为未提起上诉。虽递交上诉状，但未在指定的期限内交纳上诉费的，按自动撤回上诉处理。

上诉状的内容，应当包括当事人的姓名，法人的名称及其法定代表人的姓名或者其他组织的名称及其主要负责人的姓名；原审人民法院名称、案件的编号和案由；上诉的请求和理由。其中，上诉的请求和理由是上诉状的核心内容。上诉请求是上诉人提起上诉所要达到的目的；上诉理由是上诉人提出上诉的根据，是上诉人向上诉法院对一审法院在认定事实和适用法律方面持有异议的全面陈述；上诉请求和理由决定着二审法院对案件的审理范围。

（二）提起上诉的途径

1. 通过一审法院提起上诉。上诉状应当通过原审法院提出，并按照对方当事人或者代表人的人数提出副本。这里的对方当事人包括被上诉人和原审其他当事人。

2. 直接向二审法院提起上诉。当事人直接向二审法院上诉的，二审法院应当在5日内将上诉状移交原审法院。这里的对方当事人包括被上诉人和原审其他当事人。

（三）受理上诉前的保全

对当事人不服一审判决提起上诉的案件，在第二审人民法院接到报送的案件之前，当事人有转移、隐匿、出卖或者毁损财产等行为，必须采取保全措施的，由第一审人民法院依当事人申请或者依职权采取。第一审人民法院的保全裁定，应当及时报送第二审人民法院。

（四）提起上诉的法律效果

1. 阻断一审裁判生效。此即当事人依法提起上诉的行为，可使一审裁判暂不发生法律效力。

2. 移审的效力。因当事人上诉，一审法院应当将案件移送二审法院继续审理。二审法院作出终审裁判后，因上诉引起的诉讼法律关系才会消灭。

3. “上诉不可分”的效力。这是指虽然上诉人针对原判决的一部分提起上诉，但原则上判决的未上诉部分也会一并移审到二审法院，并因此发生阻断效力，即原裁判确定的事项都不生效。①

①王福华．民事诉讼法学[M]．2版．北京：清华大学出版社，2015：350.

二、上诉的受理

上诉的受理，是指二审法院依照法律程序，对当事人提起的上诉进行审查，对符合上诉条件的案件予以立案的行为。

原审人民法院收到上诉状，应当在 5 日内将上诉状副本送达对方当事人，对方当事人在收到之日起 15 日内提出答辩状。人民法院应当在收到答辩状之日起 5 日内将副本送达上诉人。对方当事人不提出答辩状的，不影响人民法院审理。原审人民法院收到上诉状、答辩状，应当在 5 日内连同全部案卷和证据，报送第二审人民法院。

第二审人民法院收到第一审人民法院移送的上诉材料及一审案件卷宗材料后，应当进行审查。审查的内容主要有：(1)当事人的上诉材料及一审法院案件卷宗材料是否齐备；(2)上诉人递交的上诉状的时间是否在法定上诉期限以内；(3)是否预交了上诉费用等。二审法院经审查有关材料无误的，应当予以立案，并向当事人发送案件受理通知书和上诉案件应诉通知书；若发现相关材料不齐备的，应当及时通知第一审人民法院补充。二审法院收到全部案卷材料后，案件即由二审法院进行审理。

第三节　上诉案件的审理

第二审人民法院在审理上诉案件时，第二审程序有规定的，适用其规定；第二审程序没有规定的，应当适用第一审普通程序的相关规定。

一、审理前的准备工作

1. 组成合议庭。二审的审判组织必须是合议制形式，且合议庭只能由审判员组成，不吸收陪审员参加。

2. 审阅案卷材料。二审是一审的继续审。合议庭应当认真审阅全部上诉材料和案卷材料。合议庭通过阅卷，发现上诉材料有欠缺的，应通知当事人补正；发现上诉不符合条件的，应裁定驳回上诉。

3. 询问当事人、证人，进行调查。二审合议庭根据案件的具体情况，应当有重点、有针对性、有计划地询问当事人、证人，对案件事实进行调查，核对证据，必要时收集和调查新的证据材料。

4. 采取保全措施。《民诉法解释》第 162 条第 1 款规定，第二审人民法院裁定对第一审人民法院采取的保全措施予以续保或者采取新的保全措施的，可以自行实施，也可以委托第一审人民法院实施。

5. 整理争点。《民诉法解释》第 324 条规定，开庭审理的上诉案件，第二审人民法院可以依照《民事诉讼法》第 133 条第 4 项规定进行审理前的准备。即二审法院需要开庭审理的，通过要求当事人交换证据等方式，明确争议焦点。

二、上诉案件的审理范围

《民事诉讼法》第 168 条规定，第二审人民法院应当对上诉请求的有关事实和适用法律进行审查。对该条文可从两个方面进行理解：一是上诉案件的审理范围原则上限于当事人上诉请求的范围；二是上诉案件的审理内容是与上诉请求有关的事实问题和法律问题。这表明，我国民事诉讼第二审既是事实审，又是法律审。

《民诉法解释》第 323 条规定，第二审人民法院应当围绕当事人的上诉请求进行审理。当事人没有提出请求的，不予审理，但一审判决违反法律禁止性规定，或者损害国家利益、社会公共利益、他人合法权益的除外。这体现了法院对当事人处分权的尊重和不告不理原则，也体现了当事人自由处分与国家干预相结合的特点，又反映了我国二审法院的职能。

三、上诉案件的审理方式及地点

（一）审理方式

第二审人民法院对上诉案件，应当组成合议庭，开庭审理。经过阅卷、调查和询问当事人，对没有提出新的事实、证据或者理由，合议庭认为不需要开庭审理的，可以不开庭审理。可见，二审法院审理上诉案件的方式有开庭审理和不开庭审理两种。其中，开庭审理为原则方式，不开庭审理为例外方式。

二审不开庭审理，又称径行裁判，是指二审法院不同时传唤和通知当事人和其他诉讼参与人到庭参加法庭调查和辩论，而在经过阅卷和必要的调查之后，直接对案件作出裁判的审理方式。径行裁判的案件包括：(1)不服不予受理、管辖权异议和驳回起诉裁定的；(2)当事人提出的上诉请求明显不能成立的；(3)原判决、裁定认定事实清楚，但适用法律错误的；(4)原判决严重违反法定程序，需要发回重审的。要注意的是，径行裁判不等于书面审。

（二）审理地点

第二审人民法院审理上诉案件，可以在本院进行，也可以到案件发生地或者原审人民法院所在地进行。

四、上诉案件的调解

《民事诉讼法》第 172 条规定："第二审人民法院审理上诉案件，可以进行调解。调解达成协议，应当制作调解书，由审判人员、书记员署名，加盖人民法院印章。调解书送达后，原审人民法院的判决即视为撤销。"二审中的调解也应当遵循自愿原则、合法原则和查清事实、分清是非责任的原则。

二审中的调解，除可用于解决一般的上诉案件外，还可用于解决一审判决中的"漏判诉讼请求""遗漏当事人"和当事人在二审中才提起反诉、参加之诉或增加诉讼请求等特殊事项。对这些特殊事项，二审法院能够调解结案的，调解结案；调解不成的，则发回重审。根据《民诉法解释》第326~329条的规定，这些特殊情形包括：

1. 对当事人在第一审程序中已经提出的诉讼请求，原审人民法院未作审理、判决的，第二审人民法院可以根据当事人自愿的原则进行调解；调解不成的，发回重审。

2. 必须参加诉讼的当事人或者有独立请求权的第三人，在第一审程序中未参加诉讼，第二审人民法院可以根据当事人自愿的原则予以调解；调解不成的，发回重审。

3. 一审判决不准离婚的案件，上诉后，第二审人民法院认为应当判决离婚的，可以根据当事人自愿的原则，与子女抚养、财产问题一并调解；调解不成的，发回重审。双方当事人同意由第二审人民法院一并审理的，第二审人民法院可以一并裁判。

4. 在第二审程序中，原审原告增加独立的诉讼请求或者原审被告提出反诉的，第二审人民法院可以根据当事人自愿的原则就新增加的诉讼请求或者反诉进行调解；调解不成的，告知当事人另行起诉。双方当事人同意由第二审人民法院一并审理的，第二审人民法院可以一并裁判。

上述特殊事项出现后，二审法院之所以不能直接对纠纷作出裁判，是因为这些事项在一审程序中没有得到完整的审理，如果二审法院直接判决，就会损害审级利益，故而在前三种原判有误的情况下，只能裁定撤销原判并发回重审，而对于第四种原判无错误的情形，应当告知当事人另行起诉。

温馨提示：为尊重当事人的程序选择权，二审法院对上述特殊事项中的两种案件即使调解不成，也可以根据当事人的同意作出裁判，即当事人可以合意放弃审级利益。这两种案件是：(1)一审判决不准予离婚的案件，二审法院经审理认为应当判决离婚，当事人同意二审法院就离婚、子女抚养和财产分割问题一并审理的，二审法院可以一并裁判。(2)在二审程序中，原审原告增加独立的诉讼请求或者原审被告提出反诉的，当事人同意由二审法院一并审理的，第二审人民法院可以一并裁判。

二审程序中的调解与一审程序中的调解有所不同：二审中达成调解协议，都应当制作调解书发给当事人；一审中达成调解协议，某些情形不需要制作调解书。调解书送达后，原审法院的判决即视为撤销。

五、二审中的禁反言

当事人在第一审程序中实施的诉讼行为，在第二审程序中对该当事人仍具有拘束力。当事人推翻其在第一审程序中实施的诉讼行为时，人民法院应当责令其说明理由。理由不成立的，不予支持。

六、上诉案件的审理期限

1. 人民法院审理对判决的上诉案件，应当在第二审立案之日起3个月内审结。有特殊情况需要延长的，由本院院长批准。

2. 人民法院审理对裁定的上诉案件，应当在第二审立案之日起30日内作出终审裁定。有特殊情况需要延长审限的，由本院院长批准。

七、上诉案件审理中的特殊情形

（一）上诉的撤回

撤回上诉，是指上诉人提起上诉后至二审判决宣告前，撤回上诉请求的诉讼行为。

撤回上诉须具备以下条件：(1)申请撤回上诉的主体只限于提起上诉的上诉人、上诉人的法定代理人，被上诉人无权申请撤回上诉。(2)应向审理上诉案件的二审法院提出撤诉申请。(3)申请撤回上诉的当事人须具有诉讼行为能力。(4)撤回上诉的申请必须在第二审判决宣告前提出。(5)撤回上诉必须取得第二审人民法院的同意。在第二审程序中，当事人申请撤回上诉，人民法院经审查认为一审判决确有错误，或者当事人之间恶意串通损害国家利益、社会公共利益、他人合法权益的，不应准许。

接到当事人撤回上诉的申请后，二审法院应当进行审查。经审查，对撤回上诉申请有两种处理方式：(1)裁定准许撤回上诉。符合撤回上诉条件的，二审法院应裁定准许上诉人撤回上诉。一般说来，准许撤回上诉的，二审法院应制作裁定书。因二审准许撤回上诉的裁定是终审裁定，一经作出即发生法律效力。这种裁定书是一审裁判发生法律效力的依据。对这种裁定，如果以口头形式作出，当事人就可能对一审裁判的效力产生疑问，执行程序也无法开始。(2)裁定不准撤回上诉。在第二审程序中，当事人申请撤回上诉，人民法院经审查认为一审判决确有错误，或者当事人之间恶意串通损害国家利益、社会公共利益、他人合法权益的，不应准许。不准许撤回上诉的裁定大多采用口头形式。二审法院裁定不准上诉人撤回上诉的，诉讼继续进行。

二审法院裁定准许撤回上诉后，将会产生以下法律效果：(1)在对方当事人未上诉的情况下，二审程序终结，且第一审裁判发生法律效力。(2)上诉人撤回上诉后就丧失上诉权，即使上诉期未届满，也不得再就该案提起上诉。(3)由撤回上诉的当事人承担第二审的诉讼费用，减半收取。

（二）二审中的撤回起诉

在第二审程序中，原审原告申请撤回起诉，经其他当事人同意，且不损害国家利益、社会公共利益、他人合法权益的，人民法院可以准许。准许撤诉的，应当一并裁定撤销一审裁判。原审原告在第二审程序中撤回起诉后重复起诉的，人民法院不予受理，也就是禁止重复起诉。

（三）二审中的和解

当事人在第二审程序中达成和解协议的，人民法院可以根据当事人的请求，对双方达成的和解协议进行审查并制作调解书送达当事人；因和解而申请撤诉，经审查符合撤诉条件的，人民法院应予准许。

第四节 上诉案件的裁判

一、上诉案件的裁判方式

第二审人民法院对上诉案件，经过审理，按照不同情形，分别处理。

（一）对第一审判决提起上诉的案件的裁判

1. 判决驳回上诉，维持原判。这适用于：(1)二审法院经过审理，认为原判对上诉请求的有关事实认定清楚、适用法律正确的，应当判决驳回上诉，维持原判。(2)原判决、裁定认定事实或者适用法律虽有瑕疵，但裁判结果正确的，二审法院可以在判决、裁定中纠正瑕疵后，依照《民事诉讼法》第170条第1款第1项规定予以维持。

2. 依法改判、撤销或者变更原判决。这适用于：(1)二审法院经过审理，认为原判决认定事实错误或者适用法律错误的，应当以判决方式依法改判、撤销或者变更。(2)认为原判决认定基本事实不清的，可以在查清事实后依法改判。改判、撤销或变更原判决都属于对实体问题的重新确定，因此，应当以判决的方式作出。

3. 裁定撤销原判，发回重审。这适用于：(1)原判决认定基本事实不清的，裁定撤销原判决，发回原审法院重审。这里的基本事实，是指用以确定当事人主体资格、案件性质、民事权利义务等对原判决、裁定的结果有实质性影响的事实。(2)原判决遗漏当事人或者违法缺席判决等严重违反法定程序的，裁定撤销原判决，发回原审人民法院重审。这里的严重违反法定程序除遗漏当事人、违法缺席判决之外还包括以下情形：①审判组织的组成不合法；②应当回避的审判人员未回避；③无诉讼行为能力人未经法定代理人代为诉讼；④违法剥夺当事人辩论权利。

发回原审法院重审的案件，应按一审普通程序另行组成合议庭审理，审理后作出的裁判为一审裁判，当事人不服的仍可以上诉。但是，原审人民法院对发回重审的案件作出判决后，当事人提起上诉的，第二审人民法院不得再次发回重审。限制发回重审的次数，目的是防止二审法院反复发回重审，拖延诉讼，以保护当事人的合法权益。

4. 裁定驳回起诉。人民法院依照第二审程序审理案件，认为依法不应由人民法院受理的，可以由第二审人民法院直接裁定撤销原裁判，驳回起诉。

（二）对第一审裁定提起上诉的案件的裁定

当事人对一审法院作出的不予受理、对管辖权有异议和驳回起诉的裁定不服的，可以在法定期限内提起上诉。二审法院对当事人不服一审法院裁定的上诉案件的处理，也一律使用裁定。对于原裁定认定事实清楚、适用法律正确的，裁定驳回上诉，维持原裁定；对于原裁定认定事实不清、证据不足、适用法律错误的，裁定撤销原裁定，作出正确的裁定。

人民法院依照第二审程序审理案件，认为第一审人民法院受理案件违反专属管辖规定的，应当裁定撤销原裁判并移送有管辖权的人民法院。

第二审人民法院查明第一审人民法院作出的不予受理裁定有错误的，应当在撤销原裁定的同时，指令第一审人民法院立案受理；查明第一审人民法院作出的驳回起诉裁定有错误的，应当在撤销原裁定的同时，指令第一审人民法院审理。

二、第二审裁判的宣判

第二审人民法院宣告判决可以自行宣判，也可以委托原审人民法院或者当事人所在地人民法院代行宣判。

三、第二审裁判的效力

我国实行两审终审制，第二审法院的裁判即为终审裁判。《民事诉讼法》第 175 条规定，第二审人民法院的判决、裁定，是终审的判决、裁定。这种裁判一经送达，立即生效。其法律效力主要体现在以下三个方面：

1. 不得对裁判再行上诉。二审裁判是对当事人之间实体权利义务的最终确认，一经送达当事人，即发生法律效力，当事人不得就此再行上诉。

2. 禁止重复起诉。当事人不得就同一诉讼标的，以同一事实和理由重复起诉。《民诉法解释》第 247 条规定，当事人就已经提起诉讼的事项在诉讼过程中或者裁判生效后再次起诉，同时符合下列条件的，构成重复起诉：(1)后诉与前诉的当事人相同；(2)后诉与前诉的诉讼标的相同；(3)后诉与前诉的诉讼请求相同，或者后诉的诉讼请求实质上否定前诉裁判结果。当事人重复起诉的，裁定不予受理；已经受理的，裁定驳回起诉，但法律、司法解释另有规定的除外。此种例外主要有判决不准离婚、调解和好的离婚案件以及判决维持收养关系的案件、调解维持收养关系的案件等。

3. 具有强制执行的效力。二审裁判有给付内容的，如果义务人拒不履行义务，则权利人可以向法院申请强制执行；特殊情况下，法院也可以依职权移交执行，从而保护当事人合法权益的实现。

▶ 典型真题

王某诉赵某借款纠纷一案，法院一审判决赵某偿还王某债务，赵某不服，提出上诉。二审期间，案外人李某表示，愿以自己的轿车为赵某偿还债务提供担保。三人就此达成书面和解协议后，赵某撤回上诉，法院准许。一个月后，赵某反悔并不履行和解协议。关于王某实现债权，下列哪一选项是正确的？①（2016-03-47，单选）

A. 依和解协议对赵某向法院申请强制执行

B. 依和解协议对赵某、李某向法院申请强制执行

C. 依一审判决对赵某向法院申请强制执行

D. 依一审判决与和解协议对赵某、李某向法院申请强制执行

①【参考答案】C。

第十六章　特别程序

考点分布

1. 特别程序的特点和范围；（★★）
2. 选民资格案件的审理程序；（★★★）
3. 认定公民无民事行为能力或限制民事行为能力案件的审理程序；（★★）
4. 宣告公民失踪或死亡案件的审理程序；（★★）
5. 认定财产无主案件的审理程序；（★★）
6. 确认调解协议案件的审理程序；（★★★★）
7. 实现担保物权案件的审理程序。（★★★★）

知识讲解

第一节　特别程序概述

一、特别程序的概念

特别程序，是指基层法院审理特定类型的非民事权益争议案件和选民资格案件所适用的程序。

特别程序是相对于通常诉讼程序而言的一种独立、特殊的审判程序。特别程序的独立性体现在：适用特别程序审理的案件，均不能适用普通程序和简易程序进行审判；凡属于适用普通程序和简易程序审判的案件，都不能适用特别程序审理。特别程序的特殊性体现在：适用特别程序审理的案件，既不存在民事权益争议，也没有地位平等和相对立的双方当事人；各类型案件的性质不同，在审理原则、制度和程序上均有各自不同的特点。①

①宋朝武．民事诉讼法学［M］．北京：高等教育出版社，2017：329.

二、特别程序的特征

1. 不存在民事权益争议。适用特别程序审理案件不是为了解决民事权益争议，其目的在于确认某种法律事实或某种权利是否存在。

2. 没有利害关系相冲突的双方当事人。特别程序的启动，有的是基于利害关系人的起诉，有的是基于利害关系人提出申请，但起诉人或者申请人不一定与本案有直接利害关系。这些案件中，有的案件只有一方当事人，称为申请人；有的案件虽有双方当事人，但不称为原告与被告或上诉人与被上诉人，而是称为起诉人与被起诉人或申请人与被申请人。即使有双方当事人，他们相互之间也不具有民事利害关系的冲突。

3. 审判组织特殊。选民资格案件或者重大、疑难的案件，由审判员组成合议庭审理；其他案件由审判员一人独任审理。①

4. 实行一审终审制度。人民法院依照特别程序审理的案件，实行一审终审制，判决书、裁定书一经送达，即发生法律效力，不得提起上诉。

5. 审限较短。人民法院适用特别程序审理的案件，应当在立案之日起 30 日内或者公告期满后 30 日内审结。有特殊情况需要延长的，由本院院长批准。但审理选民资格的案件，必须在选举日前审结。

6. 免交案件受理费。根据国务院发布的《诉讼费用交纳办法》第 8 条的规定，依照民事诉讼法规定的特别程序审理的案件，不交纳案件受理费，只交纳实际支出的其他费用，如公告费、鉴定费、拍卖或变卖担保财产的申请费等。②

7. 不适用审判监督程序。按照特别程序审理的案件，在判决发生法律效力以后，出现了新情况、新事实，原审法院根据本人或者利害关系人的申请，经查证属实后，可以直接作出新判决，撤销原判决，而不能启动审判监督程序。

8. 一般不开庭审理。由于特别程序审理的案件的当事人，一般只有一方，即起诉人或申请人，因此，除选民资格案件可以开庭审理外，其他案件均不必开庭审理。

三、特别程序的适用范围

（一）适用特别程序的法院

只有基层人民法院能够适用特别程序审理案件，中级以上的人民法院不能适用特别程序审理案件。

---

①实现担保物权案件可以由审判员一人独任审查；担保财产标的额超过基层法院管辖范围的，应当组成合议庭进行审查。

②《诉讼费用交纳办法》第 41 条规定，依照特别程序审理案件的公告费，由起诉人或者申请人负担。《民诉法解释》第 204 条规定，实现担保物权案件，人民法院裁定拍卖、变卖担保财产的，申请费由债务人、担保人负担；人民法院裁定驳回申请的，申请费由申请人负担。申请人另行起诉的，其已经交纳的申请费可以从案件受理费中扣除。

（二）适用特别程序的案件范围

适用特别程序审理的案件具体包括：选民资格案件、宣告公民失踪或宣告公民死亡案件、认定公民无民事行为能力或限制民事行为能力案件、认定财产无主案件、确认民事调解协议案件、实现担保物权案件。

四、特别程序中的异议

当事人或利害关系人对特别程序中的判决、裁定持有异议的，可依法提出。对此，《民诉法解释》第374条规定，适用特别程序作出的判决、裁定，当事人、利害关系人认为有错误的，可以向作出该判决、裁定的人民法院提出异议。人民法院经审查，异议成立或者部分成立的，作出新的判决、裁定撤销或者改变原判决、裁定；异议不成立的，裁定驳回。对人民法院作出的确认调解协议、准许实现担保物权的裁定，当事人有异议的，应当自收到裁定之日起15日内提出；利害关系人有异议的，自知道或者应当知道其民事权益受到侵害之日起6个月内提出。

第二节　选民资格案件的审判程序

一、选民资格案件的概念

选民资格案件，是指公民认为选举委员会所公布的选民资格名单有错误，向选举委员会申诉后，不服选举委员会作出的决定而向法院提起诉讼的案件。选民资格名单有错误，是指应列入选民资格名单的人没有列入，或不应列入的人却列入了选民名单。

选举权和被选举权是宪法赋予我国符合法定条件的公民的一项基本政治权利，而选民名单则直接关系着这两项权利的实现。因此，《选举法》第28条规定："对于公布的选民名单有不同意见的，可以在选民名单公布之日起5日内向选举委员会提出申诉。选举委员会对申诉意见，应在3日内作出处理决定。申诉人如果对处理决定不服，可以在选举日的5日以前向人民法院起诉，人民法院应在选举日以前作出判决。人民法院的判决为最后决定。"

二、选民资格案件的审判程序

（一）起诉

1. 起诉人。起诉人既可以是与案件有直接利害关系的选民本人，也可以是其他公民，但不能是法人或其他组织。

2. 前置程序。起诉人向法院起诉之前，须先向选举委员会提出申诉。只有对选举委员会的决定不服时，才可向法院起诉。

3. 起诉时间。起诉人必须在选举日的 5 日之前向法院起诉。

（二）管辖法院

起诉人须向选区所在地的基层人民法院起诉。由该法院管辖，有利于法院查明事实，方便起诉人和选举委员会的代表参加诉讼。

（三）审判组织

人民法院审理选民资格案件应当组成合议庭审理，且只能由审判员组成合议庭。

（四）开庭审理

人民法院对选民资格案件应当开庭审理。审理时，起诉人、选举委员会的代表和有关公民必须参加，因此，开庭前，人民法院应当及时通知他们参加。人民法院开庭审理选民资格案件，主要是通过起诉人、选举委员会的代表和有关公民的陈述和对他们的询问，查明有关事实，确认选民名单是否存在错误。

（五）判决

法院受理选民资格案件后，必须在选举日前审结。对选民资格案件的判决有两种：

1. 维持判决。经过审理，法院认为选民名单没有错误，应当判决维持选举委员会的处理决定，驳回起诉人的起诉请求。

2. 变更判决。经过审理，法院认为选民名单和选举委员会的处理决定确有错误的，应当直接以判决的方式纠正错误，以保证选举按时顺利进行。

人民法院审理选民资格案件后所作出的判决为终审判决，当事人不得上诉。人民法院的判决书，应当在选举日前送达选举委员会和起诉人，并通知有关公民。

第三节　宣告公民失踪案件的审判程序

一、宣告公民失踪案件的概念和意义

宣告公民失踪案件，是指公民离开自己的住所地下落不明，经过法律规定的期限仍无音讯，法院根据利害关系人的申请，判决宣告该公民为失踪人的案件。

对公民失踪案件进行审理有重要意义：(1)有利于保护失踪人的利益；(2)有利于保护与失踪人存在利害关系的第三人的利益；(3)有利于落实民事实体法设置的宣告失踪制度。

二、申请宣告公民失踪的条件

1. 前提条件是公民下落不明满 2 年。下落不明，是指公民离开最后住所地或居所地后，去向不明，与亲友和他人失去联系，杳无音信。下落不明满 2 年，是指公民离开最后住所地或居所地并失去音讯之日起，连续计算已满 2 年；战争期间下落不明的，

从战争结束之日起计算；因意外事故下落不明的，从事故发生之日起计算；登报寻找失踪人的，从登报之日起计算。

2. 须有利害关系人提出申请。利害关系人，是指与下落不明的公民有人身关系或者民事权利义务关系的人，包括被申请宣告失踪公民的配偶、父母、子女、兄弟姐妹、祖父母、外祖父母、孙子女、外孙子女以及被申请宣告失踪公民的债权人、合伙人等。

3. 必须用书面形式提出申请。申请书应当写明失踪的事实、时间和请求，并附有公安机关或者其他有关机关关于该公民下落不明的书面证明。

三、申请宣告公民失踪案件的审判程序

（一）申请

宣告公民失踪，由利害关系人的申请启动审理程序。符合法律规定的多个利害关系人提出宣告失踪申请的，列为共同申请人。

（二）管辖法院

申请宣告公民失踪案件，由下落不明人住所地基层法院管辖。对于申请人的申请，受案法院应当进行审查。凡申请符合上述条件的，法院应当受理；反之，不予受理。

（三）公告

人民法院受理宣告失踪案件后，应当发出寻找下落不明人的公告。宣告失踪的公告期间为 3 个月，从公告之日起计算。寻找下落不明人的公告应当记载下列内容：(1)被申请人应当在规定期间内向受理法院申报其具体地址及其联系方式。否则，被申请人将被宣告失踪；(2)凡知悉被申请人生存现状的人，应当在公告期间内将其所知道情况向受理法院报告。公告是法院审理宣告公民失踪案件的必经程序。在公告期间，法院可以根据申请人的请求，清理下落不明人的财产，指定案件审理期间的财产代管人，以保护下落不明人的民事权益。

（四）终结程序或判决

1. 裁定终结程序。人民法院受理宣告失踪案件后，作出判决前，申请人撤回申请的，人民法院应当裁定终结案件，但其他符合法律规定的利害关系人加入程序要求继续审理的除外。

2. 判决。根据《民事诉讼法》第 185 条第 2 款的规定，有两种判决：(1)驳回申请的判决。公告期间，如果下落不明人出现或者已经查明其下落或行踪的，或者说公告期间届满，宣告失踪的事实未得到确认的，人民法院应当判决驳回申请。(2)宣告失踪的判决。公告期间届满，下落不明人仍然没有音讯，失踪事实确实存在，即宣告失踪的事实得到确认的，法院应当依法判决宣告该公民为失踪人。

宣告失踪的判决一经送达，即产生法律效力。具体为：(1)为失踪人指定财产代管人。财产代管人一般应在与失踪人关系密切的亲友中指定。失踪人的财产代管人经人

民法院指定后，代管人申请变更代管的，比照民事诉讼法特别程序的有关规定进行审理。申请理由成立的，裁定撤销申请人的代管人身份，同时另行指定财产代管人；申请理由不成立的，裁定驳回申请。失踪人的其他利害关系人申请变更代管的，人民法院应当告知其以原指定的代管人为被告起诉，并按普通程序进行审理。(2)以失踪人的财产清偿失踪人的债务。

（五）失踪人重新出现的处理

被宣告失踪、宣告死亡的公民重新出现，经本人或者利害关系人申请，人民法院应当作出新判决，撤销原判决。《民法总则》第45条规定："失踪人重新出现，经本人或者利害关系人申请，人民法院应当撤销失踪宣告。失踪人重新出现，有权要求财产代管人及时移交有关财产并报告财产代管情况。"原判决撤销后，财产代管关系终止，财产代管人应当将其代管的财产及其收益返还给该公民，该公民应当支付代管人因代管财产而必需的费用。

第四节　宣告公民死亡案件的审判程序

宣告公民死亡案件，是指公民下落不明符合法定条件，法院根据利害关系人的申请，依法宣告该公民死亡的案件。宣告公民死亡，是法律上的一种死亡推定，与自然死亡相对。

一、申请宣告公民死亡的条件

1. 须有被申请人下落不明的事实存在。下落不明分为三种情况：(1)在正常情况下离开自己的住所地或居所地，去向不明，从离开之次日起即没有音讯；(2)因意外事故离开公民的所在地下落不明，从离开所在地之日起没有音讯；(3)因意外事故离开所在地去向不明，有关机关证明该公民不可能生存。有这三种情形之一的，即视为该公民下落不明的事实存在。

2. 下落不明的状态须达到法定的期限。这里的期限有三种：(1)通常情况下，公民下落不明满4年的。《民诉法解释》第345条规定，人民法院判决宣告公民失踪后，利害关系人向人民法院申请宣告失踪人死亡，自失踪之日起满4年的，人民法院应当受理，宣告失踪的判决即是该公民失踪的证明，审理中仍应依照《民事诉讼法》第185条规定进行公告。(2)因意外事故下落不明满2年的。(3)因意外事故下落不明，经有关机关证明该公民不可能生存的。第三种情况下死亡的可能性极大，不受"4年""2年"的时间限制，从有关机关出具证明之日起，申请人即可提出申请。

3. 须由利害关系人向法院提出申请。即申请宣告公民死亡的主体是被申请人的利害关系人，其他人不得提出这种申请。而且从司法解释的规定看，提出申请的利害关系人还有顺序的限制。此顺序是：第一，配偶；第二，父母、子女；第三，兄弟姐妹、祖父母、外祖父母、孙子女、外孙子女；第四，其他有民事权利义务的人。在前一顺序的利害关系人未提出宣告公民死亡申请的情况下，下一顺序的其他利害关系人不得提出申请；同一顺序的利害关系人，有的申请宣告公民死亡，有的不同意申请，人民法院按照宣告公民死亡案件审理。

4. 申请须用书面形式。申请书应当写明下落不明的事实、时间和请求，并附有公安机关或者其他有关机关关于该公民下落不明的书面证明。

二、宣告死亡案件的审判程序

（一）申请

宣告公民死亡，由利害关系人的申请启动审理程序。符合法律规定的多个利害关系人提出宣告死亡申请的，列为共同申请人。

（二）审查

人民法院对于利害关系人的宣告死亡的申请应当进行审查。经审查认为申请符合上述条件的，应当受理；反之，不予受理。

（三）管辖法院

利害关系人申请宣告下落不明人死亡的，向下落不明人住所地基层法院提出。

（四）公告

人民法院受理宣告死亡案件后，应当发出寻找下落不明人的公告。宣告死亡的公告期间为1年；因意外事故下落不明，经有关机关证明该公民不可能生存的，宣告死亡的公告期间为3个月。寻找下落不明人的公告应当记载下列内容：(1)被申请人应当在规定期间内向受理法院申报其具体地址及其联系方式。否则，被申请人将被宣告死亡；(2)凡知悉被申请人生存现状的人，应当在公告期间内将其所知道情况向受理法院报告。公告是法院审理宣告公民死亡案件的必经程序。在公告期间，宣告死亡案件，人民法院可以根据申请人的请求，清理下落不明人的财产，并指定案件审理期间的财产管理人。

（五）终结程序或判决

1. 裁定终结程序。人民法院受理宣告死亡案件后，作出判决前，申请人撤回申请的，人民法院应当裁定终结案件，但其他符合法律规定的利害关系人加入程序要求继续审理的除外。

2. 判决。根据《民事诉讼法》第185条第2款的规定，有两种判决：(1)驳回申请的判决。公告期间，如果下落不明人出现或者已经查明其下落或行踪的，或者说公告期间届满，宣告死亡的事实未得到确认的，人民法院应当判决驳回申请。(2)宣告死亡的判决。公告期间届满，下落不明人仍然没有音讯，下落不明的事实确实存在，即宣告死亡的事实得到确认的，法院应当依法判决宣告该公民死亡。

宣告死亡的判决一经送达，即产生法律效力。公民被宣告死亡后，其民事主体资格终止，原有的婚姻关系随之消灭，继承因宣告死亡而开始。宣告死亡结束了该公民以自己的住所或经常居住地为活动中心所发生的民事法律关系。但宣告死亡和自然死亡毕竟不同，如果该公民在异地生存，并不影响其民事活动。

（六）宣告死亡判决的撤销

被宣告死亡的公民重新出现，经本人或者利害关系人申请，人民法院应当作出新判决，撤销原判决，恢复被宣告死亡人的民事主体资格和相关权利，但应注意保护善意第三人的利益。

第五节　认定公民无民事行为能力或者限制民事行为能力案件的审判程序

认定公民无民事行为能力或者限制民事行为能力案件，是指法院根据利害关系人的申请，对不能正确辨认自己行为或者不能完全辨认自己行为的精神病人，依照法定程序，认定并宣告该公民无民事行为能力或限制民事行为能力的案件。

一、申请认定公民无民事行为能力或者限制民事行为能力的条件

1. 须由利害关系人提出申请。利害关系人是指被申请人的近亲属和其他利害关系人。

2. 申请的事由只能是被申请人基于病理原因导致其无民事行为能力或者仅具有限制民事行为能力。

3. 申请必须用书面形式。申请书应当写明该公民无民事行为能力或者限制民事行为能力的事实和根据。

二、审理和判决程序

（一）申请

认定公民无民事行为能力或者限制民事行为能力案件的审判程序，基于利害关系人的申请而启动。申请人应当向法院提交申请书。

（二）审查

人民法院对申请人的申请应当进行审查。申请符合前述条件的，人民法院应当受理；反之，不予受理。

（三）管辖

申请认定公民无民事行为能力或者限制民事行为能力的案件，应当由该公民住所地的基层人民法院管辖。该公民有住所和居所，两者不一致的，由经常居住地的基层人民法院管辖。

（四）鉴定

《民事诉讼法》第188条规定，人民法院受理申请后，必要时应当对被请求认定为无民事行为能力或者限制民事行为能力的公民进行鉴定。申请人已提供鉴定意见的，应当对鉴定意见进行审查。

（五）确定诉讼代理人

人民法院审理认定公民无民事行为能力或者限制民事行为能力的案件，应当由该公民的近亲属为代理人，但申请人除外。近亲属互相推诿的，由人民法院指定其中一人为代理人。该公民健康情况许可的，还应当询问本人的意见。如果被申请人没有近亲属的，人民法院可以指定其他亲属为代理人。被申请人没有亲属的，人民法院可以指定经被申请人所在单位或者住所地的居民委员会、村民委员会同意，且愿意担任代理人的关系密切的朋友为代理人。没有前款规定的代理人的，由被申请人所在单位或者住所地的居民委员会、村民委员会或者民政部门担任代理人。代理人可以是一人，也可以是同一顺序中的两人。

（六）判决

人民法院经审理认定申请有事实根据的，判决该公民为无民事行为能力或者限制民事行为能力人；认定申请没有事实根据的，应当判决予以驳回。

三、指定监护人

认定公民为无民事行为能力人或者限制民事行为能力人的判决生效后，其法律效果是为其指定监护人。监护人的职责是代理被监护人实施民事法律行为，保护被监护人的人身权利、财产权利以及其他合法权益等。

指定监护是在法院认定公民为无民事行为能力或者限制民事行为能力人的判决作出之后的另外一个诉讼程序，前者既非后者的一个阶段或者组成部分，也不是在后者结束之后必须产生的程序。监护人是否要法院指定，在实体上取决于有无指定监护人的必要，在程序上取决于有无申请人提出申请。如果没有人提出申请，法院也不能依职权发动指定监护人程序。① 如果需要为无民事行为能力人或者限制民事行为能力人指定监护人，可按《民法总则》第28条的规定指定监护人，即无民事行为能力或者限制民事行为能力的成年人，由下列有监护能力的人按顺序担任监护人：(1)配偶；(2)父母、子女；(3)其他近亲属；(4)其他愿意担任监护人的个人或者组织，但是须经被监护人住所地的居民委员会、村民委员会或者民政部门同意。

被指定的监护人不服指定，应当自接到通知之日起30日内向人民法院提出异议。经审理，认为指定并无不当的，裁定驳回异议；指定不当的，判决撤销指定，同时另行指定监护人。判决书应当送达异议人、原指定单位及判决指定的监护人。

---

①宋朝武．民事诉讼法学[M]．北京：高等教育出版社，2017：339.

四、撤销原判决

人民法院根据被认定为无民事行为能力人、限制民事行为能力人或者他的监护人的申请，证实该公民无民事行为能力或者限制民事行为能力的原因已经消除的，应当作出新判决，撤销原判决。

第六节　认定财产无主案件的审判程序

一、申请认定财产无主案件的概念和条件

认定财产无主案件，是指法院根据申请人的申请，依照法律程序，判决宣布某项权属不明的财产为无主财产，并收归国家或集体所有的案件。

申请认定财产无主，应具备如下条件：(1)申请认定的财产，须为有形财产，不能是无形财产或精神财富。(2)必须是因为财产的权利主体不明或者权利主体已不存在。(3)财产的权利主体不明的状态已持续一定期间。(4)申请须采用书面形式，口头申请无效。

二、审理程序

（一）申请

认定财产无主案件，由公民、法人或者其他组织向法院提出申请。这种申请主体的范围很宽，法律没有特别限制。实践中，这类申请人主要有：该项财产的发现人、保管人、该项财产原所有人所在的单位或基层组织等。申请书应当写明财产的种类、数量以及要求认定财产无主的根据。

（二）管辖

申请认定财产无主案件，由财产所在地基层人民法院管辖，便于该法院调查事实，对财产作出临时性的保护措施。

（三）公告

人民法院受理申请后，经审查核实，应当发出财产认领公告，寻找该项财产的所有人。公告期限为1年。在公告期间，因财产仍处于无主状态，人民法院可根据财产的具体情况，指定专人管理。认定财产无主案件，公告期间有人对财产提出请求的，人民法院应当裁定终结特别程序，告知申请人另行起诉，适用普通程序审理。

（四）判决

在公告期间至判决之前，该财产的主人出现，经查证属实的，人民法院应当作出

裁定，驳回申请，并通知财产所有人认领财产，进而终结特别程序。若申请人与所有人就该财产的归属有争议，法院应告知申请人另行起诉，适用普通程序进行审理。

公告期间届满，仍无人认领财产的，法院应当作出判决，认定该财产为无主财产，并将该财产收归国家或者集体所有。

三、判决的撤销

法院认定财产无主的判决，是建立在法律推定的基础之上的，因此，在判决认定财产无主后，财产原所有人或者其继承人可能出现。在这种情况下，法院应当作出新判决，撤销原判决。对此，《民事诉讼法》第 193 条规定，判决认定财产无主后，原财产所有人或者继承人出现，在民法通则规定的诉讼时效期间可以对财产提出请求，人民法院审查属实后，应当作出新判决，撤销原判决。需要强调的是，这种救济有诉讼时效的限制，超过诉讼时效期间，财产原所有人或者继承人请求返还财产的，不予保护。原判决撤销后，财产由其原所有人或合法继承人认领，占有财产的单位应当返还原物，原物不存在的，应当作价赔偿。

第七节 确认调解协议案件的审判程序

一、确认调解协议案件概述

（一）确认调解协议案件的概念和意义

确认调解协议案件，又称司法确认案件，是指法院根据双方当事人的共同申请，依法对调解组织调解达成的调解协议进行审查并确认其法律效力的案件。从性质上说，确认调解协议案件的程序属于非讼程序。①

《人民调解法》第 33 条规定："经人民调解委员会调解达成调解协议后，双方当事人认为有必要的，可以自调解协议生效之日起 30 日内共同向人民法院申请司法确认，人民法院应当及时对调解协议进行审查，依法确认调解协议的效力。人民法院依法确认调解协议有效，一方当事人拒绝履行或者未全部履行的，对方当事人可以向人民法院申请强制执行。人民法院依法确认调解协议无效的，当事人可以通过人民调解方式变更原调解协议或者达成新的调解协议，也可以向人民法院提起诉讼。"为落实该规定，2012 年修订的民事诉讼法在特别程序中增设了"确认调解协议案件"的程序，从而把诉讼外调解机制与司法程序衔接起来，对于建立和完善我国多元化纠纷解决机制具有十分重要的意义。

（二）确认调解协议案件的适用范围

《民事诉讼法》第 194 条规定："申请司法确认调解协议，由双方当事人依照人民调

---

①宋朝武. 民事诉讼法学[M]. 北京：高等教育出版社，2017：343.

解法等法律，自调解协议生效之日起30日内，共同向调解组织所在地基层人民法院提出。”可见，能够申请司法确认的调解协议，不限于人民调解协议，也包括其他调解协议。即对诉讼外的调解协议，只要法律明文规定当事人可以申请司法确认的，均可申请司法确认。概言之，其适用范围是开放的，调解协议能否申请司法确认，只有一个标准，即法律的明确规定。从目前的规定看，人民调解法规定了人民调解协议可以成为司法确认的客体。其他调解协议被法律纳入司法确认范围的，如《最高人民法院关于人民调解协议司法确认程序的若干规定》第13条规定了两种：一是经人民法院建立的调解员名册中的调解员调解达成协议后，当事人申请司法确认的，可予以司法确认；二是人民法院立案后委托他人调解达成的协议的司法确认，按照《最高人民法院关于人民法院民事调解工作若干问题的规定》(法释〔2004〕12号)的有关规定办理。

二、确认调解协议案件的审理程序

(一)管辖

对确认调解协议案件有管辖权的法院有两种：(1)由调解组织所在地基层人民法院或者人民法庭管辖。两个以上调解组织参与调解的，各调解组织所在地基层人民法院均有管辖权。双方当事人可以共同向其中一个调解组织所在地基层人民法院提出申请；双方当事人共同向两个以上调解组织所在地基层人民法院提出申请的，由最先立案的人民法院管辖。(2)由委派的法院管辖。人民法院在立案前委派人民调解委员会调解并达成调解协议，当事人申请司法确认的，由委派的人民法院管辖。

(二)申请

确认调解协议案件，基于当事人的申请而开始，法院不得依职权启动该程序。当事人申请确认调解协议效力须具备以下条件：(1)须由双方当事人共同提出申请。申请司法确认调解协议的，双方当事人应当本人或者由符合法律规定的代理人提出申请。(2)须在法定期间提出申请。即当事人应当自调解协议生效之日起30日内提出确认申请。(3)申请司法确认调解协议的形式可以是书面形式或者口头形式。当事人口头申请的，人民法院应当记入笔录，并由当事人签名、捺印或者盖章。(4)应提交相关材料。当事人申请司法确认调解协议，应当向人民法院提交调解协议、调解组织主持调解的证明，以及与调解协议相关的财产权利证明等材料，并提供双方当事人的身份、住所、联系方式等基本信息。当事人未提交上述材料的，人民法院应当要求当事人限期补交。

(三)受理或不受理

人民法院收到当事人司法确认申请，应当在3日内决定是否受理。人民法院决定受理的，应当编立“调确字”案号，并及时向当事人送达受理通知书。双方当事人同时到法院申请司法确认的，人民法院可以当即受理并作出是否确认的裁定。

当事人申请司法确认调解协议，有下列情形之一的，人民法院裁定不予受理：(1)不属于人民法院受理范围的；(2)不属于收到申请的人民法院管辖的；(3)申请确认婚姻关系、亲子关系、收养关系等身份关系无效、有效或者解除的；(4)涉及适用其他特别程序、公示催告程序、破产程序审理的；(5)调解协议内容涉及物权、知识产权确权的。

（四）审理

人民法院受理司法确认申请后，应当指定一名审判人员对调解协议进行审查。人民法院审查相关情况时，应当通知双方当事人共同到场，以便当面询问当事人，对案件进行核实。当事人应当向人民法院如实陈述申请确认的调解协议的有关情况，保证提交的证明材料真实、合法。人民法院经审查，认为当事人的陈述或者提供的证明材料不充分、不完备或者有疑义的，可以要求当事人限期补充陈述或者补充证明材料。必要时，人民法院可以向调解组织核实有关情况。当事人无正当理由未在限期内补充陈述、补充证明材料或者拒不接受询问的，人民法院可以按撤回申请处理。

（五）裁定

人民法院应当自受理司法确认申请之日起 15 日内作出是否确认的裁定。因特殊情况需要延长的，经本院院长批准，可以延长 10 日。审理程序结束时，申请确认调解协议案件的裁定有三种：

1. 确认调解协议有效的裁定。经审查，人民法院认为当事人双方达成的调解协议符合法律规定的，作出确认调解协议有效的裁定。人民法院依法作出确认裁定后，一方当事人拒绝履行或者未全部履行的，对方当事人可以向人民法院申请强制执行。

2. 驳回申请的裁定。这包括两种情况：(1)人民法院受理申请后，发现有《民诉法解释》第 357 条规定的不予受理情形的，应当裁定驳回当事人的申请。(2)人民法院经过审查后，认为当事人达成的调解协议不符合法律规定的，裁定驳回申请。根据《民诉法解释》第 360 条的规定，经审查，调解协议有下列情形之一的，人民法院应当裁定驳回申请：(1)违反法律强制性规定的；(2)损害国家利益、社会公共利益、他人合法权益的；(3)违背公序良俗的；(4)违反自愿原则的；(5)内容不明确的；(6)其他不能进行司法确认的情形。

3. 准许撤回申请的裁定。确认调解协议的裁定作出前，当事人撤回申请的，人民法院可以裁定准许。一方或者双方当事人撤回司法确认的申请获得人民法院准许后，此确认程序结束。

（六）救济

确认调解协议的申请被裁定驳回后，当事人可以通过调解方式变更原调解协议或者达成新的调解协议，也可以向人民法院提起诉讼。对人民法院作出的确认调解协议的裁定，当事人有异议的，应当自收到裁定之日起 15 日内提出；利害关系人有异议的，自知道或者应当知道其民事权益受到侵害之日起 6 个月内提出。

三、律师调解协议的司法确认程序

经律师调解工作室或律师调解中心调解达成的具有民事合同性质的协议，当事人可以向律师调解工作室或律师调解中心所在地基层人民法院或者人民法庭申请确认其效力，人民法院应当依法确认调解协议效力。

第八节　实现担保物权案件的审判程序

一、实现担保物权案件概述

实现担保物权案件，是指债务人不履行到期债务，担保物权人及其他有权请求实现担保物权的人依据物权法等法律，申请法院对担保标的物进行拍卖、变卖等，使担保债权得到优先受偿的案件。所谓担保物权，是指在借贷、买卖等民商事法律活动中，以确保债务履行为目的，就债务人或第三人的特定财产所设定的一种他物权，包括抵押权、质权、留置权。

《物权法》第 195 条规定："债务人不履行到期债务或者发生当事人约定的实现抵押权的情形，抵押权人可以与抵押人协议以抵押财产折价或者以拍卖、变卖该抵押财产所得的价款优先受偿。协议损害其他债权人利益的，其他债权人可以在知道或者应当知道撤销事由之日起 1 年内请求人民法院撤销该协议。抵押权人与抵押人未就抵押权实现方式达成协议的，抵押权人可以请求人民法院拍卖、变卖抵押财产。抵押财产折价或者变卖的，应当参照市场价格。"为配合此类实体法规范的实现，2012 年修订的民事诉讼法增设了实现担保物权案件的程序。这样，实现担保物权，既可通过诉讼程序，也可通过非讼程序。但两相比较，诉讼程序复杂、成本高、周期长，不利于保障债权人的利益；而通过非讼程序实现担保物权，则可简化程序，节省时间和成本。

实现担保物权程序不解决实体权利义务争议，其根本目的在于获得许可性裁定即拍卖、变卖担保财产的裁定，以便快速采取强制措施实现担保物权。因而该程序是迅速实现担保物权的途径，具有简捷性和非讼性的特点。

二、实现担保物权案件的程序

（一）申请

实现担保物权案件审理程序的启动，基于当事人的申请。但这种申请须符合一定的条件。这些条件可分为实体性条件和程序性条件。

1. 实体性条件。即实现担保物权程序的实质要件，包括：(1)基础事实不存在争议。即申请人(债权人)与被申请人(抵押人、债务人等)对于他们之间的债权债务关系、债务履行期限届满债权人未受清偿，或是当事人约定的情形发生等基础事实不存在争议。申请人之所以请求法院解决，仅仅是因为其与被申请人之间未就抵押权等担保物权的实现方式达成协议，故而请求法院裁定拍卖、变卖担保财产，以图快速实现其担保物权。如果申请人和被申请人之间对于债权债务关系是否存在、债权是否生效或是约定事项是否发生等基础事实有严重分歧，则只能通过诉讼途径解决债务及担保纠纷。(2)担保物权有效存在且其实现不受限制。如果担保合同无效或被撤销，则担保物权设定无效。在特定条件下，担保物权虽然有效存在，但其实现受一定的限制。如，在多个担保的情形下，担保合同约定担保人承担责任的顺序，即构成担保物权实现的限制。[①]

2. 程序性条件。这主要有：(1)申请主体适格。申请人应当是担保物权人以及其他有权请求实现担保物权的人。其中，担保物权人，包括抵押权人、质权人、留置权人；其他有权请求实现担保物权的人，包括抵押人、出质人、财产被留置的债务人或者所有权人等。(2)提交必要材料。《民诉法解释》第367条规定，申请实现担保物权，应当提交下列材料：①申请书。申请书应当记明申请人、被申请人的姓名或者名称、联系方式等基本信息，具体的请求和事实、理由；②证明担保物权存在的材料，包括主合同、担保合同、抵押登记证明或者他项权利证书，权利质权的权利凭证或者质权出质登记证明等；③证明实现担保物权条件成就的材料；④担保财产现状的说明；⑤人民法院认为需要提交的其他材料。

（二）管辖

1. 管辖的一般规定。申请实现担保物权，由担保物权人以及其他有权请求实现担保物权的人依照物权法等法律，向担保财产所在地或者担保物权登记地基层人民法院提出。

2. 管辖的特别规定。实现票据、仓单、提单等有权利凭证的权利质权案件，可以由权利凭证持有人住所地人民法院管辖；无权利凭证的权利质权，由出质登记地人民法院管辖。

3. 专门法院管辖。实现担保物权案件属于海事法院等专门人民法院管辖的，由专门人民法院管辖。

（三）受理

法院接到实现担保物权的申请后，经形式审查，认为符合申请条件的，应当受理。但以下三种特殊情形应分别处理：(1)同一债权的担保物有多个且所在地不同，申请人分别向有管辖权的法院申请实现担保物权的，法院应当依法受理。(2)依照《物权法》第176条的规定，被担保的债权既有物的担保又有人的担保，当事人对实现担保物权的顺序有约定，实现担保物权的申请违反该约定的，法院裁定不予受理；没有约定或者约定不明的，法院应当受理。(3)同一财产上设立多个担保物权，登记在先的担保物权尚未实现的，不影响后顺位的担保物权人向法院申请实现担保物权，即对后顺位的担保物权人向法院申请实现担保物权的，法院也应当受理。

（四）审理

1. 向被申请人送达文书。人民法院受理申请后，应当在5日内向被申请人送达申请书副本、异议权利告知书等文书。

2. 被申请人有权提出异议。被申请人有异议的，应当在收到人民法院通知后的5日内向人民法院提出，同时说明理由并提供相应的证据材料。

---

①王福华．民事诉讼法学[M]．2版．北京：清华大学出版社，2015：422.

3. 审判组织。有两种：实现担保物权案件可以由审判员一人独任审查；担保财产标的额超过基层人民法院管辖范围的，应当组成合议庭进行审查。

4. 审查方式。人民法院审查实现担保物权案件，可以询问申请人、被申请人、利害关系人，必要时可以依职权调查相关事实。

5. 审查内容。这主要有：当事人对实现担保物权有无实质性争议；实现担保物权的条件是否成就；是否损害他人合法权益等。对此，《民诉法解释》第 371 条规定，人民法院应当就主合同的效力、期限、履行情况，担保物权是否有效设立、担保财产的范围、被担保的债权范围、被担保的债权是否已届清偿期等担保物权实现的条件，以及是否损害他人合法权益等内容进行审查。被申请人或者利害关系人提出异议的，人民法院应当一并审查。

6. 财产保全。人民法院受理申请后，申请人对担保财产提出保全申请的，可以按照民事诉讼法关于诉讼保全的规定办理。

（五）裁定

法院对申请实现担保物权案件审查后，应根据不同的情况作出相应的处理。这种处理应以裁定而不是判决或决定的形式进行。《民事诉讼法》第 197 条规定，人民法院受理申请后，经审查，符合法律规定的，裁定拍卖、变卖担保财产，当事人依据该裁定可以向人民法院申请执行；不符合法律规定的，裁定驳回申请，当事人可以向人民法院提起诉讼。《民诉法解释》第 372 条对该条文作了进一步细化，即人民法院审查后，按下列情形分别处理：

1. 裁定拍卖、变卖全部担保财产。当事人对实现担保物权无实质性争议且实现担保物权条件成就的，裁定准许拍卖、变卖担保财产。

2. 裁定拍卖、变卖部分担保财产。当事人对实现担保物权有部分实质性争议的，可以就无争议部分裁定准许拍卖、变卖担保财产。

3. 裁定驳回申请。当事人对实现担保物权有实质性争议的，裁定驳回申请，并告知申请人向人民法院提起诉讼。

▶ 典型真题

甲公司与银行订立了标的额为 8000 万元的贷款合同，甲公司董事长美国人汤姆用自己位于 W 市的三套别墅为甲公司提供抵押担保。贷款到期后甲公司无力归还，银行向法院申请适用特别程序实现对别墅的抵押权。关于本案的分析，下列哪一选项是正确的？①（2014-03-44，单选）

A. 由于本案标的金额巨大，且具有涉外因素，银行应向 W 市中院提交书面申请

B. 本案的被申请人只应是债务人甲公司

C. 如果法院经过审查，作出拍卖裁定，可直接移交执行庭进行拍卖

D. 如果法院经过审查，驳回银行申请，银行可就该抵押权益向法院起诉

①【参考答案】D。

第十七章　审判监督程序

考点分布

1. 审判监督程序的特点；（★★）
2. 法院决定再审；（★★★）
3. 检察院抗诉引起的再审；（★★★★）
4. 当事人申请再审；（★★★★★）
5. 再审案件的审理程序。（★★★★）

知识讲解

第一节　审判监督程序概述

一、审判监督程序的概念

审判监督程序即再审程序，是指法院对已经发生法律效力的判决、裁定、调解书认为确有错误，依法再次进行审理所适用的程序。再审程序是纠正生效裁判错误的法定程序，不是案件审理的必经程序，也不是诉讼的独立审级。其价值体现在：一是保证法的安定性；二是向当事人提供权利救济的机会，保证司法公正价值的实现。

二、审判监督程序的特点

1. 审理对象是已经发生法律效力的判决、裁定和某些调解书。
2. 程序发生的原因是生效的判决、裁定或调解书确有错误。
3. 程序启动的目的主要是纠正已经生效的民事判决、裁定或调解书中的错误，确保裁判的正确性和合法性，保护当事人的合法权益。
4. 程序的启动主体包括当事人和特定的案外人以及特定的法院或检察院。

5. 程序的提起有无时间限制视程序启动主体而定。法院基于审判监督权提起再审以及检察院基于检察监督权提起抗诉，不受时间的限制，只要生效裁判确有错误或者存在法定的抗诉事实和理由，相关法院和检察院即可以启动再审程序。而当事人申请再审，一般应当在判决、裁定、调解书发生法律效力后6个月内提出。

6. 再审程序分为提起阶段和审理阶段。这前后两个阶段的分界线是法院作出再审裁定。一旦法院作出再审裁定，就意味着再审程序成功提起。此后，便进入再审审理的阶段。法院在裁定再审的同时，一般应当裁定中止原裁判的执行。

再审的提起阶段中，因为启动主体的不同，提起再审的程序和条件也有明显的差别。再审的审理阶段中，没有独立的诉讼程序，应根据原审的审级和再审法院的级别，分别适用一审普通程序或二审程序进行审理，即：再审不是一个独立的审级，其所作出的裁判可能是立即生效的终审裁判，也可能是非立即生效且可上诉的一审裁判。

7. 再审的审理范围不能随意扩大或变更。该范围受到当事人再审请求范围或人民检察院抗诉支持当事人请求范围的限制。对此，《民诉法解释》第405条第1款规定："人民法院审理再审案件应当围绕再审请求进行。当事人的再审请求超出原审诉讼请求的，不予审理；符合另案诉讼条件的，告知当事人可以另行起诉。"

8. 再审案件的审理法院与受理法院可能相同，也可能不同。一般情况下，裁定再审的法院就是再审案件的审理法院，但是，如果裁定再审的法院是原审法院的上级法院，则该上级法院可以自己进行审理，也可以根据相应的事由，采取指令再审的方式，即将案件交给原审法院进行审理；或者采取指定再审的方式，即将案件交给与原审法院同级的其他法院进行审理。

第二节　审判监督程序的提起

一、法院依职权决定再审

（一）法院依职权决定再审的概念

法院依职权决定再审，是指法院发现已经发生法律效力的判决、裁定、调解书确有错误，基于审判监督权决定对案件再行审理。审判监督，一般是上级法院对下级法院进行，原审法院也可开展自我审判监督。

（二）法院决定再审的条件

1. 原审判决、裁定、调解书确有错误。这是法院决定再审的前提，有三层含义：(1)其对象是法院制作的民事判决书、裁定书、调解书。从现行民事诉讼法和相关司法解释的规定看，可以提起再审的民事裁定，仅限于不予受理的裁定、驳回起诉的裁定和按自动撤回上诉处理的裁定。[①]（2）该民事判决书、裁定书或调解书已经发生法律效力。（3）该民事判决书、裁定书或调解书确有错误。所谓确有错误，是指原审裁判在事实认定、法律适用和程序运行中有重大缺陷，导致裁判结果的不公正。

2. 由特定主体依法提起。这种主体是具有审判监督权的特定人员和组织，包括：（1）各级人民法院院长及审判委员会；（2）上级人民法院及最高人民法院。

3. 提起再审的次数限制。为了确保司法的终局性和安定性，根据司法解释的规定，在同一案件中，人民法院提起再审的次数，一般限于一次。

（三）法院决定再审的程序

1. 本院院长及审判委员会对本院裁判提起再审。各级法院院长对本院作出的生效的判决书、裁定书和调解书，认为确有错误，需要再审的，应当提交审判委员会讨论。审判委员会认为符合再审条件，决定再审的案件，应当作出再审裁定书，另行组成合议庭对案件再审。

2. 最高人民法院或上级人民法院决定再审。最高人民法院对地方各级人民法院已经发生法律效力的判决、裁定、调解书，上级人民法院对下级人民法院已经发生法律效力的判决、裁定、调解书，发现确有错误的，有权提审或者指令下级法院再审。最高法院或上级法院裁定再审后，可以自行提审，也可以指令或指定下级法院再审。

二、检察监督引起再审

（一）检察监督引起再审概述

检察监督引起再审，是指检察院作为我国的法律监督机关，认为生效的判决书、裁定书或调解书存在法定的再审事由，按照法定方式行使检察监督权，启动再审程序。

1. 检察监督的方式。检察监督的方式有两种：（1）抗诉。最高人民检察院对各级人民法院或上级人民检察院对下级人民法院发生法律效力的裁判认为确有错误的，或者发现调解书损害国家利益、社会公共利益的，依照法定的程序和方式，提请同级人民法院进行再审，即通过抗诉行使检察监督权；（2）检察建议。各级人民检察院对同级人民法院发生法律效力的裁判，认为确有错误的，可以向同级人民法院提出检察建议，人民法院可以根据检察建议确定是否依职权启动再审。

2. 检察监督的对象。对象有三种：即法院制作的民事判决书、裁定书、调解书。可以提起再审的民事裁定，仅限于不予受理的裁定、驳回起诉的裁定和按自动撤回上诉处理的裁定。由于2012年修订的民事诉讼法确立了默示协议管辖制度，该法第200条将以前的“违反法律规定，管辖错误”的事由从再审事由中删除，即对有关管辖问题的裁定不得提起再审。对调解书，也只限于损害国家利益、社会公共利益的调解书，检察院才能提出抗诉或检察建议。

---

①按自动撤回上诉处理的裁定能否申请再审？关于这个问题，先后有数个司法解释对此作出规定，但现在司法实践中对此问题争议仍然很大。有肯定的，也有否定的。

3. 检察监督的主体。此种主体限于最高人民检察院和上级人民检察院。地方各级人民检察院对同级人民法院已经发生法律效力的判决、裁定或者调解书，认为确有错误的，可以提出检察建议，但无权直接提起抗诉，只能提请上级人民检察院向同级人民法院提出抗诉。

4. 检察监督的理由。此即检察院提起抗诉或检察建议的法定情形，它与当事人申请再审的事由完全相同，也就是《民事诉讼法》第 200 条所规定的 13 种情形。只要具备其中一种情形，检察院即可提起抗诉或检察建议。

5. 检察监督的启动。检察院提起抗诉或检察建议的前提，是认为法院生效的判决书、裁定书或调解书确有错误。而其发现错误的途径大致有两条：一是基于当事人向检察院申请检察建议或者抗诉而发现错误；二是检察院因履行法律监督职责而自行发现错误。基于此，可以将抗诉或检察建议分为检察院依职权提起的抗诉或检察建议和检察院依申请提起的抗诉或检察建议。

对检察院根据当事人申请提起的检察建议或者抗诉，《民事诉讼法》第 209 条作了规定。对该条文可从以下几个方面进行理解：

(1) 当事人申请检察监督的情形。当事人可以向人民检察院申请检察建议或者抗诉的情形有：①人民法院驳回再审申请的；②人民法院逾期未对再审申请作出裁定的；③再审判决、裁定有明显错误的。从该规定看，在申请再审和申请抗诉或检察建议的顺序上，应当是先申请再审，只有再审申请被驳回、逾期未作出裁定和再审裁判明显有误的情况下，才可申请抗诉或检察建议。

(2) 检察院的审查与处理。人民检察院对当事人的申请应当在 3 个月内进行审查，作出提出或者不予提出检察建议或者抗诉的决定。

(3) 当事人申请检察监督的次数。限于一次，即当事人不得再次向人民检察院申请检察建议或者抗诉。

（二）检察院抗诉引起再审

检察院依职权主动提起抗诉的程序与根据当事人的申请提起抗诉的程序有相同之处，也有不同之处。

1. 检察院依职权主动提起抗诉的程序。对这类抗诉的程序，要注意以下几点：

(1) 抗诉的提出。最高人民检察院对各级人民法院已经发生法律效力的判决、裁定、调解书可以抗诉，上级人民检察院对下级人民法院已经发生法律效力的判决、裁定、调解书可以抗诉。地方各级人民检察院对同级人民法院已经发生法律效力的判决、裁定、调解书可以提请上级人民检察院向同级人民法院提出抗诉。

人民检察院因履行法律监督职责提出检察建议或者抗诉的需要，可以向当事人或者案外人调查核实有关情况。

(2) 抗诉的方式。人民检察院决定对人民法院的判决、裁定、调解书提出抗诉的，应当制作抗诉书。抗诉书是人民检察院对人民法院的生效裁判提出抗诉的法律文书，也是人民检察院行使检察监督权引起对抗诉案件再行审理的法律文书。有证据的，人民检察院向人民法院提交抗诉书的同时，可以向人民法院提供证据，或者证据来源。

(3)法院对抗诉的接受和受理。检察院依职权主动提起的抗诉，必然能引起再审程序的发生。对此，要注意以下几点：

①人民检察院提出抗诉的案件，接受抗诉的人民法院应当自收到抗诉书之日起 30 日内作出再审的裁定；有《民事诉讼法》第 200 条第 1 项至第 5 项规定情形之一的，可以交下一级人民法院再审，但经该下一级人民法院再审的除外。

②人民检察院依法对损害国家利益、社会公共利益的发生法律效力的判决、裁定、调解书提出抗诉，或者经人民检察院检察委员会讨论决定提出再审检察建议的，人民法院应予受理。

③人民检察院对已经发生法律效力的判决以及不予受理、驳回起诉的裁定依法提出抗诉的，人民法院应予受理，但适用特别程序、督促程序、公示催告程序、破产程序以及解除婚姻关系的判决、裁定等不适用审判监督程序的判决、裁定除外。

④人民检察院依照《民事诉讼法》第 209 条第 1 款第 3 项规定对有明显错误的再审判决、裁定提出抗诉或者再审检察建议的，人民法院应予受理。

⑤当事人的再审申请被上级人民法院裁定驳回后，人民检察院对原判决、裁定、调解书提出抗诉，抗诉事由符合《民事诉讼法》第 200 条第 1 项至第 5 项规定情形之一的，受理抗诉的人民法院可以交由下一级人民法院再审。

2. 检察院依申请提起抗诉的程序。当事人向人民检察院申请抗诉，不仅要接受检察院的审查，而且在检察院提起抗诉后还需接受法院的严格审查。就是说，当事人申请抗诉，检察院不一定提起抗诉；即使检察院基于当事人的申请提起抗诉，法院也不一定裁定再审。因此，检察院依职权提起的抗诉，必然启动再审程序；检察院依当事人申请提起的抗诉，法院要审查该抗诉是否符合条件，作出是否再审的裁定，并不必然启动再审程序。这体现在《民诉法解释》第 417 条的规定之中："人民检察院依当事人的申请对生效判决、裁定提出抗诉，符合下列条件的，人民法院应当在 30 日内裁定再审：(1)抗诉书和原审当事人申请书及相关证据材料已经提交；(2)抗诉对象为依照民事诉讼法和本解释规定可以进行再审的判决、裁定；(3)抗诉书列明该判决、裁定有《民事诉讼法》第 208 条第 1 款规定情形；(4)符合《民事诉讼法》第 209 条第 1 款第 1 项、第 2 项规定情形。不符合前款规定的，人民法院可以建议人民检察院予以补正或者撤回；不予补正或者撤回的，人民法院可以裁定不予受理。"

（三）检察建议引起再审

1. 再审检察建议的含义与意义。检察建议引起再审，是指检察院对某些民事案件，基于法定事由，向有关法院发出建议，由法院自行启动再审程序对案件进行重新审理。再审检察建议权是抗诉权的有益补充。这体现在：(1)检察建议由同级检察院向同级法院提出，减少了提请抗诉等程序限制，使检察监督权可以更为方便地行使。(2)相对于抗诉而言，检察监督较为柔和，并不必然导致法院启动再审，因而有利于协调检法两家的关系，将检察机关的外部监督转化为法院的内部监督，形成良性互动。①

2. 再审检察建议的提出。《民诉法解释》第416条规定："地方各级人民检察院依当事人的申请对生效判决、裁定向同级人民法院提出再审检察建议，符合下列条件的，应予受理：(1)再审检察建议书和原审当事人申请书及相关证据材料已经提交；(2)建议再审的对象为依照民事诉讼法和本解释规定可以进行再审的判决、裁定；(3)再审检察建议书列明该判决、裁定有《民事诉讼法》第208条第2款规定情形；(4)符合《民事诉讼法》第209条第1款第1项、第2项规定情形；(5)再审检察建议经该人民检察院检察委员会讨论决定。不符合前款规定的，人民法院可以建议人民检察院予以补正或者撤回；不予补正或者撤回的，应当函告人民检察院不予受理。"

3. 法院对再审检察建议的审查与处理。《民诉法解释》第419条规定，人民法院收到再审检察建议后，应当组成合议庭，在3个月内进行审查，发现原判决、裁定、调解书确有错误，需要再审的，依照《民事诉讼法》第198条规定裁定再审，并通知当事人；经审查，决定不予再审的，应当书面回复人民检察院。该规定表明，检察建议并不必然启动再审程序。

三、申请再审

申请再审，是指当事人和特定的案外人认为生效的民事裁判文书或调解书确有错误，申请法院对案件再次审理的诉讼行为。可见，从主体的角度看，申请再审可分为当事人申请再审和案外人申请再审。

（一）当事人申请再审

1. 当事人申请再审的条件。

(1)申请再审的主体为诉讼当事人。当事人无诉讼行为能力时，其法定代理人可以代为申请再审。当事人死亡或者终止的，其权利义务承继者可以依法申请再审。但是，判决、调解书生效后，当事人将判决、调解书确认的债权转让，债权受让人对该判决、调解书不服申请再审的，人民法院不予受理，这意味着债权受让人不得申请再审。

(2)申请再审的对象是适用通常程序审理且已经发生法律效力的判决、裁定和调解书。其中，当事人对已经发生法律效力的调解书申请再审，须提出证据证明调解违反自愿原则或者调解协议的内容违反法律，才可以申请再审。当事人认为发生法律效力的不予受理、驳回起诉的裁定错误的，可以申请再审。当事人就离婚案件中的财产分割问题申请再审，如涉及判决中已分割的财产，人民法院应当依照《民事诉讼法》第200条的规定进行审查，符合再审条件的，应当裁定再审；如涉及判决中未作处理的夫妻共同财产，应当告知当事人另行起诉。

这一条件还意味着对某些案件或生效的裁判文书不得申请再审；即使申请了，法院也不予受理。这主要有：①当事人对已经发生法律效力的解除婚姻关系的判决、调

①宋朝武．民事诉讼法学[M]．北京：高等教育出版社，2017：321.

解书，不得申请再审。②适用特别程序、督促程序、公示催告程序、破产程序等非讼程序审理的案件，当事人不得申请再审。

(3)须在法定期限内提出再审申请。当事人申请再审，应当在判决、裁定、调解书发生法律效力后6个月内提出；有《民事诉讼法》第200条第1项、第3项、第12项、第13项规定情形的，[①] 自知道或者应当知道之日起6个月内提出。《民诉法解释》第127条规定，该6个月为不变期间，不适用诉讼时效中止、中断、延长的规定。

(4)申请再审必须符合法定的事由。《民事诉讼法》第200条、第201条分别规定了原判决、裁定和调解书申请再审的事由。对判决、裁定当事人申请再审的事由有：

①有新的证据，足以推翻原判决、裁定的。再审申请人提供的新的证据，能够证明原判决、裁定认定基本事实或者裁判结果错误的，应当认定为《民事诉讼法》第200条第1项规定的情形。当事人提出新的证据，人民法院应当责令再审申请人说明其逾期提供该证据的理由；拒不说明理由或者理由不成立的，人民法院根据不同情形可以不予采纳该证据，或者采纳该证据但予以训诫、罚款。再审申请人证明其提交的新的证据符合下列情形之一的，可以认定逾期提供证据的理由成立：一是在原审庭审结束前已经存在，因客观原因于庭审结束后才发现的；二是在原审庭审结束前已经发现，但因客观原因无法取得或者在规定的期限内不能提供的；三是在原审庭审结束后形成，无法据此另行提起诉讼的。再审申请人提交的证据在原审中已经提供，原审人民法院未组织质证且未作为裁判根据的，视为逾期提供证据的理由成立，但原审人民法院依照《民事诉讼法》第65条规定不予采纳的除外。

②原判决、裁定认定的基本事实缺乏证据证明的。基本事实，是指用以确定当事人主体资格、案件性质、民事权利义务等对原判决、裁定的结果有实质性影响的事实。

③原判决、裁定认定事实的主要证据是伪造的。

④原判决、裁定认定事实的主要证据未经质证的。当事人对原判决、裁定认定事实的主要证据在原审中拒绝发表质证意见或者质证中未对证据发表质证意见的，不属于《民事诉讼法》第200条第4项规定的未经质证的情形。

⑤对审理案件需要的主要证据，当事人因客观原因不能自行收集，书面申请人民法院调查收集，人民法院未调查收集的。

⑥原判决、裁定适用法律确有错误的。有下列情形之一，导致判决、裁定结果错误的，应当认定为《民事诉讼法》第200条第6项规定的原判决、裁定适用法律确有错误：适用的法律与案件性质明显不符的；确定民事责任明显违背当事人约定或者法律规定的；适用已经失效或者尚未施行的法律的；违反法律溯及力规定的；违反法律适用规则的；明显违背立法原意的。

⑦审判组织的组成不合法或者依法应当回避的审判人员没有回避的。

---

①即：有新的证据，足以推翻原判决、裁定的；原判决、裁定认定事实的主要证据是伪造的；据以作出原判决、裁定的法律文书被撤销或者变更的；审判人员审理该案件时有贪污受贿，徇私舞弊，枉法裁判行为的。

⑧无诉讼行为能力人未经法定代理人代为诉讼或者应当参加诉讼的当事人，因不能归责于本人或者其诉讼代理人的事由，未参加诉讼的。

⑨违反法律规定，剥夺当事人辩论权利的。原审开庭过程中有下列情形之一的，应当认定为《民事诉讼法》第 200 条第 9 项规定的剥夺当事人辩论权利：不允许当事人发表辩论意见的；应当开庭审理而未开庭审理的；违反法律规定送达起诉状副本或者上诉状副本，致使当事人无法行使辩论权利的；违法剥夺当事人辩论权利的其他情形。

⑩未经传票传唤，缺席判决的。

⑪原判决、裁定遗漏或者超出诉讼请求的。这里的诉讼请求，包括一审诉讼请求、二审上诉请求，但当事人未对一审判决、裁定遗漏或者超出诉讼请求提起上诉的除外。

⑫据以作出原判决、裁定的法律文书被撤销或者变更的。这里的法律文书包括：发生法律效力的判决书、裁定书、调解书；发生法律效力的仲裁裁决书；具有强制执行效力的公证债权文书。

⑬审判人员审理该案件时有贪污受贿，徇私舞弊，枉法裁判行为的。审判人员的这些不法行为，是指已经由生效刑事法律文书或者纪律处分决定所确认的行为。

上述 13 种事由中，只要具备其中之一，当事人便可申请再审。其中，第 1~5 项因为证据问题导致事实认定有错误，第 6 项为适用法律上有错误，第 7~12 项为重大程序错误，第 13 项为审判人员存在不法行为。

当事人对已经发生法律效力的调解书，提出证据证明调解违反自愿原则或者调解协议的内容违反法律的，可以申请再审。

(5)须向有管辖权的法院申请再审。当事人对已经发生法律效力的判决、裁定，认为有错误的，可以向上一级人民法院申请再审；当事人一方人数众多或者当事人双方为公民的案件，也可以向原审人民法院申请再审。当事人一方人数众多或者当事人双方为公民的案件，当事人分别向原审人民法院和上一级人民法院申请再审且不能协商一致的，由原审人民法院受理。这里，人数众多的一方当事人，包括公民、法人和其他组织；当事人双方为公民的案件，是指原告和被告均为公民的案件。

(6)申请再审须提交必要的材料。当事人申请再审，应当提交下列材料：①再审申请书，并按照被申请人和原审其他当事人的人数提交副本；②再审申请人是自然人的，应当提交身份证明；再审申请人是法人或者其他组织的，应当提交营业执照、组织机构代码证书、法定代表人或者主要负责人身份证明书。委托他人代为申请的，应当提交授权委托书和代理人身份证明；③原审判决书、裁定书、调解书；④反映案件基本事实的主要证据及其他材料。其中，第二项、第三项、第四项的材料可以是与原件核对无异的复印件。再审申请书应当记明下列事项：再审申请人与被申请人及原审其他当事人的基本信息；原审人民法院的名称，原审裁判文书案号；具体的再审请求；申请再审的法定情形及具体事实、理由。再审申请书应当明确申请再审的人民法院，并由再审申请人签名、捺印或者盖章。

2. 法院对当事人再审申请的审查与处理。当事人的再审申请并不具有必然启动再审程序的效果，因此，法院接到当事人的再审申请后，要进行审查，以确定是否受理再审申请和是否裁定再审。

《民事诉讼法》第 203 条规定：“当事人申请再审的，应当提交再审申请书等材料。人民法院应当自收到再审申请书之日起 5 日内将再审申请书副本发送对方当事人。对方当事人应当自收到再审申请书副本之日起 15 日内提交书面意见；不提交书面意见的，不影响人民法院审查。人民法院可以要求申请人和对方当事人补充有关材料，询问有关事项。”《民诉法解释》第 385 条规定：“人民法院应当自收到符合条件的再审申请书等材料之日起 5 日内向再审申请人发送受理通知书，并向被申请人及原审其他当事人发送应诉通知书、再审申请书副本等材料。”根据这些规定，法院对当事人再审申请的审查可分为受理前的审查和受理后的审查。

(1)受理前的审查。受理前的审查仅为形式审查，其目的是判断应否受理再审申请，审查内容是再审申请书等材料是否符合法定要求，审查结果是法院受理或者不予受理再审申请。申请再审人提交的再审申请书等材料不符合法定要求，或者有人身攻击等内容，可能引起矛盾激化的，人民法院应将材料退回申请再审人并告知其补充或改正。简言之，受理前的审查是对申请材料的审查。当申请书等材料符合法定条件时，法院应及时受理，并向当事人发送有关诉讼文书。对此，最高法院《关于受理审查民事申请再审案件的若干意见》(2009 年 4 月 27 日发布)第 6 条规定，再审申请人提出的再审申请符合以下条件的，人民法院应当在 5 日内受理并向申请再审人发送受理通知书，同时向被申请人及原审其他当事人发送受理通知书、再审申请书副本及送达地址确认书：①申请再审人是生效裁判文书列明的当事人，或者符合法律和司法解释规定的案外人；②受理再审申请的法院是作出生效裁判法院的上一级法院；③申请再审的裁判属于法律和司法解释允许申请再审的生效裁判；④申请再审的事由属于民事诉讼法规定的情形。再审申请不符合上述条件的，应当及时告知再审申请人。

当事人申请再审，有下列情形之一的，人民法院不予受理：①再审申请被驳回后再次提出申请的；②对再审判决、裁定提出申请的；③在人民检察院对当事人的申请作出不予提出再审检察建议或者抗诉决定后又提出申请的。有第一项、第二项规定情形的，人民法院应当告知当事人可以向人民检察院申请再审检察建议或者抗诉，但因人民检察院提出再审检察建议或者抗诉而再审作出的判决、裁定除外。此外，根据《民诉法解释》第 401 条的规定，当事人在上一次再审中撤回再审申请或者按撤回再审申请处理的，又一次申请再审的，人民法院也应当不予受理。当事人如果对前次再审裁判的结果有异议，可以向人民检察院寻求救济。这表明，当事人向法院申请再审的次数原则上为一次。

(2)受理后的审查。对受理后的审查，《民诉法解释》第 386 条规定，人民法院受理申请再审案件后，应当依照《民事诉讼法》第 200 条、第 201 条、第 204 条等规定，对当事人主张的再审事由进行审查。简言之，受理后的审查是对再审事由的审查，其目的是确定应否裁定再审。

受理后审查的结果是裁定再审或者裁定驳回再审申请。[①] 确定当事人主张的再审事由成立，且符合法定的申请再审条件的，人民法院应当裁定再审，继而启动再审程序。可见，裁定再审的条件有：一是符合申请再审的条件；二是再审事由成立。当事人主张的再审事由不成立，或者当事人申请再审超过法定申请再审期限、超出法定再审事由范围等不符合规定的申请再审条件的，人民法院应当裁定驳回再审申请。[②] 在当事人的再审申请被人民法院驳回或者人民法院逾期未对再审申请作出裁定的情形下，当事人可向检察院申请抗诉或再审检察建议，以获得救济。

对受理后的审查，还要注意以下事项：

①审查的主体。法院受理申请再审案件后，应当组成合议庭进行审查。

②审查的方式。法院审查申请再审案件，采取以下方式：第一，审查当事人提交的再审申请书、书面意见等材料。第二，审阅原审卷宗。这是指人民法院通过调取、查阅原审卷宗，再认定再审申请事由是否成立。调卷审查是司法实践中最主要的审查方式。第三，询问当事人。这是指法院在调阅卷宗的基础上，法院根据审查案件的需要决定是否询问当事人，以完成再审申请的审查。若有新的证据可能推翻原判决、裁定的，法院应当询问当事人。第四，组织当事人听证。第五，径行裁定。[③] 这是指法院仅通过审查当事人或案外人提交的书面材料，就可以直接确定再审事由是否成立，作出是否再审的裁定。

③审查的范围。法院审查申请再审案件，应当围绕申请再审事由是否成立进行，申请再审人未主张的事由不予审查。法院审查申请再审案件，还应当审查当事人诉讼主体资格的变化情况。

④对申请再审竞合[④]的处理。审查再审申请期间，被申请人及原审其他当事人依法提出再审申请的，人民法院应当将其列为再审申请人，对其再审事由一并审查，审查期限重新计算。经审查，其中一方再审申请人主张的再审事由成立的，应当裁定再审。各方再审申请人主张的再审事由均不成立的，一并裁定驳回再审申请。

⑤对申请委托鉴定或勘验的处理。审查再审申请期间，再审申请人申请人民法院

---

①《民事诉讼法》第204条规定，人民法院应当自收到再审申请书之日起3个月内审查，符合本法规定的，裁定再审；不符合本法规定的，裁定驳回申请。有特殊情况需要延长的，由本院院长批准。

②参见《民诉法解释》第395条。

③参见最高法院《关于受理审查民事申请再审案件的若干意见》第14条（“人民法院经审查申请再审人提交的再审申请书、对方当事人提交的书面意见、原审裁判文书和证据等材料，足以确定申请再审事由不能成立的，可以径行裁定驳回再审申请”）、第15条（“对于以下列事由申请再审，且根据当事人提交的申请材料足以确定再审事由成立的案件，人民法院可以径行裁定再审：审判组织的组成不合法或者依法应当回避的审判人员没有回避的；无诉讼行为能力人未经法定代理人代为诉讼，或者应当参加诉讼的当事人因不能归责于本人或者其诉讼代理人的事由未参加诉讼的；据以作出原判决、裁定的法律文书被撤销或者变更的；审判人员在审理该案件时有贪污受贿、徇私舞弊、枉法裁判行为，并经相关刑事法律文书或者纪律处分决定确认的”）。

④再审申请审查中的竞合有两种：与抗诉或检察建议的竞合和与其他当事人再审申请的竞合。有人称之为：与检察监督的竞合和与诉权的竞合。前者是指在人民法院审查当事人的再审申请期间，人民检察院又对该案提出抗诉，由于抗诉必然启动再审审理，所以人民法院应终结对再审申请的审查，作出再审裁定。在再审审理时，应将申请再审人提出的具体再审请求纳入审理范围。后者是指在人民法院审查一方当事人的再审申请期间，该案其他当事人也提出再审申请，人民法院应当将双方都列为申请再审人，对双方的再审申请一并审查。

委托鉴定、勘验的，人民法院不予准许。

⑥对撤回再审申请的处理。审查再审申请期间，再审申请人撤回再审申请的，是否准许，由人民法院裁定。再审申请人经传票传唤，无正当理由拒不接受询问的，可以按撤回再审申请处理。人民法院准许撤回再审申请或者按撤回再审申请处理后，再审申请人再次申请再审的，不予受理，但有《民事诉讼法》第 200 条第 1 项、第 3 项、第 12 项、第 13 项规定情形，自知道或者应当知道之日起 6 个月内提出的除外。这再次表明，申请再审的次数，原则上为一次，例外情形下两次。

⑦裁定终结审查。再审申请审查期间，有下列情形之一的，裁定终结审查：再审申请人死亡或者终止，无权利义务承继者或者权利义务承继者声明放弃再审申请的；在给付之诉中，负有给付义务的被申请人死亡或者终止，无可供执行的财产，也没有应当承担义务的人的；当事人达成和解协议且已履行完毕的，但当事人在和解协议中声明不放弃申请再审权利的除外；他人未经授权以当事人名义申请再审的；原审或者上一级人民法院已经裁定再审的；有《民诉法解释》第 383 条第 1 款①规定情形的。

⑧审查再审申请的期限。人民法院应当自受理再审申请之日起 3 个月内审查完毕，但鉴定期间等不计入审查期限。有特殊情况需要延长的，报经本院院长批准。

⑨上级人民法院应当严格依照《民事诉讼法》第 200 条等规定审查当事人的再审申请，符合法定条件的，裁定再审。不得因指令再审而降低再审启动标准，也不得因当事人反复申诉将依法不应当再审的案件指令下级人民法院再审。

（二）案外人申请再审

没有参加诉讼的案外人在法定条件下，也可以申请再审。根据相关规定，案外人申请再审有两种情形：

1. 属于必要共同诉讼人的案外人申请再审，即被遗漏的当事人申请再审。《民诉法解释》第 422 条规定："必须共同进行诉讼的当事人因不能归责于本人或者其诉讼代理人的事由未参加诉讼的，可以根据《民事诉讼法》第 200 条第 8 项规定，自知道或者应当知道之日起 6 个月内申请再审，但符合《民诉法解释》第 423 条规定情形的除外。人民法院因前款规定的当事人申请而裁定再审，按照第一审程序再审的，应当追加其为当事人，作出新的判决、裁定；按照第二审程序再审，经调解不能达成协议的，应当撤销原判决、裁定，发回重审，重审时应追加其为当事人。"

2. 不属于必要共同诉讼人的案外人申请再审。《民诉法解释》第 423 条、第 424 条的规定，根据《民事诉讼法》第 227 条规定，案外人对驳回其执行异议的裁定不服，认为原判决、裁定、调解书内容错误损害其民事权益的，可以自执行异议裁定送达之日起 6 个月内，向作出原判决、裁定、调解书的人民法院申请再审。对这种案外人申请再审的案件，需要根据案外人的诉讼地位分别确定其再审的程序。根据《民事诉讼法》

①《民诉法解释》第 383 条第 1 款规定："当事人申请再审，有下列情形之一的，人民法院不予受理：（一）再审申请被驳回后再次提出申请的；（二）对再审判决、裁定提出申请的；（三）在人民检察院对当事人的申请作出不予提出再审检察建议或者抗诉决定后又提出申请的。"

第227条规定，人民法院裁定再审后，案外人属于必要的共同诉讼当事人的，依照《民诉法解释》第422条第2款规定处理。案外人不是必要的共同诉讼当事人的，人民法院仅审理原判决、裁定、调解书对其民事权益造成损害的内容。经审理，再审请求成立的，撤销或者改变原判决、裁定、调解书；再审请求不成立的，维持原判决、裁定、调解书。

第三节　再审案件的审理与裁判

审判监督程序不论基于何种方式启动，一旦法院作出了再审裁定，就意味着再审程序成功提起，此后便进入到再审审理阶段。

一、再审审理的管辖法院

（一）审理再审案件的管辖权

审理再审案件的管辖权，归属于作出再审裁定的法院。具体而言，包含以下几种情况：法院基于审判监督权自行提起再审的案件的审理管辖权，归属于裁定再审的法院；检察院抗诉启动再审程序的案件的审理管辖权，归属于受理抗诉并裁定再审的法院；当事人申请再审的案件的审理管辖权，归属于审查再审申请并裁定再审的法院。

因当事人申请裁定再审的案件由中级人民法院以上的人民法院审理，但当事人依照《民事诉讼法》第199条的规定选择向基层人民法院申请再审的除外。

（二）审理再审案件管辖权的转移

根据民事诉讼法和相关司法解释的规定，再审审理的管辖权可以转移。为了平衡配置司法资源，当拥有再审案件审理管辖权的法院是原审法院的上级法院时，可以根据案件的复杂程度和影响大小，从便利当事人行使诉讼权利和便利法院审理的角度出发，依法将案件指令给原审法院再审，或指定给与原审法院同级的其他法院再审。此种指令再审或指定再审制度，即为再审案件审理管辖权的向下转移。下级法院接到上级法院的再审裁定后，应根据裁定内容进行再审审理，并将再审结果上报给上级法院。但原审法院启动再审时，不得将案件移交给下级法院审理，因为下级法院无权审理上级法院已经作出生效裁判的案件，也无权改变上级法院作出的生效裁判或调解书。

民事诉讼法和司法解释对再审案件审理管辖权的向下转移作出了如下规定：

1.《民事诉讼法》第204条第2款规定，因当事人申请再审，最高人民法院、高级人民法院裁定再审的案件，由本院再审或者交其他人民法院再审，也可以交原审人民法院再审。

2.《民事诉讼法》第211条规定，人民检察院提出抗诉的案件，接受抗诉的人民法院在有该法第200条第1项至第5项规定情形之一的（即原裁判因为证据问题而导致认定事实错误的），可以交下一级人民法院再审，但经该下一级人民法院再审的除外。

《民诉法解释》第 418 条规定，当事人的再审申请被上级人民法院裁定驳回后，人民检察院对原判决、裁定、调解书提出抗诉，抗诉事由符合《民事诉讼法》第 200 条第 1 项至第 5 项规定情形之一的(即原裁判因为证据问题而导致认定事实错误的)，受理抗诉的人民法院可以交由下一级人民法院再审。

3. 因当事人申请裁定再审的案件一般应当由裁定再审的法院审理。有下列情形之一的，最高法院、高级法院可以指令原审人民法院再审：(1)依据《民事诉讼法》第 200 条第 4 项、第 5 项或者第 9 项裁定再审的；(2)发生法律效力的判决、裁定、调解书是由第一审法院作出的；(3)当事人一方人数众多或者当事人双方为公民的；(4)经审判委员会讨论决定的其他情形。人民检察院提出抗诉的案件，由接受抗诉的人民法院审理，具有《民事诉讼法》第 200 条第 1 项至第 5 项规定情形之一的，可以指令原审人民法院再审。人民法院依据《民事诉讼法》第 198 条第 2 款裁定再审的，应当提审。①

4. 虽然符合指令再审的条件，但有下列情形之一的，应当提审(即不发生管辖权转移)：(1)原判决、裁定系经原审法院再审审理后作出的；(2)原判决、裁定系经原审法院审判委员会讨论作出的；(3)原审审判人员在审理该案件时有贪污受贿，徇私舞弊，枉法裁判行为的；(4)原审法院对该案无再审管辖权的；(5)需要统一法律适用或裁量权行使标准的；(6)其他不宜指令原审法院再审的情形。②

二、再审案件的审理和裁判

(一)再审程序中当事人的确定

再审程序中，当事人的主体资格可能发生变化，因而对当事人需要重新确定。当事人主体资格变化的情况主要有：

1. 原当事人死亡或者终止的，其权利义务承继者可以作为新当事人参加诉讼。

2. 原审判决遗漏了应当参加诉讼的当事人的，再审时如果适用一审普通程序，可以追加当事人，作出新判决；如果适用二审程序再审，可以根据当事人自愿的原则予以调解，调解不成的，裁定撤销一、二审判决，发回原审人民法院重审。

3. 必须共同进行诉讼的当事人因不能归责于本人或者其诉讼代理人的事由未参加诉讼的，法院进行再审时，按照第一审程序再审的，应当追加其为当事人，作出新的判决、裁定；按照第二审程序再审，经调解不能达成协议的，应当撤销原判决、裁定，发回重审，重审时应追加其为当事人。

(二)再审审理所适用的程序

审判监督程序不是一个独立的审判程序，所适用的程序要根据原审案件的审理程序和再审审理法院的审级来确定：

1. 当再审审理法院是原审法院或与原审法院同级的法院时，审判程序分两种情况：

---

①《最高人民法院关于民事审判监督程序严格依法适用指令再审和发回重审若干问题的规定》第 2 条。

②《最高人民法院关于民事审判监督程序严格依法适用指令再审和发回重审若干问题的规定》第 3 条。

(1)发生法律效力的判决、裁定是由第一审法院作出的，按照第一审程序审理，所作的判决、裁定属于一审判决、裁定，当事人不服的，仍可上诉。(2)发生法律效力的判决、裁定是由第二审法院作出的，按照第二审程序审理，所作的判决、裁定，是终审的判决、裁定，一经送达，即发生法律效力。

2. 当再审审理法院是上级人民法院或最高人民法院时，再审程序均为二审程序。此即上级人民法院按照审判监督程序提审的，按照第二审程序审理，所作的判决、裁定是发生法律效力的判决、裁定。

（三）裁定中止原生效法律文书的执行

当事人申请再审的，不停止判决、裁定的执行。这就是说，在再审的提起阶段，不停止原判决、裁定、调解书的执行。但是，在再审案件的审理阶段，一般应裁定中止原判决、裁定、调解书的执行。《民事诉讼法》第 206 条规定，按照审判监督程序决定再审的案件，裁定中止原判决、裁定、调解书的执行，但追索赡养费、扶养费、抚育费、抚恤金、医疗费用、劳动报酬等案件，可以不中止执行。《民诉法解释》第 396 条规定，人民法院对已经发生法律效力的判决、裁定、调解书依法决定再审，依照《民事诉讼法》第 206 条规定，需要中止执行的，应当在再审裁定中同时写明中止原判决、裁定、调解书的执行；情况紧急的，可以将中止执行裁定口头通知负责执行的人民法院，并在通知后 10 日内发出裁定书。

（四）再审的审判组织和审理方式

1. 审判组织。人民法院审理再审案件，应当另行组成合议庭，不能采用独任制。

2. 审理方式。再审案件的审理方式有两种：以开庭审理为原则，以不开庭审理为例外。对此《民诉法解释》第 403 条规定，人民法院审理再审案件应当组成合议庭开庭审理，但按照第二审程序审理，有特殊情况或者双方当事人已经通过其他方式充分表达意见，且书面同意不开庭审理的除外。人民法院开庭审理抗诉案件，应当在开庭 3 日前通知人民检察院、当事人和其他诉讼参与人。同级人民检察院或者提出抗诉的人民检察院应当派员出庭。人民检察院因履行法律监督职责向当事人或者案外人调查核实的情况，应当向法庭提交并予以说明，由双方当事人进行质证。

3. 再审案件审理中，符合缺席判决条件的，再审法院可以缺席判决。

（五）再审的审理范围

再审案件的审理范围受限于再审请求的范围或抗诉支持的当事人请求的范围。当事人超出原审诉讼请求范围，增加、变更诉讼请求的，一般不属于再审审理范围，但涉及国家利益、社会公共利益，或者当事人在原审诉讼中已经依法要求增加、变更诉讼请求，原审未予审理且客观上不能形成其他诉讼的除外。《民诉法解释》第 405 条规定："人民法院审理再审案件应当围绕再审请求进行。当事人的再审请求超出原审诉讼请求的，不予审理；符合另案诉讼条件的，告知当事人可以另行起诉。被申请人及原审其他当事人在庭审辩论结束前提出的再审请求，符合《民事诉讼法》第 205 条规定条件的，人民法院应当一并审理。人民法院经再审，发现已经发生法律效力的判决、裁定损害国家利益、社会公共利益、他人合法权益的，应当一并审理。”再审程序的主要功能在于纠错，而不是解决新的纠纷，因此，再审的审理范围原则上不超出原审范围；再者，在再审审理过程中，原审裁判尚未被撤销，如果扩大审理范围，就可能破坏正确裁判的既有效力。[①]

要注意的是，虽然在再审审理中当事人不能增加、变更诉讼请求，但在再审裁定撤销原判决、裁定后，却可以在符合法定条件的情况下增加、变更诉讼请求。对此，《民诉法解释》第252条规定，再审裁定撤销原判决、裁定发回重审的案件，当事人申请变更、增加诉讼请求或者提出反诉，符合下列情形之一的，人民法院应当准许：(1)原审未合法传唤缺席判决，影响当事人行使诉讼权利的；(2)追加新的诉讼当事人的；(3)诉讼标的物灭失或者发生变化致使原诉讼请求无法实现的；(4)当事人申请变更、增加的诉讼请求或者提出的反诉，无法通过另诉解决的。

（六）再审案件的开庭程序

人民法院开庭审理再审案件，应当按照下列情形分别进行：

1. 因当事人申请再审的，先由再审申请人陈述再审请求及理由，后由被申请人答辩、其他原审当事人发表意见。

2. 因抗诉再审的，先由抗诉机关宣读抗诉书，再由申请抗诉的当事人陈述，后由被申请人答辩、其他原审当事人发表意见。

3. 人民法院依职权再审，有申诉人的，先由申诉人陈述再审请求及理由，后由被申诉人答辩、其他原审当事人发表意见。

4. 人民法院依职权再审，没有申诉人的，先由原审原告或者原审上诉人陈述，后由原审其他当事人发表意见。

对上述第1项至第3项的情形，人民法院应当要求当事人明确其再审请求。

（七）再审案件的调解

法院审理再审案件，可以调解解决。再审程序中调解达成协议后，均应制作调解书。调解书送达后，原生效法律文书即视为撤销。

对再审调解，还有两种特殊情况要注意：(1)部分当事人到庭并达成调解协议，其他当事人未作出书面表示的，人民法院应当在判决中对该事实作出表述；调解协议内容不违反法律规定，且不损害其他当事人合法权益的，可以在判决主文中予以确认。(2)必须共同进行诉讼的当事人因不能归责于本人或者其诉讼代理人的事由未参加诉讼，当事人申请再审且法院裁定再审的，如果按照第二审程序进行再审，则只能用调解方式解决；经调解不能达成协议的，应当撤销原判决、裁定，发回重审，重审时应追加其为当事人。

---

①宋朝武．民事诉讼法学[M]．北京：高等教育出版社，2017：323-324.

（八）撤回抗诉、撤回再审申请和撤回起诉

再审案件的审理程序，可能因为人民检察院撤回抗诉、当事人撤回再审申请或撤回起诉而告终结。

1. 撤回抗诉。这有两种情形：(1)人民检察院主动撤回抗诉的，人民法院应当准许。检察院发现本院抗诉不当的，应当由检察长或检察委员会决定撤回抗诉，上级检察院发现下级检察院抗诉不当的，有权决定撤销下级检察院的抗诉决定。(2)因人民检察院提出抗诉裁定再审的案件，申请抗诉的当事人有撤回抗诉申请或者经传票传唤，无正当理由拒不到庭的，或者未经法庭许可中途退庭，按撤回再审请求处理的情形，且不损害国家利益、社会公共利益或者他人合法权益的，人民法院应当裁定终结再审程序。再审程序终结后，人民法院裁定中止执行的原生效判决自动恢复执行。

2. 撤回再审申请。这有两种情况：(1)再审申请人在再审期间撤回再审请求，人民法院准许的；(2)再审申请人经传票传唤，无正当理由拒不到庭的，或者未经法庭许可中途退庭，按撤回再审请求处理的。再审申请撤回后，再审程序终结，人民法院裁定中止执行的原生效判决自动恢复执行。

3. 撤回起诉。一审原告在再审审理程序中申请撤回起诉，经其他当事人同意，且不损害国家利益、社会公共利益、他人合法权益的，法院可以准许。裁定准许撤诉的，应当一并撤销原判决。一审原告在再审审理程序中撤回起诉后重复起诉的，法院不予受理。裁定准许撤回起诉后，再审程序终结。

（九）再审案件的审理结果

1. 对生效判决、裁定再审后的处理。当再审的对象是生效的判决、裁定时，经过再审审理后，法院可以依法作出判决、裁定；如果双方当事人在再审中达成调解协议，人民法院在确认其不违背自愿、合法原则后，应当制作调解书。由于再审程序的目的是纠正生效法律文书中的错误，因此再审审理后的判决书、裁定书应当对原生效法律文书的效力作出回应，确认是否撤销原生效判决或裁定；由于调解书是根据当事人的调解协议制作而成，故调解书一经各方当事人签收即生效，原判决、裁定视为撤销。民事再审的审理结果具体有以下几种：

(1)维持原判决、裁定。人民法院经再审审理认为，原判决、裁定认定事实清楚、适用法律正确的，应予维持；原判决、裁定认定事实、适用法律虽有瑕疵，但裁判结果正确的，应当在再审判决、裁定中纠正瑕疵后予以维持。

(2)依法改判、撤销或者变更。原判决、裁定认定事实、适用法律错误，导致裁判结果错误的，应当依法改判、撤销或者变更。其中的撤销原判，发回重审，又可分两种情况：①因未对基本事实进行审理而发回重审。人民法院按照第二审程序审理再审案件，发现原判决认定基本事实不清的，一般应当通过庭审认定事实后依法作出判决。但原审人民法院未对基本事实进行过审理的，可以裁定撤销原判决，发回重审。原判决认定事实错误的，上级人民法院不得以基本事实不清为由裁定发回重审。②因程序严重错误而发回重审。人民法院按照第二审程序审理再审案件，发现第一审人民法院

有下列严重违反法定程序情形之一的，可以依照《民事诉讼法》第 170 条第 1 款第 4 项的规定，裁定撤销原判决，发回第一审人民法院重审：原判决遗漏必须参加诉讼的当事人的；无诉讼行为能力人未经法定代理人代为诉讼，或者应当参加诉讼的当事人，因不能归责于本人或者其诉讼代理人的事由，未参加诉讼的；未经合法传唤缺席判决，或者违反法律规定剥夺当事人辩论权利的；审判组织的组成不合法或者依法应当回避的审判人员没有回避的；原判决、裁定遗漏诉讼请求的。

上级人民法院裁定指令再审、发回重审的，应当在裁定书中阐明指令再审或者发回重审的具体理由。再审发回重审的案件，应当围绕当事人原诉讼请求进行审理。当事人申请变更、增加诉讼请求和提出反诉的，按照《民诉法解释》第 252 条的规定审查决定是否准许。当事人变更其在原审中的诉讼主张、质证及辩论意见的，应说明理由并提交相应的证据，理由不成立或证据不充分的，人民法院不予支持。

(3)驳回起诉。按照第二审程序再审的案件，人民法院经审理认为不符合起诉条件或者符合不予受理情形的，应当裁定撤销一、二审判决，驳回起诉。

2. 对生效调解书再审后的处理。也应分别情形处理：

(1)再审事由成立的处理。经过再审审理，法院认为原调解协议违反自愿、合法原则，可以作出新的裁判，消除纠纷；也可以再次调解，重新达成合法有效的调解协议，并据此作出调解书。

(2)再审事由不成立的处理。人民法院对调解书裁定再审后，按照下列情形分别处理：①当事人提出的调解违反自愿原则的事由不成立，且调解书的内容不违反法律强制性规定的，裁定驳回再审申请。②人民检察院抗诉或者再审检察建议所主张的损害国家利益、社会公共利益的理由不成立的，裁定终结再审程序。

裁定驳回再审申请或裁定终结再审程序后，人民法院裁定中止执行的调解书需要继续执行的，自动恢复执行。

（十）裁定终结再审

法院在下列情形下可以裁定终结再审：

1. 再审申请人在再审期间撤回再审请求，人民法院准许的。

2. 再审申请人经传票传唤，无正当理由拒不到庭的，或者未经法庭许可中途退庭，按撤回再审请求处理的。

3. 人民检察院撤回抗诉的。

4. 有《民诉法解释》第 402 条第 1 项至第 4 项规定情形的，即：(1)再审申请人死亡或者终止，无权利义务承继者或者权利义务承继者声明放弃再审申请的；(2)在给付之诉中，负有给付义务的被申请人死亡或者终止，无可供执行的财产，也没有应当承担义务的人的；(3)当事人达成和解协议且已履行完毕的，但当事人在和解协议中声明不放弃申请再审权利的除外；(4)他人未经授权以当事人名义申请再审的。

5. 人民检察院提出抗诉裁定再审的案件，申请抗诉的当事人有撤回抗诉申请或者经传票传唤，无正当理由拒不到庭的，或者未经法庭许可中途退庭，按撤回再审请求处理的情形，且不损害国家利益、社会公共利益或者他人合法权益的，人民法院应当裁定终结再审程序。

6. 检察院对调解书提起抗诉或提出检察建议，法院再审后认为抗诉或者再审检察建议所主张的损害国家利益、社会公共利益的理由不成立的，裁定终结再审程序。

再审程序终结后，法院裁定中止执行的原生效判决或调解书自动恢复执行。

（十一）再审裁判的宣判

再审法院宣告判决可以自行宣判，也可以委托原审人民法院或者当事人所在地人民法院代行宣判。

（十二）对小额诉讼案件申请再审

对小额诉讼案件的判决、裁定，当事人以《民事诉讼法》第200条规定的事由向原审人民法院申请再审的，人民法院应当受理。申请再审事由成立的，应当裁定再审，组成合议庭进行审理。作出的再审判决、裁定，当事人不得上诉。

当事人以不应按小额诉讼案件审理为由向原审人民法院申请再审的，人民法院应当受理。理由成立的，应当裁定再审，组成合议庭审理。作出的再审判决、裁定，当事人可以上诉。

▶ 典型真题

李某诉谭某返还借款一案，M市N区法院按照小额诉讼案件进行审理，判决谭某返还借款。判决生效后，谭某认为借款数额远高于法律规定的小额案件的数额，不应按小额案件审理，遂向法院申请再审。法院经审查，裁定予以再审。关于该案再审程序适用，下列哪些选项是正确的？①（2016-03-81，多选）

A. 谭某应当向M市中级法院申请再审

B. 法院应当组成合议庭审理

C. 对作出的再审判决当事人可以上诉

D. 作出的再审判决仍实行一审终审

①【参考答案】BC。

第十八章　督促程序

考点分布

1. 督促程序的适用范围；(★★)
2. 支付令的申请和发出；(★★★)
3. 支付令的异议。(★★★★)

知识讲解

第一节　督促程序概述

一、督促程序的概念和特点

督促程序，又称支付令程序，是指法院根据债权人的申请，向债务人发出支付令，催促债务人在法定期限内向债权人履行给付金钱或者有价证券的义务的法律程序。当事人之间的债权债务纠纷，有许多是权利义务关系明确、当事人之间并不存在争议的。对这类债务纠纷案件，如果都用通常诉讼程序解决，无论对当事人还是国家都会加大成本。因此，为节约纠纷解决成本，提高纠纷解决效益，需要设置简捷的程序。督促程序就是这样一种程序，它直接以支付令的方式催促债务人及时偿还债务，但并不经过审理而解决当事人之间的债务纠纷。在性质上，督促程序属于非讼程序，其特点有：

1. 适用范围特定。督促程序适用于特定的债权债务关系，即仅限于给付金钱和有价证券的案件。

2. 督促程序是一种非讼程序。督促程序依债权人申请而开始，请求人民法院直接发出支付命令，不需经过法庭审理，法院经书面审查债权人的申请符合法定条件的，即发出支付令督促债务人履行债务。在整个程序过程中，没有双方当事人的辩论与质证，不存在对债权债务关系本身的争议，所以，它是一种非讼程序。

3. 督促程序是一种简捷的程序。法院受理债权人的支付令申请后，只由审判员一人对案件进行形式审查，无需传唤债务人到庭，也不需开庭审理，并实行一审终审制。经审查，认为符合条件的，向债务人发出支付令。只要债务人不对支付令提出异议，支付令即发生法律效力并可成为执行依据。这既减轻了人民法院的工作负担，又减轻了当事人的讼累。

4. 程序适用可选择。以给付金钱或有价证券为内容的债权债务纠纷，当事人可选择申请支付令通过督促程序解决，也可以起诉通过通常诉讼程序解决。

5. 程序终结附期限。法院向债务人发出支付令后，债务人应当自收到支付令之日起 15 日内清偿债务，或者向人民法院提出书面异议。债务人在规定的期间不提出异议又不履行支付令的，债权人可以向人民法院申请执行。在法定期限内清偿债务或提出书面异议以及申请执行，均会导致督促程序的终结。

6. 与诉讼程序相衔接。支付令失效后，法院可直接将案件转入诉讼程序，但申请支付令的一方当事人不同意提起诉讼的除外。

二、督促程序的适用范围

1. 适用的案件范围。督促程序适用于债权人请求债务人给付金钱、有价证券的案件。金钱是指货币，有价证券是指设立并证明持券人有权取得一定财产权利的书面凭证，包括汇票、本票、支票以及股票、债券、国库券、可转让的存款单等。

2. 适用的法院范围。可以适用督促程序审理申请支付令案件的法院仅限于基层人民法院，中级以上的人民法院不能适用督促程序审理案件。基层人民法院受理申请支付令案件，不受债权金额的限制。

三、督促程序与调解程序的衔接

根据《关于开展律师调解试点工作的意见》第 11 条的规定，要完善调解协议与支付令对接机制。即，经律师调解达成的和解协议、调解协议中，具有金钱或者有价证券给付内容的，债权人依据民事诉讼法及其司法解释的规定，向有管辖权的基层人民法院申请支付令的，人民法院应当依法发出支付令；债务人未在法定期限内提出书面异议且逾期不履行支付令的，人民法院可以强制执行。

第二节　支付令的申请、受理和发出

一、支付令的申请

支付令的申请，是指债权人以书面形式请求法院签发支付令，督促债务人履行债务的行为。债权人和债务人分别称为申请人和被申请人。

（一）申请支付令的条件

1. 请求给付的标的须为金钱或者汇票、本票、支票、股票、债券、国库券、可转让的存款单等有价证券。

2. 请求给付的金钱或者有价证券已到期且数额确定，并写明了请求所根据的事实、证据。

3. 债权人没有对待给付义务。

4. 债务人在我国境内且未下落不明。对于债务人不在我国境内而需要域外送达，或者虽在我国境内但因下落不明而需要公告送达支付令的，法院不适用督促程序。

5. 支付令能够送达债务人。能够送达，主要指能够通过法定的送达方式将支付令实际送达债务人，主要包括直接送达、留置送达等法定送达方式。

6. 收到申请书的人民法院有管辖权。

7. 债权人未向人民法院申请诉前保全。《民事诉讼法》第101条第3款规定："申请人在人民法院采取保全措施后30日内不依法提起诉讼或者申请仲裁的，人民法院应当解除保全。"因此，在债权人已经申请诉前财产保全的情况下，债权债务纠纷只能通过通常诉讼或者仲裁途径解决，不适宜再通过督促程序申请支付令解决。

（二）申请支付令的形式

债权人向法院申请支付令，必须提交申请书，并附有债权文书。申请书应写明以下内容：(1)债权人、债务人的姓名或名称等基本情况；(2)请求给付金钱或者有价证券的数量和所根据的事实、证据；(3)债权人与债务人之间不存在其他债权债务纠纷；(4)要求发出支付令的陈述，即表明申请的目的及请求发出支付令的意思表示；(5)债务人的财产状况和可供执行的财产。

（三）申请支付令的管辖法院

1. 级别管辖。债权人申请支付令，由基层人民法院管辖。

2. 地域管辖。债权人申请支付令，由债务人住所地基层人民法院管辖；债务人的住所地与经常居住地不一致的，由经常居住地的基层人民法院管辖。

3. 共同管辖。两个以上人民法院都有管辖权的，债权人可以向其中一个基层人民法院申请支付令。债权人向两个以上有管辖权的基层人民法院申请支付令的，由最先立案的人民法院管辖。①

二、对支付令申请的审查与受理

法院接到债权人的支付令申请后，应由审判员一人进行审查和处理，这种审查包

①《最高人民法院关于适用督促程序若干问题的规定》第2条规定，共同债务人住所地、经常居住地不在同一基层人民法院辖区，各有关人民法院都有管辖权的，债权人可以向其中任何一个基层人民法院申请支付令；债权人向两个以上有同一基层人民法院辖区，各有关人民法院都有管辖权的，债权人可以向其中任何一个基层人民法院申请支付令；债权人向两个以上有管辖权的人民法院申请支付令的，由最先立案的人民法院管辖。

括受理前的审查和受理后的审查。

（一）受理前的审查与受理

受理前的审查是一种形式审查，其目的是判断支付令申请是否符合受理条件，以确定应否受理。其审查内容包括：申请人是否具备申请资格和申请能力；申请是否符合法定条件和方式；申请手续是否完备；申请是否应由本院管辖。其审查方式是书面审查，即审查申请人单方面提交的申请书、债权文书及其证据材料等，不需询问债务人。其审查期限为5日。其审查结果为受理和不予受理两种，即：经过审查，法院认为支付令申请符合要求的，应在收到申请书后5日内通知债权人予以受理；不符合条件的，则应当在收到支付令申请书后5日内通知债权人不予受理。

法院收到债权人的支付令申请书后，审查时，认为申请书不符合要求的，可以通知债权人限期补正。法院应当自收到补正材料之日起5日内通知债权人是否受理。

（二）受理后的审查

法院受理支付令申请后，应对申请进行内容上的审查。这种审查实际上是法院对支付令案件的审理。在性质上，这种审查仍然属于形式审查而不是实体审查，因为这种审查仍然是对债权人单方面提供的资料进行审查，不通知债务人到庭辩论和举证、质证，不审查债权人与债务人之间就本债务关系是否存在争议和是否存在对待给付义务。审查内容包括：进一步查实申请人提供的事实和证据；债权债务关系是否明确；债权债务关系是否合法。审查方式仍为书面审查，不进行开庭审查。审查期限为15日，即法院在受理支付令申请之日起15日内决定是否向债务人发出支付令。审查结果有两种：发出支付令和驳回支付令申请，即经过审查，法院如果认为债权债务关系明确、合法，应当直接向债务人发出支付令，否则应以裁定形式驳回债权人的支付令申请，该裁定不得上诉。

经审查，有下列情形之一的，裁定驳回支付令申请：(1)申请人不具备当事人资格的；(2)给付金钱或者有价证券的证明文件没有约定逾期给付利息或者违约金、赔偿金，债权人坚持要求给付利息或者违约金、赔偿金的；(3)要求给付的金钱或者有价证券属于违法所得的；(4)要求给付的金钱或者有价证券尚未到期或者数额不确定的。此外，人民法院受理支付令申请后，发现不符合受理条件的，也应当在受理之日起15日内裁定驳回申请。

三、支付令的发出和效力

支付令，是法院根据债权人的申请，向债务人发出的要求债务人履行义务或提出书面异议的法律命令，是一种司法文书，也是督促程序的核心内容。

（一）支付令的发出

法院应当在受理申请之日起15日内向债务人发出支付令。支付令应当载明以下事项：(1)债权人、债务人姓名或名称等基本情况；(2)债务人应当给付的金钱、有价证券的种类、数量；(3)清偿债务或者提出异议的期限；(4)债务人在法定期间不提出异议的法律后果。另外，支付令由审判员、书记员署名，加盖法院印章。①

法院应向债务人本人送达支付令，不得向债务人同住的成年家属送达；若债务人拒绝接收的，人民法院可以留置送达。

（二）支付令的效力

支付令一经送达债务人，立即生效。债务人自收到支付令之日起 15 日内清偿债务，或者向法院提出支付令异议。如果债务人在法定期限内既不提出异议，又不清偿债务，支付令即发生执行的效力，债权人可以向法院申请强制执行。

对设有担保的债务的主债务人发出的支付令，对担保人没有拘束力。

（三）支付令的失效和撤销

1. 支付令的失效。支付令在下述情形下失效：(1)债务人在法定期间提出支付令异议，经审查异议成立的，支付令失效。(2)法院发出支付令后，债权人就同一债权债务关系又提起诉讼的，支付令自行失效。(3)法院发出支付令之日起 30 日内无法送达债务人的，支付令自行失效。(4)在债务人收到支付令前，申请人撤回申请的，支付令自行失效。(5)债权人就担保关系单独提起诉讼的，支付令自法院受理案件之日起失效。

2. 支付令的撤销。人民法院院长发现本院已经发生法律效力的支付令确有错误，认为需要撤销的，应当提交本院审判委员会讨论决定后，裁定撤销支付令，驳回债权人的申请。

第三节　支付令异议与督促程序终结

一、支付令异议

（一）提出支付令异议的条件

支付令异议，是指债务人在收到支付令后，向法院表明不服支付令确定的给付义务的诉讼行为。在支付令案件的审理程序中，法院仅依据债权人单方面提供的资料进行书面审查，债务人没有机会陈述自己的意见和观点。因此，为保障督促程序的公正性，避免支付令错误而损害债务人的合法利益，法律赋予了债务人就支付令提出不同意见即支付令异议的权利。

债务人提出支付令异议，须符合以下条件：(1)须在法定期限内提出，即应当自收到支付令之日起 15 日内向人民法院提出书面异议。债务人超过法定期间提出异议的，视为未提出异议。(2)须以书面方式提出，债务人的口头异议无效。(3)须针对支付令

①宋朝武．民事诉讼法学［M］．北京：高等教育出版社，2017：354.

载明的债权债务关系本身提出。如果债务人对债务本身没有异议，只是提出缺乏清偿能力、延缓债务清偿期限、变更债务清偿方式等意见的，不影响支付令的效力。(4)须向发出支付令的法院提出。债务人向其他法院提出支付令异议的，不影响支付令的效力。

（二）对支付令异议的审查和处理

法院收到支付令异议后，应进行审查，以判断支付令异议是否成立。这种审查是形式审查，不进行实体审查。审查的内容主要是：债务人是否在法定期间内提出支付令异议以及是否采用书面形式提出异议。经审查，符合条件的，支付令异议成立；否则，支付令异议不成立。根据异议成立与否，分别作出以下处理：

1. 异议成立的处理。(1)经审查，异议成立的，法院应当裁定终结督促程序，支付令自行失效。(2)经形式审查，债务人提出的书面异议有下列情形之一的，应当认定异议成立，裁定终结督促程序，支付令自行失效：①有不予受理支付令申请情形的；②有裁定驳回支付令申请情形的；③有应当裁定终结督促程序情形的；④人民法院对是否符合发出支付令条件产生合理怀疑的。[①]

2. 异议部分成立的处理。(1)债权人基于同一债权债务关系，在同一支付令申请中向债务人提出多项支付请求，债务人仅就其中一项或几项请求提出异议的，不影响其他各项请求的效力。(2)债权人基于同一债权债务关系，就可分之债向多个债务人提出支付请求，多个债务人中的一人或几人提出异议的，不影响其他请求的效力。

3. 异议不成立的处理。(1)法院经审查认为异议不成立的，裁定驳回支付令异议。(2)债务人对债务本身没有异议，只是提出缺乏清偿能力、延缓债务清偿期限、变更债务清偿方式等异议的，不影响支付令的效力。(3)债务人在收到支付令后，未在法定期间提出书面异议，而向其他法院起诉的，不影响支付令的效力。(4)支付令异议必须具备法定书面形式，在书面异议书中写明拒付的事实和理由，口头异议无效。

法院认定支付令异议无效，应以适当方式尽快告知债务人。因为异议不成立，支付令仍然有效，及时告知债务人，可以督促其清偿支付令确定的义务。

（三）支付令异议成立的法律后果

1. 终结督促程序。支付令异议成立，说明双方当事人之间的债权债务关系存在争议，只有通过诉讼程序才能确定，不能用督促程序加以解决。因此，法院应裁定终结督促程序。

2. 支付令自行失效。支付令生效的条件，是债务人在法定期限内既没有清偿债务，也没有提出书面异议，或者所提出的异议被法院驳回。由于督促程序终结，支付令生效的条件也随之丧失。

3. 案件转入诉讼程序。支付令失效的，转入诉讼程序，但申请支付令的一方当事人不同意提起诉讼的除外。支付令失效后，申请支付令的一方当事人自收到终结督促

①参见《民诉法解释》第437条。

程序裁定之日起 7 日内未向受理申请的人民法院表明不同意提起诉讼的，视为向受理申请的人民法院起诉。

二、督促程序终结

督促程序终结，是指由于发生了法定的情形或者某种特殊原因，导致结束督促程序。根据民事诉讼法和司法解释的规定，督促程序终结有以下三类情形：

1. 正常终结。此即债务人收到支付令后，在支付令的督促下，自行履行了支付令确定的金钱或有价证券给付义务，从而终结督促程序。

2. 裁定终结。受案法院根据相关规定，裁定终结督促程序。这包括：(1)支付令申请不符合受理条件的，法院应裁定不予受理，终结督促程序。(2)法院受理后，经审查，发现支付令申请不符合受理条件或具有《民诉法解释》第 430 条所规定的情形，裁定驳回支付令申请，终结督促程序。(3)债务人对支付令提出异议，经审查，法院认为异议成立的，应当裁定终结督促程序。

3. 其他终结督促程序的情形。这包括：(1)法院受理支付令申请后，债权人就同一债权债务关系又提起诉讼的；(2)法院发出支付令之日起 30 日内无法送达债务人的；(3)债务人收到支付令前，债权人撤回申请的。①

▶ 典型真题

甲向乙借款 20 万元，丙是甲的担保人，现已到偿还期限，经多次催讨未果，乙向法院申请支付令。法院受理并审查后，向甲送达支付令。甲在法定期间未提出异议，但以借款不成立为由向另一法院提起诉讼。关于本案，下列哪一说法是正确的？②(2015-03-47，单选)

A. 甲向另一法院提起诉讼，视为对支付令提出异议

B. 甲向另一法院提起诉讼，法院应裁定终结督促程序

C. 甲在法定期间未提出书面异议，不影响支付令效力

D. 法院发出的支付令，对丙具有拘束力

---

①宋朝武．民事诉讼法学[M]．北京：高等教育出版社，2017：357.

②【参考答案】C。

第十九章　公示催告程序

考点分布

1. 公示催告程序的特点；（★★）
2. 公示催告程序的适用范围；（★★★）
3. 申请公示催告的条件；（★★）
4. 公示催告案件的审理程序；（★★★★）
5. 公示催告程序的终结；（★★）
6. 除权判决的救济。（★★）

知识讲解

第一节　公示催告程序概述

一、公示催告程序的概念和特点

（一）公示催告程序的概念和性质

公示催告程序，是指在票据丧失的情况下，法院根据失票人的申请，以公告的方式催告不明利害关系人在法定期间内申报权利，如果逾期无人申报，根据申请人的申请，依法作出除权判决的程序。公示催告程序是为解决票据丧失时的权利救济而设置的一种程序。票据丧失，不意味着票据上所承载的权利也随之丧失。但票据丧失，毕竟给票据权利的行使带来了障碍，因而需要有专门的救济程序，这就是公示催告程序。票据丧失，可分为绝对丧失和相对丧失。票据的绝对丧失，是指票据本体在物质世界已经灭失，不再存在；票据的相对丧失，是指票据本体在物质世界并未灭失，仍然存在，只是遗失或被盗了，失票人不能持有和控制。无论哪种丧失，票据权利都需要及时救济，否则，失票人的权益就可能受到损害。但要通过公示催告程序对失票人的票据权利进行救济，法院需要遵照法定程序进行审理，在确认一定事实的基础上，解决两个问题：一是除权，即解除票据的效力，使票据和票据权利分离开来，也就是让票据失权；二是确权，即确定申请人享有票据上的权利，也就是在除权判决生效后，失票人可凭除权判决要求付款人支付款项。

在法院审理公示催告案件的过程中，通常只有申请人一方参加，对方当事人有没有以及具体为谁不明确，也就是没有利害冲突的双方当事人，不存在民事权益的直接争议；在公示催告程序中，如果出现利害关系人前来申报票据权利且其申报成立的，就表明申请人和利害关系人之间形成了明确的票据权利归属的争议，此时法院应裁定终结公示催告程序。可见，公示催告程序不适用于解决民事纠纷，因而就其性质而言，属于非讼程序。

（二）公示催告程序的特点

1. 程序启动方式的特殊性。公示催告程序的启动不是基于当事人的起诉，而是基于当事人的申请。申请人的公示催告申请与原告的起诉虽然都具有启动程序的功能，但二者的要求和内容有诸多不同。

2. 当事人的特殊性。这表现在：(1)公示催告程序的申请人只能是票据被盗、遗失或者灭失前的最后持有人，其他与丧失的票据有关的人都不能申请公示催告。(2)公示催告案件无明确的相对人。公示催告案件在申请时，相对人必须处于不明确状态；在申报权利时出现利害关系人，公示催告程序即应终结。

3. 适用范围的特殊性。公示催告程序只适用于两类案件：(1)按规定可以背书转让的票据被盗、遗失或灭失的；(2)依照法律规定可以申请公示催告的其他事项(如股票、提单、存款单等)。除此之外的其他事项，不得适用公示催告程序。

4. 审判程序的特殊性。这表现在：(1)公示催告程序是一种略式审判程序。适用公示催告程序审判案件，不需要也不存在通常诉讼程序的庭前准备、开庭审理等阶段。就审理方式而言，主要是书面审查和公示方式，以确定利害关系人是否存在。(2)审理程序具有明显的阶段性。公示催告程序分为两个程序阶段：公示催告阶段和除权判决阶段，这两个阶段既相互独立又彼此相关。公示催告阶段结束后并不必然进入除权判决阶段，要进入除权判决阶段，前提是申请人提出了除权判决的申请。(3)公告期间届满无人申报权利的，法院不直接作出除权判决，而须根据申请人的申请，作出判决，宣告票据无效。

5. 审判组织的特殊性。公示催告程序分为公示催告阶段和除权判决阶段。与此对应，二者的审判组织也有不同：公示催告阶段由一名审判员独任审理，而申请人申请作出除权判决时则需组成合议庭进行审理。①

6. 实行一审终审。公示催告程序实行一审终审。人民法院对公示催告案件无论用

---

①《民诉法解释》第454条规定，适用公示催告程序审理案件，可由审判员一人独任审理；判决宣告票据无效的，应当组成合议庭审理。

判决的方式结案，还是用裁定的方式结案，当事人均不得提起上诉。此外，当事人也不得对生效的除权判决或终结公示催告程序的生效裁定申请再审。

二、公示催告程序的适用范围

（一）适用的法院范围

公示催告程序仅适用于基层法院，中级以上法院不能适用该程序审理案件。

（二）适用的案件范围

1. 按照规定可以背书转让的票据持有人，因票据被盗、遗失或灭失，可以向法院申请公示催告。票据是一种载明具体金额，用作流通和支付手段的有价证券，包括本票、汇票和支票三种。票据的转让形式有两种：一种是直接交付的简单转让，一种是背书转让。只有按规定可以背书转让的票据被盗、遗失或灭失时，才可以适用公示催告程序进行票据权利的救济。

2. 依照法律规定可以申请公示催告的其他事项，可以向法院申请公示催告。这一规定的具体范围，取决于法律的规定，属于一种开放性的规定。例如，《公司法》第143条规定："记名股票被盗、遗失或者灭失，股东可以依照《中华人民共和国民事诉讼法》规定的公示催告程序，请求人民法院宣告该股票失效。人民法院宣告该股票失效后，股东可以向公司申请补发股票。"

第二节　公示催告申请的提起和受理

一、公示催告的申请

公示催告程序依申请人的申请而开始。申请公示催告，须符合下列条件：(1)申请公示催告的主体须是票据持有人，即票据被盗、遗失或者灭失前的最后持有人。(2)申请公示催告的对象，须是依法可以背书转让的票据或者根据法律规定可以公示催告的其他事项。(3)申请公示催告的事由，须是可以背书转让的票据或其他事项被盗、遗失或者灭失。(4)申请公示催告的形式须是书面形式。即申请人应当向人民法院递交申请书，写明票面金额、发票人、持票人、背书人等票据主要内容和申请的理由、事实。(5)相对利害关系人是否存在处于不明确状态。(6)须向有管辖权的法院提出申请。即申请人须向票据支付地的基层人民法院申请公示催告。所谓票据支付地，是指票据载明的票据付款人的住所地。

二、公示催告申请的受理

人民法院收到公示催告的申请后，应当立即由一名审判员进行审查。审查的内容主要包括：申请人是否为票据丧失前的最后合法持有人、申请是否具备法定的形式和内容、申请事项是否属于公示催告程序的适用范围、申请原因是否属于法律规定的“被盗、遗失或灭失”的情况、接受申请的法院是否具有管辖权等。审查时，法院应结合票据存根、丧失票据的复印件、出票人关于签发票据的证明、申请人合法取得票据的证明、银行挂失止付通知书、报案证明等证据，决定是否受理。

经审查，法院认为符合受理条件的，通知予以受理，并同时通知支付人停止支付；认为不符合受理条件的，7 日内裁定驳回申请。

三、公示催告申请的撤回

申请人提出公示催告申请后又要求撤回的，只要符合条件，法院应当准许。公示催告申请人撤回申请，应在公示催告前提出；公示催告期间申请撤回的，人民法院可以径行裁定终结公示催告程序。

第三节　公示催告案件的审理程序

一、止付与公告

《民事诉讼法》第 219 条规定：“人民法院决定受理申请，应当同时通知支付人停止支付，并在 3 日内发出公告，催促利害关系人申报权利。公示催告的期间，由人民法院根据情况决定，但不得少于 60 日。”该条文确定了公示催告案件审理程序中的两个环节：通知停止支付和发出公告。

（一）止付通知

停止支付通知，简称止付通知，是法院向票据载明的付款人（即支付人）发出的要求其见到票据后停止向持票人支付款项的法律文书。许多票据为即期票据，具有见票即付的效力。如果申请人丧失的票据所载的权利已经被非合法权利人行使，便没有适用公示催告程序的必要了。因此，公示催告程序以申请人丧失的票据所载的权利尚未实现即支付人尚未支付为前提。为阻止非权利人行使票据权利，要求法院在受理公示催告申请的同时向支付人发出止付通知。法院发给支付人的止付通知中，应当附有公示催告申请受理通知书。支付人收到法院的止付通知后，应当停止支付，直至公示催告程序终结。

止付通知作为一种法律文书具有法律上的强制效力，支付人必须执行。《民诉法解释》第 456 条规定，人民法院依照规定通知支付人停止支付，应当符合有关财产保全的规定。支付人收到停止支付通知后拒不止付的，除可依照《民事诉讼法》第 111 条、第 114 条规定采取强制措施外，在判决后，支付人仍应承担付款义务。

（二）发布公告

这里的公告，是指法院在受理公示催告申请后，向社会发出的催促利害关系人在法定期限内向法院申报权利的告示。发布公告是公示催告程序的必经阶段。法院受理公示催告申请后，应当在 3 日内发出公告。公告目的有三：一是告知利害关系人法院已受理申请人的公示催告申请，二是催促利害关系人向法院申报权利，三是要求利害关系人在公示催告期间不得转让票据权利，否则，公示催告期间转让票据权利的行为无效。法院受理公示催告申请的公告，应当写明下列内容：(1)公示催告申请人的姓名或者名称；(2)票据的种类、号码、票面金额、出票人、背书人、持票人、付款期限等事项以及其他可以申请公示催告的权利凭证的种类、号码、权利范围、权利人、义务人、行权日期等事项；(3)申报权利的期间；(4)在公示催告期间转让票据等权利凭证、利害关系人不申报的法律后果。

公告应当在有关报纸或者其他媒体上刊登，并于同日公布于人民法院公告栏内。人民法院所在地有证券交易所的，还应当同日在该交易所公布。公告期间不得少于 60 日，且公示催告期间届满日不得早于票据付款日后 15 日。

二、利害关系人申报权利

申报权利，是指利害关系人在指定期间内向法院主张票据权利的行为。申报权利是利害关系人维护自己合法权益的一种手段，即利害关系人为避免因除权判决而丧失票据权利，可以向人民法院申报权利。申报权利应符合以下条件：(1)申报权利的主体是公示催告事项的利害关系人，即票据的实际占有人。(2)申报权利一般应在人民法院指定的公示催告期间内进行。根据《民诉法解释》第 450 条规定，在申报期届满后、除权判决作出之前，利害关系人也可以申报权利。(3)利害关系人要向受理公示催告案件的法院申报权利。(4)利害关系人申报权利时应提交票据以便法院审查。

利害关系人申报权利后，法院要进行形式审查，即法院应当通知利害关系人向法院出示票据，并通知公示催告申请人在指定的期间查看该票据。公示催告申请人申请公示催告的票据与利害关系人出示的票据不一致的，应当裁定驳回利害关系人的申报。如果申请人主张的票据和权利申报人提交的票据一致，则法院应当裁定终结公示催告程序，并通知申请人和支付人。终结公示催告程序的裁定书，由审判员、书记员署名，加盖人民法院印章。该裁定为终局裁定，不得上诉或申请再审。

由于申请人与申报人之间就票据的权利归属产生了争议，因此申请人或者申报人可以向有管辖权的人民法院起诉。终结公示催告程序后，公示催告申请人或者申报人向人民法院提起诉讼，因票据权利纠纷提起的，由票据支付地或者被告住所地人民法院管辖；因非票据权利纠纷提起的，由被告住所地人民法院管辖。

三、除权判决

（一）除权判决的概念

除权判决，是指在公示催告期间无人申报权利，或者申报被驳回，法院依申请人的申请所作出的宣告票据无效的判决。除权判决有两层含义：(1)宣告票据无效进而排除申请人以外的其他人对该票据享有权利，故称之为“除权”；(2)通过在指定期间内无人申报权利的事实，推定票据权利归申请人所有。从这层意义上讲，除权判决也具有确权的性质。[①] 作出除权判决是公示催告程序的最后阶段，也是公示催告程序发挥其特有作用的必经程序。

（二）除权判决的条件

1. 公示催告期间届满无人申报权利或虽有人申报权利但被法院裁定驳回申报。

2. 申请人在法定期间内请求人民法院作出除权判决。法院不能依职权主动作出除权判决，必须由申请人自公告期间届满后 1 个月内提出申请，法院才能启动除权判决程序。可见，除权判决虽然是公示催告程序的最后阶段，但却不是必经阶段。

（三）除权判决的效力

除权判决作出后，应当进行公告，并通知支付人。除权判决自公告之日起发生法律效力，当事人不得提起上诉。除权判决具有以下效力：(1)申请公示催告的票据失效，不再具有票据上的权利。(2)判决公告之日起，公示催告申请人有权依据除权判决向付款人请求付款。付款人拒绝付款，申请人向人民法院起诉，符合法定的起诉条件的，人民法院应予受理。(3)终结公示催告程序。

四、公示催告程序的终结

公示催告程序终结，是指出现了法定情形或者法院作出除权判决后，结束公示催告程序。根据有关规定，公示催告程序的终结有以下情形：

1. 自然终结。此即公示催告期间届满无人申报权利，或者权利申报被法院驳回，法院根据申请人的申请作出除权判决，正常结束公示催告程序。

2. 因驳回公示催告申请而终结。经审查，法院认为公示催告申请不符合受理条件的，裁定驳回申请，终结公示催告程序。

3. 因撤回申请而终结。公示催告申请人撤回申请，应在公示催告前提出；公示催告期间申请撤回的，人民法院可以径行裁定终结公示催告程序。

4. 因权利申报而终结。利害关系人在公示催告期间或在申报权利期间届满后、除权判决作出之前申报权利的，人民法院应当裁定终结公示催告程序。

5. 因申请人未申请作出除权判决而终结。在申报权利期间没有人申报权利，或者

①参见司法部统编教材有关内容。

申报权利被驳回，而申请人在1个月的法定期间内未申请人民法院作出除权判决的，法院应当裁定终结公示催告程序。

五、对利害关系人权利的救济

除权判决是根据法律上的推定而作出的，其结论可能与事实不符，因而有可能损害利害关系人的合法权益。为纠正除权判决的错误和维护利害关系人的合法权益，法律必须设立相应的救济措施。对利害关系人权利的救济途径有二：

1. 公告除权判决。除权判决公告具有一定的救济性质，因其让利害关系人在失去权利申报机会后，还有机会获知该票据被申请公示催告和作出除权判决的情况，以便其行使另行起诉的权利。

2. 允许利害关系人提起诉讼。利害关系人因正当理由不能在判决前向人民法院申报权利的，自知道或者应当知道判决公告之日起1年内，可以向作出判决的人民法院起诉。此之所谓正当理由，包括以下诸种：(1)因发生意外事件或者不可抗力致使利害关系人无法知道公告事实的；(2)利害关系人因被限制人身自由而无法知道公告事实，或者虽然知道公告事实，但无法自己或者委托他人代为申报权利的；(3)不属于法定申请公示催告情形的；(4)未予公告或者未按法定方式公告的；(5)其他导致利害关系人在判决作出前未能向人民法院申报权利的客观事由。

利害关系人提起诉讼，请求人民法院撤销除权判决的，应当将申请人列为被告。对此种撤销诉讼(属于形成之诉)，人民法院可按票据纠纷适用普通程序审理。利害关系人仅诉请确认其为合法持票人的，人民法院应当在裁判文书中写明，确认利害关系人为票据权利人的判决作出后，除权判决即被撤销。

▶ 典型真题

大界公司就其遗失的一张汇票向法院申请公示催告，法院经审查受理案件并发布公告。在公告期间，盘堂公司持被公示催告的汇票向法院申报权利。对于盘堂公司的权利申报，法院实施的下列哪些行为是正确的?① (2016-03-83，多选)

A. 应当通知大界公司到法院查看盘堂公司提交的汇票

B. 若盘堂公司出具的汇票与大界公司申请公示的汇票一致，则应当开庭审理

C. 若盘堂公司出具的汇票与大界公司申请公示的汇票不一致，则应当驳回盘堂公司的申请

D. 应当责令盘堂公司提供证明其对出示的汇票享有所有权的证据

①【参考答案】AC。

第二十章　民事裁判

考点分布

1. 民事判决；（★★★）
2. 民事裁定；（★★）
3. 民事决定。（★）

知识讲解

民事裁判，是指法院在审理民事案件的过程中，根据案件事实和国家法律，针对审理案件过程中发生的各种程序问题和实体问题依照法定程序所作的结果性处理。民事裁判有广义和狭义之分。广义的民事裁判包括法院在民事诉讼中作出的判决、裁定和决定以及法院主持调解所达成的调解协议；狭义的民事裁判仅指人民法院作出的民事判决和民事裁定。

第一节　民事判决

一、民事判决的概念和种类

（一）民事判决的概念和特点

民事判决，是法院在民事案件审理终结时，根据查明和认定的事实，适用法律对案件实体问题作出的权威性判定。民事判决具有以下特征：

1. 作出判决的主体是法院。民事案件的裁判权由法院享有，其他任何机关和个人都无权审理案件，也不能作出判决。

2. 判决的对象是案件实体问题。判决是对当事人之间民事权利义务关系或实体请求作出判定，而不是对审判中程序问题或其他特殊问题加以解决。

3. 判决具有法律的权威性。判决发生法律效力后不仅能拘束当事人，对社会也具有普遍约束力；非经法定程序不能被否定、变更或推翻；当事人必须履行判决确定的义务。

4. 判决的内容和形式具有法定性。民事判决书是民事判决的表现形式。《民事诉讼法》第152条规定判决书的内容要素和形式要素，最高法院发布的《民事诉讼文书样式》所规定的判决书样式还对民事判决书的格式和写作规范作出了具体规定。

（二）民事判决的种类

1. 给付判决、确认判决和形成(变更)判决。这是根据诉的种类进行的分类。给付判决是确定当事人之间实体权利义务关系，责令负有义务的当事人履行一定义务的判决。确认判决是确认当事人之间的某种法律关系存在与否的判决。形成判决，又称变更判决，是变更当事人之间原有的法律关系的判决。这三种判决生效后，只有给付判决具有执行力，即当义务人不履行义务时，权利人可以申请强制执行；确认判决和形成判决不具有执行力。

2. 全部判决和部分判决。这是根据对当事人请求事项的全部或部分作出判定进行的分类。全部判决，是指法院对当事人的全部请求事项依法一并作出的判决。部分判决，是指法院对当事人的部分请求事项在查清事实的基础上先行作出的判决。部分判决多发生在诉讼请求合并审理且各诉讼请求之间具有相对的独立性的情况下。《民事诉讼法》第153条规定，人民法院审理案件，其中一部分事实已经清楚，可以就该部分先行判决。

3. 对席判决和缺席判决。这是根据双方当事人是否出庭参加案件审理进行的分类。对席判决是指在双方当事人或者其诉讼代理人均参加开庭审理的情况下作出的判决。缺席判决是指在开庭审理时有一方当事人不到庭也不委托诉讼代理人到庭参加法庭审理的情况下作出的判决。缺席判决不能滥用，只能在法律明确规定的情况下才能作出。

4. 原判决和补充判决。这是根据判决作出的时间不同所作的分类。原判决，是指法院在对案件审理终结时最初作出的判决。补充判决，是指法院最初作出的判决在送达当事人后，因存在遗漏事项，依法对原判决进行补充后所作出的判决。①

此外，根据判决是否发生法律效力，可将民事判决分为生效判决和未生效判决；根据案件的审理程序不同，可将民事判决分为一审判决、二审判决和再审判决；根据案件性质的不同，可将判决分为诉讼案件判决和非讼案件判决；根据判决解决案件的结果，可将民事判决分为肯定判决和否定判决。

二、民事判决的内容

判决书应当写明判决结果和作出该判决的理由。判决书的内容包括：(1)案由、诉讼请求、争议的事实和理由；(2)判决认定的事实和理由、适用的法律和理由；(3)判

①宋朝武．民事诉讼法学[M]．北京：高等教育出版社，2017：258-260.

决结果和诉讼费用的负担；(4)上诉期间和上诉的法院。判决书由审判人员、书记员署名，加盖人民法院印章。另外，调解达成协议的无民事行为能力人的离婚案件和涉外案件，人民法院可以应当事人、法定代理人的要求，根据调解协议制作判决书，此种判决书也应当写明该判决书的协议依据。

三、民事判决的效力

判决的效力实际上就是生效判决所产生的实际作用。学术界对民事判决具体包含哪些效力有不同的认识。例如，有人认为，民事判决生效后能产生三个方面的法律效力：对人的约束力、对事的确定力和强制执行力。[①] 有人认为，民事判决的效力分为形式上的效力和实质上的效力。[②] 一般说来，民事判决生效后，可产生以下几个方面的法律效力：

1. 羁束力。判决的羁束力，是指在同一诉讼程序中，作出判决的法院要受自己判决的拘束，法院不得在作出判决后改变或撤回、撤销该判决。因为判决的这种拘束力是对作出判决的法院自身的拘束，因此，也称为自我拘束力或判决的自缚性。《民诉法解释》第242条规定："一审宣判后，原审人民法院发现判决有错误，当事人在上诉期内提出上诉的，原审人民法院可以提出原判决有错误的意见，报送第二审人民法院，由第二审人民法院按照第二审程序进行审理；当事人不上诉的，按照审判监督程序处理。"该条文明确肯定了判决的自我拘束力。

2. 确定力。判决生效后具有确定力。确定力又分为：(1)形式上的确定力。判决如果属于可以通过上诉加以撤销或变更的，就是不确定的判决。在当事人放弃上诉，判决已经生效时，判决即成为确定的判决，除非通过特别途径，否则是不能撤销或变更的。这种确定判决的不可撤销性，即为形式上的确定力。(2)实质上的确定力。这就是常说的既判力，是指法院作出的终局判决一旦生效，当事人和法院应当受该判决内容的拘束，当事人不得在以后的诉讼中主张与该判决相反的内容，法院也不得在以后的诉讼中作出与该判决相冲突的判断。可见，既判力的这种拘束作用主要是针对后诉而言，也就是对后诉产生拘束作用。

3. 执行力。判决的执行力，是指给付判决生效后，义务人不履行判决确定的给付义务时，权利人可以向法院申请强制执行，强制实现其内容。

4. 形成力(变更力)。判决的形成力，是指法院生效判决具有使当事人之间的原有民事法律关系发生变动，从而产生新的法律关系的效力。

5. 证明效力。确定判决在前诉中所认定的事实在后诉中具有类似证据的作用。即后诉中的当事人主张该事实的，只要援引该判决即可完成对该事实的证明，从而免除证明责任。

6. 波及效力。判决的波及效力，亦称反射效力，是指本诉的判决除了对本诉的当

---

①杨秀清．民事诉讼法与仲裁制度[M]．北京：中国政法大学出版社，2016：156.

②宋朝武．民事诉讼法学[M]．北京：高等教育出版社，2017：261.

事人有直接作用外，还间接地波及本诉以外的案外人，事实上对案外人的法律地位和行为产生影响。判决的这种间接作用就如同光线反射一样，因此被学者称为反射效力或反射效。① 例如，《民诉法解释》第249条规定："在诉讼中，争议的民事权利义务转移的，不影响当事人的诉讼主体资格和诉讼地位。人民法院作出的发生法律效力的判决、裁定对受让人具有拘束力。受让人申请以无独立请求权的第三人身份参加诉讼的，人民法院可予准许。受让人申请替代当事人承担诉讼的，人民法院可以根据案件的具体情况决定是否准许；不予准许的，可以追加其为无独立请求权的第三人。"该条文就是生效判决波及效力的一个典型例证，它突破了判决效力的相对性，对案外的受让人发生效力。

第二节　民事裁定

一、民事裁定概述

（一）民事裁定的概念和适用范围

民事裁定，是指法院对民事审判和执行中的程序性事项所作出的权威性判定。

裁定适用于解决诉讼程序问题，目的在于保证案件审理的顺利进行。根据《民事诉讼法》第154条第1款的规定，裁定适用于下列范围：(1)不予受理；(2)对管辖权有异议的；(3)驳回起诉；(4)保全和先予执行；(5)准许或者不准许撤诉；(6)中止或者终结诉讼；(7)补正判决书中的笔误；(8)中止或者终结执行；(9)撤销或者不予执行仲裁裁决；(10)不予执行公证机关赋予强制执行效力的债权文书；(11)其他需要裁定解决的事项，例如，在特别程序中，确认调解协议的效力、实现担保物权的法律文书，使用裁定。其中，第7项规定的笔误是指法律文书误写、误算，诉讼费用漏写、误算和其他笔误，而不是指判决对事实认定的错误或法律适用的错误；另有部分裁定，例如，保全和先予执行的裁定，虽然涉及民事实体权利义务，但却不是对实体权利义务关系的最后决定，故仍属诉讼程序的范畴。

（二）民事裁定与民事判决的区别

民事裁定与民事判决都是法院行使国家审判权的重要形式，都是法院对一定事项的权威性判定，都是法院的意思表示，生效后都能产生一定的法律效果。但两者也有明显的区别，主要有：

1. 解决的事项不同。裁定解决的是诉讼过程中的程序性问题，判决则用于解决当事人双方争执的实体权利义务问题。

2. 作出的依据不同。裁定根据的事实是程序性事实，依据民事诉讼法的规定作出；

①王福华．民事诉讼法学[M]．2版．北京：清华大学出版社，2015：392-394.

判决根据的事实是实体法事实，依据民事实体法的规定作出。

3. 适用的阶段不同。裁定可以在诉讼过程中的任何阶段包括执行阶段作出，而判决通常只能在案件审理的最后阶段作出。

4. 形式不同。裁定可用口头形式或者书面形式作出，而判决必须采取书面形式。

5. 上诉范围和上诉期限不同。可以提起上诉的裁定有不予受理的裁定、对管辖权有异议的裁定和驳回起诉的裁定，其上诉期限为 10 日。而允许上诉的判决比较广泛，地方各级法院作出的第一审判决，包括发回重审时的一审判决、按一审程序再审时的一审判决，只要法律未明确规定实行一审终审，当事人均可提起上诉，其上诉期限为 15 日。

6. 法律效力不同。最高法院的判决、裁定，以及依法不准上诉或者超过上诉期没有上诉的判决、裁定，是发生法律效力的判决、裁定。除可以上诉的裁定外，其他裁定一经作出，立即生效；裁定的效力及于程序，随程序性事实的改变，裁定可以相应改变。而判决的生效要区别情况，地方各级法院作出的一审判决需待上诉期满，当事人均未上诉，才发生法律效力；终审判决，包括最高法院作出的各种判决、高级法院和中级法院作出的二审判决、基层法院适用小额诉讼程序和非讼程序审理案件所作出的判决，一经送达，立即生效。生效判决的效力及于实体，非经法定程序不得改变。

二、裁定的形式和内容

裁定有两种形式，即口头裁定和书面裁定。书面裁定，即裁定书，是指法院以书面形式作出的含有对程序性事项处理决定的法律文书。民事裁定也可以采取口头形式，口头裁定必须由书记员记入笔录。裁定书应当写明裁定结果和作出该裁定的理由。裁定书由审判人员、书记员署名，加盖人民法院印章。口头裁定的，记入笔录。

三、民事裁定的效力

（一）部分裁定的上诉与复议

1. 可以上诉的裁定。这类裁定只有三种：地方法院一审中的不予受理的裁定、对管辖权有异议的裁定和驳回起诉的裁定，当事人不服可以上诉，其他裁定一经法院作出即发生法律效力。

2. 可以申请复议一次的裁定。根据民事诉讼法和司法解释的规定，这类裁定有：

(1)保全裁定和先予执行的裁定。当事人对保全或者先予执行的裁定不服的，可以申请复议一次，但复议期间不停止裁定的执行。从中可以看出，申请复议不影响裁定的效力。《民诉法解释》第 171 条规定，当事人对保全或者先予执行裁定不服的，可以自收到裁定书之日起 5 日内向作出裁定的人民法院申请复议。人民法院应当在收到复议申请后 10 日内审查。裁定正确的，驳回当事人的申请；裁定不当的，变更或者撤销原裁定。《民诉法解释》第 172 条规定，利害关系人对保全或者先予执行的裁定不服申请复议的，由作出裁定的人民法院依照《民事诉讼法》第 108 条规定处理。

(2)执行行为异议的裁定。当事人、利害关系人认为执行行为违反法律规定的，可以向负责执行的人民法院提出书面异议。当事人、利害关系人提出书面异议的，人民法院应当自收到书面异议之日起15日内审查，理由成立的，裁定撤销或者改正；理由不成立的，裁定驳回。当事人、利害关系人对裁定不服的，可以自裁定送达之日起10日内向上一级人民法院申请复议。

(3)变更或追加执行当事人的裁定。被申请人、申请人或其他执行当事人对执行法院作出的变更、追加裁定或驳回申请裁定不服的，可以自裁定书送达之日起10日内向上一级人民法院申请复议，但依据相关规定应当提起诉讼的除外。①

(4)申请执行人对人民法院作出的驳回执行仲裁裁决或仲裁调解书申请的裁定不服的，可以自裁定送达之日起10日内向上一级人民法院申请复议。②

(5)人民法院基于案外人申请裁定不予执行仲裁裁决或者仲裁调解书，当事人不服的，可以自裁定送达之日起10日内向上一级人民法院申请复议；人民法院裁定驳回或者不予受理案外人提出的不予执行仲裁裁决、仲裁调解书申请，案外人不服的，可以自裁定送达之日起10日内向上一级人民法院申请复议。③

另外，还要注意，人民法院裁定不予执行仲裁裁决后，当事人对该裁定提出执行异议或者复议的，人民法院不予受理。当事人可以就该民事纠纷重新达成书面仲裁协议申请仲裁，也可以向人民法院起诉。

（二）民事裁定法律效力的表现

1. 拘束力。民事裁定生效后，当事人、诉讼参与人、审判人员应按裁定的规定为一定行为或不为一定行为。它对案外人一般不产生拘束力，但有时裁定的内容涉及案外人，如诉讼保全的裁定，需要银行冻结当事人的存款，这时裁定就对该银行产生拘束力。

2. 执行力。部分裁定具有执行力，如保全和先予执行的裁定，当裁定确定的义务人不履行义务时，法院有权依权利人的申请或依职权强制执行。

有些裁定会因案件情况的变化而自行失去效力。如，中止诉讼的裁定，在特定原因消除而恢复诉讼程序时，不必撤销原裁定，从诉讼程序继续进行时起，该裁定即自行失去效力。

四、判决书、裁定书的查阅

公众可以查阅发生法律效力的判决书、裁定书，但涉及国家秘密、商业秘密和个人隐私的内容除外。公民、法人或者其他组织申请查阅发生法律效力的判决书、裁定书的，应当向作出该生效裁判的人民法院提出。申请应当以书面形式提出，并提供具体的案号或者当事人姓名、名称。对于查阅判决书、裁定书的申请，人民法院根据下

①参见《最高人民法院关于民事执行中变更、追加当事人若干问题的规定》第30条。

②参见《最高人民法院关于人民法院办理仲裁裁决执行案件若干问题的规定》第5条。

③参见《最高人民法院关于人民法院办理仲裁裁决执行案件若干问题的规定》第22条第3款。

列情形分别处理：(1)判决书、裁定书已经通过信息网络向社会公开的，应当引导申请人自行查阅；(2)判决书、裁定书未通过信息网络向社会公开，且申请符合要求的，应当及时提供便捷的查阅服务；(3)判决书、裁定书尚未发生法律效力，或者已失去法律效力的，不提供查阅并告知申请人；(4)发生法律效力的判决书、裁定书不是本院作出的，应当告知申请人向作出生效裁判的人民法院申请查阅；(5)申请查阅的内容涉及国家秘密、商业秘密、个人隐私的，不予准许并告知申请人。①

第三节 民事决定

一、民事决定概述

（一）民事决定的概念和特点

民事决定，是指法院对诉讼中发生的某些特殊事项，依职权作出处理的判定。

民事决定的特点有：(1)适用对象具有急需解决的紧急性，如不及时解决，民事诉讼难以继续进行。(2)被判定的事项，一般不属于诉讼程序本身的问题，但与诉讼程序有联系。例如，妨害民事诉讼的行为，属于诉讼中的特定事项，本身不是诉讼程序的组成部分，但是如不及时采取强制措施，诉讼程序就难以继续进行。

（二）决定的适用范围

1. 可以申请复议一次的决定。这适用于三种情况，即回避的决定、罚款的决定和拘留的决定。其中，对罚款、拘留决定不服的，是向上一级法院申请复议一次，而对回避决定不服的，是向本院申请复议一次。

2. 不能申请复议的决定。除回避的决定、罚款的决定和拘留的决定以外的其他决定，主要用于处理法院内部工作关系方面的问题，如审判组织组成的决定，顺延诉讼期限的决定，诉讼费用“缓、减、免”的决定，启动审判程序的决定(如决定再审)，这类决定不涉及诉讼参与人的诉讼权利和民事权利，当事人不得申请复议。

（三）民事决定与民事判决、民事裁定的区别

1. 决定与判决的区别。这主要有：(1)适用的对象不同。判决用于处理案件的实体问题，而决定用于某些特定事项。(2)适用的阶段不同。判决在案件审理的最后阶段作出，而决定是在程序是否启动和案件审理的过程中作出。(3)适用的形式不同。判决必须采用书面形式，而决定可以采用书面形式，也可以采用口头形式并记入笔录。

2. 决定与裁定的区别。这主要有：(1)适用的对象不同。裁定一般用于处理程序本身的问题，少数用于处理非最终解决的实体问题；而决定主要不是解决程序本身的问题，而是解决与程序相关的某些特殊问题。(2)作用不同。裁定的主要作用在于指挥

①参见《民诉法解释》第254条、第255条。

诉讼活动，推进诉讼的进程，而决定的主要作用在于排除诉讼中的障碍，保证诉讼活动正常进行。

二、民事决定的形式和内容

民事决定一般采取书面形式，制作民事决定书。民事决定书除应记明事实、理由和决定内容外，还应在开头部分写明作出决定的法院全称、决定书编号、案由、当事人或被决定人的基本情况，在结尾部分由作出决定的组织、人员署名，载明是否准许申请复议，作出决定的年、月、日，并加盖人民法院印章。民事决定以口头形式作出的，由书记员记入笔录。

三、民事决定的效力

民事决定是由法院依职权针对诉讼中需要紧急处置的特定事项作出的判定，因而一经作出，立即发生法律效力。申请人对回避的决定不服的，可以在接到决定时申请复议一次，但复议期间，被申请回避的人员，不停止参与本案的工作；对罚款、拘留的决定不服的，可以向上一级人民法院申请复议一次，但复议期间不停止执行。可见，即使当事人对回避的决定、罚款的决定和拘留的决定申请复议，复议期间也不影响其效力，无论复议的结果如何，人民法院都应继续审理案件，执行决定的内容。

另要注意：(1)申请人对回避的决定申请复议的，人民法院对复议申请，应当在3日内作出复议决定，并通知复议申请人。(2)被罚款、拘留的人不服罚款、拘留决定申请复议的，应当自收到决定书之日起3日内提出。上级人民法院应当在收到复议申请后5日内作出决定，并将复议结果通知下级人民法院和当事人。上级人民法院复议时认为强制措施不当的，应当制作决定书，撤销或者变更下级人民法院作出的拘留、罚款决定。情况紧急的，可以在口头通知后3日内发出决定书。

▶ 典型真题

某死亡赔偿案件，二审法院在将判决书送达当事人签收后，发现其中死亡赔偿金计算错误(数学上的错误)，导致总金额少了7万余元。关于二审法院如何纠正，下列哪一选项是正确的?[①] (2016-03-46，单选)

A. 应当通过审判监督程序，重新制作判决书

B. 直接作出改正原判决的新判决书并送达双方当事人

C. 作出裁定书予以补正

D. 报请上级法院批准后作出裁定予以补正

①【参考答案】C。

第二十一章　执行程序

考点分布

1. 执行的原则；（★）
2. 执行主体；（★★）
3. 执行根据；（★★）
4. 执行管辖；（★★★★）
5. 当事人对执行行为的异议；（★★）
6. 案外人对执行标的的异议；（★★★★）
7. 委托执行；（★★）
8. 执行和解；（★★★★）
9. 执行担保；（★★）
10. 执行承担；（★★）
11. 执行回转；（★★）
12. 执行开始(申请执行和移送执行)；（★★★）
13. 执行措施；（★★★★）
14. 执行中止；（★★★）
15. 执行终结；（★★★）
16. 执行结案。（★）

知识讲解

第一节　民事执行程序总论

一、民事执行和民事执行程序概述

（一）民事执行的概念和条件

民事执行，又称民事强制执行，是指法院的执行机构依照法定程序，运用国家强制力，对发生法律效力的法律文书确定的给付内容，依法采取强制措施，迫使义务人履行义务以实现权利人合法权益的活动。

民事执行要具备以下条件：(1)以生效法律文书为执行根据；(2)执行根据必须具有给付内容；(3)以义务人无故拒不履行义务为执行的前提。

（二）民事执行程序与审判程序的关系

民事执行程序，是指执行机构强制被执行人履行生效法律文书确定的义务并解决执行中的有关争议所适用的法定程序。它与审判程序的关系体现在：

1. 执行程序与审判程序的联系。两者的联系表现为：(1)二者都属于民事程序法的范畴，可以相互交叉适用；(2)民事审判程序是民事执行程序的前提与基础；民事执行程序是民事审判程序的继续和保障。

2. 执行程序与审判程序的区别。两者的区别表现为：(1)权力基础不同。执行程序以执行权为基础，审判程序以审判权为基础。(2)任务不同。审判程序是确定民事权利义务关系的程序，执行程序是实现民事权利义务关系的程序。(3)价值取向不同。执行程序强调效率优先，审判程序则强调公正优先。(4)程序类型不同。执行程序是单一类型的程序制度，审判程序则包含多种类型的程序制度。①

3. 执行程序的相对独立性。执行程序是审判程序的后盾，但执行程序具有相对的独立性。这表现在：(1)经审判程序处理的民事案件并非必然经过执行程序予以执行，因为对生效法律文书确定的给付内容，如果义务人自觉履行了义务，就无需启动强制执行程序。(2)执行程序所适用的案件不只限于审判程序处理的案件范围，即执行根据不限于法院制作的法律文书，还包括公证债权文书、仲裁裁决书、行政处罚决定书等其他法律文书。因此，执行程序既不绝对地依赖于审判程序而存在，也非审判程序的必然延续。

二、民事执行的原则

民事执行应当遵循如下原则：(1)依法执行的原则。民事执行必须以生效的法律文书为根据；民事执行必须严格按照法定程序启动、进行和结束；民事执行必须严格依

①宋朝武．民事诉讼法学[M]．北京：高等教育出版社，2017：370-371.

法采用执行措施，法规范没有规定的措施不得适用。(2)执行标的有限原则。执行标的限于被执行人的财产或行为，不能对被执行人的人身采取执行措施。(3)人民法院执行与有关单位、个人协助执行相结合的原则。(4)申请执行与移送执行相结合的原则。(5)强制执行与说服教育相结合的原则。(6)全面保护当事人合法权益的原则。依法保护权利人的合法权益与适当照顾被执行人的利益相结合的原则。人民法院执行法律文书既要保护权利人的合法权益，又要考虑义务人生活和生产的必需。

三、民事执行主体

（一）执行机构

执行机构，指法院内部依法设置的负责执行工作、实现执行任务的专门职能机构。

人民法院根据需要可以设立执行机构。执行机构由法官、执行员、书记员和司法警察等人员构成。执行工作由执行员进行。采取强制执行措施时，执行员应当出示证件。执行完毕后，书记员应当将执行情况制作笔录，由在场的有关人员签名或者盖章。采取重大措施时，还应有司法警察参加。

（二）执行当事人

1. 执行当事人的概念。执行当事人，是指在执行程序中以自己的名义主张权利、履行义务并受执行机构的执行行为拘束的自然人、法人或者其他组织。执行当事人一般为申请执行人和被执行人(申请人和被申请人)。

2. 执行当事人的变更与追加。执行当事人原则上应当是生效法律文书确定的权利人和义务人。但是，因债的可转移性以及生效法律文书效力的扩张性等实体上和程序上的原因，生效法律文书确定的权利人和义务人之外的人，也可能进入执行程序，成为执行当事人。换言之，在执行程序中，由于实体权利义务的转移等原因，执行当事人可能发生变更或追加，这就是执行承担。执行承担主要针对被执行人的变更与追加而言，但也可能是申请执行人的变更。执行承担的情形主要有：(1)执行中作为被执行人的法人或者其他组织分立、合并的，人民法院可以裁定变更后的法人或者其他组织为被执行人；被注销的，如果依照有关实体法的规定有权利义务承受人的，可以裁定该权利义务承受人为被执行人。(2)作为被执行人的公民死亡，其遗产继承人没有放弃继承的，人民法院可以裁定变更被执行人，由该继承人在遗产的范围内偿还债务。继承人放弃继承的，人民法院可以直接执行被执行人的遗产。(3)其他组织在执行中不能履行法律文书确定的义务的，人民法院可以裁定执行对该其他组织依法承担义务的法人或者公民个人的财产。(4)在执行中，作为被执行人的法人或者其他组织名称变更的，人民法院可以裁定变更后的法人或者其他组织为被执行人。(5)作为被执行人的法人或其他组织，未经依法清算即办理注销登记，在登记机关办理注销登记时，第三人书面承诺对被执行人的债务承担清偿责任，申请执行人申请变更、追加该第三人为被执行人，在承诺范围内承担清偿责任的，人民法院应予支持。(6)执行过程中，第三人向执行法院书面承诺自愿代被执行人履行生效法律文书确定的债务，申请执行人申请变更、追加该第三人为被执行人，在承诺范围内承担责任的，人民法院应予支持。此外，《最高人民法院关于民事执行中变更、追加当事人若干问题的规定》还规定了其他一些情形。

3. 变更或追加执行当事人的复议。被申请人、申请人或其他执行当事人对执行法院作出的变更、追加裁定或驳回申请裁定不服的，可以自裁定书送达之日起 10 日内向上一级人民法院申请复议，但依据相关规定应当提起诉讼的除外。上一级人民法院对复议申请应当组成合议庭审查，并自收到申请之日起 60 日内作出复议裁定。有特殊情况需要延长的，由本院院长批准。被裁定变更、追加的被申请人申请复议的，复议期间，人民法院不得对其争议范围内的财产进行处分。申请人请求人民法院继续执行并提供相应担保的，人民法院可以准许。

4. 变更或追加执行当事人的执行异议之诉。《最高人民法院关于民事执行中变更、追加当事人若干问题的规定》第 32 条规定，被申请人或申请人对执行法院作出的变更、追加执行当事人的裁定或驳回申请裁定不服的，可以自裁定书送达之日起 15 日内，向执行法院提起执行异议之诉。被申请人提起执行异议之诉的，以申请人为被告；申请人提起执行异议之诉的，以被申请人为被告。

(1)被申请人提起的执行异议之诉，人民法院经审理，按照下列情形分别处理：①理由成立的，判决不得变更、追加被申请人为被执行人或者判决变更责任范围；②理由不成立的，判决驳回诉讼请求。诉讼期间，人民法院不得对被申请人争议范围内的财产进行处分。申请人请求法院继续执行并提供相应担保的，法院可以准许。

(2)申请人提起的执行异议之诉，人民法院经审理，按照下列情形分别处理：①理由成立的，判决变更、追加被申请人为被执行人并承担相应责任或者判决变更责任范围；②理由不成立的，判决驳回诉讼请求。

（三）其他执行主体

参与执行程序的主体，除了执行机构、执行当事人外，还有检察院、执行第三人、协助执行人、执行见证人。

四、执行标的（执行客体）

（一）执行标的的概念和特征

执行客体，即执行标的，是指在执行程序中执行行为所指向的用于满足权利人实体权利请求的对象。其特征有：(1)范围的有限性。根据法律的规定，执行标的包括财产和行为，但人身不能成为执行标的。即使是财产和行为，要成为执行标的，也受限于以下条件：①被记载在执行根据之中；②是能被强制执行的义务人的财产或行为；③用以履行义务人的债务或满足权利人的权利。(2)确定性。执行标的是由作为执行根据的生效法律文书确定的，执行过程中，非经法定程序，不得中止对执行标的的执行，也不得随意变更执行标的。(3)非抗辩性。执行标的经执行根据确定，即具有法律上的拘束力，当事人不得对其提出异议，故无需当事人再举证予以证明，也无需双方当事人再进行言辞辩论予以确定，而由执行机构依职权调查和判断。①

（二）执行标的的范围

1. 财产。财产是指具有经济价值的权利构成的集合体，是可用金钱衡量的物质利益。财产是执行标的的最基本类型。从形态上看，作为执行标的的财产，可以是有体物，也可以是无体物或无形财产权。从债务人取得或处理财产的时间看，作为执行标的的财产，可以是债务人现有的财产，可以是债务人可取得的财产或可预期取得的财产，还可以是债务人非法处分的财产。

根据相关规定，以下财产不得作为民事执行的标的：(1)法律禁止转让的财产；(2)性质上不适于强制执行的财产；(3)执行豁免的财产。②

2. 行为。对行为的执行属于非金钱债权执行，只有债权人请求债务人为一定行为或不为一定行为时，行为才可成为执行标的。作为执行标的的行为，可以分为作为和不作为，也可以分为可替代的行为和不可替代的行为。对不同类型的行为，执行机构采用的执行措施、执行方法不尽相同。

五、执行根据

执行根据，又称执行名义，是指发生法律效力且具有给付内容，权利人可据以请求执行的法律文书。当事人申请人民法院执行的生效法律文书应当具备下列条件：(1)权利义务主体明确；(2)给付内容明确。法律文书确定继续履行合同的，应当明确继续履行的具体内容。

作为执行根据的法律文书主要有以下三类：(1)法院制作的具有执行内容的生效法律文书，其中包括民事判决书、裁定书、调解书、决定书和支付令；刑事和行政裁判中的财产部分。(2)其他机关制作的依法由法院执行的法律文书，具体包括：公证机关依法赋予强制执行效力的债权文书、仲裁机构制作的仲裁裁决书和仲裁调解书、行政机关作出的依法应由法院执行的行政处罚决定书或行政处理决定书。(3)法院制作的承认并执行外国法院判决、裁定或者外国仲裁机构裁决的裁定书。

---

①宋朝武．民事诉讼法学[M]．北京：高等教育出版社，2017：383；王福华．民事诉讼法学[M]．2版．北京：清华大学出版社，2015：476.

②例如，《最高人民法院关于人民法院民事执行中查封、扣押、冻结财产的规定》第5条规定，人民法院对被执行人下列的财产不得查封、扣押、冻结：(1)被执行人及其所扶养家属生活所必需的衣服、家具、炊具、餐具及其他家庭生活必需的物品；(2)被执行人及其所扶养家属所必需的生活费用。当地有最低生活保障标准的，必需的生活费用依照该标准确定；(3)被执行人及其所扶养家属完成义务教育所必需的物品；(4)未公开的发明或者未发表的著作；(5)被执行人及其所扶养家属用于身体缺陷所必需的辅助工具、医疗物品；(6)被执行人所得的勋章及其他荣誉表彰的物品；(7)根据《中华人民共和国缔结条约程序法》，以中华人民共和国、中华人民共和国政府或者中华人民共和国政府部门名义同外国、国际组织缔结的条约、协定和其他具有条约、协定性质的文件中规定免于查封、扣押、冻结的财产；(8)法律或者司法解释规定的其他不得查封、扣押、冻结的财产。

六、执行管辖

执行管辖，是指各级法院之间和同级法院之间受理执行案件的分工和权限。确定执行管辖，应当以执行方便和经济为首要原则，以保障当事人的权利能够快速、经济地得以实现。

（一）法定管辖

1. 判决、裁定的执行管辖。发生法律效力的民事判决、裁定，以及刑事判决、裁定中的财产部分，由第一审人民法院或者与第一审人民法院同级的被执行的财产所在地人民法院执行。发生法律效力的调解书，如果需要执行，也应由第一审人民法院或者与第一审人民法院同级的被执行的财产所在地人民法院执行。

2. 其他机构制作的法律文书的执行管辖。法律规定由人民法院执行的其他法律文书，由被执行人住所地或者被执行的财产所在地人民法院执行。

3. 实现担保物权裁定、确认调解协议裁定、支付令和认定财产无主的判决的执行管辖。发生法律效力的实现担保物权裁定、确认调解协议裁定、支付令，由作出裁定、支付令的人民法院或者与其同级的被执行财产所在地的人民法院执行。认定财产无主的判决，由作出判决的人民法院将无主财产收归国家或者集体所有。

以上法律文书的执行管辖中，申请执行人向被执行的财产所在地人民法院申请执行的，应当提供该人民法院辖区有可供执行财产的证明材料。[①]

（二）裁定管辖

1. 指定管辖。这是指在某些特定情况下，上级法院以裁定的方式指定执行案件由某法院负责执行的管辖制度。指定管辖适用于：（1）执行案件发生管辖权的争议；（2）便于高级法院对本辖区执行工作的统一管理；（3）便于对执行活动进行监督。[②]

2. 提级管辖。这是指上级法院以裁定的方式将下级法院管辖的案件提到本院执行的一种管辖制度。《民事诉讼法》第 226 条规定的变更执行管辖，就包含了提级执行。该条规定，人民法院自收到申请执行书之日起超过 6 个月未执行的，申请执行人可以向上一级人民法院申请执行。上一级人民法院经审查，可以责令原人民法院在一定期限内执行，也可以决定由本院执行或者指令其他人民法院执行。据此，对当事人变更执行管辖的申请，上一级法院有三种处理方式：一是提级执行，二是指定执行，三是督促执行（即责令其在一定期限内执行）。

（三）执行中的共同管辖和选择管辖

对两个以上人民法院都有管辖权的执行案件，人民法院在立案前发现其他有管辖

①参见最高人民法院《关于适用〈中华人民共和国民事诉讼法〉执行程序若干问题的解释》第 1 条。

②宋朝武．民事诉讼法学［M］．北京：高等教育出版社，2017：385.

权的人民法院已经立案的，不得重复立案。立案后发现其他有管辖权的人民法院已经立案的，应当撤销案件；已经采取执行措施的，应当将控制的财产交先立案的执行法院处理。对人民法院采取财产保全措施的案件，申请执行人向采取保全措施的人民法院以外的其他有管辖权的人民法院申请执行的，采取保全措施的人民法院应当将保全的财产交执行法院处理。

（四）执行管辖异议

人民法院受理执行申请后，当事人对管辖权有异议的，应当自收到执行通知书之日起 10 日内提出。人民法院对当事人提出的异议，应当审查。异议成立的，应当撤销执行案件，并告知当事人向有管辖权的人民法院申请执行；异议不成立的，裁定驳回。当事人对裁定不服的，可以向上一级人民法院申请复议。管辖权异议审查和复议期间，不停止执行。

七、对执行行为的异议

执行程序中的执行救济包括对执行行为的异议、对执行标的的异议、执行异议之诉、执行复议、分配方案异议之诉、执行回转等。对执行行为的异议，是指当事人、利害关系人认为法院的执行行为违反法律规定或者法院怠于依法实施某种执行行为，从而损害自己的合法权益而请求补救的制度。这里的利害关系人，是指法律上的权益受执行行为直接影响的除当事人之外的人，例如，对债务人到期债权执行时的次债务人、执行标的物的优先权人等。

（一）对执行行为异议的条件

1. 异议的对象是违反法律法规或司法解释的法院的执行行为。根据《最高人民法院关于人民法院办理执行异议和复议案件若干问题的规定》第 7 条的规定，可以提出异议的法院执行行为包括以下几类：(1)查封、扣押、冻结、拍卖、变卖、以物抵债、暂缓执行、中止执行、终结执行等执行措施中存在的程序违法行为；(2)执行的期间、顺序等未遵守法定程序；(3)人民法院作出的侵害当事人、利害关系人合法权益的其他行为。被执行人以债权消灭、丧失强制执行效力等执行依据生效之后的实体事由提出排除执行异议的，虽然并非属于程序性事项，但鉴于我国并无独立的债务人异议之诉制度，因而执行法院应当参照执行行为异议予以审查，但是，下列两类行为不构成执行异议的对象：一是人民法院的内部管理行为，例如更换承办人、提级执行等；二是执行依据生效之前的排除执行异议的实体事由，此时说明原审裁判可能存在错误，应当通过再审或其他程序予以解决。此外，该司法解释第 5 条规定，有下列情形之一的，当事人以外的公民、法人和其他组织，可以作为利害关系人提出执行行为异议：(1)认为人民法院的执行行为违法，妨碍其轮候查封、扣押、冻结的债权受偿的；(2)认为人民法院的拍卖措施违法，妨碍其参与公平竞价的；(3)认为人民法院的拍卖、变卖或者以物抵债措施违法，侵害其对执行标的的优先购买权的；(4)认为人民法院要求协助执行的事项超出其协助范围或者违反法律规定的；(5)认为其他合法权益受到人民法院违法执行行为侵害的。

2. 异议的主体为当事人和利害关系人。利害关系人是指当事人以外认为执行法院的程序性事项存在违法性，且损害其利益的人。

3. 异议的管辖法院为执行法院。

4. 异议的形式为书面形式。异议人提出执行异议，应当向人民法院提交申请书。申请书应当载明具体的异议请求、事实、理由等内容，并附下列材料：(1)异议人的身份证明；(2)相关证据材料；(3)送达地址和联系方式。

5. 提出异议的时间为执行程序终结之前，但对终结执行措施提出异议的除外。

（二）对执行行为异议的审查和处理

当事人、利害关系人提出书面异议的，人民法院应当进行审查。

1. 决定受理或不予受理执行行为异议。执行异议符合条件的，人民法院应当在 3 日内立案，并在立案后 3 日内通知异议人和相关当事人。不符合受理条件的，裁定不予受理；立案后发现不符合受理条件的，裁定驳回申请。执行异议申请材料不齐备的，人民法院应当一次性告知异议人在 3 日内补足，逾期未补足的，不予受理。异议人对不予受理或者驳回申请裁定不服的，可以自裁定送达之日起十日内向上一级人民法院申请复议。上一级人民法院审查后认为符合受理条件的，应当裁定撤销原裁定，指令执行法院立案或者对执行异议进行审查。

2. 对法院消极对待执行异议的救济。执行法院收到执行异议后 3 日内既不立案又不作出不予受理裁定，或者受理后无正当理由超过法定期限不作出异议裁定的，异议人可以向上一级人民法院提出异议。上一级人民法院审查后认为理由成立的，应当指令执行法院在 3 日内立案或者在 15 日内作出异议裁定。

3. 执行异议的审查组织。人民法院审查执行异议案件，应当依法组成合议庭。指令重新审查的执行异议案件，应当另行组成合议庭。办理执行实施案件的人员不得参与相关执行异议案件的审查。

4. 审查执行异议的方式。法院对执行异议案件实行书面审查。案情复杂、争议较大的，应当进行听证。异议人经合法传唤，无正当理由拒不参加听证，或者未经法庭许可中途退出听证，致使法院无法查清相关事实的，由其自行承担不利后果。

5. 审查期限。法院自收到书面异议之日起 15 日内审查完毕。

6. 执行行为异议的处理方式。人民法院对执行行为异议，应当按照下列情形，分别处理：(1)异议不成立的，裁定驳回异议；(2)异议成立的，裁定撤销相关执行行为；(3)异议部分成立的，裁定变更相关执行行为；(4)异议成立或者部分成立，但执行行为无撤销、变更内容的，裁定异议成立或者相应部分异议成立。

7. 执行异议的撤回。执行异议案件审查期间，异议人申请撤回异议的，是否准许由人民法院裁定。

8. 当事人、利害关系人对同一执行行为有多个异议事由，但未在异议审查过程中一并提出，撤回异议或者被裁定驳回异议后，再次就该执行行为提出异议的，人民法院不予受理。

9. 执行过程中，第三人因书面承诺自愿代被执行人偿还债务而被追加为被执行人后，无正当理由反悔并提出异议的，人民法院不予支持。

（三）执行复议

1. 执行复议的含义。在执行程序中，当事人、利害关系人对执行机构就其异议作出的裁定不服，向上一级执行机构提出对其异议进行再次审查和裁判的制度，称为执行复议制度。根据《民事诉讼法》第225条的规定，当事人、利害关系人对法院作出的执行行为异议的裁定不服的，可以自裁定送达之日起10日内向上一级人民法院申请复议。执行复议由两种程序制度构成：一是当事人、利害关系人申请复议的程序制度；二是上一级执行机构对复议申请进行审查和裁判的制度。

2. 复议申请书。复议申请人申请复议，应当向人民法院提交申请书。申请书应当载明具体的复议请求、事实、理由等内容，并附下列材料：(1)异议人或者复议申请人的身份证明；(2)相关证据材料；(3)送达地址和联系方式。

3. 执行复议的审查。(1)审查组织。人民法院审查执行异议的复议案件，应当依法组成合议庭。办理执行实施案件的人员不得参与相关复议案件的审查。(2)审查形式。人民法院对执行异议的复议案件实行书面审查。案情复杂、争议较大的，应当进行听证。复议申请人经合法传唤，无正当理由拒不参加听证，或者未经法庭许可中途退出听证，致使人民法院无法查清相关事实的，由其自行承担不利后果。(3)审查期限。当事人、利害关系人申请复议的，上一级人民法院应当自收到复议申请之日起30日内审查完毕，并作出裁定。有特殊情况需要延长的，经本院院长批准，可以延长，延长的期限不得超过30日。执行异议审查和复议期间，不停止执行。被执行人、利害关系人提供充分、有效的担保请求停止相应处分措施的，人民法院可以准许；申请执行人提供充分、有效的担保请求继续执行的，应当继续执行。

4. 执行复议申请的撤回。执行异议的复议案件审查期间，复议申请人申请撤回复议申请的，是否准许由人民法院裁定。

5. 执行复议的处理。上一级人民法院对不服异议裁定的复议申请审查后，应当按照下列情形，分别处理：(1)异议裁定认定事实清楚，适用法律正确，结果应予维持的，裁定驳回复议申请，维持异议裁定；(2)异议裁定认定事实错误，或者适用法律错误，结果应予纠正的，裁定撤销或者变更异议裁定；(3)异议裁定认定基本事实不清、证据不足的，裁定撤销异议裁定，发回作出裁定的人民法院重新审查，或者查清事实后作出相应裁定；(4)异议裁定遗漏异议请求或者存在其他严重违反法定程序的情形，裁定撤销异议裁定，发回作出裁定的人民法院重新审查；(5)异议裁定对应当适用《民事诉讼法》第227条规定审查处理的异议，错误适用《民事诉讼法》第225条规定审查处理的，裁定撤销异议裁定，发回作出裁定的人民法院重新作出裁定。除上述第3、4、5种发回重新审查或者重新作出裁定的情形外，裁定撤销或者变更异议裁定且执行行为可撤销、变更的，应当同时撤销或者变更该裁定维持的执行行为。人民法院对发回重新审查的案件作出裁定后，当事人、利害关系人申请复议的，上一级人民法院复议后不得再次发回重新审查。

6. 特别规定的两种执行复议案件。最高人民法院《关于人民法院办理执行异议和复议案件若干问题的规定》对两种案件执行异议的复议特别作了规定：(1)被限制出境的人认为对其限制出境错误的，可以自收到限制出境决定之日起 10 日内向上一级人民法院申请复议。上一级人民法院应当自收到复议申请之日起 15 日内作出决定。复议期间，不停止原决定的执行。(2)当事人不服驳回不予执行公证债权文书申请的裁定的，可以自收到裁定之日起 10 日内向上一级人民法院申请复议。上一级人民法院应当自收到复议申请之日起 30 日内审查，理由成立的，裁定撤销原裁定，不予执行该公证债权文书；理由不成立的，裁定驳回复议申请。复议期间，不停止执行。

八、案外人对执行标的的异议及案外人异议之诉、许可执行之诉

（一）案外人对执行标的的异议

案外人对执行标的的异议，是指执行当事人之外的案外人对执行标的主张全部或部分实体权利而要求执行法院停止并变更执行的书面请求。可见，在本质上，案外人异议是对执行标的的归属产生了争议。对这种异议，《民事诉讼法》第 227 条作了规定。

对执行标的的异议不同于对执行行为的异议。前者的主体限于案外人，后者的主体为当事人或利害关系人；前者的理由是法院对执行标的的执行会损害其实体权益，后者的理由是法院执行行为存在程序违法的情形。

对执行标的提出执行异议，须符合一定的条件：(1)提出异议的主体只能是案外人。(2)提出执行异议的时间是应当在该执行标的执行程序终结前提出。《最高人民法院关于人民法院办理执行异议和复议案件若干问题的规定》第 6 条第 2 款规定，案外人依照《民事诉讼法》第 227 条规定提出异议的，应当在异议指向的执行标的执行终结之前提出；执行标的由当事人受让的，应当在执行程序终结之前提出。(3)案外人提出异议应采取书面的方式，并提供相应的证据材料。① (4)异议的内容为案外人对执行标的的主张权利。(5)案外人应向执行法院提出执行异议。

执行过程中，案外人对执行标的提出书面异议的，人民法院应当自收到书面异议之日起 15 日内审查。此种审查的审查组织、审查方式、审查期限与对执行行为异议的审查相同。而且对执行标的异议的审查和对执行行为异议的审查可能存有交叉，即：对同一执行行为，案外人可能既基于实体权利对执行标的提出异议，又对其程序违法性提出执行行为异议的，此时执行标的异议吸收执行行为异议，执行法院应当按照执

①异议人提出执行异议，应当向人民法院提交申请书。申请书应当载明具体的异议请求、事实、理由等内容，并附下列材料：(1)异议人或者复议申请人的身份证明；(2)相关证据材料；(3)送达地址和联系方式。

行标的异议的审查程序予以审查并作出裁定。①

对案外人提出的排除执行异议，人民法院应当审查下列内容：(1)案外人是否系权利人；(2)该权利的合法性与真实性；(3)该权利能否排除执行。

案外人对执行标的提出的异议，经审查，按照下列情形分别处理：(1)案外人对执行标的不享有足以排除强制执行的权益的，裁定驳回其异议；(2)案外人对执行标的享有足以排除强制执行的权益的，裁定中止执行。驳回案外人执行异议裁定送达案外人之日起 15 日内，人民法院不得对执行标的进行处分。

案外人、当事人对法院中止执行的裁定或驳回异议的裁定不服，认为原判决、裁定错误的，依照审判监督程序办理；与原判决、裁定无关的，可以自裁定送达之日起 15 日内向人民法院提起诉讼。对于此种情况下的案外人、当事人申请再审，在前面审判监督程序中已经论及，此不赘述。对于此种情况下的案外人、当事人提起诉讼，接下来加以阐述。理论上，将案外人提起的诉讼称为案外人异议之诉，将申请执行人提起的诉讼称为许可执行之诉，而被执行人则不得提起执行异议之诉。

（二）案外人执行异议之诉

案外人异议之诉，指在执行程序中，案外人为维护自己的合法权益，向执行法院提出的对有关执行标的的实体法律关系进行审理与裁判，以纠正执行错误的请求。②

1. 条件。案外人提起执行异议之诉，除符合《民事诉讼法》第 119 条规定外，还应当具备下列条件：(1)案外人的执行异议申请已经被人民法院裁定驳回；(2)有明确的排除对执行标的的执行的诉讼请求，且诉讼请求与原判决、裁定无关；(3)自执行异议裁定送达之日起 15 日内提起。

2. 程序问题。关于案外人执行异议之诉的程序，要注意以下几点：(1)管辖。案外人执行异议之诉案件由执行法院管辖。(2)当事人的确定。案外人提起执行异议之诉的，以申请执行人为被告。被执行人反对案外人异议的，被执行人为共同被告；被执行人不反对案外人异议的，可以列被执行人为第三人。(3)审查期限。法院应当在收到原告(即案外人)起诉状之日起 15 日内决定是否立案。(4)适用的程序。人民法院审理执行异议之诉案件，适用普通程序。(5)证明责任的承担。案外人提起执行异议之诉的，案外人应当就其对执行标的享有足以排除强制执行的民事权益承担举证证明责任。(6)审理后的处理。对案外人提起的执行异议之诉，人民法院经审理，按照下列情形分别处理：①案外人就执行标的享有足以排除强制执行的民事权益的，判决不得执行该执行标的；②案外人就执行标的不享有足以排除强制执行的民事权益的，判决驳回诉讼请求。案外人同时提出确认其权利的诉讼请求的，人民法院可以在判决中一并作出

---

①《最高人民法院关于人民法院办理执行异议和复议案件若干问题的规定》第 8 条规定，案外人基于实体权利既对执行标的提出排除执行异议又作为利害关系人提出执行行为异议的，人民法院应当依照《民事诉讼法》第 227 条规定进行审查。案外人既基于实体权利对执行标的提出排除执行异议又作为利害关系人提出与实体权利无关的执行行为异议的，人民法院应当分别依照《民事诉讼法》第 227 条和第 225 条规定进行审查。

②宋朝武．民事诉讼法学[M]．北京：高等教育出版社，2017：401.

裁判。(7)对案外人执行异议之诉，人民法院判决不得对执行标的执行的，执行异议裁定失效。(8)案外人执行异议之诉审理期间，人民法院不得对执行标的进行处分。申请执行人请求人民法院继续执行并提供相应担保的，人民法院可以准许。被执行人与案外人恶意串通，通过执行异议、执行异议之诉妨害执行的，人民法院应当依照《民事诉讼法》第113条有关规制恶意诉讼的规定处理。申请执行人因此受到损害的，可以提起诉讼要求被执行人、案外人赔偿。

（三）许可执行之诉（即申请执行人执行异议之诉）

许可执行之诉，是指申请执行人提起的，请求法院就其与对方当事人之间因执行标的产生的实体权利义务关系进行审理和裁判，判决对执行标的继续执行的请求。①

1. 条件。申请执行人提起执行异议之诉，除符合《民事诉讼法》第119条规定外，还应当具备下列条件：(1)依案外人执行异议申请，人民法院裁定中止执行；(2)有明确的对执行标的继续执行的诉讼请求，且诉讼请求与原判决、裁定无关；(3)自执行异议裁定送达之日起15日内提起。

2. 程序问题。对许可执行之诉的程序规范，要注意以下几点：(1)管辖。申请执行人提起执行异议之诉的，由执行法院管辖。(2)当事人的确定。申请执行人提起执行异议之诉的，以案外人为被告。被执行人反对申请执行人主张的，以案外人和被执行人为共同被告；被执行人不反对申请执行人主张的，可以列被执行人为第三人。(3)审查期限。人民法院应当在收到起诉状之日起15日内决定是否立案。(4)适用的程序。人民法院审理执行异议之诉案件，适用普通程序。(5)证明责任的负担。申请执行人提起执行异议之诉的，案外人应当就其对执行标的享有足以排除强制执行的民事权益承担举证证明责任。(6)审理后的处理。对申请执行人提起的执行异议之诉，人民法院经审理，按照下列情形分别处理：①案外人就执行标的不享有足以排除强制执行的民事权益的，判决准许执行该执行标的；②案外人就执行标的享有足以排除强制执行的民事权益的，判决驳回诉讼请求。(7)对申请执行人执行异议之诉，人民法院判决准许对该执行标的执行的，执行异议裁定失效，执行法院可以根据申请执行人的申请或者依职权恢复执行。(8)人民法院对执行标的裁定中止执行后，申请执行人在法律规定的期间内未提起执行异议之诉的，人民法院应当自起诉期限届满之日起7日内解除对该执行标的采取的执行措施。

此外，还需注意，申请执行人对中止执行裁定未提起执行异议之诉，被执行人提起执行异议之诉的，人民法院告知其另行起诉。

九、委托执行

委托执行，是指因被执行人或者被执行的财产在外地法院管辖范围内，而由立案法院委托被执行人住所地或被执行的财产所在地法院执行的一项制度。其目的是为了

①宋朝武．民事诉讼法学[M]．北京：高等教育出版社，2017：402.

降低执行成本，提高执行效率。当被执行人或者被执行的财产在外地时，执行法院可以直接到当地执行，也可以委托执行。直接到当地执行的，负责执行的人民法院可以要求当地人民法院协助执行，当地人民法院应当根据要求协助配合进行查询、冻结、查封、调查或者送达法律文书等事项，这并不属于委托执行的范畴。

被执行人或者被执行的财产在外地的，可以委托当地人民法院代为执行。受委托人民法院收到委托函件后，必须在15日内开始执行，不得拒绝。执行完毕后，应当将执行结果及时函复委托人民法院；在30日内如果还未执行完毕，也应当将执行情况函告委托人民法院。受委托人民法院自收到委托函件之日起15日内不执行的，委托人民法院可以请求受委托人民法院的上级人民法院指令受委托人民法院执行。

但是，《最高人民法院关于委托执行若干问题的规定》(自2011年5月16日起施行)中的有关期限与《民事诉讼法》第229条的规定有所不同。另，根据该司法解释，委托执行可分为本省、自治区、直辖市范围内的委托执行和本省、自治区、直辖市范围外的委托执行两种。本省、自治区、直辖市范围外的委托执行，为异地执行。这两种委托执行的适用程序有所不同。其中，异地执行适用于：(1)执行法院经调查发现被执行人在本辖区内已无财产可供执行，且在其他省、自治区、直辖市内有可供执行财产的，应当将案件委托异地的同级人民法院执行。(2)执行案件中有三个以上被执行人或者三处以上被执行财产在本省、自治区、直辖市辖区以外，且分属不同异地的，执行法院根据案件具体情况，报经高级人民法院批准后可以异地执行。

十、执行和解

（一）执行和解的概念和条件

执行和解，是指在执行过程中，双方当事人在自愿协商的基础上达成和解协议，依法变更生效法律文书确定的内容，并由法院裁定中止或终结执行的一种制度。执行和解是当事人处分自己民事权利和诉讼权利的行为。

执行和解须具备的条件有：(1)和解协议的达成须出自双方当事人自愿。这有两层含义：一是和解协议是双方当事人自愿协商的产物；二是和解的主体是双方当事人，委托代理人代为执行和解，应当有委托人的特别授权。(2)和解协议的内容须合法。即当事人须依法变更生效法律文书确定的权利义务主体、履行标的、期限、地点和方式等内容。(3)和解时间是在执行程序中。(4)和解协议一般采用书面形式，也可达成口头和解协议。

（二）执行和解协议的性质和效力

当事人自行达成和解协议，执行员将协议内容记入笔录，由双方签名或盖章的，成立执行和解。经人民法院确认批准的执行和解协议具有中止或终结执行程序，进一步确定双方当事人之间的权利义务关系的效力。但是，执行和解协议是双方当事人行使处分权达成的民事协议，并不具备法定的强制执行力，也不能变更原生效法律文书的执行力。

（三）执行和解的结案方式

申请执行人与被执行人达成和解协议后请求中止执行或者撤回执行申请的，法院可以裁定中止执行或者终结执行。为了进一步规范执行和解，维护当事人、利害关系人的合法权益，最高法院发布了《关于执行和解若干问题的规定》(下称《执行和解规定》，自2018年3月1日起施行)。其中，对中止执行和终结执行作了规定。

1. 中止执行。和解协议达成后，有下列情形之一的，人民法院可以裁定中止执行：(1)各方当事人共同向人民法院提交书面和解协议的；(2)一方当事人向人民法院提交书面和解协议，其他当事人予以认可的；(3)当事人达成口头和解协议，执行人员将和解协议内容记入笔录，由各方当事人签名或者盖章的。中止执行后，申请执行人申请解除查封、扣押、冻结的，人民法院可以准许。

2. 终结执行。执行和解协议履行完毕的，人民法院作执行结案处理。

（四）执行和解协议履行中的特殊情况

和解协议作为一种民事协议，虽然不具有强制执行的效力，但其也具有合同的约束力。因此，一般情况下，和解的双方当事人能够积极履行和解协议。不过，在履行的过程中，也可能出现一些特殊情况。从《执行和解规定》的规定看，这主要有：

1. 和解协议的变更。当事人协商一致，可以变更执行和解协议，并向人民法院提交变更后的协议，或者由执行人员将变更后的内容记入笔录，并由各方当事人签名或者盖章。

2. 和解协议履行中的提存。执行和解协议履行过程中，符合《合同法》第101条规定情形的，债务人可以依法向有关机构申请提存；执行和解协议约定给付金钱的，债务人也可以向执行法院申请提存。

3. 以物抵债的和解协议。当事人达成以物抵债执行和解协议的，法院不得依据该协议作出以物抵债裁定。这样规定的理由主要有：(1)执行和解协议本身并不具有强制执行力，如果允许法院依据和解协议出具以物抵债裁定，无异于强制执行和解协议。(2)以物抵债裁定可以直接导致物权变动，很容易损害被执行人的其他债权人的合法权益。

4. 被执行人不履行和解协议的处理方式。《民事诉讼法》第230条第2款规定："当事人不履行和解协议的，人民法院可以根据当事人的申请，恢复对原生效法律文书的执行"，而并未明确规定申请执行人能否起诉被执行人，要求其履行执行和解协议约定的义务。这就造成了"债务人不履行执行和解协议，债权人只能申请恢复执行"的结果，其实际上否定了当事人之间的合意，缺乏对债权人和债务人预期利益的保护。尤其当执行和解协议对债权人更有利时，被执行人可以通过不履行执行和解协议获益，也与诚实信用原则相悖。① 为此，《执行和解规定》第9条明确赋予了申请执行人选择权，即

①有关执行和解的内容，部分出自张尼所著的《最高法出台司法解释明确执行和解5大争议问题》一文，见中新网2018年2月23日。

在被执行人不履行执行和解协议时，申请执行人既可以申请恢复执行，也可以就履行执行和解协议提起诉讼。并在第 13 条、第 14 条分别规定："恢复执行后，对申请执行人就履行执行和解协议提起的诉讼，人民法院不予受理""申请执行人就履行执行和解协议提起诉讼，执行法院受理后，可以裁定终结原生效法律文书的执行。执行中的查封、扣押、冻结措施，自动转为诉讼中的保全措施"。

（五）恢复执行和不予恢复执行

1. 恢复执行的情形。根据《民事诉讼法》第 230 条和《执行和解规定》，恢复执行适用的情形有三种：(1)申请执行人因受欺诈、胁迫与被执行人达成和解协议而申请恢复执行。(2)申请执行人以被执行人一方不履行执行和解协议为由申请恢复执行，人民法院经审查，理由成立的，裁定恢复执行。(3)当事人、利害关系人认为执行和解协议无效或者应予撤销的，可以向执行法院提起诉讼。执行和解协议被确认无效或者撤销后，申请执行人可以据此申请恢复执行。被执行人以执行和解协议无效或者应予撤销为由提起诉讼的，不影响申请执行人申请恢复执行。这是出于审执分离的考虑，当事人、利害关系人主张和解无效或可撤销的，应当通过诉讼程序认定，再向法院申请恢复执行。

2. 申请恢复执行的期间。申请恢复执行原生效法律文书，适用《民事诉讼法》第 239 条申请执行期间的规定，即申请恢复执行的期间为 2 年。申请执行期间因达成执行中的和解协议而中断。当事人不履行执行和解协议的，申请恢复执行期间自执行和解协议约定履行期间的最后一日起计算。

3. 不予恢复执行。有下列情形之一的，法院应裁定不予恢复执行：(1)执行和解协议履行完毕后申请恢复执行的；(2)执行和解协议约定的履行期限尚未届至或者履行条件尚未成就的，但符合《合同法》第 108 条规定情形的除外；(3)被执行人一方正在按照执行和解协议约定履行义务的；(4)其他不符合恢复执行条件的情形。这体现了严守契约和诚信原则的精神。

（六）执行和解中的担保

为保证被执行人履行执行和解协议约定的义务，申请执行人常常会要求被执行人提供担保。此类担保条款是否构成《民事诉讼法》第 231 条的执行担保，执行法院能否依据该条款直接执行担保财产或者保证人的财产？实践中争议很大。为此，《执行和解规定》第 18 条规定："执行和解协议中约定担保条款，且担保人向人民法院承诺在被执行人不履行执行和解协议时自愿接受直接强制执行的，恢复执行原生效法律文书后，人民法院可以依申请执行人申请及担保条款的约定，直接裁定执行担保财产或者保证人的财产。"这就明确肯定了执行和解协议中担保条款的效力。

（七）执行外和解

《执行和解规定》第 19 条对执行外和解作出了规定，即：执行过程中，被执行人根据当事人自行达成但未提交人民法院的和解协议，或者一方当事人提交人民法院但其他当事人不予认可的和解协议，依照《民事诉讼法》第 225 条规定提出异议的，人民法院按照下列情形，分别处理：(1)和解协议履行完毕的，裁定终结原生效法律文书的执行；(2)和解协议约定的履行期限尚未届至或者履行条件尚未成就的，裁定中止执行，但符合《合同法》第 108 条规定情形的除外；(3)被执行人一方正在按照和解协议约定履行义务的，裁定中止执行；(4)被执行人不履行和解协议的，裁定驳回异议；(5)和解协议不成立、未生效或者无效的，裁定驳回异议。

通过比较《执行和解规定》第 2 条和第 19 条，可以看出，执行和解与执行外和解的区别在于，当事人是否有使和解协议直接对执行程序产生影响的意图。即便是当事人私下达成的和解协议，只要共同向人民法院提交或者一方提交另一方认可，就构成执行和解，人民法院可以据此中止执行。反之，如果双方没有将私下达成的和解协议提交给人民法院的意思，那么和解协议仅产生实体法效果，被执行人依据该协议要求中止执行的，需要另行提出执行异议。

（八）执行和解中的救济

1. 当事人、利害关系人认为恢复执行或者不予恢复执行违反法律规定的，可以依照《民事诉讼法》第 225 条规定提出异议。此即可以提出执行行为异议。

2. 执行和解协议履行完毕，申请执行人因被执行人迟延履行、瑕疵履行遭受损害的，可以向执行法院另行提起诉讼。

3. 恢复执行后，执行和解协议已经履行部分应当依法扣除。当事人、利害关系人认为人民法院的扣除行为违反法律规定的，可以依照《民事诉讼法》第 225 条规定提出异议。

十一、执行担保

（一）执行担保的概念和条件

执行担保，是指担保人依照民事诉讼法的规定，为担保被执行人履行生效法律文书确定的全部或者部分义务，向人民法院提供的担保。它是在强制执行中，因被执行人确有暂时困难而缺乏偿付能力时，向法院提供担保并经申请执行人同意，由法院决定暂缓执行的一种制度。其目的是在保护债权人合法权益的同时照顾债务人的实际情况，并确保生效法律文书的实现。根据《民事诉讼法》第 231 条和最高人民法院发布的《关于执行担保若干问题的规定》(自 2018 年 3 月 1 日起施行)等司法解释的规定，执行担保的条件为：(1)申请执行担保的时间是在执行程序进行中。(2)前提是被执行人暂无履行义务的能力。(3)须向法院提出书面申请。被执行人或者他人提供执行担保的，应当向人民法院提交担保书，并将担保书副本送交申请执行人。担保书中应当载明担保人的基本信息、暂缓执行期限、担保期间、被担保的债权种类及数额、担保范围、担保方式、被执行人于暂缓执行期限届满后仍不履行时担保人自愿接受直接强制执行的承诺等内容。提供财产担保的，担保书中还应当载明担保财产的名称、数量、质量、状况、所在地、所有权或者使用权归属等内容。此外，公司为被执行人提供执行担保的，应当提交符合《公司法》第16条规定的公司章程、董事会或者股东会、股东大会决议。(4)须经申请执行人同意。被执行人或者他人提供执行担保，申请执行人同意的，应当向人民法院出具书面同意意见，也可以由执行人员将其同意的内容记入笔录，并由申请执行人签名或者盖章。(5)须经法院审查许可。

（二）执行担保的方式

执行担保的方式有两种：一是财产担保，二是保证人保证。被执行人向人民法院提供执行担保的，可以由被执行人或者他人提供财产担保，也可以由他人提供保证。担保人应当具有代为履行或者代为承担赔偿责任的能力。他人提供执行保证的，应当向执行法院出具保证书，并将保证书副本送交申请执行人。被执行人或者他人提供财产担保，可以依照物权法、担保法规定办理登记等担保物权公示手续；已经办理公示手续的，申请执行人可以依法主张优先受偿权。申请执行人申请人民法院查封、扣押、冻结担保财产的，人民法院应当准许，但担保书另有约定的除外。

（三）执行担保适用的程序

1. 执行担保的审查和暂缓执行的决定。法院受理被执行人的执行担保申请后，应当依法进行审查。经审查，认为符合前述执行担保各项条件的，法院可以决定暂缓执行及暂缓执行的期限。法院决定暂缓执行的，可以暂缓全部执行措施的实施，但担保书另有约定的除外。暂缓执行的期限应当与担保书约定一致，但最长不得超过1年。

2. 恢复执行。执行担保中的恢复执行有两种情况：(1)担保书内容与事实不符，且对申请执行人合法权益产生实质影响的，人民法院可以依申请执行人的申请恢复执行。(2)暂缓执行期限届满后被执行人仍不履行义务，或者暂缓执行期间担保人有转移、隐藏、变卖、毁损担保财产等行为的，人民法院可以依申请执行人的申请恢复执行，并直接裁定执行担保财产或者保证人的财产，不得将担保人变更、追加为被执行人。执行担保财产或者保证人的财产，以担保人应当履行义务部分的财产为限。被执行人有便于执行的现金、银行存款的，应当优先执行该现金、银行存款。

3. 确立担保期间。担保期间自暂缓执行期限届满之日起计算。担保书中没有记载担保期间或者记载不明的，担保期间为1年。担保期间届满后，申请执行人申请执行担保财产或者保证人财产的，人民法院不予支持。他人提供财产担保的，人民法院可以依其申请解除对担保财产的查封、扣押、冻结。

4. 明确执行担保的追偿权。担保人承担担保责任后，提起诉讼向被执行人追偿的，人民法院应予受理。

5. 被执行人申请变更、解除全部或者部分执行措施，并担保履行生效法律文书确定义务的，参照适用本规定，即《最高人民法院关于执行担保若干问题的规定》。

十二、参与分配

（一）参与分配的概念和条件

参与分配，是指在执行程序中，因债务人的财产不足以清偿全体债权人的全部债权，申请执行人以外的其他债权人凭有效的执行依据也申请加入已开始的执行程序，各债权人从执行标的物的变价中获得公平清偿的制度。

被执行人为公民或者其他组织，在执行程序开始后，被执行人的其他已经取得执行依据的债权人发现被执行人的财产不能清偿所有债权的，可以向人民法院申请参与分配。对人民法院查封、扣押、冻结的财产有优先权、担保物权的债权人，可以直接申请参与分配，主张优先受偿权。根据该条和其他相关规定，参与分配要符合以下条件：(1)申请参与分配的债权人取得了执行依据，起诉后尚未获得生效判决的债权人不具备参与分配的资格。(2)债务人仅限于公民和其他组织，不能是企业法人。(3)申请执行和参与分配的债权均为金钱债权。(4)前提是被执行人的财产不能清偿所有债权。(5)须有两个以上的多数债权人对同一债务人的财产申请执行。即参与分配申请人为多数，具体包括已取得执行依据的债权人和有优先权、担保物权的债权人。(6)申请参与分配的时间是在执行程序开始后，债务人的财产被清偿前。(7)参与分配的财产必须属于被执行人。

（二）参与分配的程序

1. 申请参与分配。申请参与分配，申请人应当提交申请书。申请书应当写明参与分配和被执行人不能清偿所有债权的事实、理由，并附有执行依据。

2. 管辖。参与分配的申请应向执行法院提出，财产分配方案也由执行法院制定。

3. 清偿顺序。参与分配执行中，执行所得价款扣除执行费用，并清偿应当优先受偿的债权后，对于普通债权，原则上按照其占全部申请参与分配债权数额的比例受偿。清偿后的剩余债务，被执行人应当继续清偿。债权人发现被执行人有其他财产的，可以随时请求人民法院执行。可见，一般而言，清偿顺序是：第一顺位为执行费用，第二顺位为优先受偿的债权，第三顺位为普通债权。

4. 分配方案的确定及其异议。多个债权人对执行财产申请参与分配的，执行法院应当制作财产分配方案，并送达各债权人和被执行人。债权人或者被执行人对分配方案有异议的，应当自收到分配方案之日起 15 日内向执行法院提出书面异议。

5. 分配方案异议之诉与财产分配。债权人或者被执行人对分配方案提出书面异议的，执行法院应当通知未提出异议的债权人、被执行人。未提出异议的债权人、被执行人自收到通知之日起 15 日内未提出反对意见的，执行法院依异议人的意见对分配方案审查修正后进行分配；提出反对意见的，应当通知异议人。异议人可以自收到通知之日起 15 日内，以提出反对意见的债权人、被执行人为被告，向执行法院提起诉讼；异议人逾期未提起诉讼的，执行法院按照原分配方案进行分配。诉讼期间进行分配的，执行法院应当提存与争议债权数额相应的款项。

十三、执行程序与破产程序的衔接

1. 在执行中，作为被执行人的企业法人符合企业破产法规定的破产情形的，执行法院经申请执行人之一或者被执行人同意，应当裁定中止对该被执行人的执行，将执行案件相关材料移送被执行人住所地人民法院。

2. 被执行人住所地法院应当自收到执行案件相关材料之日起 30 日内，将是否受理破产案件的裁定告知执行法院。不予受理的，应当将相关案件材料退回执行法院。

3. 被执行人住所地人民法院裁定受理破产案件的，执行法院应当解除对被执行人财产的保全措施。被执行人住所地人民法院裁定宣告被执行人破产的，执行法院应当裁定终结对该被执行人的执行。被执行人住所地人民法院不受理破产案件的，执行法院应当恢复执行。

4. 当事人不同意移送破产或者被执行人住所地人民法院不受理破产案件的，执行法院就执行变价所得财产，在扣除执行费用及清偿优先受偿的债权后，对于普通债权，按照财产保全和执行中查封、扣押、冻结财产的先后顺序清偿。

此外，案件符合终结本次执行程序条件，又符合移送破产审查相关规定的，执行法院应当在作出终结本次执行程序裁定的同时，将执行案件相关材料移送被执行人住所地人民法院进行破产审查。①

十四、执行回转

执行回转，是指在执行中或执行完毕后，据以执行的执行根据被依法撤销或变更，执行机关依当事人的请求或依职权责令一方当事人返还已取得的财产以及孳息，从而恢复到执行程序开始前的状态的一种制度。

《民事诉讼法》第 233 条规定："执行完毕后，据以执行的判决、裁定和其他法律文书确有错误，被人民法院撤销的，对已被执行的财产，人民法院应当作出裁定，责令取得财产的人返还；拒不返还的，强制执行。"据此，执行回转的原因是据以执行的法律文书确有错误而被撤销。此种撤销情形主要有：(1)法院制作的判决、裁定、调解书在执行完毕后，依审判监督程序被撤销；(2)法院制作的先予执行裁定在执行完毕后，被后续的生效判决所撤销；(3)法院制作的支付令，被法院裁定撤销的；② (4)法律规定由法院执行的其他法律文书执行完毕后，该法律文书被有关机关或者组织依法撤销的。

执行回转的条件如下：(1)作为执行根据的原法律文书被新的法律文书否定。

①参见《最高人民法院关于严格规范终结本次执行程序的规定(试行)》(自 2016 年 12 月 1 日起施行)第 11 条规定。

②《民诉法解释》第 443 条规定，人民法院院长发现本院已经发生法律效力的支付令确有错误，认为需要撤销的，应当提交本院审判委员会讨论决定后，裁定撤销支付令，驳回债权人的申请。

(2)原执行程序已经终结或部分终结。(3)依据原执行根据取得财产的当事人拒不返还其所得财产。

关于执行回转的程序，适用通常执行程序的有关规定，原执行法院应当根据当事人的申请或依职权，启动执行程序。对执行回转应当重新立案。执行回转时，法院应依法作出裁定，责令取得财产的人返还已被执行的财产，拒不返还的，强制执行。如果原物无法返还的，应以同等数量和质量的种类物返还，或予以折价返还。

第二节　执行开始

根据民事诉讼法的规定，发生法律效力的民事判决、裁定，当事人必须履行。一方拒绝履行的，对方当事人可以向人民法院申请执行，也可以由审判员移送执行员执行。调解书和其他应当由人民法院执行的法律文书，当事人必须履行。一方拒绝履行的，对方当事人可以向人民法院申请执行；债务人在规定的期间不提出异议又不履行支付令的，债权人可以向人民法院申请执行。可见，判决和裁定的执行，其程序的开始方式有两种，即：权利人申请执行和审判人员移送执行；而调解书、支付令和其他法律文书的执行，则只能基于权利人申请而开始。因此，申请执行是启动执行程序的基本方式，移送执行是对申请执行的补充。

一、申请执行

申请执行，是指当生效法律文书确定的义务人拒不履行义务时，权利人请求法院通过强制手段强制实现其权利的诉讼行为。根据《最高人民法院关于人民法院执行工作若干问题的规定》第 18 条的规定，申请执行应符合以下条件：

1. 申请执行的法律文书已经生效。
2. 申请执行人是生效法律文书确定的权利人或其继承人、权利承受人。
3. 属于受申请执行的人民法院管辖。
4. 申请执行的法律文书有给付内容，且执行标的和被执行人明确。
5. 义务人在生效法律文书确定的期限内未履行义务。
6. 申请执行人在法定期限内提出申请。关于申请执行时效期间，《民事诉讼法》第 239 条规定，申请执行的期间为 2 年。申请执行时效的中止、中断，适用法律有关诉讼时效中止、中断的规定。该期间从法律文书规定履行期间的最后一日起计算；法律文书规定分期履行的，从规定的每次履行期间的最后一日起计算；法律文书未规定履行期间的，从法律文书生效之日起计算。《民诉法解释》第 483 条规定，申请执行人超过申请执行时效期间向人民法院申请强制执行的，人民法院应予受理。被执行人对申请执行时效期间提出异议，人民法院经审查异议成立的，裁定不予执行。被执行人履行全部或者部分义务后，又以不知道申请执行时效期间届满为由请求执行回转的，人民法院不予支持。《最高人民法院关于适用〈中华人民共和国民事诉讼法〉执行程序若干问题的解释》第 27~29 条作了以下补充规定：(1)在申请执行时效期间的最后 6 个月内，因不可抗力或者其他障碍不能行使请求权的，申请执行时效中止。从中止时效的原因消除之日起，申请执行时效期间继续计算。(2)申请执行时效因申请执行、当事人双方达成和解协议、当事人一方提出履行要求或者同意履行义务而中断。从中断时起，申请执行时效期间重新计算。(3)生效法律文书规定债务人负有不作为义务的，申请执行时效期间从债务人违反不作为义务之日起计算。

人民法院对符合上述条件的申请，应当在 7 日内予以立案；不符合上述条件之一的，应当在 7 日内裁定不予受理。

二、移送执行

移送执行，是指法院的裁判发生法律效力后，由审理该案的审判人员将案件直接交付执行人员执行，从而开始执行程序的行为。根据《最高人民法院关于人民法院执行工作若干问题的规定》第 19 条以及民事诉讼法的有关精神，生效法律文书的执行，一般应当由当事人依法提出申请。由审判庭移送执行机构执行的主要有：(1)发生法律效力的具有给付赡养费、扶养费、扶育费内容的法律文书。(2)民事制裁决定书。(3)刑事附带民事判决、裁定、调解书。(4)审判人员认为涉及国家利益、集体利益或者公民重大利益的法律文书。(5)执行回转。即原错误的法律文书被撤销，新法律文书需要执行的，可以由法院依职权移送执行。(6)财产保全裁定。《最高人民法院关于人民法院办理财产保全案件若干问题的规定》(自 2016 年 12 月 1 日起施行)第 2 条规定，人民法院进行财产保全，由立案、审判机构作出裁定，一般应当移送执行机构实施。

三、执行通知和立即执行

执行员接到申请执行书或者移交执行书，应当向被执行人发出执行通知，并可以立即采取强制执行措施。人民法院应当在收到申请执行书或者移交执行书后 10 日内发出执行通知。执行通知中除应责令被执行人履行法律文书确定的义务外，还应通知其承担《民事诉讼法》第 253 条规定的迟延履行利息或者迟延履行金。

第三节　执行措施

一、执行措施概述

(一)执行措施的概念和特点

执行措施，是指民事诉讼法规定的，强制实现生效法律文书的具体方法和手段。其特点有：(1)法定性。强制执行机构所采用的执行措施必须是法律有明文规定的，法律没有规定的方法和手段不得作为执行措施加以采用。(2)多样性。执行内容和执行标的具有多样性。相应地，执行措施也具有多样性。(3)单向性。执行机构强制义务人履行义务是一种职权行为，不以被执行人同意为条件，执行措施因而具有单向性。(4)强制性。执行措施的适用，是以国家强制力为后盾的方法与手段，因而具有强制性。①

（二）执行措施的种类

1. 根据执行措施能否达到强制义务人履行义务和实现生效法律文书的目的，可以将执行措施分为：(1)控制性执行措施，也称保全性执行措施，是指防止被执行人的财产被转移、隐匿、变卖、毁损为目的的执行措施，如查封、扣押、冻结、扣留、禁止交付等措施。(2)处分性执行措施，是指将被执行人的财产予以变价以清偿债务为目的的执行措施。

2. 根据执行行为能否直接实现生效法律文书的内容，可以将执行措施分为：(1)直接执行措施。这是指直接满足生效法律文书内容的执行措施。如划拨银行存款以满足债权。(2)间接执行措施。这是指那些不能直接实现执行依据的内容，但可以通过“曲线救国”的方式来实现的措施。如：被执行人拒不履行生效法律文书所确定的义务，严重妨害执行秩序时，法院可以采取拘留、罚款等措施促使被执行人履行。(3)代执行措施。这是指法院采取有别于执行依据要求的方式实现法律文书的内容。如请人拆违，所需费用由被执行人承担。

3. 根据生效法律文书中所确定的债权人的债权请求的类型，可以将民事执行措施分为：(1)对金钱债权的执行措施。它又可细分为对动产的执行、对不动产的执行和对其他财产权的执行。(2)对非金钱债权的执行措施。它又可细分为物的交付请求权的执行和行为请求权的执行。

二、被执行财产的调查

执行过程中，申请执行人应当提供被执行人的财产线索；被执行人应当如实报告财产；人民法院应当通过网络执行查控系统进行调查，根据案件需要应当通过其他方式进行调查的，同时采取其他调查方式。申请执行人提供被执行人财产线索，应当填写财产调查表。财产线索明确、具体的，人民法院应当在 7 日内调查核实；情况紧急的，应当在 3 日内调查核实。财产线索确实的，人民法院应当及时采取相应的执行措施。申请执行人确因客观原因无法自行查明财产的，可以申请人民法院调查。

（一）被执行人报告财产状况

被执行人未按执行通知履行法律文书确定的义务，应当报告当前以及收到执行通知之日前 1 年的财产情况。被执行人拒绝报告或者虚假报告的，人民法院可以根据情节轻重对被执行人或者其法定代理人、有关单位的主要负责人或者直接责任人员予以罚款、拘留。对被执行人报告财产状况，《最高人民法院关于民事执行中财产调查若干问题的规定》有较为详细的规定：

①宋朝武．民事诉讼法学［M］．北京：高等教育出版社，2017：405.

1. 报告财产令的发出。人民法院依申请执行人的申请或依职权责令被执行人报告财产情况的，应当向其发出报告财产令。金钱债权执行中，报告财产令应当与执行通知同时发出。人民法院根据案件需要再次责令被执行人报告财产情况的，应当重新向其发出报告财产令。

2. 报告财产令的内容。报告财产令应当载明下列事项：(1)提交财产报告的期限；(2)报告财产的范围、期间；(3)补充报告财产的条件及期间；(4)违反报告财产义务应承担的法律责任；(5)人民法院认为有必要载明的其他事项。报告财产令应附财产调查表，被执行人必须按照要求逐项填写。

3. 报告财产的范围与期限。被执行人应当在报告财产令载明的期限内向人民法院书面报告下列财产情况：(1)收入、银行存款、现金、理财产品、有价证券；(2)土地使用权、房屋等不动产；(3)交通运输工具、机器设备、产品、原材料等动产；(4)债权、股权、投资权益、基金份额、信托受益权、知识产权等财产性权利；(5)其他应当报告的财产。被执行人的财产已出租、已设立担保物权等权利负担，或者存在共有、权属争议等情形的，应当一并报告；被执行人的动产由第三人占有，被执行人的不动产、特定动产、其他财产权等登记在第三人名下的，也应当一并报告。

被执行人在报告财产令载明的期限内提交书面报告确有困难的，可以向人民法院书面申请延长期限；申请有正当理由的，人民法院可以适当延长。

4. 财产变动情况报告。被执行人自收到执行通知之日前1年至提交书面财产报告之日，其财产情况发生下列变动的，应当将变动情况一并报告：(1)转让、出租财产的；(2)在财产上设立担保物权等权利负担的；(3)放弃债权或延长债权清偿期的；(4)支出大额资金的；(5)其他影响生效法律文书确定债权实现的财产变动。

5. 补充报告。被执行人报告财产后，其财产情况发生变动，影响申请执行人债权实现的，应当自财产变动之日起10日内向人民法院补充报告。

6. 调查核实与查询。(1)对被执行人报告的财产情况，人民法院应当及时调查核实，必要时可以组织当事人进行听证。(2)申请执行人申请查询被执行人报告的财产情况的，人民法院应当准许。申请执行人及其代理人对查询过程中知悉的信息应当保密。

7. 违反报告财产义务应承担的法律责任。(1)被执行人拒绝报告、虚假报告或者无正当理由逾期报告财产情况的，人民法院可以根据情节轻重对被执行人或者其法定代理人予以罚款、拘留；构成犯罪的，依法追究刑事责任。单位拒绝报告、虚假报告或者无正当理由逾期报告财产情况的，人民法院可以对其主要负责人或者直接责任人员予以罚款、拘留；构成犯罪的，依法追究刑事责任。(2)被执行人拒绝报告、虚假报告或者无正当理由逾期报告财产情况的，人民法院应当依照相关规定将其纳入失信被执行人名单。

8. 财产报告程序的终结。有下列情形之一的，财产报告程序终结：(1)被执行人履行完毕生效法律文书确定义务的；(2)法院裁定终结执行的；(3)法院裁定不予执行的；(4)法院认为财产报告程序应当终结的其他情形。发出报告财产令后，法院裁定终结本次执行程序的，被执行人仍应依照规定履行补充报告义务。

（二）其他调查方式

1. 通过网络执行查控系统调查与现场调查。被执行人未按执行通知履行生效法律文书确定的义务，人民法院有权通过网络执行查控系统、现场调查等方式向被执行人、有关单位或个人调查被执行人的身份信息和财产信息，有关单位和个人应当依法协助办理。① 人民法院对调查所需资料可以复制、打印、抄录、拍照或以其他方式进行提取、留存。申请执行人申请查询人民法院调查的财产信息的，人民法院可以根据案件需要决定是否准许。申请执行人及其代理人对查询过程中知悉的信息应当保密。

人民法院通过网络执行查控系统进行调查，与现场调查具有同等法律效力。人民法院调查过程中作出的电子法律文书与纸质法律文书具有同等法律效力；协助执行单位反馈的电子查询结果与纸质反馈结果具有同等法律效力。

2. 搜查。有关搜查，稍后再述。

3. 调查询问。为查明被执行人的财产情况和履行义务的能力，可以传唤被执行人或被执行人的法定代表人、负责人、实际控制人、直接责任人员到人民法院接受调查询问。对必须接受调查询问的被执行人、被执行人的法定代表人、负责人或者实际控制人，经依法传唤无正当理由拒不到场的，人民法院可以拘传其到场；上述人员下落不明的，人民法院可以依照相关规定通知有关单位协助查找。根据《民诉法解释》第484条的规定，人民法院应当及时对上述被拘传人进行调查询问，调查询问的时间不得超过8小时；情况复杂，依法可能采取拘留措施的，调查询问的时间不得超过24小时。人民法院在本辖区以外采取拘传措施时，可以将被拘传人拘传到当地人民法院，当地人民法院应予协助。

4. 审计。对此，要注意的有以下几点：(1)申请审计。作为被执行人的法人或其他组织不履行生效法律文书确定的义务，申请执行人认为其有拒绝报告、虚假报告财产情况，隐匿、转移财产等逃避债务情形或者其股东、出资人有出资不实、抽逃出资等情形的，可以书面申请人民法院委托审计机构对该被执行人进行审计。人民法院应当自收到书面申请之日起10日内决定是否准许。(2)审计机构的确定与审计资料的获取。人民法院决定审计的，应当随机确定具备资格的审计机构，并责令被执行人提交会计凭证、会计账簿、财务会计报告等与审计事项有关的资料。被执行人隐匿审计资料的，人民法院可以依法采取搜查措施。(3)妨害审计行为的法律责任。被执行人拒不提供、转移、隐匿、伪造、篡改、毁弃审计资料，阻挠审计人员查看业务现场或者有其他妨碍审计调查行为的，人民法院可以根据情节轻重对被执行人或其主要负责人、直接责任人员予以罚款、拘留；构成犯罪的，依法追究刑事责任。(4)审计费用的预交与承担。审计费用由提出审计申请的申请执行人预交。被执行人存在拒绝报告或虚假报告财产情况，隐匿、转移财产或者其他逃避债务情形的，审计费用由被执行人承担；未发现被执行人存在上述情形的，审计费用由申请执行人承担。

---

①《民诉法解释》第485条规定，人民法院有权查询被执行人的身份信息与财产信息，掌握相关信息的单位和个人必须按照协助执行通知书办理。

5. 悬赏。被执行人不履行生效法律文书确定的义务，申请执行人可以向人民法院书面申请发布悬赏公告查找可供执行的财产。人民法院应当自收到书面申请之日起10日内决定是否准许。悬赏的具体程序如下：(1)提交申请书。申请书应当载明下列事项：①悬赏金的数额或计算方法；②有关人员提供人民法院尚未掌握的财产线索，使该申请执行人的债权得以全部或部分实现时，自愿支付悬赏金的承诺；③悬赏公告的发布方式；④其他需要载明的事项。(2)制作和发布悬赏公告。人民法院决定悬赏查找财产的，应当制作悬赏公告。悬赏公告应当载明悬赏金的数额或计算方法、领取条件等内容。悬赏公告应当在全国法院执行悬赏公告平台、法院微博或微信等媒体平台发布，也可以在执行法院公告栏或被执行人住所地、经常居住地等处张贴。申请执行人申请在其他媒体平台发布，并自愿承担发布费用的，人民法院应当准许。(3)登记财产线索。悬赏公告发布后，有关人员向人民法院提供财产线索的，人民法院应当对有关人员的身份信息和财产线索进行登记；两人以上提供相同财产线索的，应当按照提供线索的先后顺序登记。人民法院对有关人员的身份信息和财产线索应当保密，但为发放悬赏金需要告知申请执行人的除外。(4)发放悬赏金。有关人员提供人民法院尚未掌握的财产线索，使申请发布悬赏公告的申请执行人的债权得以全部或部分实现的，人民法院应当按照悬赏公告发放悬赏金。悬赏金从申请执行人应得的执行款中予以扣减。特定物交付执行或者存在其他无法扣减情形的，悬赏金由该申请执行人另行支付。有关人员为申请执行人的代理人、有义务向人民法院提供财产线索的人员或者存在其他不应发放悬赏金情形的，不予发放。

民事执行中的财产调查是一项保障性执行措施，有利于维护权利人和利害关系人的合法权益。但是，在财产调查中，也应当注意保护义务人的合法利益。为此，执行人员不得调查与执行案件无关的信息，对调查过程中知悉的国家秘密、商业秘密和个人隐私应当保密。

三、查询、扣押、冻结、划拨、变价被执行人的金融资产

自然人、法人和其他组织的金融资产多种多样，包括存款、债券、股票、基金份额等等。当债务人拥有金融资产而又不履行执行依据确定的义务时，它们就可以成为执行标的。被执行人未按执行通知履行法律文书确定的义务，人民法院有权向有关单位查询被执行人的存款、债券、股票、基金份额等财产情况。人民法院有权根据不同情形扣押、冻结、划拨、变价被执行人的财产。人民法院查询、扣押、冻结、划拨、变价的财产不得超出被执行人应当履行义务的范围。人民法院决定扣押、冻结、划拨、变价财产，应当作出裁定，并发出协助执行通知书，有关单位必须办理。人民法院有权查询被执行人的身份信息与财产信息，掌握相关信息的单位和个人必须按照协助执行通知书办理。

四、扣留、提取被执行人的收入

被执行人未按执行通知履行法律文书确定的义务，人民法院有权扣留、提取被执

行人应当履行义务部分的收入。但应当保留被执行人及其所扶养家属的生活必需费用。人民法院扣留、提取收入时，应当作出裁定，并发出协助执行通知书，被执行人所在单位、银行、信用合作社和其他有储蓄业务的单位必须办理。

五、查封、扣押、冻结、拍卖、变卖被执行人的财产

被执行人未按执行通知履行法律文书确定的义务，人民法院有权查封、扣押、冻结、拍卖、变卖被执行人应当履行义务部分的财产，但应当保留被执行人及其所扶养家属的生活必需品。采取这些措施，人民法院应当作出裁定。

（一）查封、扣押、冻结财产

查封、扣押、冻结的程序：(1)人民法院查封、扣押财产时，被执行人是公民的，应当通知被执行人或者他的成年家属到场；被执行人是法人或者其他组织的，应当通知其法定代表人或者主要负责人到场。拒不到场的，不影响执行。被执行人是公民的，其工作单位或者财产所在地的基层组织应当派人参加。对被查封、扣押的财产，执行员必须造具清单，由在场人签名或者盖章后，交被执行人一份。被执行人是公民的，也可以交他的成年家属一份。(2)被查封的财产，执行员可以指定被执行人负责保管。因被执行人的过错造成的损失，由被执行人承担。(3)财产被查封、扣押后，执行员应当责令被执行人在指定期间履行法律文书确定的义务。被执行人逾期不履行的，人民法院应当拍卖被查封、扣押的财产；不适于拍卖或者当事人双方同意不进行拍卖的，人民法院可以委托有关单位变卖或者自行变卖。国家禁止自由买卖的物品，交有关单位按照国家规定的价格收购。

一些司法解释对查封、扣押、冻结财产作了详细规定：

1. 作出裁定与协助执行通知书。人民法院查封、扣押、冻结被执行人的动产、不动产及其他财产权，应当作出裁定，并送达被执行人和申请执行人。采取查封、扣押、冻结措施需要有关单位或者个人协助的，人民法院应当制作协助执行通知书，连同裁定书副本一并送达协助执行人。查封、扣押、冻结裁定书和协助执行通知书送达时发生法律效力。

2. 查封、扣押、冻结中的程序衔接。(1)作为执行依据的法律文书生效后至申请执行前，债权人可以向有执行管辖权的人民法院申请保全债务人的财产。人民法院可以参照财产保全的规定作出保全裁定，保全裁定应当立即执行。(2)诉讼前、诉讼中及仲裁中采取财产保全措施的，进入执行程序后，自动转为执行中的查封、扣押、冻结措施，并适用司法解释中查封、扣押、冻结期限的规定。

3. 可以查封、扣押、冻结的财产范围。其范围限于被执行人本人的财产，具体包括：(1)人民法院可以查封、扣押、冻结被执行人占有的动产、登记在被执行人名下的不动产、特定动产及其他财产权。(2)未登记的建筑物和土地使用权，依据土地使用权的审批文件和其他相关证据确定权属。(3)对于第三人占有的动产或者登记在第三人名下的不动产、特定动产及其他财产权，第三人书面确认该财产属于被执行人的，人民

法院可以查封、扣押、冻结。

4. 不得查封、扣押、冻结的财产。人民法院对被执行人下列的财产不得查封、扣押、冻结：(1)被执行人及其所扶养家属生活所必需的衣服、家具、炊具、餐具及其他家庭生活必需的物品；(2)被执行人及其所扶养家属所必需的生活费用。当地有最低生活保障标准的，必需的生活费用依照该标准确定；(3)被执行人及其所扶养家属完成义务教育所必需的物品；(4)未公开的发明或者未发表的著作；(5)被执行人及其所扶养家属用于身体缺陷所必需的辅助工具、医疗物品；(6)被执行人所得的勋章及其他荣誉表彰的物品；(7)根据《中华人民共和国缔结条约程序法》，以中华人民共和国、中华人民共和国政府或者中华人民共和国政府部门名义同外国、国际组织缔结的条约、协定和其他具有条约、协定性质的文件中规定免于查封、扣押、冻结的财产；(8)法律或者司法解释规定的其他不得查封、扣押、冻结的财产。

5. 对房屋等生活必需品的执行。对被执行人及其所扶养家属生活所必需的居住房屋，法院可以查封，但不得拍卖、变卖或者抵债。对于超过被执行人及其所扶养家属生活所必需的房屋和生活用品，法院根据申请执行人的申请，在保障被执行人及其所扶养家属最低生活标准所必需的居住房屋和普通生活必需品后，可予以执行。

6. 被查封、扣押、冻结财产的保管。(1)查封、扣押的财产不宜由法院保管的，法院可以指定被执行人负责保管；不宜由被执行人保管的，可以委托第三人或者申请执行人保管。由法院指定被执行人保管的财产，如果继续使用对该财产的价值无重大影响，可以允许被执行人继续使用；由法院保管或者委托第三人、申请执行人保管的，保管人不得使用。(2)查封、扣押、冻结担保物权人占有的担保财产，一般应当指定该担保物权人作为保管人；该财产由法院保管的，质权、留置权不因转移占有而消灭。(3)对第三人为被执行人的利益占有的被执行人的财产，法院可以查封、扣押、冻结；该财产被指定给第三人继续保管的，第三人不得将其交付给被执行人。对第三人为自己的利益依法占有的被执行人的财产，法院可以查封、扣押、冻结，第三人可以继续占有和使用该财产，但不得将其交付给被执行人。第三人无偿借用被执行人的财产的，不受前述规定的限制。

7. 对共有财产的查封、扣押、冻结。对被执行人与其他人共有的财产，法院可以查封、扣押、冻结，并及时通知共有人。共有人协议分割共有财产，并经债权人认可的，法院可以认定有效。查封、扣押、冻结的效力及于协议分割后被执行人享有份额内的财产；对其他共有人享有份额内的财产的查封、扣押、冻结，法院应当裁定予以解除。共有人提起析产诉讼或者申请执行人代位提起析产诉讼的，法院应当准许。诉讼期间中止对该财产的执行。

8. 查封、扣押、冻结财产的限额。查封、扣押、冻结被执行人的财产，以其价额足以清偿法律文书确定的债权额及执行费用为限，不得明显超标的额查封、扣押、冻结。发现超标的额查封、扣押、冻结的，法院应当根据被执行人的申请或者依职权，及时解除对超标的额部分财产的查封、扣押、冻结，但该财产为不可分物且被执行人无其他可供执行的财产或者其他财产不足以清偿债务的除外。

9. 查封、扣押、冻结的效力。(1)查封、扣押的效力及于查封、扣押物的从物和天然孳息。(2)查封地上建筑物的效力及于该地上建筑物使用范围内的土地使用权，查封土地使用权的效力及于地上建筑物，但土地使用权与地上建筑物的所有权分属被执行人与他人的除外。地上建筑物和土地使用权的登记机关不是同一机关的，应当分别办理查封登记。(3)查封、扣押、冻结的财产灭失或者毁损的，查封、扣押、冻结的效力及于该财产的替代物、赔偿款。人民法院应当及时作出查封、扣押、冻结该替代物、赔偿款的裁定。(4)被执行人就已经查封、扣押、冻结的财产所作的移转、设定权利负担或者其他有碍执行的行为，不得对抗申请执行人。第三人未经人民法院准许占有查封、扣押、冻结的财产或者实施其他有碍执行的行为的，人民法院可以依据申请执行人的申请或者依职权解除其占有或者排除其妨害。人民法院的查封、扣押、冻结没有公示的，其效力不得对抗善意第三人。(5)对已被人民法院查封、扣押、冻结的财产，其他人民法院可以进行轮候查封、扣押、冻结。查封、扣押、冻结解除的，登记在先的轮候查封、扣押、冻结即自动生效。其他人民法院对已登记的财产进行轮候查封、扣押、冻结的，应当通知有关登记机关协助进行轮候登记，实施查封、扣押、冻结的人民法院应当允许其他人民法院查阅有关文书和记录。其他人民法院对没有登记的财产进行轮候查封、扣押、冻结的，应当制作笔录，并经实施查封、扣押、冻结的人民法院执行人员及被执行人签字，或者书面通知实施查封、扣押、冻结的人民法院。此外，《民诉法解释》第 486 条规定，对被执行的财产，人民法院非经查封、扣押、冻结不得处分。对银行存款等各类可以直接扣划的财产，人民法院的扣划裁定同时具有冻结的法律效力。这就确立了先查封、扣押、冻结而后处分的机制。

10. 查封、扣押、冻结财产的期限。《民诉法解释》第 487 条规定，人民法院冻结被执行人的银行存款的期限不得超过 1 年，查封、扣押动产的期限不得超过 2 年，查封不动产、冻结其他财产权的期限不得超过 3 年。申请执行人申请延长期限的，人民法院应当在查封、扣押、冻结期限届满前办理续行查封、扣押、冻结手续，续行期限不得超过前述期限。人民法院也可以依职权办理续行查封、扣押、冻结手续。另，根据《最高人民法院关于人民法院民事执行中查封、扣押、冻结财产的规定》第 30 条查封、扣押、冻结期限届满，人民法院未办理延期手续的，查封、扣押、冻结的效力消灭。查封、扣押、冻结的财产已经被执行拍卖、变卖或者抵债的，查封、扣押、冻结的效力消灭。

11. 查封、扣押、冻结的解除。有下列情形之一的，人民法院应当作出解除查封、扣押、冻结裁定，并送达申请执行人、被执行人或者案外人：(1)查封、扣押、冻结案外人财产的；(2)申请执行人撤回执行申请或者放弃债权的；(3)查封、扣押、冻结的财产流拍或者变卖不成，申请执行人和其他执行债权人又不同意接受抵债的；(4)债务已经清偿的；(5)被执行人提供担保且申请执行人同意解除查封、扣押、冻结的；(6)人民法院认为应当解除查封、扣押、冻结的其他情形。解除以登记方式实施的查封、扣押、冻结的，应当向登记机关发出协助执行通知书。

12. 相关人员到场。人民法院查封、扣押财产时，被执行人是公民的，应当通知被执行人或者他的成年家属到场，同时公民所在单位或财产所在地的基层组织应当派人参加；被执行人是法人或其他组织的，应当通知其法定代表人或主要负责人到场，拒不到场的，不影响执行。查封、扣押财产，必须造具清单，由在场人签名或盖章，交被执行人一份。对于不动产和有产权证照的特定动产，在查封、扣押时还应当在相关产权部门办理查封登记手续。

13. 制作查封、扣押、冻结财产的笔录。查封、扣押、冻结被执行人的财产时，执行人员应当制作笔录，载明下列内容：(1)执行措施开始及完成的时间；(2)财产的所在地、种类、数量；(3)财产的保管人；(4)其他应当记明的事项。执行人员及保管人应当在笔录上签名，有关人员到场的，到场人员也应当在笔录上签名。

（二）拍卖、变卖财产

在执行程序中，被执行人的财产被查封、扣押、冻结后，人民法院应当及时进行拍卖、变卖或者采取其他执行措施。人民法院对查封、扣押、冻结的财产进行变价处理时，应当首先采取拍卖的方式，但法律、司法解释另有规定的除外。对拍卖、变卖财产，还要注意：

1. 拍卖或变卖财产的主体。(1)人民法院在执行中需要拍卖被执行人财产的，可以由人民法院自行组织拍卖，也可以交由具备相应资质的拍卖机构拍卖。交拍卖机构拍卖的，人民法院应当对拍卖活动进行监督。(2)人民法院在执行中需要变卖被执行人财产的，可以交有关单位变卖，也可以由人民法院直接变卖。对变卖的财产，人民法院或者其工作人员不得买受。

2. 拍卖机构的确定。人民法院拍卖被执行人财产，应当委托具有相应资质的拍卖机构进行，并对拍卖机构的拍卖进行监督，但法律、司法解释另有规定的除外。拍卖机构由当事人协商一致后经人民法院审查确定；协商不成的，从负责执行的人民法院或者被执行人财产所在地的人民法院确定的拍卖机构名册中，采取随机的方式确定；当事人双方申请通过公开招标方式确定拍卖机构的，人民法院应当准许。

3. 拍卖评估。(1)评估的财产范围。对拟拍卖的财产，人民法院应当委托具有相应资质的评估机构进行价格评估。对于财产价值较低或者价格依照通常方法容易确定的，可以不进行评估。当事人双方及其他执行债权人申请不进行评估的，人民法院应当准许。对被执行人的股权进行评估时，人民法院可以责令有关企业提供会计报表等资料；有关企业拒不提供的，可以强制提取。(2)评估机构的确定。评估机构由当事人协商一致后经人民法院审查确定；协商不成的，从负责执行的人民法院或者被执行人财产所在地的人民法院确定的评估机构名册中，采取随机的方式确定；当事人双方申请通过公开招标方式确定评估机构的，人民法院应当准许。(3)评估中的现场检查与勘验。拍卖评估需要对现场进行检查、勘验的，人民法院应当责令被执行人、协助义务人予以配合。被执行人、协助义务人不予配合的，人民法院可以强制进行。(4)对评估报告的救济。人民法院收到评估机构作出的评估报告后，应当在五日内将评估报告发送当事人及其他利害关系人。当事人或者其他利害关系人对评估报告有异议的，可以在收到评估报告后十日内以书面形式向人民法院提出。当事人或者其他利害关系人有证据证明评估机构、评估人员不具备相应的评估资质或者评估程序严重违法而申请重新评估的，人民法院应当准许。

4. 以物抵债。这有两种情形：(1)主动同意以物抵债。此即不经拍卖、变卖程序的以物抵债。经申请执行人和被执行人同意，且不损害其他债权人合法权益和社会公共利益的，人民法院可以不经拍卖、变卖，直接将被执行人的财产作价交申请执行人抵偿债务。对剩余债务，被执行人应当继续清偿。(2)被迫同意以物抵债。此即无法拍卖或者变卖时的以物抵债。被执行人的财产无法拍卖或者变卖的，经申请执行人同意，且不损害其他债权人合法权益和社会公共利益的，人民法院可以将该项财产作价后交付申请执行人抵偿债务，或者交付申请执行人管理；申请执行人拒绝接收或者管理的，退回被执行人。

5. 标的物(拍卖物或抵债物)所有权的转移。拍卖成交或者依法定程序裁定以物抵债的，标的物所有权自拍卖成交裁定或者抵债裁定送达买受人或者接受抵债物的债权人时转移。

6. 拍卖委托的撤回。在拍卖开始前，有下列情形之一的，人民法院应当撤回拍卖委托：(1)据以执行的生效法律文书被撤销的；(2)申请执行人及其他执行债权人撤回执行申请的；(3)被执行人全部履行了法律文书确定的金钱债务的；(4)当事人达成了执行和解协议，不需要拍卖财产的；(5)案外人对拍卖财产提出确有理由的异议的；(6)拍卖机构与竞买人恶意串通的；(7)其他应当撤回拍卖委托的情形。

7. 拍卖成交。拍卖成交后，买受人应当在拍卖公告确定的期限或者人民法院指定的期限内将价款交付到人民法院或者汇入人民法院指定的账户。拍卖成交或者以流拍的财产抵债的，人民法院应当作出裁定，并于价款或者需要补交的差价全额交付后10日内，送达买受人或者承受人。

六、搜查被执行人的财产

搜查，是指在民事执行程序中，执行人员对不履行生效法律文书确定的义务并隐匿财产的被执行人的人身、住所或财产隐匿地依法进行搜索检查以寻找相关财产的措施。《民事诉讼法》第248条规定，被执行人不履行法律文书确定的义务，并隐匿财产的，人民法院有权发出搜查令，对被执行人及其住所或者财产隐匿地进行搜查。采取搜查措施，由院长签发搜查令。

《民诉法解释》第496~500条对搜查做出了较为详细的补充规定：(1)在执行中，被执行人隐匿财产、会计账簿等资料的，人民法院除可依照《民事诉讼法》第111条第1款第6项规定对其处理外，还应责令被执行人交出隐匿的财产、会计账簿等资料。被执行人拒不交出的，人民法院可以采取搜查措施。(2)搜查人员应当按规定着装并出示搜查令和工作证件。(3)人民法院搜查时禁止无关人员进入搜查现场；搜查对象是公民的，应当通知被执行人或者他的成年家属以及基层组织派员到场；搜查对象是法人或者其他组织的，应当通知法定代表人或者主要负责人到场。拒不到场的，不影响搜查。搜查妇女身体，应当由女执行人员进行。(4)搜查中发现应当依法采取查封、扣押措施的财产，依照《民事诉讼法》第245条第2款和第247条规定办理。(5)搜查应当制作搜查笔录，由搜查人员、被搜查人及其他在场人签名、捺印或者盖章。拒绝签名、捺印或者盖章的，应当记入搜查笔录。

七、强制被执行人交付法律文书指定的财物或票证

法律文书指定交付的财物或者票证，由执行员传唤双方当事人当面交付，或者由执行员转交，并由被交付人签收。有关单位持有该项财物或者票证的，应当根据人民法院的协助执行通知书转交，并由被交付人签收。有关公民持有该项财物或者票证的，人民法院通知其交出。拒不交出的，强制执行。

他人持有法律文书指定交付的财物或者票证，人民法院依法发出协助执行通知后，拒不转交的，可以强制执行，并可将此种行为认定为拒不履行协助执行义务的行为，对行为人处以罚款或拘留。他人持有期间财物或者票证毁损、灭失的，经权利人与持有人双方同意，可以折价赔偿。双方对折价赔偿不能协商一致的，人民法院应当终结执行程序。申请执行人可以另行起诉。他人主张合法持有财物或者票证的，可以根据《民事诉讼法》第227条规定提出执行异议。

八、强制被执行人迁出房屋或退出土地

强制被执行人迁出房屋或退出土地这一执行措施，在性质上属于对行为的执行。其程序如下：(1)院长签发公告。强制迁出房屋或者强制退出土地，由院长签发公告，责令被执行人在指定期间履行。(2)执行员强制执行。被执行人逾期不履行的，由执行员强制执行。(3)有关人员必须到场。强制执行时，被执行人是公民的，应当通知被执行人或者他的成年家属到场；被执行人是法人或者其他组织的，应当通知其法定代表人或者主要负责人到场。拒不到场的，不影响执行。被执行人是公民的，其工作单位或者房屋、土地所在地的基层组织应当派人参加。执行员应当将强制执行情况记入笔录，由在场人签名或者盖章。(4)搬出财物的交付。强制迁出房屋被搬出的财物，由人民法院派人运至指定处所，交给被执行人。被执行人是公民的，也可以交给他的成年家属。因拒绝接收而造成的损失，由被执行人承担。

九、办理财产权证照转移手续

在执行中，需要办理有关财产权证照转移手续的，人民法院可以向有关单位发出协助执行通知书，有关单位必须办理。根据《民诉法解释》第502条规定，这里的办理财产权证照转移手续，包括办理房产证、土地证、林权证、专利证书、商标证书、车船执照等有关财产权证照转移手续。

十、强制被执行人履行法律文书指定的行为

对判决、裁定和其他法律文书指定的行为，被执行人未按执行通知履行的，人民法院可以强制执行或者委托有关单位或者其他人完成，费用由被执行人承担。

（一）可替代行为的执行措施

1. 代履行人的确定。被执行人不履行生效法律文书确定的行为义务，该义务可由他人完成的，人民法院可以选定代履行人；法律、行政法规对履行该行为义务有资格限制的，应当从有资格的人中选定。必要时，可以通过招标的方式确定代履行人。申请执行人可以在符合条件的人中推荐代履行人，也可以申请自己代为履行，是否准许，由人民法院决定。

2. 代履行费用的确定与支付。代履行费用的数额由人民法院根据案件具体情况确定，并由被执行人在指定期限内预先支付。被执行人未预付的，人民法院可以对该费用强制执行。代履行结束后，被执行人可以查阅、复制费用清单以及主要凭证。

（二）不可替代行为的执行措施

不可替代行为，是只能由被执行人本人完成的行为，如恢复名誉、消除影响、赔礼道歉、名演员表演、名作家撰稿等。这类行为往往与被执行人的身份有关，属于由被执行人本人实施的行为，不能由他人代替。对这类行为的执行，适用间接执行措施。即通过对被执行人罚款、拘留、强制支付迟延履行金等手段，促使其自动完成义务行为。被执行人不履行法律文书指定的行为，且该项行为只能由被执行人完成的，人民法院可将此类行为认定为拒不履行人民法院已经发生法律效力的判决、裁定的行为，人民法院可以根据情节轻重予以罚款、拘留；构成犯罪的，依法追究刑事责任。被执行人在人民法院确定的履行期间内仍不履行的，人民法院可以依照《民事诉讼法》第111条第1款第6项规定再次处理。如果系不作为义务，债务人因实施积极行为，违背法律文书的规定，人民法院应当消除积极行为产生的后果。

十一、强制被执行人支付迟延履行期间的债务利息或迟延履行金

被执行人未按判决、裁定和其他法律文书指定的期间履行给付金钱义务的，应当加倍支付迟延履行期间的债务利息。被执行人未按判决、裁定和其他法律文书指定的期间履行其他义务的，应当支付迟延履行金。被执行人迟延履行的，迟延履行期间的利息或者迟延履行金自判决、裁定和其他法律文书指定的履行期间届满之日起计算。被执行人未按判决、裁定和其他法律文书指定的期间履行非金钱给付义务的，无论是否已给申请执行人造成损失，都应当支付迟延履行金。已经造成损失的，双倍补偿申请执行人已经受到的损失；没有造成损失的，迟延履行金可以由人民法院根据具体案件情况决定。

十二、继续执行

人民法院采取《民事诉讼法》第 242 条、第 243 条、第 244 条规定的执行措施后，被执行人仍不能偿还债务的，应当继续履行义务。债权人发现被执行人有其他财产的，可以随时请求人民法院执行。债权人依法请求人民法院继续执行的，不受申请执行时效期间的限制。

十三、执行威慑机制

执行威慑机制，包括心理威慑和行为威慑，是指国家立法和司法机关通过采取一定的措施，加大对被执行人的威慑力度，迫使其自动履行生效法律文书确定的义务的制度和活动。根据相关规定，在我国当前，执行威慑机制主要有以下几种：

（一）限制消费

限制消费，是指在执行程序中，执行机构依法限制甚至禁止尚未全面履行生效法律文书确定的给付义务的被执行人，以自己的财产进行某些种类的消费行为，从而促使该被执行人履行义务的一种执行制度。[①] 限制被执行人消费的适用要注意：

1. 限制消费的对象。(1)可以限制消费的人。被执行人未按执行通知书指定的期间履行生效法律文书确定的给付义务的，人民法院可以采取限制消费措施，限制其高消费及非生活或者经营必需的有关消费。(2)应限制消费的人。纳入失信被执行人名单的被执行人，人民法院应当对其采取限制消费措施。

2. 限制消费的范围。被执行人为自然人的，被采取限制消费措施后，不得有以下高消费及非生活和工作必需的消费行为：(1)乘坐交通工具时，选择飞机、列车软卧、轮船二等以上舱位；(2)在星级以上宾馆、酒店、夜总会、高尔夫球场等场所进行高消费；(3)购买不动产或者新建、扩建、高档装修房屋；(4)租赁高档写字楼、宾馆、公寓等场所办公；(5)购买非经营必需车辆；(6)旅游、度假；(7)子女就读高收费私立学校；(8)支付高额保费购买保险理财产品；(9)乘坐 G 字头动车组列车全部座位、其他动车组列车一等以上座位等其他非生活和工作必需的消费行为。被执行人为单位的，被采取限制消费措施后，被执行人及其法定代表人、主要负责人、影响债务履行的直接责任人员、实际控制人也不得实施这些行为。因私消费以个人财产实施这些行为的，可以向执行法院提出申请。执行法院审查属实的，应予准许。

被限制消费的被执行人因生活或者经营必需而进行本规定禁止的消费活动的，应当向人民法院提出申请，获批准后方可进行。

3. 限制消费的实施程序。(1)限制消费的决定。限制消费措施一般由申请执行人提出书面申请，经人民法院审查决定；必要时人民法院可以依职权决定。(2)由院长签发限制消费令。人民法院决定采取限制消费措施的，应当向被执行人发出限制消费令。

---

①宋朝武．民事诉讼法[M]．北京：高等教育出版社，2017：426.

限制消费令由人民法院院长签发。限制消费令应当载明限制消费的期间、项目、法律后果等内容。(3)限制消费的实施。人民法院决定采取限制消费措施的，可以根据案件需要和被执行人的情况向有义务协助调查、执行的单位送达协助执行通知书，也可以在相关媒体上进行公告。限制消费令的公告费用由被执行人负担；申请执行人申请在媒体公告的，应当垫付公告费用。(4)限制消费令的解除。在限制消费期间，被执行人提供确实有效的担保或者经申请执行人同意的，人民法院可以解除限制消费令；被执行人履行完毕生效法律文书确定的义务的，人民法院应当在本规定第六条通知或者公告的范围内及时以通知或者公告解除限制消费令。(5)违反限制消费令的法律后果。①被执行人违反限制消费令进行消费的行为属于拒不履行人民法院已经发生法律效力的判决、裁定的行为，经查证属实的，依法予以拘留、罚款；情节严重，构成犯罪的，追究其刑事责任。②有关单位在收到人民法院协助执行通知书后，仍允许被执行人进行高消费及非生活或者经营必需的有关消费的，人民法院可以按照拒不履行协助执行义务的行为(即妨害执行行为)，追究其法律责任。

(二)限制出境

限制出境，是指通过国家边防机关的协助，使尚未履行义务的被执行人不得离开中华人民共和国领域，或者从内地前往香港、澳门特区或者台湾地区的执行制度。[①]

1. 限制出境的条件。(1)被执行人未履行法律文书确定的义务；(2)被执行人或其相关人员出境可能造成案件无法执行。

2. 限制出境的适用对象。被执行人是自然人的，可以限制被执行人本人出境；被执行人是无民事行为能力人或限制民事行为能力人的，可以对其法定代理人限制出境；被执行人是法人或其他组织的，可以对其法定代表人、主要负责人或者影响债务履行的直接责任人员、实际控制人限制出境。

3. 限制出境的实施程序。(1)限制出境的启动方式。执行法院应当依据申请执行人的书面申请，限制被执行人出境自由；必要时，执行法院也可依职权采取限制出境措施。(2)限制出境的实施。执行机构决定限制其出境的，应当向有关单位发出协助执行通知书，通知有关单位协助采取限制出境的措施，确保被执行人不得离开我国领域或者从内地前往香港、澳门特区或台湾地区。(3)对限制出境的复议。被限制出境的人认为对其限制出境错误的，可以自收到限制出境决定之日起10日内向上一级人民法院申请复议。上一级人民法院应当自收到复议申请之日起15日内作出决定。复议期间，不停止原决定的执行。

4. 限制出境的解除。在限制出境期间，被执行人履行法律文书确定的全部债务的，执行法院应当及时解除限制出境措施；被执行人提供充分、有效的担保或者申请执行人同意的，可以解除限制出境措施。[②]

①宋朝武. 民事诉讼法[M]. 北京：高等教育出版社，2017：428.

②参见《最高人民法院关于适用〈中华人民共和国民事诉讼法〉执行程序若干问题的解释》第36~38条。

（三）纳入失信名单，通报征信系统记录不履行义务的信息

1. 向征信机构等单位通报不履行义务的信息。被执行人不履行法律文书确定的义务的，人民法院除对被执行人予以处罚外，还可以根据情节将其纳入失信被执行人名单，将被执行人不履行或者不完全履行义务的信息向其所在单位、征信机构以及其他相关机构通报。[①]

2. 纳入失信被执行人名单。个人征信系统为消费信贷机构提供个人信用分析产品，含有广泛精确的个人信息。不履行法律文书确定的义务的信息将导致被执行人的个人信用记录减损，给其日常生活和商业交往带来负面影响。由于征信系统一般由银行等金融机构管理，故法院可以通知有关单位协助记录不履行义务的信息。对纳入失信被执行人名单制度需要注意以下几个方面的内容：

（1）适用情形。被执行人具有履行能力而不履行生效法律文书确定的义务，并具有下列情形之一的，人民法院应当将其纳入失信被执行人名单，依法对其进行信用惩戒：①以伪造证据、暴力、威胁等方法妨碍、抗拒执行的；②以虚假诉讼、虚假仲裁或者以隐匿、转移财产等方法规避执行的；③违反财产报告制度的；④违反限制高消费令的；⑤被执行人无正当理由拒不履行执行和解协议的；⑥其他有履行能力而拒不履行生效法律文书确定义务的。

（2）失信被执行人名单信息的具体内容。记载和公布的失信被执行人名单信息应当包括：①作为被执行人的法人或者其他组织的名称、组织机构代码、法定代表人或者负责人姓名；②作为被执行人的自然人的姓名、性别、年龄、身份证号码；③生效法律文书确定的义务和被执行人的履行情况；④被执行人失信行为的具体情形；⑤执行依据的制作单位和文号、执行案号、立案时间、执行法院；⑥人民法院认为应当记载和公布的不涉及国家秘密、商业秘密、个人隐私的其他事项。

（3）适用的程序。①人民法院向被执行人发出的《执行通知书》中，应当载明有关纳入失信被执行人名单的风险提示内容。②申请执行人认为被执行人存在前述失信行为之一的，可以向人民法院提出申请将该被执行人纳入失信被执行人名单，人民法院经审查后作出决定。人民法院认为被执行人存在前述失信行为之一的，也可以依职权作出将该被执行人纳入失信被执行人名单的决定。③人民法院决定将被执行人纳入失信被执行人名单的，应当制作决定书，决定书自作出之日起生效。决定书应当按照民事诉讼法规定的法律文书送达方式送达当事人。④各级人民法院应当将失信被执行人名单信息录入最高人民法院失信被执行人名单库，并通过该名单库统一向社会公布。各级人民法院可以根据各地实际情况，将失信被执行人名单通过报纸、广播、电视、网络、法院公告栏等其他方式予以公布，并可以采取新闻发布会或者其他方式对本院及辖区法院实施失信被执行人名单制度的情况定期向社会公布。⑤人民法院应当将失信被执行人名单信息，向政府相关部门、金融监管机构、金融机构、承担行政职能的事

①参见《民诉法解释》第 518 条。

业单位及行业协会等通报，供相关单位依照法律、法规和有关规定，在政府采购、招标投标、行政审批、政府扶持、融资信贷、市场准入、资质认定等方面，对失信被执行人予以信用惩戒。人民法院应当将失信被执行人名单信息向征信机构通报，并由征信机构在其征信系统中记录。失信被执行人是国家工作人员的，人民法院应当将其失信情况通报其所在单位。失信被执行人是国家机关、国有企业的，人民法院应当将其失信情况通报其上级单位或者主管部门。

(4)纳入失信名单的救济与删除。①救济。被执行人认为将其纳入失信被执行人名单错误的，可以向人民法院申请纠正。被执行人是自然人的，一般应由被执行人本人到人民法院提出并说明理由；被执行人是法人或者其他组织的，一般应由被执行人的法定代表人或者负责人本人到人民法院提出并说明理由。人民法院经审查认为理由成立的，应当作出决定予以纠正。②删除。失信被执行人符合下列情形之一的，人民法院应当将其有关信息从失信被执行人名单库中删除：全部履行了生效法律文书确定义务的；与申请执行人达成执行和解协议并经申请执行人确认履行完毕的；人民法院依法裁定终结执行的。

（四）通过媒体公布不履行义务的信息

执行法院可以依职权或者依申请执行人的申请，将被执行人不履行法律文书确定义务的信息，通过报纸、广播、电视、互联网等媒体公布。媒体公布的有关费用，由被执行人负担；申请执行人申请在媒体公布的，应当垫付有关费用。这实际上是借助社会舆论的压力，来威慑和督促被执行人履行法律文书确定的义务。①

十四、对特殊财产的执行措施

（一）对特定物的执行

执行标的物为特定物的，应当执行原物。原物确已毁损或者灭失的，经双方当事人同意，可以折价赔偿。双方当事人对折价赔偿不能协商一致的，人民法院应当终结执行程序。申请执行人可以另行起诉。

（二）对第三人到期债权的执行

人民法院执行被执行人对他人的到期债权，可以作出冻结债权的裁定，并通知该他人向申请执行人履行。该他人对到期债权有异议，申请执行人请求对异议部分强制执行的，人民法院不予支持。利害关系人对到期债权有异议的，人民法院应当按照《民事诉讼法》第227条规定处理。对生效法律文书确定的到期债权，该他人予以否认的，人民法院不予支持。②

对第三人到期债权的执行须符合以下条件：(1)被执行人不能清偿债务。(2)被执

---

①参见《最高人民法院关于适用〈中华人民共和国民事诉讼法〉执行程序若干问题的解释》第39条的规定。

②参见《民诉法解释》第501条。

行人对第三人(即次债务人)有已经到期的合法债权。(3)由申请执行人或被执行人提出申请，法院不得依职权主动向第三人发出履行通知。(4)第三人在履行通知规定的期限内既不提出异议又不履行债务。

（三）对投资权益或股权的执行

有关企业收到人民法院发出的协助冻结通知后，擅自向被执行人支付股息或红利，或擅自为被执行人办理已冻结股权的转移手续，造成已转移的财产无法追回的，应当在所支付的股息或红利或转移的股权价值范围内向申请执行人承担责任。①

（四）对股份凭证的执行

对被执行人在其他股份有限公司中持有的股份凭证(股票)，人民法院可以扣押，并强制被执行人按照公司法的有关规定转让，也可以直接采取拍卖、变卖的方式进行处分，或直接将股票抵偿给债权人，用于清偿被执行人的债务。②

（五）对知识产权的执行

被执行人不履行生效法律文书确定的义务，人民法院有权裁定禁止被执行人转让其专利权、注册商标专用权、著作权(财产权部分)等知识产权。上述权利有登记主管部门的，应当同时向有关部门发出协助执行通知书，要求其不得办理财产权转移手续，必要时可以责令被执行人将产权或使用权证照交人民法院保存。对上述财产权，可以采取拍卖、变卖等执行措施。③

在上述执行措施中，属于保障性执行措施的有查询被执行人的金融资产、搜查被执行人的财产、强制被执行人支付迟延履行期间债务利息及迟延履行金、办理财产权证照转移手续、财产调查、限制出境、纳入失信名单并通报征信系统记录不履行义务信息、媒体公布不履行义务信息、限制被执行人高消费等。

第四节　暂缓执行、执行中止和执行结束

一、暂缓执行

暂缓执行，是指执行程序开始后，法院因法定事由的出现而决定在规定的期限内暂缓实施某一项或某几项执行措施的制度。执行程序开始后，除法定事由外，人民法院不得决定暂缓执行。

（一）暂缓执行的原因④

1. 因执行担保引起的暂缓执行。执行担保协议达成后，执行机构经债权人同意，

---

①参见《最高人民法院关于人民法院执行工作若干问题的规定》第56条。
②参见《最高人民法院关于人民法院执行工作若干问题的规定》第52条。
③参见《最高人民法院关于人民法院执行工作若干问题的规定》第50条。
④参见《关于正确适用暂缓执行措施若干问题的规定》和民事诉讼法的相关规定。

可以决定暂缓执行。

2. 因司法监督等其他事由引起的暂缓执行。上级人民法院行使司法监督权，发现执行法院据以执行的执行根据确有错误，或者执行法院在执行中的执行行为不当，应予纠正时，为了避免错误后果的不断扩大，可以指令执行法院暂缓执行。

（二）暂缓执行的种类

1. 依申请决定暂缓执行。有下列情形之一的，经当事人或者其他利害关系人申请，人民法院可以决定暂缓执行：(1)执行措施或者执行程序违反法律规定的；(2)执行标的物存在权属争议的；(3)被执行人对申请执行人享有抵销权的。人民法院依申请决定暂缓执行的，应当同时责令申请暂缓执行的当事人或者其他利害关系人在指定的期限内提供相应的担保。被执行人或者其他利害关系人提供担保申请暂缓执行，申请执行人提供担保要求继续执行的，执行法院可以继续执行。

2. 依职权决定暂缓执行。有下列情形之一的，人民法院可以依职权决定暂缓执行：(1)上级人民法院已经受理执行争议案件并正在处理的；(2)人民法院发现据以执行的生效法律文书确有错误，并正在按照审判监督程序进行审查的。人民法院依职权决定暂缓执行的，一般应由申请执行人或者被执行人提供相应的担保。

（三）暂缓执行的期限及恢复执行

1. 因执行担保决定暂缓执行的期限。人民法院依法决定暂缓执行的，如果担保是有期限的，暂缓执行的期限应当与担保期限一致，但最长不得超过 1 年。被执行人或者担保人对担保的财产在暂缓执行期间有转移、隐藏、变卖、毁损等行为的，人民法院可以恢复强制执行。被执行人在人民法院决定暂缓执行的期限届满后仍不履行义务的，人民法院可以直接执行担保财产，或者裁定执行担保人的财产，但执行担保人的财产以担保人应当履行义务部分的财产为限。①

2. 因其他事由决定暂缓执行的期限。暂缓执行的期间不得超过 3 个月。因特殊事由需要延长的，可以适当延长，延长的期限不得超过 3 个月。暂缓执行的期限从执行法院作出暂缓执行决定之日起计算。暂缓执行的决定由上级人民法院作出的，从执行法院收到暂缓执行决定之日起计算。暂缓执行期限届满后，人民法院应当立即恢复执行。暂缓执行期限届满前，据以决定暂缓执行的事由消灭的，如果该暂缓执行的决定是由执行法院作出的，执行法院应当立即作出恢复执行的决定；如果该暂缓执行的决定是由执行法院的上级人民法院作出的，执行法院应当将该暂缓执行事由消灭的情况及时报告上级人民法院，该上级人民法院应当在收到报告后 10 日内审查核实并作出恢复执行的决定。②

①参见《民诉法解释》第 469 条、第 471 条。

②参见《关于正确适用暂缓执行措施若干问题的规定》第 10 条、第 13 条。

二、执行中止

执行中止，是指在执行过程中，因发生了某种特殊情况而暂时停止执行程序，待该特殊情况消失后再恢复执行程序的制度。

民事诉讼法规定的中止执行情形有：(1)申请人表示可以延期执行的。(2)案外人对执行标的提出确有理由的异议的。(3)作为一方当事人的公民死亡，需要等待继承人继承权利或者承担义务的。(4)作为一方当事人的法人或者其他组织终止，尚未确定权利义务承受人的。(5)人民法院认为应当中止执行的其他情形。这里的其他情形，例如：①被执行人确无财产可供执行的；②执行的标的物是其他法院或仲裁机构正在审理的案件争议标的物，需要等待该案件审理完毕确定权属的；③人民法院裁定对作为执行根据的裁判文书再审的，等等。

《民诉法解释》关于执行中止的规定有：(1)法院受理第三人撤销之诉案件后，原告提供相应担保，请求中止执行的，人民法院可以准许。(2)人民法院对已经发生法律效力的判决、裁定、调解书依法决定再审，需要中止执行的，应当在再审裁定中同时写明中止原判决、裁定、调解书的执行；情况紧急的，可以将中止执行裁定口头通知负责执行的人民法院，并在通知后十日内发出裁定书。再审程序终结后，人民法院裁定中止执行的原生效判决自动恢复执行。(3)申请执行人与被执行人达成和解协议后请求中止执行或者撤回执行申请的，人民法院可以裁定中止执行或者终结执行。(4)在执行中，作为被执行人的企业法人符合企业破产法规定的破产情形的，执行法院经申请执行人之一或者被执行人同意，应当裁定中止对该被执行人的执行，将执行案件相关材料移送被执行人住所地人民法院。

《最高人民法院关于人民法院办理仲裁裁决执行案件若干问题的规定》(以下简称《仲裁裁决执行规定》，自 2018 年 3 月 1 日起施行)第 7 条第 1 款规定，被执行人申请撤销仲裁裁决并已由人民法院受理的，或者被执行人、案外人对仲裁裁决执行案件提出不予执行申请并提供适当担保的，执行法院应当裁定中止执行。中止执行期间，人民法院应当停止处分性措施，但申请执行人提供充分、有效的担保请求继续执行的除外；执行标的查封、扣押、冻结期限届满前，人民法院可以根据当事人申请或者依职权办理续行查封、扣押、冻结手续。

中止执行的裁定，送达当事人后立即生效。中止执行的情形消失后，恢复执行。

三、执行结束

（一）执行完毕

执行完毕，是指执行依据确定的内容全部实现，执行机构依法裁定结束执行程序的一种法律执行制度。此即执行任务已经完成，是执行程序的正常结束。具体有以下情形：(1)在实现金钱债权的执行中，申请人的金钱债权全部获得清偿的。(2)在实现物权的交付请求权的执行中，动产或不动产被分别取交或点交给申请人，并完成必要的产权变更手续的。(3)在实现作为请求权的执行中，被执行人已经作出特定的的行为，或者由他人代为完成特定行为，并已由被执行人负担因此而发生的费用的。(4)在实现意思表示请求权的执行中，被执行人已经作出或者拟制作出某种意思表示的。(5)在实现不作为请求权的执行中，被执行人没有作出某种禁止的行为，或者已容忍申请人作出某种行为的。①

（二）执行终结

1. 民事诉讼法对执行终结的规定。(1)申请人撤销申请的；(2)据以执行的法律文书被撤销的；(3)作为被执行人的公民死亡，无遗产可供执行，又无义务承担人的；(4)追索赡养费、扶养费、抚育费案件的权利人死亡的；(5)作为被执行人的公民因生活困难无力偿还借款，无收入来源，又丧失劳动能力的；(6)人民法院认为应当终结执行的其他情形。

2.《民诉法解释》对执行终结的规定。(1)经过财产调查未发现可供执行的财产，在申请执行人签字确认或者执行法院组成合议庭审查核实并经院长批准后，可以裁定终结本次执行程序。终结本次执行后，申请执行人发现被执行人有可供执行财产的，可以再次申请执行。再次申请不受申请执行时效期间的限制。(2)因撤销申请而终结执行后，当事人在《民事诉讼法》第 239 条规定的申请执行时效期间内再次申请执行的，人民法院应当受理。(3)在执行终结 6 个月内，被执行人或者其他人对已执行的标的有妨害行为的，人民法院可以依申请排除妨害，并可以依照《民事诉讼法》第 111 条规定进行处罚。因妨害行为给执行债权人或者其他人造成损失的，受害人可以另行起诉。

3.《最高人民法院关于严格规范终结本次执行程序的规定(试行)》对执行终结的规定。其主要内容有：

(1)终结本次执行程序的条件。人民法院终结本次执行程序，应当同时符合下列条件：①已向被执行人发出执行通知、责令被执行人报告财产；②已向被执行人发出限制消费令，并将符合条件的被执行人纳入失信被执行人名单；③已穷尽财产调查措施，未发现被执行人有可供执行的财产或者发现的财产不能处置；④自执行案件立案之日起已超过三个月；⑤被执行人下落不明的，已依法予以查找；被执行人或者其他人妨害执行的，已依法采取罚款、拘留等强制措施，构成犯罪的，已依法启动刑事责任追究程序。

(2)告知并听取意见。终结本次执行程序前，人民法院应当将案件执行情况、采取的财产调查措施、被执行人的财产情况、终结本次执行程序的依据及法律后果等信息告知申请执行人，并听取其对终结本次执行程序的意见。人民法院应当将申请执行人的意见记录入卷。

(3)制作裁定书并结案。终结本次执行程序应当制作裁定书。裁定书送达申请执行人后，执行案件可以作结案处理。人民法院进行相关统计时，应当对以终结本次执行

①宋朝武．民事诉讼法学[M]．北京：高等教育出版社，2017：392-393.

程序方式结案的案件与其他方式结案的案件予以区分。终结本次执行程序裁定书应当依法在互联网上公开。

(4)提出执行行为异议。当事人、利害关系人认为终结本次执行程序违反法律规定的，可以提出执行异议。人民法院应当依照《民事诉讼法》第225条的规定进行审查。

(5)继续履行。终结本次执行程序后，被执行人应当继续履行生效法律文书确定的义务。被执行人自动履行完毕的，当事人应当及时告知执行法院。

(6)恢复执行。终结本次执行程序后，申请执行人发现被执行人有可供执行财产的，可以向执行法院申请恢复执行。申请恢复执行不受申请执行时效期间的限制。执行法院核查属实的，应当恢复执行。终结本次执行程序后的5年内，执行法院应当每6个月通过网络执行查控系统查询一次被执行人的财产，并将查询结果告知申请执行人。符合恢复执行条件的，执行法院应当及时恢复执行。

终结本次执行程序后，发现被执行人有可供执行财产，不立即采取执行措施可能导致财产被转移、隐匿、出卖或者毁损的，执行法院可以依申请执行人申请或依职权立即采取查封、扣押、冻结等控制性措施。

(7)录入终结本次执行程序案件信息库。终结本次执行程序裁定书送达申请执行人以后，执行法院应当在7日内将相关案件信息录入最高人民法院建立的终结本次执行程序案件信息库，并通过该信息库统一向社会公布。

(8)对妨害执行的处理。终结本次执行程序后，被执行人或者其他人妨害执行的，人民法院可以依法予以罚款、拘留；构成犯罪的，依法追究刑事责任。

(9)屏蔽终结本次执行信息。有下列情形之一的，人民法院应当在3日内将案件信息从终结本次执行程序案件信息库中屏蔽：①生效法律文书确定的义务执行完毕的；②依法裁定终结执行的；③依法应予屏蔽的其他情形。

执行终结，应当由人民法院作出裁定。终结执行的裁定，送达当事人后立即生效，当事人不能提起上诉，也不能申请复议。

（三）不予执行

不予执行，是指法院依申请或依职权裁定不执行仲裁裁决、公证债权文书或其他法律文书的执行制度。法院对执行依据裁定不予执行，执行程序必然结束。

1. 仲裁裁决的不予执行。按照《民事诉讼法》第237条规定，被申请人提出证据证明仲裁裁决有下列情形之一的，经人民法院组成合议庭审查核实，裁定不予执行：(1)当事人在合同中没有订有仲裁条款或者事后没有达成书面仲裁协议的；(2)裁决的事项不属于仲裁协议的范围或者仲裁机构无权仲裁的；(3)仲裁庭的组成或者仲裁的程序违反法定程序的；(4)裁决所根据的证据是伪造的；(5)对方当事人向仲裁机构隐瞒了足以影响公正裁决的证据的；(6)仲裁员在仲裁该案时有贪污受贿，徇私舞弊，枉法裁决行为的。人民法院认定执行该裁决违背社会公共利益的，裁定不予执行。裁定书应当送达双方当事人和仲裁机构。仲裁裁决被人民法院裁定不予执行的，当事人可以根据双方达成的书面仲裁协议重新申请仲裁，也可以向人民法院起诉。

《民诉法解释》第477条规定，仲裁机构裁决的事项，部分有《民事诉讼法》第237条第2款、第3款规定情形的，人民法院应当裁定对该部分不予执行。应当不予执行部分与其他部分不可分的，人民法院应当裁定不予执行仲裁裁决。第478条规定，依照《民事诉讼法》第237条第2款、第3款规定，人民法院裁定不予执行仲裁裁决后，当事人对该裁定提出执行异议或者复议的，人民法院不予受理。当事人可以就该民事纠纷重新达成书面仲裁协议申请仲裁，也可以向人民法院起诉。

2. 公证债权文书的不予执行。公证债权文书确有错误的，人民法院裁定不予执行，并将裁定书送达双方当事人和公证机关。详情稍后再叙。

此外，《民诉法解释》第483条规定，申请执行人超过申请执行时效期间向人民法院申请强制执行的，人民法院应予受理。被执行人对申请执行时效期间提出异议，人民法院经审查异议成立的，裁定不予执行。被执行人履行全部或者部分义务后，又以不知道申请执行时效期间届满为由请求执行回转的，人民法院不予支持。

（四）执行和解导致执行程序结束

1. 申请执行人与被执行人达成和解协议后撤回执行申请的，人民法院可以裁定终结执行。

2. 在执行中双方当事人自愿达成和解协议且已经履行完毕的，当事人申请执行原生效法律文书的，人民法院不予恢复执行。这就意味着执行程序结束。

第五节 公证债权文书的执行与不予执行

一、公证债权文书的执行

《民事诉讼法》第238条第1款规定，对公证机关依法赋予强制执行效力的债权文书，一方当事人不履行的，对方当事人可以向有管辖权的人民法院申请执行，受申请的人民法院应当执行。所谓公证债权文书，是指根据公证法规定经公证赋予强制执行效力的债权文书。对于公证债权文书的强制执行，《最高人民法院关于公证债权文书执行若干问题的规定》（以下简称《公证执行规定》，自2018年10月1日起施行）等司法解释作了具体规定。

（一）申请执行公证债权文书的条件

1. 申请人必须是债权人，债务人或公证文书的利害关系人不能成为执行申请人。

2. 申请执行的公证债权文书必须是法律或司法解释许可的文书。这有两层意思：

（1）条件。根据最高人民法院、司法部《关于公证机关赋予强制执行效力的债权文书执行有关问题的联合通知》（2000年9月21日生效实施）的规定，公证机关赋予强制执行效力的债权文书应当具备以下条件：①债权文书具有给付货币、物品、有价证券的内容；②债权债务关系明确，债权人和债务人对债权文书有关给付内容无疑义；

③债权文书中载明债务人不履行义务或不完全履行义务时，债务人愿意接受依法强制执行的承诺。

(2)范围。公证机关赋予强制执行效力的债权文书的范围涉及：借款合同、借用合同、无财产担保的租赁合同；赊欠货物的债权文书；各种借据、欠单；还款(物)协议；以给付赡养费、扶养费、抚育费、学费、赔(补)偿金为内容的协议；符合赋予强制执行效力条件的其他债权文书。公证机关在办理符合赋予强制执行的条件和范围的合同、协议、借据、欠单等债权文书公证时，应当依法赋予该债权文书具有强制执行效力。未经公证的符合该范围的合同、协议、借据、欠单等债权文书，在履行过程中，债权人申请公证机关赋予强制执行效力的，公证机关必须征求债务人的意见；如债务人同意公证并愿意接受强制执行的，公证机关可以依法赋予该债权文书强制执行效力。

另外，以下两类公证债权文书也在执行范围之列：①根据《最高人民法院关于含担保的公证债权文书强制执行的批复》[(2014)执他字第36号]规定，公证机构依法赋予强制执行效力的包含担保协议的公证债权文书，人民法院可以强制执行。②根据《最高人民法院、司法部、中国银监会关于充分发挥公证书的强制执行效力服务银行金融债权风险防控的通知》，公证机构可以对银行业金融机构运营中所签署的符合《公证法》第37条规定的以下债权文书赋予强制执行效力：各类融资合同，包括各类授信合同，借款合同、委托贷款合同、信托贷款合同等各类贷款合同，票据承兑协议等各类票据融资合同，融资租赁合同，保理合同，开立信用证合同，信用卡融资合同(包括信用卡合约及各类分期付款合同)等；债务重组合同、还款合同、还款承诺等；各类担保合同、保函；符合该通知第2条规定条件的其他债权文书。

3. 须向有管辖权的人民法院提出申请。公证债权文书执行案件，由被执行人住所地或者被执行的财产所在地人民法院管辖。其级别管辖，参照人民法院受理第一审民商事案件级别管辖的规定确定。

4. 须在法定期限内提出执行申请。申请执行公证债权文书的期间为2年，自公证债权文书确定的履行期间的最后一日起计算；分期履行的，自公证债权文书确定的每次履行期间的最后一日起计算。债权人向公证机构申请出具执行证书的，申请执行时效自债权人提出申请之日起中断。

5. 须提交法定的申请材料。债权人申请执行公证债权文书，除应当提交作为执行依据的公证债权文书等申请执行所需的材料外，还应当提交证明履行情况等内容的执行证书。即，关于申请强制执行所需的法律文件，主要是公证债权文书和执行证书。(1)债权人申请执行的公证债权文书应当包括公证证词、被证明的债权文书等内容，且权利义务主体、给付内容应当在公证证词中列明。(2)执行证书是连接民事实体债权债务和法院强制执行行为的关键性法律文书，其所载的内容应当包含债务人未依约履行债务的事实(即违约事实)，以及债务人基于该违约事实依法应承担的法律责任，因此可就执行标的实施强制执行行为。

(二)公证债权文书执行中的程序问题

根据民事诉讼法、《公证执行规定》等，债权人申请执行公证债权文书，法院经审查，对于符合上述条件的，有管辖权的法院应当立案执行；符合委托执行条件的，执行法院可以委托执行。此外，还有以下程序问题值得注意：

1. 裁定不予受理或驳回执行申请。《公证执行规定》第5~7条对此作了规定。根据其第5条的规定，债权人申请执行公证债权文书，有下列情形之一的，人民法院应当裁定不予受理；已经受理的，裁定驳回执行申请：①债权文书属于不得经公证赋予强制执行效力的文书；②公证债权文书未载明债务人接受强制执行的承诺；③公证证词载明的权利义务主体或者给付内容不明确；④债权人未提交执行证书；⑤其他不符合受理条件的情形。公证债权文书赋予强制执行效力的范围同时包含主债务和担保债务的，人民法院应当依法予以执行；仅包含主债务的，对担保债务部分的执行申请不予受理；仅包含担保债务的，对主债务部分的执行申请不予受理。债权人对不予受理、驳回执行申请裁定不服的，可以自裁定送达之日起10日内向上一级人民法院申请复议。申请复议期满未申请复议，或者复议申请被驳回的，当事人可以就公证债权文书涉及的民事权利义务争议向人民法院提起诉讼。

2. 无执行证书的处理。由于执行证书是申请人执行公证债权文书的必备材料，因此当债权人申请执行时未提交执行证书的，则应当认定为不符合受理条件，不予受理其执行申请；已经受理的，应当裁定驳回执行申请。如果公证机构决定不予出具执行证书的，当事人可以就公证债权文书涉及的民事权利义务争议直接向法院提起诉讼。

3. 法院依职权确定执行内容。人民法院在执行实施中，根据公证债权文书并结合申请执行人的申请依法确定给付内容。

4. 利息区分执行。《公证执行规定》第11条规定，因民间借贷形成的公证债权文书，文书中载明的利率超过人民法院依照法律、司法解释规定应予支持的上限的，对超过的利息部分不纳入执行范围；载明的利率未超过人民法院依照法律、司法解释规定应予支持的上限，被执行人主张实际超过的，可以依照该司法解释第22条第1款规定提起诉讼。《最高人民法院关于审理民间借贷案件适用法律若干问题的规定》第26条规定，借贷双方约定的利率未超过年利率24%，出借人请求借款人按照约定的利率支付利息的，人民法院应予支持。借贷双方约定的利率超过年利率36%，超过部分的利息约定无效。借款人请求出借人返还已支付的超过年利率36%部分的利息的，人民法院应予支持。

二、公证债权文书错误的救济途径

《民事诉讼法》第238条第2款规定，公证债权文书确有错误的，人民法院裁定不予执行，并将裁定书送达双方当事人和公证机关。显然，此条文对公证债权文书不予执行的条件、程序、审查标准等问题的规定较为粗疏，导致各法院对公证债权文书不予执行的审查、裁量标准难以统一，也给被执行人滥用不予执行申请权留下了空间，严重影响了该类案件的正常执行。同时，不予执行裁定去除了公证债权文书的执行力，却并不具有最终认定实体权利义务关系的功能，裁定不予执行后，当事人仍需通过诉讼取得新的执行依据，不仅增加司法成本，更不利于公证债权文书执行以及债权人及时实现权利。为此，在《民诉法解释》的基础上，《公证执行规定》细化了不予执行程序，分别对程序问题和实体问题设置了不同的救济途径。

（一）申请不予执行：限于程序性事由

1. 申请不予执行的条件。

（1）申请人须是被执行人，即公证债权文书中的债务人。

（2）须符合法定事由。对于公证债权文书不予执行的情形，两个司法解释的规定有所不一。2015 年的《民诉法解释》第 480 条规定，有下列情形之一的，可以认定为《民事诉讼法》第 238 条第 2 款规定的公证债权文书确有错误：①公证债权文书属于不得赋予强制执行效力的债权文书的；②被执行人一方未亲自或者未委托代理人到场公证等严重违反法律规定的公证程序的；③公证债权文书的内容与事实不符或者违反法律强制性规定的；④公证债权文书未载明被执行人不履行义务或者不完全履行义务时同意接受强制执行的。人民法院认定执行该公证债权文书违背社会公共利益的，裁定不予执行。公证债权文书被裁定不予执行后，当事人、公证事项的利害关系人可以就债权争议提起诉讼。其中，第①和第④属于未满足公证债权文书基本构成要件的情形；第②项属于严重的程序瑕疵；第③项属于实体性瑕疵。

2018 年的《公正执行规定》第 12 条第 1 款规定，有下列情形之一的，被执行人可以依照《民事诉讼法》第 238 条第 2 款规定申请不予执行公证债权文书：①被执行人未到场且未委托代理人到场办理公证的；②无民事行为能力人或者限制民事行为能力人没有监护人代为办理公证的；③公证员为本人、近亲属办理公证，或者办理与本人、近亲属有利害关系的公证的；④公证员办理该项公证有贪污受贿、徇私舞弊行为，已经由生效刑事法律文书等确认的；⑤其他严重违反法定公证程序的情形。显然，此处的五种情形均为程序性错误。此外，《公正执行规定》第 19 条规定，人民法院认定执行公证债权文书违背公序良俗的，裁定不予执行。与第 12 条的规定有所不同，该第 19 条所规定的不予执行，法院可依申请作出裁定，也可依职权作出裁定。

两相比较后可以看出，《民诉法解释》第 480 条第 1 款、第 2 款对不予执行公证债权文书的规定较为粗疏，事由也较为广泛，既包括公证债权文书构成要件瑕疵，也包括程序性瑕疵，还包括实体性瑕疵，以致法院在司法实践中的审查、裁量标准难以统一。《公正执行规定》将《民诉法解释》第 480 条第 1 款规定的四种情形进行拆分，分列于其第 5 条、第 12 条和第 22 条，并规定相应的处理方式，分别是不予受理或驳回申请、不予执行和提起诉讼。换言之，对公证债权文书构成要件瑕疵的处理方式为不予受理或驳回申请，对程序性瑕疵的处理方式为不予执行，对实体性瑕疵的处理方式为提起诉讼。

（3）须在法定时限内提出申请。《民诉法解释》第 481 条规定，当事人请求不予执行仲裁裁决或者公证债权文书的，应当在执行终结前向执行法院提出。很明显，该条所规定的申请不予执行的时限太过宽泛，极易给法院的执行和债权人权利的实现造成障碍。为此，《公正执行规定》第 13 条作了限制性规定，即：被执行人申请不予执行公证债权文书，应当在执行通知书送达之日起 15 日内提出；有该司法解释第 12 条第 1 款第 3 项、第 4 项规定情形且执行程序尚未终结的，应当自知道或者应当知道有关事实之日起 15 日内提出。这一时间限制可在一定程度上防止债务人滥用不予执行申请的权利，进而阻碍、拖延执行的现象。

（4）须向有管辖权的法院提出申请。即被执行人须向执行法院提出申请。

（5）须提出书面申请，并提交相关证据材料。

2. 不予执行公证债权文书的程序问题。对被执行人提出的不予执行公证债权文书的申请，法院受理后应当进行审查，并根据理由能否成立分别作出不予执行或驳回不予执行申请的裁定。

（1）审查主体。不予执行申请应向执行法院提出，也由执行法院进行审查。需要注意的是，公证债权文书执行案件被指定执行、提级执行、委托执行后，被执行人申请不予执行的，由提出申请时负责该案件执行的人民法院审查。

（2）审查时限。法院审查不予执行公证债权文书案件，应当在受理之日起 60 日内审查完毕并作出裁定；有特殊情况需要延长的，经本院院长批准，可以延长 30 日。

（3）审查原则。①一次性提出原则。被执行人认为公证债权文书存在法定的多个不予执行事由的，应当在不予执行案件审查期间一并提出。不予执行申请被裁定驳回后，同一被执行人再次提出申请的，人民法院不予受理。但有证据证明不予执行事由在不予执行申请被裁定驳回后知道的，可以在执行程序终结前提出。②不停止执行原则。人民法院审查不予执行公证债权文书案件期间，不停止执行。被执行人提供充分、有效的担保，请求停止相应处分措施的，人民法院可以准许；申请执行人提供充分、有效的担保，请求继续执行的，应当继续执行。

（4）审查方式。人民法院审查不予执行公证债权文书案件，案情复杂、争议较大的，应当进行听证。必要时可以向公证机构调阅公证案卷，要求公证机构作出书面说明，或者通知公证员到庭说明情况。

（5）审查结果与处理方式。被执行人依照《公正执行规定》第 12 条第 1 款规定申请不予执行，人民法院经审查认为理由成立的，裁定不予执行；理由不成立的，裁定驳回不予执行申请。公证债权文书部分内容具有该第 12 条第 1 款规定情形的，人民法院应当裁定对该部分不予执行；应当不予执行部分与其他部分不可分的，裁定对该公证债权文书不予执行。

（6）对处理结果不服的救济。当事人对不予执行的裁定和驳回不予执行申请的裁定不服，二者的救济方式有所不同：

①裁定不予执行的救济：提起诉讼。公证债权文书被裁定不予执行的，当事人可以就该公证债权文书涉及的民事权利义务争议向人民法院提起诉讼；公证债权文书被裁定部分不予执行的，当事人可以就该部分争议提起诉讼。当事人对不予执行裁定提出执行异议或者申请复议的，人民法院不予受理。

②裁定驳回不予执行申请的救济：申请复议。当事人不服驳回不予执行申请

裁定的，可以自裁定送达之日起10日内向上一级人民法院申请复议。上一级人民法院应当自收到复议申请之日起30日内审查。经审查，理由成立的，裁定撤销原裁定，不予执行该公证债权文书；理由不成立的，裁定驳回复议申请。复议期间，不停止执行。

（二）提起诉讼：限于实体性事由

1. 债务人起诉。

(1)条件。《公证执行规定》第22条规定，有下列情形之一的，债务人可以在执行程序终结前，以债权人为被告，向执行法院提起诉讼，请求不予执行公证债权文书：①公证债权文书载明的民事权利义务关系与事实不符；②经公证的债权文书具有法律规定的无效、可撤销等情形；③公证债权文书载明的债权因清偿、提存、抵销、免除等原因全部或者部分消灭。

(2)起诉不影响执行：不停止执行原则。债务人提起诉讼，不影响人民法院对公证债权文书的执行。债务人提供充分、有效的担保，请求停止相应处分措施的，人民法院可以准许；债权人提供充分、有效的担保，请求继续执行的，应当继续执行。

(3)审理结果。对债务人提起的诉讼，法院经审理认为理由成立的，判决不予执行或者部分不予执行；理由不成立的，判决驳回诉讼请求。当事人同时就公证债权文书涉及的民事权利义务争议提出诉讼请求的，法院可以在判决中一并作出裁判。

2. 债权人、利害关系人起诉。

(1)条件。《公证执行规定》第24条规定，有下列情形之一的，债权人、利害关系人可以就公证债权文书涉及的民事权利义务争议直接向有管辖权的人民法院提起诉讼：①公证债权文书载明的民事权利义务关系与事实不符；②经公证的债权文书具有法律规定的无效、可撤销等情形。

(2)债权人起诉与申请执行的处理。债权人提起诉讼，诉讼案件受理后又申请执行公证债权文书的，人民法院不予受理。进入执行程序后债权人又提起诉讼的，诉讼案件受理后，人民法院可以裁定终结公证债权文书的执行；债权人请求继续执行其未提出争议部分的，人民法院可以准许。

(3)利害关系人的权利救济。利害关系人提起诉讼，不影响人民法院对公证债权文书的执行。利害关系人提供充分、有效的担保，请求停止相应处分措施的，人民法院可以准许；债权人提供充分、有效的担保，请求继续执行的，应当继续执行。

（三）向公证机构申请复查

《公证法》第39条规定，当事人、公证事项的利害关系人认为公证书有错误的，可以向出具该公证书的公证机构提出复查。公证书的内容违法或者与事实不符的，公证机构应当撤销该公证书并予以公告，该公证书自始无效；公证书有其他错误的，公证机构应当予以更正。

典型真题

何某依法院生效判决向法院申请执行甲的财产，在执行过程中，甲突发疾病猝死。法院询问甲的继承人是否继承遗产，甲的继承人乙表示继承，其他继承人均表示放弃继承。关于该案执行程序，下列哪一选项是正确的?[①]（2016-03-49，单选）

A. 应裁定延期执行

B. 应直接执行被执行人甲的遗产

C. 应裁定变更乙为被执行人

D. 应裁定变更甲的全部继承人为被执行人

①【参考答案】C。

第二十二章　涉外民事诉讼程序

考点分布

1. 涉外民事诉讼的原则；（★★）
2. 涉外民事诉讼的管辖；（★★★）
3. 涉外民事诉讼的期间和送达；（★★）
4. 司法协助。（★★）

知识讲解

第一节　涉外民事诉讼程序概述

一、涉外民事诉讼程序的概念

涉外民事诉讼程序，是指人民法院审理涉外民事案件所适用的程序。有下列情形之一，人民法院可以认定为涉外民事案件：(1)当事人一方或者双方是外国人、无国籍人、外国企业或者组织的。这是主体涉外。外国人参加诉讼，应当向人民法院提交护照等用以证明自己身份的证件。外国企业或者组织参加诉讼，向人民法院提交的身份证明文件，应当经所在国公证机关公证，并经中华人民共和国驻该国使领馆认证，或者履行中华人民共和国与该所在国订立的有关条约中规定的证明手续。代表外国企业或者组织参加诉讼的人，应当向人民法院提交其有权作为代表人参加诉讼的证明，该证明应当经所在国公证机关公证，并经中华人民共和国驻该国使领馆认证，或者履行中华人民共和国与该所在国订立的有关条约中规定的证明手续。所谓“所在国”，是指外国企业或者组织的设立登记地国，也可以是办理了营业登记手续的第三国。(2)当事人一方或者双方的经常居所地在中华人民共和国领域外的。(3)标的物在中华人民共和国领域外的。这是客体涉外。(4)产生、变更或者消灭民事关系的法律事实发生在中华人民共和国领域外的。这是内容涉外。(5)可以认定为涉外民事案件的其他情形。

《民事诉讼法》第259条规定："在中华人民共和国领域内进行涉外民事诉讼，适用本编规定。本编没有规定的，适用本法其他有关规定。"这有两层意思：一是外国当事人在我国进行民事诉讼，应当遵守我国民事诉讼法及其相关司法解释的规定；二是人民法院审理涉外民事案件时，民事诉讼法"第四编涉外民事诉讼程序的特别规定"中有特别规定的，适用有关的特别规定；没有特别规定的，适用该法的其他有关规定。

二、涉外民事诉讼程序的原则

（一）适用我国民事诉讼法原则

法院审理涉外民事案件，只能适用我国民事诉讼法。该原则的内容主要体现在：(1)外国人、无国籍人、外国企业或者组织在我国领域内进行民事诉讼，必须遵守我国的民事诉讼法。(2)凡专属于我国法院管辖的涉外民事案件，只能由我国有管辖权的法院进行审判，任何外国法院都无权管辖。(3)外国法院的生效裁判和外国仲裁机构的生效裁决必须经我国法院依法审查并予承认后，才能在我国领域内发生法律效力；需要执行的，应按照我国民事诉讼法的规定予以执行。

（二）同等原则和对等原则

1. 同等原则。这是指外国人、无国籍人、外国企业和组织在人民法院起诉、应诉，同我国公民、法人和其他组织有同等的诉讼权利义务。

2. 对等原则。这是指外国法院对我国公民、法人和其他组织的民事诉讼权利加以限制的，我国人民法院对该国公民、企业和组织的民事诉讼权利，实行对等原则。

（三）优先适用国际条约原则

中华人民共和国缔结或者参加的国际条约同本法有不同规定的，适用该国际条约的规定，但中华人民共和国声明保留的条款除外。

（四）司法豁免权原则

司法豁免权，是指免除司法管辖的权力。它是外交特权的一个重要组成部分，也是从国家主权派生的一个原则。对享有外交特权与豁免的外国人、外国组织或者国际组织提起的民事诉讼，应当依照我国有关法律和我国缔结或者参加的国际条约的规定办理。民事司法豁免是一种有限的豁免，即在下列情形下外交人员不享有司法豁免权：(1)享有司法豁免权的人其所属国主管机关宣布放弃司法豁免；(2)享有司法豁免权的人因私人事务涉及诉讼；(3)享有司法豁免权的人向驻在国起诉引起反诉的。

（五）使用中国通用的语言文字原则

人民法院审理涉外民事案件，应当使用中华人民共和国通用的语言、文字。当事人要求提供翻译的，可以提供，费用由当事人承担。当事人向人民法院提交的书面材料是外文的，应当同时向人民法院提交中文翻译件。当事人对中文翻译件有异议的，应当共同委托翻译机构提供翻译文本；当事人对翻译机构的选择不能达成一致的，由人民法院确定。

（六）委托中国律师代理诉讼的原则

律师制度是司法制度的组成部分，涉及司法主权。因而，一个国家的律师制度只能在其本国领域内适用，而不能延伸适用于其他国家的管辖范围。基于此，我国《民事诉讼法》第263条规定，外国人、无国籍人、外国企业和组织在人民法院起诉、应诉，需要委托律师代理诉讼的，必须委托中华人民共和国的律师。

在我国领域内没有住所的外国人、无国籍人、外国企业和组织委托中华人民共和国律师或者其他人代理诉讼，从中华人民共和国领域外寄交或者托交的授权委托书，应当经所在国公证机关证明，并经中华人民共和国驻该国使领馆认证，或者履行中华人民共和国与该所在国订立的有关条约中规定的证明手续后，才具有效力。

外国人、外国企业或者组织的代表人在人民法院法官的见证下签署授权委托书，委托代理人进行民事诉讼的，人民法院应予认可。外国人、外国企业或者组织的代表人在中华人民共和国境内签署授权委托书，委托代理人进行民事诉讼，经中华人民共和国公证机构公证的，人民法院应予认可。

涉外民事诉讼中的外籍当事人，可以委托本国人为诉讼代理人，也可以委托本国律师以非律师身份担任诉讼代理人；外国驻华使领馆官员，受本国公民的委托，可以以个人名义担任诉讼代理人，但在诉讼中不享有外交或者领事特权和豁免。涉外民事诉讼中，外国驻华使领馆授权其本馆官员，在作为当事人的本国国民不在中华人民共和国领域内的情况下，可以以外交代表身份为其本国国民在中华人民共和国聘请中华人民共和国律师或者中华人民共和国公民代理民事诉讼。

港、澳、台地区的人寄交内地的授权委托书，按司法部《关于为港澳同胞回内地申请公证而出具证明办法的通知》及其《补充通知》办理。居住在外国的中国公民从我国领域外寄给人民法院的授权委托书，须经我国驻该国使、领馆证明，没有使、领馆的，由当地的华侨团体证明。

第二节　涉外民事诉讼管辖

一、涉外民事诉讼管辖的原则

涉外民事诉讼管辖，是指我国法院对涉外民事案件进行审判的权限和分工。

在确定涉外民事诉讼管辖时所遵守的原则有：(1)涉外民事案件与法院所在地有实际联系的原则。凡是诉讼与我国法院所在地存在一定实际联系的，我国人民法院都有管辖权。(2)尊重当事人选择的原则。无论当事人一方是否为中国公民、法人和其他组织，在不违反级别管辖和专属管辖的前提下，都可以选择与争议有实际联系地点的法院管辖。对此，《民诉法解释》第531条第1款规定，涉外合同或者其他财产权益纠纷的当事人，可以书面协议选择被告住所地、合同履行地、合同签订地、原告住所地、标的物所在地、侵权行为地等与争议有实际联系地点的外国法院管辖。(3)不方便法院原则。这是指涉外民事案件虽可由我国法院行使管辖权，但因审理十分困难，且与我国的利益或我国公民、法人、其他组织的利益无关时，可以不方便为由不行使管辖权，对案件裁定不予受理。(4)维护国家主权原则。司法管辖权是国家主权的重要组成部分。我国法院对一定范围内的涉外民事诉讼案件行使专属管辖权，就充分体现了维护国家主权的原则。

二、涉外民事诉讼管辖的种类

涉外民事诉讼管辖原则上适用国内民事诉讼管辖的规则，仅在下列两种情形下适用特殊规则：

（一）牵连管辖

牵连管辖，是指根据涉外民事案件与法院所在地之间存在实际联系所确定的一种管辖制度。因合同纠纷或者其他财产权益纠纷，对在我国领域内没有住所的被告提起的诉讼，如果合同在我国领域内签订或者履行，或者诉讼标的物在我国领域内，或者被告在我国领域内有可供扣押的财产，或者被告在我国领域内设有代表机构，可以由合同签订地、合同履行地、诉讼标的物所在地、可供扣押财产所在地、侵权行为地或者代表机构住所地人民法院管辖。

（二）专属管辖

专属管辖，是指某些特定的涉外民事案件只能由我国法院管辖，不允许其他国家的法院管辖，也不允许当事人以管辖协议选择外国法院管辖。因在中华人民共和国履行中外合资经营企业合同、中外合作经营企业合同、中外合作勘探开发自然资源合同发生纠纷提起的诉讼，由中华人民共和国人民法院管辖。属于中华人民共和国法院专属管辖的案件，当事人不得协议选择外国法院管辖，但协议选择仲裁的除外。①

三、涉外民事诉讼管辖中的特殊情形与处理

（一）我国法院不方便行使管辖权的情形与处理

在司法实践中，我国法院虽然对某些涉外民事案件享有管辖权，但法院在审理时因在认定事实和适用法律方面均存在一定的困难，如果由外国法院进行审理更加方便，在案件不涉及国家利益和我国公民、法人或者其他组织利益的情况下，可以裁定不予受理。涉外民事案件同时符合下列情形的，人民法院可以裁定驳回原告的起诉，告知其向更方便的外国法院提起诉讼：(1)被告提出案件应由更方便外国法院管辖的请求，或者提出管辖异议；(2)当事人之间不存在选择我国法院管辖的协议；(3)案件不属于

①参见《民事诉讼法》第266条规定，《民诉法解释》第531条第2款。

我国法院专属管辖；(4)案件不涉及我国国家、公民、法人或者其他组织的利益；(5)案件争议的主要事实不是发生在我国境内，且案件不适用我国法律，人民法院审理案件在认定事实和适用法律方面存在重大困难；(6)外国法院对案件享有管辖权，且审理该案件更加方便。①

（二）涉外民事诉讼管辖中的重复诉讼与处理

在涉外民事诉讼中，由于管辖会涉及国家的司法主权和利益，特别是在没有双边或多边签署国际条约的情况下，往往会产生同一涉外民事纠纷可由两个国家的法院受理并作出不同判决，就构成了重复诉讼。在重复诉讼中存在平行诉讼与对抗诉讼两种不同的情形。平行诉讼又称一事两讼，是指同一涉外民事纠纷可由两个国家的法院管辖时，双方当事人分别向自己国家的法院起诉并被受理和审判。对抗诉讼，是指同一涉外民事纠纷，一方当事人在一国提起诉讼后，另一方当事人以不同的事实与理由又在他国法院起诉。②

我国法院和外国法院都有管辖权的案件，一方当事人向外国法院起诉，而另一方当事人向我国法院起诉的，人民法院可予受理。判决后，外国法院申请或者当事人请求人民法院承认和执行外国法院对本案作出的判决、裁定的，不予准许；但双方共同缔结或者参加的国际条约另有规定的除外。外国法院判决、裁定已经被人民法院承认，当事人就同一争议向人民法院起诉的，人民法院不予受理。③

第三节 涉外民事诉讼中的期间与送达

一、涉外民事诉讼中的期间

同国内民事诉讼相比，涉外民事诉讼期间具有以下特点：(1)期间较长。(2)在涉外民事诉讼中，如果当事人在我国领域内有住所，适用民事诉讼法关于期间的一般规定；如果当事人不在我国领域内居住，则适用涉外诉讼程序中关于期间的特别规定。

1. 被告在我国领域内没有住所的，人民法院应当将起诉状副本送达被告，并通知被告在收到起诉状副本后 30 日内提出答辩状。被告申请延期的，是否准许，由人民法院决定。

2. 在我国领域内没有住所的当事人，不服第一审人民法院判决、裁定的，有权在判决书、裁定书送达之日起 30 日内提起上诉。被上诉人在收到上诉状副本后，应当在 30 日内提出答辩状。当事人不能在法定期间提起上诉或者提出答辩状，申请延期的，是否准许，由人民法院决定。

---

①参见《民诉法解释》第 532 条。
②宋朝武．民事诉讼法学[M]．北京：高等教育出版社，2017：441-442.
③《民诉法解释》第 533 条规定。

3. 人民法院审理涉外民事案件的期间，不受《民事诉讼法》第 149 条、第 176 条规定的限制。即法院审理涉外民事案件不受普通程序审结期限、二审案件审结期限限制，也就是不受审限的约束。人民法院对涉外民事案件的当事人申请再审进行审查的期间，不受《民事诉讼法》第 204 条规定的限制，即不受再审审查期限的限制。

二、涉外民事诉讼中的送达

在涉外民事诉讼中，如果当事人在我国领域内居住，按我国民事诉讼法的一般规定送达司法文书；如果当事人不在我国领域内居住，则按照涉外民事诉讼程序的特别规定送达。《民诉法解释》第 530 条规定，涉外民事诉讼中，经调解双方达成协议，应当制发调解书。当事人要求发给判决书的，可依协议的内容制作判决书送达当事人。

人民法院对在我国领域内没有住所的当事人送达诉讼文书，可以采用下列方式：

1. 依照受送达人所在国与我国缔结或者共同参加的国际条约中规定的方式送达。

2. 通过外交途径送达。这是国际上公认的最正规的送达方式。其条件：(1)受送达人所在国与我国尚未签订司法协助条约或协定，也没有共同参加有关国际条约；(2)受送达人所在国与我国是建交国，有外交关系。《最高人民法院关于涉外民事或商事案件司法文书送达问题若干规定》第 7 条规定，按照司法协助协定、《关于向国外送达民事或商事司法文书和司法外文书公约》或者外交途径送达司法文书，自我国有关机关将司法文书转递受送达人所在国有关机关之日起满 6 个月，如果未能收到送达与否的证明文件，且根据各种情况不足以认定已经送达的，视为不能用该种方式送达。

3. 对具有中华人民共和国国籍的受送达人，可以委托中华人民共和国驻受送达人所在国的使领馆代为送达。

4. 向受送达人委托的有权代其接受送达的诉讼代理人送达。

5. 向受送达人在中华人民共和国领域内设立的代表机构或者有权接受送达的分支机构、业务代办人送达。外国人或者外国企业、组织的代表人、主要负责人在我国领域内的，人民法院可以向该自然人或者外国企业、组织的代表人、主要负责人送达。外国企业、组织的主要负责人包括该企业、组织的董事、监事、高级管理人员等。人民法院向受送达人在我国领域内的法定代表人、主要负责人、诉讼代理人、代表机构以及有权接受送达的分支机构、业务代办人送达司法文书，可以适用留置送达的方式。

6. 受送达人所在国的法律允许邮寄送达的，可以邮寄送达，自邮寄之日起满 3 个月，送达回证没有退回，但根据各种情况足以认定已经送达的，期间届满之日视为送达。

7. 采用传真、电子邮件等能够确认受送达人收悉的方式送达。

8. 不能用上述方式送达的，公告送达，自公告之日起满 3 个月，即视为送达。《民诉法解释》第 534 条规定，对在我国领域内没有住所的当事人，经用公告方式送达诉讼文书，公告期满不应诉，人民法院缺席判决后，仍应当将裁判文书依法公告送达。自公告送达裁判文书满 3 个月之日起，经过 30 日的上诉期当事人没有上诉的，一审判决即发生法律效力。人民法院一审时采取公告方式向当事人送达诉讼文书的，二审时可径行采取公告方式向其送达诉讼文书，但人民法院能够采取公告方式之外的其他方式送达的除外。

除公告送达方式外，人民法院可以同时采取多种方式向受送达人进行送达，但应根据最先实现送达的方式确定送达日期。

第四节　司法协助

一、司法协助概述

（一）司法协助的概念和种类

司法协助，是指不同国家的法院之间，根据本国缔结或者参加的国际条约或者按照互惠原则，互相协助代为实施一定诉讼行为的制度。司法协助可分为一般司法协助和特殊司法协助。一般司法协助，是指不同国家的法院之间代为送达文书和调查取证。特殊司法协助，即不仅包括不同国家的法院之间代为送达文书和调查取证，还包括相互承认与执行对方法院的裁判和仲裁裁决。

（二）司法协助的依据

根据中华人民共和国缔结或者参加的国际条约，或者按照互惠原则，人民法院和外国法院可以相互请求，代为送达文书、调查取证以及进行其他诉讼行为。据此，司法协助的依据有二：一是相关国际条约；二是互惠关系。

（三）我国法院提供司法协助的条件

1. 不得损害我国的公共秩序。外国法院请求协助的事项有损于我国的主权、安全或者社会公共利益的，人民法院不予执行。

2. 提供必要的书面材料。外国法院请求人民法院提供司法协助的请求书及其所附文件，应当附有中文译本或者国际条约规定的其他文字文本。

3. 依照我国法律规定的程序提出协助请求。人民法院提供司法协助，依照我国法律规定的程序进行。外国法院请求采用特殊方式的，也可以按照其请求的特殊方式进行，但请求采用的特殊方式不得违反中华人民共和国法律。

二、一般司法协助

一般司法协助，是指我国法院和外国法院可以相互请求和委托，代为送达诉讼文书、调查取证及其他诉讼行为。

（一）一般司法协助的内容

一般司法协助的内容有：(1)代为送达诉讼文书。诉讼文书，包括起诉状副本、上诉状副本、反诉状副本、答辩状副本、传票、判决书、调解书、裁定书、支付令、决定书、通知书、证明书、送达回证以及其他诉讼文书。(2)代为调查取证。包括代为询问当事人、证人和鉴定人，代为司法鉴定和勘验，代为收集书证、物证、视听资料等。(3)代为其他诉讼行为。包括提供法律资料和其他法律情报等。

（二）一般司法协助的途径

一般司法协助的途径有三条：(1)国际条约途径。请求和提供司法协助，一般应当依照中华人民共和国缔结或者参加的国际条约所规定的途径进行。(2)外交途径。没有条约关系的，通过外交途径进行。(3)本国使领馆途径。通过本国驻外使领馆代为完成一定的诉讼行为，这也是司法协助的一种途径。外国驻我国的使领馆可以向该国公民送达文书和调查取证，但不得违反我国的法律，并不得采取强制措施。除此之外，未经中华人民共和国主管机关准许，任何外国机关或者个人不得在我国领域内送达文书、调查取证。

三、特殊司法协助

特殊司法协助，是指我国法院与外国法院之间按照国际条约或者互惠关系，相互承认并执行对方法院作出的生效裁判和仲裁机构作出的仲裁裁决的司法活动。

（一）对外国法院裁判的承认与执行

外国法院作出的发生法律效力的判决、裁定，需要我国人民法院承认和执行的，可以由当事人直接向我国有管辖权的中级人民法院申请承认和执行，也可以由外国法院依照该国与我国缔结或者参加的国际条约的规定，或者按照互惠原则，请求人民法院承认和执行。人民法院对申请或者请求承认和执行的外国法院作出的发生法律效力的判决、裁定，依照我国缔结或者参加的国际条约，或者按照互惠原则进行审查后，认为不违反我国法律的基本原则或者国家主权、安全、社会公共利益的，裁定承认其效力，需要执行的，发出执行令，依照民事诉讼法的有关规定执行。违反我国法律的基本原则或者国家主权、安全、社会公共利益的，不予承认和执行。

对这种司法协助，在程序上还要注意：(1)申请人向人民法院申请承认和执行外国法院作出的发生法律效力的判决、裁定，应当提交申请书，并附外国法院作出的发生法律效力的判决、裁定正本或者经证明无误的副本以及中文译本。外国法院判决、裁定为缺席判决、裁定的，申请人应当同时提交该外国法院已经合法传唤的证明文件，但判决、裁定已经对此予以明确说明的除外。我国缔结或者参加的国际条约对提交文件有规定的，按照规定办理。(2)当事人向我国有管辖权的中级人民法院申请承认和执行外国法院作出的发生法律效力的判决、裁定的，如果该法院所在国与我国没有缔结或者共同参加国际条约，也没有互惠关系的，裁定驳回申请，但当事人向人民法院申请承认外国法院作出的发生法律效力的离婚判决的除外。承认和执行申请被裁定驳回的，当事人可以向人民法院起诉。

（二）对外国仲裁裁决的承认与执行

国外仲裁机构的裁决，需要我国人民法院承认和执行的，应当由当事人直接向被执行人住所地或者其财产所在地的中级人民法院申请，人民法院应当依照我国缔结或者参加的国际条约，或者按照互惠原则办理。对临时仲裁庭在我国领域外作出的仲裁裁决，一方当事人向人民法院申请承认和执行的，人民法院应当依照《民事诉讼法》第283条规定处理。

（三）我国法院裁判和仲裁裁决在国外的承认和执行

1. 我国法院裁判在国外的承认和执行。人民法院作出的发生法律效力的判决、裁定，如果被执行人或者其财产不在我国领域内，当事人请求执行的，可以由当事人直接向有管辖权的外国法院申请承认和执行，也可以由人民法院依照我国缔结或者参加的国际条约的规定，或者按照互惠原则，请求外国法院承认和执行。①

2. 我国仲裁裁决在国外的承认和执行。我国涉外仲裁机构作出的发生法律效力的仲裁裁决，当事人请求执行的，如果被执行人或者其财产不在我国领域内，应当由当事人直接向有管辖权的外国法院申请承认和执行。②

（四）特殊司法协助需注意的其他事项

对特殊司法协助还需注意：(1)对外国法院作出的发生法律效力的判决、裁定或者外国仲裁裁决，需要我国法院执行的，当事人应当先向人民法院申请承认。人民法院经审查，裁定承认后，再按规定予以执行。当事人仅申请承认而未同时申请执行的，人民法院仅对应否承认进行审查并作出裁定。(2)当事人申请承认和执行外国法院作出的发生法律效力的判决、裁定或者外国仲裁裁决的期间，适用《民事诉讼法》第239条规定的申请执行时效期间。当事人仅申请承认而未同时申请执行的，申请执行的期间自人民法院对承认申请作出的裁定生效之日起重新计算。(3)承认和执行外国法院作出的发生法律效力的判决、裁定或者外国仲裁裁决的案件，人民法院应当组成合议庭进行审查。人民法院应当将申请书送达被申请人。被申请人可以陈述意见。人民法院经审查作出的裁定，一经送达即发生法律效力。(4)与我国没有司法协助条约又无互惠关系的国家的法院，未通过外交途径，直接请求人民法院提供司法协助的，人民法院应予退回，并说明理由。(5)当事人在我国领域外使用我国法院的判决书、裁定书，要求我国法院证明其法律效力的，或者外国法院要求我国法院证明判决书、裁定书的法律效力的，作出判决、裁定的我国法院，可以本法院的名义出具证明。(6)人民法院审理涉及香港、澳门特别行政区和台湾地区的民事诉讼案件，可以参照适用涉外民事诉讼程序的特别规定。

---

①参见《民事诉讼法》第280条第1款。

②参见《民事诉讼法》第280条第2款。

典型真题

2012年1月，中国甲市公民李虹(女)与美国留学生琼斯(男)在中国甲市登记结婚，婚后两人一直居住在甲市B区。2014年2月，李虹提起离婚诉讼，甲市B区法院受理了该案件，适用普通程序审理。关于本案，下列哪些表述是正确的?① (2014-03-84，多选)

A. 本案的一审审理期限为6个月

B. 法院送达诉讼文书时，对李虹与琼斯可采取同样的方式

C. 不服一审判决，李虹的上诉期为15天，琼斯的上诉期为30天

D. 美国驻华使馆法律参赞可以个人名义作为琼斯的诉讼代理人参加诉讼

①【参考答案】BD。

第二十三章　仲裁与仲裁法概述

考点分布

1. 仲裁的特点；(★★)
2. 仲裁与民事诉讼的关系；(★★★)
3. 仲裁的范围；(★★)
4. 仲裁的基本原则和基本制度。(★★)

知识讲解

第一节　仲裁概述

一、仲裁的概念

仲裁，是指发生争议的双方当事人，根据其在争议发生前或争议发生后所达成的协议，自愿将该争议提交中立的第三者进行裁断的争议解决制度和方式。根据该概念，仲裁具有以下三要素：(1)仲裁是以双方当事人自愿协商为基础的争议解决制度和方式。(2)仲裁是由双方当事人自愿选择的中立第三者进行裁判的争议解决制度和方式。(3)由当事人选出的中立的第三者所作出的裁决，对双方当事人具有法律约束力。

二、仲裁的特点

1. 自愿性。当事人的自愿性是仲裁最突出的特点。仲裁以双方当事人的自愿为前提，即仲裁协议的达成以及仲裁程序的启动、进行、结束等都建立在双方当事人自愿的基础上，由双方当事人协商确定。因此，仲裁是最能充分体现当事人意思自治原则的争议解决方式。

2. 专业性。专业性是仲裁的突出特点和优势。仲裁的专业性突出地体现在仲裁人员的构成上。仲裁委员会的主任、副主任和委员由法律、经济贸易专家和有实际工作经验的人员担任。仲裁委员会的组成人员中，法律、经济贸易专家不得少于2/3。仲裁员的专业水准较高，而且仲裁委员会按照不同专业设仲裁员名册。

3. 灵活性。由于仲裁充分体现当事人的意思自治，仲裁中的诸多具体程序可以由双方当事人协商确定与选择，例如，仲裁庭的组成、开庭方式、裁决书的内容等可由当事人选择。因此与诉讼相比，仲裁程序更加灵活，更具有弹性。

4. 保密性。《仲裁法》第40条规定："仲裁不公开进行。当事人协议公开的，可以公开进行，但涉及国家秘密的除外。"这要求当事人及其代理人、仲裁员及仲裁秘书人员等负有保密义务，不得将仲裁文件、案件实体情况及审理过程对外披露。

5. 快捷性。仲裁实行一裁终局制，仲裁裁决一经作出即发生法律效力；同时当事人可自主选择适当的仲裁程序，避免不必要的程序而提高仲裁效率。这使得当事人之间的纠纷能够迅速得以解决。

6. 经济性。仲裁的经济性主要表现在：(1)时间上的快捷性使得仲裁所需费用相对减少；(2)仲裁无须多审级收费，使得仲裁费往往低于诉讼费；(3)仲裁的自愿性、保密性使当事人之间通常没有激烈的对抗，且商业秘密不必公之于世，对双方当事人今后的商业机会影响较小。

7. 独立性。仲裁依法独立进行，不受行政机关、社会团体和个人的干涉。仲裁委员会独立于行政机关，与行政机关没有隶属关系。仲裁委员会之间也没有隶属关系。

三、仲裁的类型

（一）国内仲裁与涉外仲裁

这是根据仲裁案件是否具有涉外因素所作的分类。国内仲裁，是指本国仲裁机构对不具有涉外因素的国内民商事纠纷的仲裁。即基于一国公民、法人或其他组织之间及其相互之间在本国内发生的纠纷，由该国仲裁机构进行的仲裁。涉外仲裁，是指涉及外国或外法域的民商事纠纷仲裁，即基于公民、法人或其他组织之间及其相互之间，在涉外经济贸易和海事活动中发生的民商事纠纷而进行的仲裁。需要强调的是，涉及我国港、澳、台地区的仲裁案件，即一方当事人是我国港、澳、台地区的自然人、法人或者其他组织时，该仲裁案件为涉外法域的仲裁案件，视为涉外仲裁。对于涉外仲裁，我国仲裁法作出了特别规定。现在，我国所有仲裁机构均可根据当事人的仲裁协议受理国内仲裁案件和涉外仲裁案件。

（二）机构仲裁和临时仲裁

这是根据仲裁机构的组织形式所作的分类。机构仲裁，是指当事人协商一致选择常设性的仲裁机构解决其民商事争议的仲裁。这种仲裁的仲裁机构常设，仲裁规则、仲裁地点、仲裁员名册等固定。临时仲裁，是指当事人协商一致，临时选择仲裁员组成仲裁庭并依据临时设计或选定的仲裁规则解决其民商事争议的仲裁。在仲裁裁决作出后，临时仲裁庭的使命也随之终结而宣告解散。我国法律规定的仲裁为机构仲裁，不承认临时仲裁。

（三）依法仲裁和友好仲裁

这是根据作出仲裁裁决所依据的实体法规范的不同所作的分类。依法仲裁，是指严格依照一定的实体法规范对当事人之间的纠纷进行裁决的仲裁。依法仲裁是世界各国普便使用的仲裁方式，依这种方式进行仲裁，必须有明确的法律依据，必须严格遵守由法律认可的仲裁规则所确定的仲裁程序。友好仲裁，也称友谊仲裁、依原则仲裁，是指依据双方当事人的授权，仲裁庭不以严格的法律规范为依据，而是依据其所认为的公平的标准来作出对当事人具有约束力的裁决。这种公平的标准包括自然公正的原则、商业惯例、公平善良的精神等。尽管友好仲裁具有很大的灵活性，但友好仲裁必须以双方当事人的授权为前提，必须遵循仲裁地的公共政策和法律强制性规定。①

四、仲裁权

（一）仲裁权的概念和特征

仲裁权，是指在法律授权的范围内，经双方当事人授权的仲裁庭，对当事人提交仲裁的争议作出裁决的权力。仲裁权有以下特征：

1. 意思自治是仲裁权的根本原则。当事人的仲裁意愿是取得和行使仲裁权的基础。这在仲裁中有许多体现。

2. 公正性是仲裁权的必然要求。独立仲裁制度、仲裁员回避制度等，为仲裁权的公正行使提供了有力的程序保障。

3. 民间性是仲裁权的本质特征。这体现在：仲裁依赖于争议主体通过仲裁协议对仲裁庭的授权，这种授权是一种自由的、民间性的行为；仲裁机构是民间性组织，与国家行政机关之间没有隶属关系，仲裁机构相互之间也没有隶属关系；仲裁庭是由各行业的专家学者组成的临时性组织，也使其行使的权力带有民间色彩。

4. 司法性是仲裁权的内在特征。国家通过仲裁立法，将仲裁纳入纠纷解决机制之列，进而使仲裁具有了司法权的特征；仲裁权的实现，离不开司法权的支持与监督，即仲裁权与司法权密切相关；仲裁庭作出的仲裁裁决或仲裁调解书具有法律效力，可以成为强制执行的依据。

（二）仲裁权的内容

仲裁权的内容，是指仲裁权所应包含的具体权力。

1. 仲裁管辖权。这是指仲裁庭依据当事人授权和法律授权所享有的，可以对当事之间的争议进行审理并作出有约束力的裁决的权力。同时，管辖权还包括仲裁庭就仲裁协议是否存在或对仲裁协议的效力提出异议有权作出决定。

---

①江伟，肖建国．仲裁法[M]．3版．北京：中国人民大学出版社，2016：19-23.

2. 仲裁审理权。其内容所包含的不仅仅是某一项具体的权力，而是包括了程序指挥权、取证权与认证权、事实认定权等在内的一系列权力。

3. 仲裁调解权。《仲裁法》第 51 条规定，仲裁庭在作出裁决前，可以先行调解。当事人自愿调解的，仲裁庭应当调解。

4. 仲裁裁决权。这是仲裁庭对仲裁当事人所提交的争议事项，通过审理而作出具有权威性及结论性意见的一种权力，包括中间裁决权、部分裁决权和最终裁决权。其行使结果是仲裁程序的终结或争议的最终解决。①

五、仲裁与民事诉讼

（一）仲裁与民事诉讼的相同点

两者的相同点有：(1)仲裁与民事诉讼都是民事程序的重要组成部分。(2)仲裁与民事诉讼都可用于解决平等主体之间的合同纠纷和其他财产权益纠纷，这些纠纷性质相同。(3)仲裁与民事诉讼都由第三方作为纠纷的公断人。(4)仲裁与民事诉讼所遵循的某些原则和制度是一致的。如辩论原则、处分原则、调解原则、回避制度等。(5)仲裁裁决书、调解书和民事判决书、调解书具有同等的法律效力。

（二）仲裁与民事诉讼的区别

两者的区别有：(1)仲裁与民事诉讼的性质不同。民事诉讼是法院运用国家审判权强行解决民事纠纷的方式，具有强制性和司法性；而仲裁是以当事人意思自治为基础的纠纷解决方式，具有自愿性和民间性。(2)仲裁机构与法院的性质不同。仲裁机构是民间机构，法院是国家的审判机构。(3)案件管辖权的基础不同。仲裁机构受理仲裁案件的管辖权来自双方当事人在仲裁协议中的授权；而法院受理案件的管辖权来自于法律的明确规定，即使是协议管辖，法律对当事人选择管辖法院也有明确的要求。(4)仲裁与民事诉讼的具体程序与制度不同。如仲裁实行一裁终局制，且可由当事人选择所适用的程序；而诉讼实行两审终审制，不能由当事人选择程序。

（三）仲裁与民事诉讼的联系

1. 法律渊源上的联系性。仲裁与民事诉讼都属于民事程序的范畴，都属于民事纠纷解决机制，因而在立法体例上，有的国家把仲裁法规定于民事诉讼法之中；即使分开立法，也在民事诉讼法或仲裁法中，规定有仲裁和民事诉讼的联系和衔接问题。

2. 纠纷解决方式的独立性。仲裁与民事诉讼是并行的纠纷解决机制。对于合同纠纷和其他财产权益纠纷而言，当事人要么选择仲裁解决，要么选择民事诉讼解决。独立性是仲裁的突出特点；在民事诉讼中，人民法院依照法律规定对民事案件独立进行审判，不受行政机关、社会团体和个人的干涉。

---

①江伟，肖建国．仲裁法[M]．3 版．北京：中国人民大学出版社，2016：27-29.

3. 功能优势互补。仲裁和民事诉讼作为纠纷解决方式，各有优势和长处，在实践中形成功能互补。

4. 司法对仲裁的支持与监督通过诉讼程序实现。仲裁具有一定的局限性，需要司法的支持与监督，而这是通过诉讼程序来实现的。

5. 制度与程序的借鉴。仲裁与民事诉讼在解决纠纷的制度和程序上存在着某些共通性，因而彼此之间可以互相借鉴，共生共长。①

第二节 仲裁法概述

一、仲裁法的概念和特点

（一）仲裁法的概念

仲裁法是国家制定或认可的，规范仲裁法律关系主体的行为和调整仲裁法律关系的法律规范的总称。仲裁法有广义和狭义之分：

1. 狭义的仲裁法。此即仲裁法典，是国家最高权力机关制定颁行的关于仲裁的专门法律。1994 年 8 月 31 日通过的《中华人民共和国仲裁法》即为狭义的仲裁法。

2. 广义的仲裁法。这是指所有涉及仲裁的相关法律规范。它具体包括：(1) 仲裁法典；(2) 民事诉讼法典中有关仲裁的规定；(3) 国家立法机关制定的民商事实体法和其他法律规范中有关仲裁的规定；(4) 被国家认可的有关仲裁的国际条约或公约；(5) 有关仲裁的司法解释；(6) 有关仲裁的判例。

（二）我国仲裁法的特点

1. 机构仲裁。根据我国仲裁法及其司法解释的规定，当事人订立仲裁协议时，应当选定具体的仲裁委员会。仲裁协议对仲裁委员会没有约定或者约定不明确的，当事人可以补充协议；达不成补充协议的，仲裁协议无效。可见，在我国只能采取机构仲裁的方式，而不能进行临时仲裁。

2. 对涉外仲裁作出特别规定。基于涉外仲裁自身的特点，我国仲裁法第七章以专章对涉外仲裁的特定事项作出了有别于国内仲裁的特别规定。

3. 仲裁和调解相结合。仲裁庭在作出裁决前，可以先行调解。当事人自愿调解的，仲裁庭应当调解。调解不成的，应当及时作出裁决。调解达成协议的，仲裁庭应当制作调解书或者根据协议的结果制作裁决书。调解书与裁决书具有同等法律效力。这表明仲裁程序和调解程序的有机结合是我国仲裁的显著特点。②

①江伟，肖建国．仲裁法［M］．3 版．北京：中国人民大学出版社，2016：29-33.

②参见《仲裁法》第 51 条；江伟，肖建国．仲裁法［M］．3 版．北京：中国人民大学出版社，2016：37.

二、可仲裁性（即仲裁范围）

（一）可仲裁性的含义和标准

可仲裁性(arbitrability)，是指依据法律可以通过仲裁解决的争议范围。可仲裁性可以分为主体的可仲裁性和客体的可仲裁性。前者主要指仲裁当事人参与仲裁的行为能力，如，仲裁当事人应当是平等主体的公民、法人和其他组织。后者主要指仲裁协议项下的具体争议能否通过仲裁的方式解决，如，我国《仲裁法》第2条、第3条的规定。

判断可仲裁性的标准有主体标准和客体标准。(1)主体标准是指提交仲裁的争议双方当事人的法律地位的确定要求。它要求争议的主体必须是平等主体。而主体平等是形成仲裁协议的前提。这就排除了非平等主体之间的争议或曰纵向法律关系的事项适用仲裁解决。(2)客体标准要求争议事项必须具有可争讼性，且涉及可自由处分的权益和财产权益。这就把不可自由处分的争议和非财产关系的人身关系争议排除在仲裁之外。根据我国仲裁法的规定，劳动争议仲裁和农业承包合同纠纷仲裁也不属于仲裁法的调整范畴。①

（二）我国仲裁法对可仲裁性的规定

1. 可以仲裁的案件范围。《仲裁法》第2条规定，平等主体的公民、法人和其他组织之间发生的合同纠纷和其他财产权益纠纷，可以仲裁。

2. 不能仲裁的案件范围。《仲裁法》第3条规定，下列纠纷不能仲裁：(1)婚姻、收养、监护、扶养、继承纠纷；(2)依法应当由行政机关处理的行政争议。

3. 可以仲裁但不适用仲裁法的案件范围。根据《仲裁法》第77条的规定，劳动争议和农业集体经济组织内部的农业承包合同纠纷的仲裁，另行规定，即劳动争议和农业集体经济组织内部的农业承包合同纠纷，不属于仲裁法所调整的仲裁范围。

（三）我国其他法律对可仲裁性的规定

1. 著作权纠纷可以仲裁。《著作权法》第55条规定，著作权纠纷可以调解，也可以根据当事人达成的书面仲裁协议或者著作权合同中的仲裁条款，向仲裁机构申请仲裁。当事人没有书面仲裁协议，也没有在著作权合同中订立仲裁条款的，可以直接向人民法院起诉。

2. 消费纠纷可以仲裁。《消费者权益保护法》第39条规定，消费者和经营者发生消费者权益争议的，可以通过下列途径解决：(1)与经营者协商和解；(2)请求消费者协会或者依法成立的其他调解组织调解；(2)向有关行政部门投诉；(3)根据与经营者达成的仲裁协议提请仲裁机构仲裁；(4)向人民法院提起诉讼。

①江伟，肖建国．仲裁法[M]．3版．北京：中国人民大学出版社，2016：137.

三、仲裁法的基本原则和基本制度

（一）基本原则

仲裁法的基本原则，是指仲裁法所规定的，在仲裁活动中仲裁机构、双方当事人和其他仲裁参与人必须遵循的基本行为规范，是指导仲裁程序依法有序进行的基本准则。根据我国仲裁法的规定，仲裁法的基本原则包括：

1. 自愿原则。即尊重当事人的意愿，遵循意思自治的原则，是仲裁制度的根本原则以及存在和发展的基础。它主要体现在：(1)是否将争议提交仲裁，由双方当事人自愿协商决定；(2)由哪个仲裁机构仲裁，由当事协商选定；(3)仲裁庭的组成形式和仲裁员的选任，由当事人自主决定；(4)提交仲裁的争议事项，由当事人自主约定；(5)双方当事人还可以自主约定仲裁的审理方式、开庭方式等有关的程序事项。

2. 根据事实，符合法律规定，公平合理解决纠纷原则。这有两层意思：一是仲裁作为准司法活动，也要坚持“以事实为根据，以法律为准绳”的司法原则；二是仲裁应当依照公平合理的原则解决纠纷。

3. 独立仲裁原则。独立仲裁是保障仲裁公正性的前提，有两层含义：一是仲裁机构在设置上独立，二是仲裁庭在审理案件时独立。该原则的内容体系为：(1)仲裁与行政脱钩；(2)仲裁委员会之间没有隶属关系；(3)仲裁庭独立裁决案件。①

（二）基本制度

1. 协议仲裁制度。协议仲裁制度的核心是仲裁协议。仲裁协议是当事人仲裁意愿的体现，是仲裁制度的灵魂，因而协议仲裁制度是仲裁的根本制度。当事人申请仲裁、仲裁委员会受理仲裁案件以及仲裁庭对仲裁案件的审理和裁决都必须依据双方当事人之间所订立的有效仲裁协议，没有仲裁协议就没有仲裁制度。

2. 或裁或审制度。这是指双方当事人对所发生的争议，或者选择仲裁方式解决，或者选择诉讼方式解决，二者只能择一用之。《仲裁法》第 5 条规定，当事人达成仲裁协议，一方向人民法院起诉的，人民法院不予受理，但仲裁协议无效的除外。这就是或裁或审制度的依据。

3. 一裁终局制度。这是指当事人之间的纠纷，一经仲裁庭审理和裁决即告终结，该裁决一经作出即具有终局性法律效力的制度。《仲裁法》第 9 条明文规定，仲裁实行一裁终局的制度。裁决作出后，当事人就同一纠纷再申请仲裁或者向人民法院起诉的，仲裁委员会或者人民法院不予受理。仲裁裁决生效后，义务人应当自觉履行其确定的义务；如其拒不履行，则权利人可申请法院强制执行。②

---

①江伟，肖建国．仲裁法[M]．3 版．北京：中国人民大学出版社，2016：46-49.

②江伟，肖建国．仲裁法[M]．3 版．北京：中国人民大学出版社，2016：50-51.

▶ 典型真题

甲、乙因遗产继承发生纠纷，双方书面约定由某仲裁委员会仲裁。后甲反悔，向遗产所在地法院起诉：法院受理后，乙向法院声明双方签订了仲裁协议。关于法院的做法，下列哪一选项是正确的？① （2010-03-43，单选）

A. 裁定驳回起诉

B. 裁定驳回诉讼请求

C. 裁定将案件移送某仲裁委员会审理

D. 法院裁定仲裁协议无效，对案件继续审理

①【参考答案】D。

第二十四章　仲裁委员会和仲裁协会

考点分布

1. 仲裁委员的设立；（★）
2. 仲裁员的条件；（★★）
3. 仲裁协会与仲裁规则。（★）

知识讲解

第一节　仲裁委员会

一、仲裁机构概述

仲裁机构是仲裁活动的主体之一。所谓仲裁机构，是指依法成立的，有权根据仲裁协议受理、裁决仲裁案件并管理仲裁程序的机构。我国现行的民商事仲裁机构称为仲裁委员会。根据处理民商事争议的仲裁机构有无固定的办公场所和章程，仲裁机构可以分为常设仲裁机构和临时仲裁机构(亦称特设仲裁机构)。如前所述，我国仲裁实行机构仲裁，不承认临时仲裁。

仲裁机构的特点有：(1)非营利性。这是指仲裁机构设立的目的和存在不是为了营利，不是为了向设立者提供利润。当然，非营利性也不意味着仲裁机构没有收入或者入不敷出，而是指它的收入应当用于机构自身的发展。国务院颁布实施的《仲裁委员会仲裁收费办法》第3条规定，案件受理费用于给付仲裁员报酬、维持仲裁委员会正常运转的必要开支。这表明，我国仲裁委员会是非营利性机构。(2)独立性。这是指仲裁机构在法律上是独立的，其独立行使仲裁职能，外界特别是行政机关、法院不能干预仲裁机构的独立运作。由于仲裁机构既是仲裁程序的管理机构，又是仲裁的服务机构，因而仲裁机构的独立性对于保障仲裁的公正性和权威性至关重要。(3)民间性。仲裁机构的民间性是其独立性的表现，它强调仲裁机构独立于政府，不是政府的组成部分。虽然我国《仲裁法》第10条第2、3款规定，仲裁委员会由设区的市的人民政府组织有关部门和商会统一组建，同时，设立仲裁委员会，应当经省、自治区、直辖市的司法行政部门登记，但是，由政府有关部门参与组建，不是说仲裁机构就要受政府的管理和控制，这只不过是政府行使其公共管理职能的一种体现；省级司法行政部门对仲裁机构的管理职能，也只限于登记管理。①

二、我国仲裁机构的设立

（一）仲裁委员会的设立机制

1. 在设区的市设立一个综合的仲裁委员会。仲裁委员会可以在直辖市和省、自治区人民政府所在地的市设立，也可以根据需要在其他设区的市设立，不按行政区划层层设立。仲裁委员会由设区的市的人民政府组织有关部门和商会统一组建。设立仲裁委员会，应当经省、自治区、直辖市的司法行政部门登记。依法可以设立仲裁委员会的市只能组建一个统一的仲裁委员会，不得按照不同专业设立不同的专业仲裁委员会或者专业仲裁庭。

2. 仲裁委员会独立。仲裁委员会独立于行政机关，与行政机关没有隶属关系。仲裁委员会之间也没有隶属关系。

（二）设立仲裁委员会的条件

仲裁委员会应当具备下列条件：(1)有自己的名称、住所和章程。仲裁委员会的名称应当规范，即一律在仲裁委员会前冠以仲裁委员会所在市的地名，如北京仲裁委员会、上海仲裁委员会。仲裁委员会的章程应当依照仲裁法制定。(2)有必要的财产。(3)有该委员会的组成人员。《仲裁法》第12条规定，仲裁委员会由主任1人、副主任2~4人和委员7~11人组成。仲裁委员会的主任、副主任和委员由法律、经济贸易专家和有实际工作经验的人员担任。仲裁委员会的组成人员中，法律、经济贸易专家不得少于2/3。(4)有聘任的仲裁员。

三、仲裁员的资格

仲裁员的资格直接关系到仲裁庭的组成是否有效。因此，各国法律一般对仲裁员的资格作出一定的限制。我国亦不例外。我国《仲裁法》第13条规定，仲裁委员会应当从公道正派的人员中聘任仲裁员。仲裁员应当符合下列条件之一：(1)通过国家统一法律职业资格考试取得法律职业资格，从事仲裁工作满八年的；(2)从事律师工作满八年的；(3)曾任法官满八年的；(4)从事法律研究、教学工作并具有高级职称的；(5)具有法律知识、从事经济贸易等专业工作并具有高级职称或者具有同等专业水平的。仲

①江伟，肖建国．仲裁法[M]．3版．北京：中国人民大学出版社，2016：79-83.

裁委员会按照不同专业设仲裁员名册。

公务员及参照实行公务员制度的机关工作人员符合《仲裁法》第 13 条规定的条件，并经所在单位同意，可以受聘为仲裁员，但不得因从事仲裁工作影响本职工作。

第二节 仲裁协会和仲裁规则

一、仲裁协会

1. 仲裁协会的性质及其会员。中国仲裁协会是社会团体法人。仲裁委员会是中国仲裁协会的会员。中国仲裁协会的章程由全国会员大会制定。设立仲裁协会，应向民政部申请登记，登记后即取得法人资格。中国仲裁协会实行会员制，各仲裁委员会是中国仲裁协会的法定会员。中国仲裁协会以团体会员为主，也可以接纳个人会员。

2. 仲裁协会的职责。中国仲裁协会有两项职责：(1)监督职能。中国仲裁协会作为仲裁委员会的自律性组织，根据章程对仲裁委员会及其组成人员、仲裁员的违纪行为进行监督。(2)制定仲裁规则。中国仲裁协会依照仲裁法和民事诉讼法的有关规定制定仲裁规则。

二、仲裁规则

（一）仲裁规则的概念

仲裁规则是指仲裁法律关系主体在仲裁程序中所应遵循和适用的规范。它为仲裁机构、仲裁庭和仲裁当事人、其他仲裁参加人在仲裁程序中实施仲裁行为提供了行为规则，对保障仲裁活动的公正性、有效性有着重要的作用。但仲裁规则不同于仲裁法，它可以由仲裁机构制定，有些内容还允许当事人自行约定。因此，仲裁规则是任意性较强的行为规范。不过，仲裁规则不得违反仲裁法中的强制性规定。

（二）仲裁规则的制定

我国《仲裁法》第 15 条第 3 款规定：“中国仲裁协会依照本法和民事诉讼法的有关规定制定仲裁规则”；第 73 条规定：“涉外仲裁规则可以由中国国际商会依照本法和民事诉讼法的有关规定制定”；第 75 条规定：“中国仲裁协会制定仲裁规则前，仲裁委员会依照本法和民事诉讼法的有关规定可以制定仲裁暂行规则”。根据这些规定，我国仲裁规则的制定分为两种情况：(1)国内仲裁委员会的仲裁规则，由中国仲裁协会统一制定；在中国仲裁协会制定仲裁规则之前，各仲裁委员会可以按照仲裁法和民事诉讼法的有关规定制定仲裁暂行规则。(2)涉外仲裁委员会的仲裁规则由中国国际商会依照仲裁法和民事诉讼法制定。

（三）仲裁规则的主要内容

仲裁规则应当具备哪些内容，现行仲裁法并无明文规定。从仲裁实践看，仲裁规则主要应包括以下内容：仲裁管辖；仲裁组织；仲裁的申请、答辩和反请求程序；仲裁庭的组成；仲裁的审理和裁决程序；仲裁委员会、仲裁庭和当事人的权利义务；仲裁语文、翻译、送达、仲裁费用等。

（四）仲裁规则的作用

仲裁规则是进行仲裁活动时必须遵循和适用的程序规范。其作用如下：(1)为当事人提供一套科学、系统、明确的仲裁程序规则，便于双方当事人在仲裁程序中适用和遵循，以迅速、有效地解决纠纷。(2)为仲裁委员会和仲裁庭受理、审理和裁决当事人提交仲裁的纠纷提供适用的程序规则，使当事人之间的纠纷能够得到公正、及时的解决。(3)为仲裁员和当事人提供程序上的权利和义务规范。(4)为支持、协助和监督仲裁提供依据。①

▶ 典型真题

某仲裁委员会在开庭审理兰屯公司与九龙公司合同纠纷一案时，九龙公司对仲裁庭中的一名仲裁员提出了回避申请，经审查后该仲裁员被要求予以回避，仲裁委员会依法重新确定了仲裁员。关于仲裁程序如何进行，下列哪一选项是正确的？（2007-03-50）②

A. 已进行的仲裁程序应当重新进行

B. 已进行的仲裁程序有效，仲裁程序应当继续进行

C. 当事人请求已进行的仲裁程序重新进行的，仲裁程序应当重新进行

D. 已进行的仲裁程序是否重新进行，仲裁庭有权决定

①参见司法部统编教材有关内容。

②【参考答案】D。

第二十五章　仲裁协议

考点分布

在仲裁法部分，仲裁协议是重点，每年都有考题。要求考生予以掌握。

1. 仲裁协议的特征；（★★）
2. 仲裁协议的类型；（★★★）
3. 仲裁协议的内容；（★★★★）
4. 仲裁条款的独立性；（★★★★）
5. 仲裁协议的效力；（★★★★）
6. 仲裁协议的无效与失效。（★★★★）

知识讲解

第一节　仲裁协议概述

一、仲裁协议的概念

仲裁协议，是指双方当事人在纠纷发生之前或纠纷发生之后达成的，将他们之间已经发生或将来可能发生的争议提交仲裁解决的书面协议。在民商事仲裁中，仲裁协议是仲裁的基石，没有仲裁协议，就不存在有效的仲裁。仲裁协议具有以下特征：

1. 仲裁协议作为双方当事人合意的产物，目的是授权仲裁庭通过仲裁的方式解决争议，并得到公正裁决。

2. 仲裁协议中双方当事人的权利义务具有同一性。依据仲裁协议的约定，当发生特定的纠纷后，必须通过仲裁方式予以解决，任何一方当事人都有权将所发生的争议提交仲裁解决，同时任何一方当事人也具有不得就该争议向法院提起诉讼的义务。

3. 仲裁协议的内容具有特殊性。具体表现在：(1) 仲裁协议作为一种约定纠纷解决途径的合同，双方当事人既可以约定将他们之间已经发生的争议提交仲裁解决，也可以事先约定将他们之间将来可能发生的争议提交仲裁解决。(2)双方当事人提交仲裁解决的事项必须属于法律许可仲裁的范围。(3)双方当事人在仲裁协议中所选择的仲裁机构可以与争议有实际联系，也可以没有实际联系。《仲裁法》第6条规定，仲裁委员会应当由当事人协议选定，仲裁不实行级别管辖和地域管辖。这与诉讼中的管辖协议不同。

4. 仲裁协议签订的时间可以在纠纷发生之前，也可以在纠纷发生之后。《仲裁法》第16条第1款规定，仲裁协议包括合同中订立的仲裁条款和以其他书面方式在纠纷发生前或者纠纷发生后达成的请求仲裁的协议。

5. 仲裁协议具有广泛的约束力。这表现在：(1)仲裁协议对双方当事人有约束力，任何一方当事人不得就约定仲裁的争议事项向法院提起诉讼。(2)仲裁协议对法院有约束力，法院不得受理任何一方当事人已订立有效仲裁协议的争议事项。(3)仲裁协议对仲裁庭有约束力，仲裁庭应当依照仲裁协议中的授权行使仲裁权，解决当事人之间的纠纷。

6. 仲裁协议必须以书面形式订立。仲裁协议作为仲裁的依据，必须具备法定的形式，即：仲裁协议应以书面形式订立，口头方式达成仲裁的意思表示无效。仲裁协议必须以书面形式达成，已成为世界上普遍认可的仲裁原则。

二、仲裁协议的类型

（一）仲裁条款

仲裁条款，即合同中的仲裁条款，是指双方当事人在争议发生之前的订立合同阶段，将今后可能因该合同所发生的争议提交仲裁解决的意思表示作为主合同的一个条款而形成的仲裁协议。除了订立于合同中的仲裁条款，双方当事人在补充合同、协议或备忘录等文件中对仲裁意思表示的修改或补充，也构成合同中仲裁条款的一部分。

（二）仲裁协议书

仲裁协议书，是指双方当事人在争议发生之前或争议发生之后订立的，同意将可能发生或已经发生的争议提交仲裁解决的一种独立的协议。与仲裁条款相比，仲裁协议书完全独立，不受主合同的约束，且其约定的仲裁事项的范围不限于合同纠纷，也包括其他财产权益纠纷。

（三）其他书面形式的仲裁协议

仲裁条款和仲裁协议书是仲裁协议常见的存在形式。此外，还有其他书面形式的仲裁协议，包括以合同书、信件和数据电文(包括电报、电传、传真、电子数据交换和电子邮件)等形式达成的请求仲裁的协议。①

---

①参见《仲裁法解释》第1条。

（四）当事人以援引方式达成的仲裁协议

当事人以援引方式达成的仲裁协议，是指当事人之间并没有直接订立仲裁协议，而是在合同中援引包含仲裁条款的合同、票据或其他书面文件，将其作为仲裁的依据。

由于合同中援引的另一合同或其他书面文件同样被视为双方当事人合意的内容，构成了合同的组成部分，因此，可以认定当事人之间存在仲裁协议。对此，《仲裁法解释》第 11 条规定，合同约定解决争议适用其他合同、文件中的有效仲裁条款的，发生合同争议时，当事人应当按照该仲裁条款提请仲裁。涉外合同应当适用的有关国际条约中有仲裁规定的，发生合同争议时，当事人应当按照国际条约中的仲裁规定提请仲裁。

第二节 仲裁协议的内容及瑕疵的补救

一、仲裁协议的内容

仲裁协议的内容是仲裁协议有效成立的实质要件。仲裁协议包括下列内容：①

1. 请求仲裁的意思表示。当事人发生争议之后，以仲裁的方式加以解决的意思表示必须在仲裁协议中体现出来。这是仲裁协议的首要内容。这种意思表示应当满足三个条件：(1) 必须是双方当事人共同的意思表示，而不是单方当事人的意思表示；(2) 必须是双方当事人的真实意思表示，而不存在胁迫、欺诈、重大误解等情形；(3) 必须是双方当事人自己的意思表示，而不是任何其他人的意思表示。

2. 仲裁事项。这是指当事人在仲裁协议中约定的、通过仲裁解决的争议的内容。仲裁事项决定了仲裁机构的管辖权范围，即当事人只有把订立于仲裁协议中的争议事项提交仲裁，仲裁机构才能受理，也才能就此进行审理和裁决。超出该范围进行仲裁，所作出的仲裁裁决，经一方当事人申请，法院可以不予执行或者撤销。当事人在仲裁协议中未就仲裁事项作出约定，则此仲裁协议不具有可执行性。按照《仲裁法》第 18 条规定，仲裁协议对仲裁事项没有约定或者约定不明确的，并非当然无效，而可由当事人达成补充协议；达不成补充协议的，仲裁协议无效。

当事人在仲裁协议中约定的仲裁事项，须符合两个条件：(1) 仲裁事项的可仲裁性。即当事人提交仲裁的事项必须是仲裁立法允许采用仲裁方式解决的争议事项，否则会导致仲裁协议的无效。平等主体的公民、法人和其他组织之间发生的合同纠纷和其他财产权益纠纷，可以仲裁，但婚姻、收养、监护、扶养、继承纠纷和依法应当由行政机关处理的行政争议不能仲裁。(2) 仲裁事项的特定性和明确性。这要求仲裁事项必须与当事人之间特定的法律关系相关联。在签订仲裁协议时，无论当事人之间的争议是否已经发生，都必须在仲裁协议中约定仲裁事项的特征，使仲裁机构借此能够确

①参见《仲裁法》第 16 条第 2 款。

定明确、具体的仲裁事项。对此，《仲裁法》第 18 条规定，仲裁协议对仲裁事项没有约定或者约定不明确的，当事人可以补充协议；达不成补充协议的，仲裁协议无效。

当事人在仲裁协议中概括约定仲裁事项为合同争议的，基于合同成立、效力、变更、转让、履行、违约责任、解释、解除等产生的纠纷都可以认定为仲裁事项。

3. 选定的仲裁委员会。我国实行机构仲裁，不承认临时仲裁。因此，选定仲裁机构也就成了仲裁协议的一项重要内容。《仲裁法》第 6 条规定，仲裁不实行级别管辖和地域管辖。仲裁委员会应当由当事人协议选定。对于仲裁委员会的选定，原则上应当明确、具体。但是，仲裁协议对仲裁委员会没有约定或者约定不明确的，当事人可以补充协议；达不成补充协议的，仲裁协议无效。

除上述三项内容外，我国有的仲裁机构制定的仲裁规则还要求仲裁协议就仲裁地点进行约定。我国仲裁法并未将约定仲裁地点列为仲裁协议的内容，因此，对仲裁地点，可以由当事人在仲裁协议中自行约定，也可以依据仲裁所适用的仲裁规则确定。一般而言，约定了仲裁委员会，仲裁地点也就是仲裁委员会的所在地点。但对于涉外仲裁而言，约定仲裁地点具有十分重要的意义，因为在涉外仲裁中，仲裁地点的选择可能决定解决争议所适用的准据法，影响仲裁裁决的承认与执行。正因为如此，有人认为，在仲裁协议的各项内容中，对仲裁地点的约定是最为重要的。①

二、仲裁协议瑕疵的补救

有瑕疵的仲裁协议，是指具备了仲裁协议有效的一些基本条件，但因欠缺法律要求的基本内容，从而导致执行困难的仲裁协议。此种瑕疵往往表现为仲裁协议内容要素的欠缺，即仲裁事项或仲裁机构的选定不完全符合法定要求。

仲裁立法规定了仲裁协议有效的条件，但是在仲裁协议无法满足这些条件时，可能并不当然无效，因为对于有些瑕疵法律允许当事人进行补救。从仲裁法及司法解释的规定看，仲裁协议的瑕疵有以下情形：

（一）有关仲裁事项的瑕疵

这是指当事人在仲裁协议中对仲裁事项没有约定或者约定不明确。如果当事人在仲裁协议中有请求仲裁的意思表示，也选定了仲裁委员会，唯独对仲裁事项没有约定或者约定不明确，此时，可由当事人达成补充协议，将仲裁事项加以明确；如果达不成补充协议的，则仲裁协议无效。

需注意的是，当事人概括约定仲裁事项为合同争议的，不属于约定仲裁事项的瑕疵，而是将其解释为基于合同成立、效力、变更、转让、履行、违约责任、解释、解除等产生的纠纷都可以认定为仲裁事项。

（二）有关选择仲裁委员会的瑕疵

仲裁实践中，当事人在仲裁协议中对仲裁委员会的约定极易产生瑕疵。这主要有：

①江伟，肖建国．仲裁法［M］．3 版．北京：中国人民大学出版社，2016：67.

1. 仲裁机构的名称使用不规范。仲裁机构的名称一般采用“设区的市的地名+仲裁委员会”的形式表述，如北京仲裁委员会、长沙仲裁委员会等，但不能在地名后加“市”，如北京市仲裁委员会、长沙市仲裁委员会的说法就是错误的。仲裁协议约定的仲裁机构名称不准确，但能够确定具体的仲裁机构的，应当认定选定了仲裁机构。

2. 对仲裁机构未作约定或约定不明确。仲裁协议对仲裁委员会没有约定或者约定不明确的，当事人可以补充协议；达不成补充协议的，仲裁协议无效。

3. 仅约定仲裁规则。仲裁协议仅约定纠纷适用的仲裁规则的，视为未约定仲裁机构，但当事人达成补充协议或者按照约定的仲裁规则能够确定仲裁机构的除外。

4. 仅约定了仲裁地点。仲裁协议约定由某地的仲裁机构仲裁且该地仅有一个仲裁机构的，该仲裁机构视为约定的仲裁机构。该地有两个以上仲裁机构的，当事人可以协议选择其中的一个仲裁机构申请仲裁；当事人不能就仲裁机构选择达成一致的，仲裁协议无效。①

《最高人民法院关于确认仲裁协议效力几个问题的批复》第 1 条规定，在《中华人民共和国仲裁法》实施后重新组建仲裁机构前，当事人达成的仲裁协议只约定了仲裁地点，未约定仲裁机构，双方当事人在补充协议中选定了在该地点依法重新组建的仲裁机构的，仲裁协议有效；双方当事人达不成补充协议的，仲裁协议无效。

5. 选择两个或多个仲裁机构。仲裁协议约定两个以上仲裁机构的，当事人可以协议选择其中的一个仲裁机构申请仲裁；当事人不能就仲裁机构选择达成一致的，仲裁协议无效。

（三）既选择仲裁又选择诉讼

《仲裁法解释》第 7 条规定，当事人约定争议可以向仲裁机构申请仲裁也可以向人民法院起诉的，仲裁协议无效。但一方向仲裁机构申请仲裁，另一方未在《仲裁法》第 20 条第 2 款规定期间内提出异议的除外。②

第三节 仲裁协议的效力

一、仲裁协议的法律效力

（一）仲裁协议的生效要件

根据仲裁法、合同法等的规定，仲裁协议作为一种特殊形式的合同，其生效需具

①参见《仲裁法解释》第 6 条。

②《仲裁法》第 20 条第 2 款规定：“当事人对仲裁协议的效力有异议，应当在仲裁庭首次开庭前提出。”有学者认为，《仲裁法解释》第 7 条的规定充满矛盾。即一方向仲裁机构申请仲裁，另一方未在法定期间内提出异议，只能将申请仲裁视为邀约行为，将不提出异议视为默示的承诺行为。也就是说，仲裁机构是基于当事人之间的默示仲裁协议获得了对仲裁事项的管辖权，这严重违反了《仲裁法》第 16 条有关仲裁协议形式的规定。（江伟，肖建国．仲裁法[M]．3 版．北京：中国人民大学出版社，2016：73.）

备一定的条件：

1. 主体要件。订立仲裁协议的当事人必须具备缔约能力。无民事行为能力人或者限制民事行为能力人订立的仲裁协议无效。

2. 形式要件。仲裁协议包括合同中订立的仲裁条款和以其他书面方式在纠纷发生前或者纠纷发生后达成的请求仲裁的协议。显然，同其他多数国家一样，我国只承认以书面形式订立的仲裁协议。

3. 实质要件。这主要涉及的是仲裁协议的内容。仲裁协议应当具有下列内容：请求仲裁的意思表示；仲裁事项；选定的仲裁委员会。

（二）仲裁协议的效力范围

仲裁协议的效力，是指仲裁协议所具有的法律约束力。这表现在三个方面：

1. 仲裁协议对双方当事人的法律效力——约束双方当事人对纠纷解决方式的选择权。仲裁协议有效成立后，对双方当事人产生法律效力，当事人必须遵守所签订的仲裁协议。约定仲裁的事项发生争议后，双方当事人只能依据仲裁协议将争议提交他们选定的仲裁机构解决，不得再向法院起诉或通过其他途径解决。如果一方当事人违背仲裁协议向法院起诉，另一方当事人有权进行抗辩。①

2. 仲裁协议对法院的法律效力——排除司法管辖权。合法有效的仲裁协议对法院具有拘束力，具体表现为排除法院对仲裁事项的司法管辖权。“当事人达成仲裁协议，一方向人民法院起诉的，人民法院不予受理，但仲裁协议无效的除外。”

3. 对仲裁机构的法律效力——授予仲裁管辖权并限定仲裁的范围。仲裁协议对仲裁机构的约束力体现在：(1)授权。仲裁机构对案件的管辖权来自当事人的授权，仲裁协议就是委托授权书。《仲裁法》第4条规定：“当事人采用仲裁方式解决纠纷，应当双方自愿，达成仲裁协议。没有仲裁协议，一方申请仲裁的，仲裁委员会不予受理。”(2)限权。仲裁协议限制了仲裁的范围，仲裁庭只能对仲裁协议约定的事项进行仲裁，无权对仲裁协议约定范围之外的其他事项进行仲裁；仲裁权的行使方式也在一定程度上受仲裁协议的制约。

二、仲裁协议效力的确认

1. 确认仲裁协议效力的机构。《仲裁法》第20条规定：“当事人对仲裁协议的效力有异议的，可以请求仲裁委员会作出决定或者请求人民法院作出裁定。一方请求仲裁委员会作出决定，另一方请求人民法院作出裁定的，由人民法院裁定。”可见，有权对仲裁协议的法律效力进行确认的机构为仲裁委员会和人民法院；但在一定的条件下，法院有优先裁定权，即当双方当事人分别向仲裁委员会和人民法院请求确认仲裁协议的效力时，由人民法院作出裁定。

---

①《仲裁法》第26条规定：“当事人达成仲裁协议，一方向人民法院起诉未声明有仲裁协议，人民法院受理后，另一方在首次开庭前提交仲裁协议的，人民法院应当驳回起诉，但仲裁协议无效的除外；另一方在首次开庭前未对人民法院受理该案提出异议的，视为放弃仲裁协议，人民法院应当继续审理。”

《最高人民法院关于确认仲裁协议效力几个问题的批复》第 3 条规定，当事人对仲裁协议的效力有异议，一方当事人申请仲裁机构确认仲裁协议效力，另一方当事人请求人民法院确认仲裁协议无效，如果仲裁机构先于人民法院接受申请并已作出决定，人民法院不予受理；如果仲裁机构接受申请后尚未作出决定，人民法院应予受理，同时通知仲裁机构终止仲裁。

2. 请求确认仲裁协议效力的时间。当事人对仲裁协议的效力有异议，应当在仲裁庭首次开庭前提出。对此，《仲裁法解释》第 13 条进一步规定，当事人在仲裁庭首次开庭前没有对仲裁协议的效力提出异议，而后向人民法院申请确认仲裁协议无效的，人民法院不予受理。仲裁机构对仲裁协议的效力作出决定后，当事人向人民法院申请确认仲裁协议效力或者申请撤销仲裁机构的决定的，人民法院不予受理。

3. 当事人向人民法院申请确认仲裁协议效力的案件，由仲裁协议约定的仲裁机构所在地的中级人民法院管辖；仲裁协议约定的仲裁机构不明确的，由仲裁协议签订地或者被申请人住所地的中级人民法院管辖。申请确认涉外仲裁协议效力的案件，由仲裁协议约定的仲裁机构所在地、仲裁协议签订地、申请人或者被申请人住所地的中级人民法院管辖。涉及海事海商纠纷仲裁协议效力的案件，由仲裁协议约定的仲裁机构所在地、仲裁协议签订地、申请人或者被申请人住所地的海事法院管辖；上述地点没有海事法院的，由就近的海事法院管辖。①

4. 一方当事人就合同纠纷或者其他财产权益纠纷申请仲裁，另一方当事人对仲裁协议的效力有异议，请求人民法院确认仲裁协议无效并就合同纠纷或者其他财产权益纠纷起诉的，法院受理后应当通知仲裁机构中止仲裁。法院依法作出仲裁协议有效或者无效的裁定后，应当将裁定书副本送达仲裁机构，由仲裁机构根据法院的裁定恢复仲裁或者撤销仲裁案件。法院依法对仲裁协议作出无效的裁定后，另一方当事人拒不应诉的，法院可以缺席判决；原受理仲裁申请的仲裁机构在法院确认仲裁协议无效后仍不撤销其仲裁案件的，不影响法院对案件的审理。②

5. 法院审理仲裁协议效力确认案件，应组成合议庭进行审查，并询问当事人。③

6. 对涉外仲裁协议的效力审查，适用当事人约定的法律；当事人没有约定适用的法律但约定了仲裁地的，适用仲裁地法律；没有约定适用的法律也没有约定仲裁地或者仲裁地约定不明的，适用法院地法律。④

三、仲裁协议的独立性

仲裁协议的独立性，是指仲裁协议，尤其是合同中的仲裁条款虽然依附于主合同，但与主合同的其他条款可以相互分离，其效力不受主合同效力的影响。换言之，仲裁

①参见《仲裁法解释》第 12 条。
②参见《最高人民法院关于确认仲裁协议效力几个问题的批复》第 4 条。
③参见《仲裁法解释》第 15 条。
④参见《仲裁法解释》第 16 条。

协议的效力是独立的，仲裁条款不因主合同的无效而无效，不因主合同被撤销而失效，也不因合同未成立而影响效力，仲裁机构仍然可以依照该仲裁条款取得和行使仲裁管辖权，在该仲裁条款所确定的仲裁事项范围内，解决当事人之间的纠纷。[①]

对仲裁协议的独立性，仲裁法及其相关司法解释有明文规定。《仲裁法》第 19 条规定，仲裁协议独立存在，合同的变更、解除、终止或者无效，不影响仲裁协议的效力。仲裁庭有权确认合同的效力。《仲裁法解释》第 10 条规定，合同成立后未生效或者被撤销的，仲裁协议效力的认定适用《仲裁法》第 19 条第 1 款的规定。当事人在订立合同时就争议达成仲裁协议的，合同未成立不影响仲裁协议的效力。

四、仲裁协议效力的扩张

仲裁协议的效力能否扩张到非仲裁协议签字方的第三人？对此，《仲裁法解释》第 8 条、第 9 条有所规定：

1. 当事人订立仲裁协议后合并、分立的，仲裁协议对其权利义务的继受人有效；当事人订立仲裁协议后死亡的，仲裁协议对承继其仲裁事项中的权利义务的继承人有效。在这两种情形下，当事人订立仲裁协议时另有约定的除外。

2. 债权债务全部或者部分转让的，仲裁协议对受让人有效，但当事人另有约定、在受让债权债务时受让人明确反对或者不知有单独仲裁协议的除外。

第四节　仲裁协议的无效与失效

一、仲裁协议的无效

仲裁协议作为双方当事人的合意行为，如果欠缺合同生效的一般要件或者违反了法律对仲裁协议的强制性规定，该仲裁协议将不发生法律效力。按照相关规定，仲裁协议无效主要有以下情形：(1)以口头方式订立的仲裁协议无效。(2)约定的仲裁事项超出法律规定的仲裁范围的仲裁协议无效。(3)无民事行为能力人或者限制民事行为能力人订立的仲裁协议无效。(4)一方采取胁迫手段，迫使对方订立的仲裁协议无效。(5)仲裁协议对仲裁事项或者仲裁委员会没有约定或者约定不明确时，当事人达不成补充协议的，仲裁协议无效。

二、仲裁协议的失效

仲裁协议的失效，是指仲裁协议的效力因特定事由的发生归于消灭。仲裁协议的失效与仲裁协议的无效不同。仲裁协议的失效是在仲裁协议有效的基础上因特定事由的发生而失去原有的效力，而仲裁协议的无效是该仲裁协议自始就没有法律效力。引

①江伟，肖建国．仲裁法[M]．3 版．北京：中国人民大学出版社，2016：57.

起仲裁协议失效的事由主要有：

1. 仲裁机构已对仲裁协议约定的仲裁事项作出仲裁裁决。此种情况下，仲裁协议的使命已正常完成。《仲裁法》第 9 条规定，仲裁实行一裁终局的制度。裁决作出后，当事人就同一纠纷再申请仲裁或者向人民法院起诉的，仲裁委员会或者人民法院不予受理。裁决被人民法院依法裁定撤销或者不予执行的，当事人就该纠纷可以根据双方重新达成的仲裁协议申请仲裁，也可以向人民法院起诉。可见，仲裁协议的效力在仲裁裁决的范围内归于消灭。

2. 当事人放弃仲裁协议。当事人有权签订仲裁协议，也有权放弃仲裁协议。如果当事人放弃仲裁协议，则此仲裁协议失效。当事人放弃仲裁协议具体表现为：(1)双方当事人通过达成书面协议，明示放弃仲裁协议。(2)双方当事人通过达成书面协议，变更了纠纷解决方式。(3)当事人通过默示行为变更了纠纷解决方式，使仲裁协议失效。《仲裁法》第 26 条规定了默示放弃仲裁协议的行为，即：当事人达成仲裁协议，一方向人民法院起诉未声明有仲裁协议，人民法院受理后，另一方在首次开庭前提交仲裁协议的，人民法院应当驳回起诉，但仲裁协议无效的除外；另一方在首次开庭前未对人民法院受理该案提出异议的，视为放弃仲裁协议，人民法院应当继续审理。

3. 附期限的仲裁协议因期限届满而失效。如果当事人在仲裁协议中约定了仲裁协议的有效期限，则在该期限内发生的争议，可以申请仲裁；在该期限届满后，则仲裁协议失效，当事人不能再依据该仲裁协议申请仲裁。[①]

三、仲裁协议无效、失效的法律后果

仲裁协议的无效或者失效使得仲裁协议不再具有法律约束力。其表现在：对当事人来说，双方当事人可以重新选择纠纷的解决方式，既可以向法院提起诉讼，也可以重新达成仲裁协议申请仲裁。对法院来说，因仲裁协议无效或失效，其司法管辖权不再被排斥，如果当事人起诉，则法院可依法行使管辖权。对于仲裁机构来说，因仲裁协议无效或失效，当事人没有对其授权，其也就无权对当事人之间的纠纷行使管辖权并进行审理、裁决。

▶ 典型真题

大成公司与华泰公司签订投资合同，约定了仲裁条款：如因合同效力和合同履行发生争议，由 A 仲裁委员会仲裁。合作中双方发生争议，大成公司遂向 A 仲裁委员会提出仲裁申请，要求确认投资合同无效。A 仲裁委员会受理。华泰公司提交答辩书称，如合同无效，仲裁条款当然无效，故 A 仲裁委员会无权受理本案。随即，华泰公司向法院申请确认仲裁协议无效，大成公司见状，向 A 仲裁委员会提出请求确认仲裁协议

①江伟，肖建国．仲裁法[M]．3 版．北京：中国人民大学出版社，2016：74.

有效。关于本案，下列哪一说法是正确的?[1]（2015-03-50，单选）

A. A仲裁委员会无权确认投资合同是否有效

B. 投资合同无效，仲裁条款即无效

C. 仲裁条款是否有效，应由法院作出裁定

D. 仲裁条款是否有效，应由A仲裁委员会作出决定

①【参考答案】C。

第二十六章　仲裁程序

考点分布

本章是仲裁法部分的重点。考生应认真掌握。

1. 仲裁当事人与仲裁代理人；（★★）
2. 仲裁的申请与受理；（★★★★）
3. 仲裁中的保全；（★★）
4. 仲裁庭的组成；（★★★★）
5. 仲裁审理；（★★★★）
6. 仲裁中的和解、调解和裁决；（★★★★）
7. 仲裁简易程序；（★）
8. 仲裁时效。（★）

知识讲解

第一节　仲裁当事人与代理人

一、仲裁当事人

仲裁法律关系的主体包括仲裁机构及其工作人员以及仲裁参与人。仲裁参与人是指除仲裁机构及其工作人员以外的其他参与仲裁活动并享有一定仲裁权利和承担一定仲裁义务的主体，包括仲裁参加人和其他仲裁参与人。仲裁参加人包括仲裁当事人与仲裁代理人；其他仲裁参与人包括证人、专家（含鉴定人）和翻译人员。

仲裁当事人，是指民事权益发生争议，为维护合法权益，依据有效的仲裁协议，以自己的名义参加仲裁程序，并受仲裁裁决约束的公民、法人和其他组织。其中，依法向仲裁机构提出仲裁申请的人，是仲裁申请人；而其对方当事人则是被申请人。此外，尽管我国现行仲裁法没有明确规定，但仲裁实践已逐渐承认仲裁第三人、共同仲裁当事人、仲裁代表人等特殊形态的仲裁当事人。仲裁当事人具有以下特征：

1. 仲裁当事人的法律地位平等。双方当事人在仲裁法律关系中的地位平等源自他们在民商事法律关系中的地位平等。基于此，我国《仲裁法》第 2 条明确规定，平等主体的公民、法人和其他组织之间发生的合同纠纷和其他财产权益纠纷，可以仲裁。

2. 仲裁当事人必须是有效仲裁协议的签订者或继受者。仲裁机构对仲裁案件的管辖权来自双方当事人的共同授权，这种授权合意就是所谓的仲裁协议。所以《仲裁法》第 4 条规定，当事人采用仲裁方式解决纠纷，应当双方自愿，达成仲裁协议。没有仲裁协议，一方申请仲裁的，仲裁委员会不予受理。同时，《仲裁法解释》第 8 条、第 9 条也对仲裁协议的继受主体作了明确规定。

3. 当事人之间的纠纷必须具有可仲裁性。这有两层意思：一是双方当事人之间已然发生了民事纠纷；二是当事人之间的民事纠纷依法是可以通过仲裁方式解决的。

4. 仲裁当事人必须以自己的名义实施仲裁行为。

5. 仲裁当事人受仲裁裁决约束。①

二、仲裁代理人

仲裁代理人，是指依据法律的规定或当事人、法定代理人的授权，在仲裁程序中以被代理的仲裁当事人的名义，为维护被代理的仲裁当事人的合法权益，在代理权限范围内代理一方当事人进行仲裁活动的人。其特征有：(1)须以被代理的仲裁当事人的名义实施仲裁行为。(2)代理行为的目的是维护被代理的当事人的合法权益。(3)其在代理权限范围内实施仲裁行为所产生的法律后果归属于被代理的仲裁当事人。(4)在同一案件的仲裁程序中，代理人只能代理一方当事人进行仲裁活动，而不能同时代理双方当事人参加仲裁活动。

仲裁代理人包括法定仲裁代理人和委托仲裁代理人。(1)法定仲裁代理人，是指根据法律规定行使代理权的人。由于法定代理权的基础是监护权，故法定仲裁代理人为仲裁当事人的监护人。(2)委托仲裁代理人，是指基于委托代理关系，在仲裁当事人或其法定代理人的授权范围内行使代理权的人。委托仲裁代理人的范围较广，仲裁当事人及其法定代理人可以自由地聘请任何符合法律规定条件的人为其仲裁代理人，授权其以仲裁当事人的名义参加仲裁程序。

当事人、法定代理人可以委托律师和其他代理人进行仲裁活动。委托律师和其他代理人进行仲裁活动的，应当向仲裁委员会提交授权委托书。有关仲裁代理人的制度，仲裁法的规定仅止于此，对其他代理人的范围以及代理人的人数、权限、职责等则无明文规定。有鉴于此，仲裁程序中的代理可参照民事诉讼中的代理制度实施。即充当律师之外的委托仲裁代理人的，可以是基层法律服务工作者，当事人的近亲属或者工作人员，当事人所在社区、单位以及有关社会团体推荐的公民。委托律师和其他代理

①江伟，肖建国．仲裁法[M]．3 版．北京：中国人民大学出版社，2016：99-103.

人进行仲裁活动的，应当向仲裁委员会提交授权委托书。授权委托书应当载明委托事项和权限。如果当事人提交的书面授权委托书中，授权仲裁代理人进行一般代理的，该代理权限包括申请仲裁、进行答辩、申请回避、调查证据、参加仲裁开庭并进行陈述和辩论，等等。如果由委托代理人代为承认、放弃、变更仲裁请求，进行和解，提出反请求，应当有被代理人的特别授权。代理权限若有变更或者解除，委托人应当书面告知仲裁委员会或者仲裁庭，由仲裁委员会或者仲裁庭通知对方当事人。[①]

第二节 仲裁的申请与受理

一、仲裁申请

（一）申请仲裁的条件

所谓仲裁申请，是指平等主体的公民、法人和其他组织就他们之间所发生的合同纠纷和其他财产权益纠纷，依据他们所签订的仲裁协议，提请所选定的仲裁机构进行仲裁并作出裁决的行为。当事人申请仲裁，须符合一定的条件：

1. 有有效的仲裁协议。仲裁协议是仲裁的基石，是当事人申请仲裁的必要前提。如果仲裁协议无效或被当事人撤销，与没有仲裁协议一样，纠纷当事人不得申请仲裁。因此，《仲裁法》第 4 条规定，没有仲裁协议，一方申请仲裁的，仲裁委员会不予受理。

2. 有具体的仲裁请求和事实、理由。当事人申请仲裁是为了通过仲裁方式维护自己的合法权益。因此，其必须向仲裁庭提出权利请求以及支持这些请求的事实和理由。所谓具体的仲裁请求，是指仲裁申请人请求仲裁机构通过行使仲裁权予以确定和保护的民事权益的具体内容。而事实、理由是指支持申请人仲裁请求的具体事实和依据，用以证明申请人所提出的仲裁请求的合理性。

3. 属于仲裁委员会的受理范围。这有两层意思：一是指当事人提请仲裁的争议事项属于仲裁法允许仲裁解决的纠纷，是具有可仲裁性的争议事项；二是指处理纠纷的仲裁机构是双方当事人在仲裁协议中共同选定的仲裁委员会。

4. 须采用书面方式提出申请。《仲裁法》第 22 条规定，当事人申请仲裁，应当向仲裁委员会递交仲裁协议、仲裁申请书及副本。这明确要求当事人申请仲裁要采用书面形式。仲裁申请书就是这一书面方式的具体表现形式。所谓仲裁申请书，是指仲裁申请人根据仲裁协议将已经发生的争议提交所选定的仲裁机构进行审理和裁决，以保护其合法权益的法律文书。按照《仲裁法》第 23 条的规定，仲裁申请书应当载明下列事项：(1)当事人的姓名、性别、年龄、职业、工作单位和住所，法人或者其他组织的名称、住所和法定代表人或者主要负责人的姓名、职务；(2)仲裁请求和所根据的事实、理由；(3)证据和证据来源、证人姓名和住所。此外，在仲裁申请书的尾部，还应写明

①江伟，肖建国．仲裁法[M]．3 版．北京：中国人民大学出版社，2016：118-120.

致送的仲裁机构，申请仲裁的年、月、日，申请人的签名、盖章。申请人提交仲裁申请书时还应当按照被申请人的人数和组成仲裁庭的仲裁员人数，备具副本。

5. 预交仲裁费用。当事人申请仲裁，应当按照规定向仲裁委员会交纳仲裁费用，包括案件受理费和案件处理费。申请人应当自收到仲裁委员会受理通知书之日起15日内，按照仲裁案件受理费表的规定预交案件受理费；被申请人在提出反请求的同时，应当按照仲裁案件受理费表的规定预交案件受理费。当事人在规定的期限内不预交案件受理费，又不提出缓交申请的，视为撤回仲裁申请。①

（二）仲裁时效

1. 仲裁时效的概念和特征。仲裁时效，是指受仲裁协议约束的权利人在一定期间内如果不向仲裁委员会请求仲裁，就丧失胜诉权的制度。其特征有：(1)仲裁时效以权利人不在法定期间内请求仲裁机构保护其权利的事实状态为前提条件。(2)仲裁时效届满后权利人所丧失的并非是向仲裁机构申请仲裁的权利，而是丧失胜诉权。(3)仲裁时效具有强制性，当事人不得以协议加以变更或排除。(4)仲裁时效具有特殊性，即其仅适用于仲裁案件。

2. 仲裁时效的种类。《仲裁法》第74条规定："法律对仲裁时效有规定的，适用该规定。法律对仲裁时效没有规定的，适用诉讼时效的规定。"根据这一规定，仲裁时效分为普通仲裁时效和特殊仲裁时效。(1)普通仲裁时效期间，从知道或者应当知道权利被侵害时起计算，但是，从权利被侵害之日起超过20年的，则不予保护。(2)特殊仲裁时效，是指普通仲裁时效以外的特定仲裁时效。例如，《合同法》第129条规定，因国际货物买卖合同和技术进出口合同争议申请仲裁的期限为4年，自当事人知道或者应当知道其权利受到侵害之日起计算。

3. 仲裁时效期间的计算。仲裁时效期间的起算，自知道或应当知道权利被侵害时开始计算。在仲裁时效期间的最后6个月内，当事人因不可抗力或者其他障碍不能行使请求权的，仲裁时效中止。从中止时效的原因消除之日起，仲裁时效期间继续计算。在仲裁时效进行中，请求、承认、申请仲裁或者提起诉讼，引起仲裁时效期间中断。从仲裁时效中断时起，仲裁时效期间重新计算。当事人有特殊情况，在仲裁时效期间内没有行使权利，可以请求仲裁委员会延长仲裁时效期间。是否延长，由仲裁委员会决定。

二、仲裁受理

（一）仲裁受理的概念

仲裁受理，是指仲裁委员会收到当事人的申请仲裁后，对当事人的申请是否符合申请仲裁的条件进行审查，从而决定予以接受的行为。仲裁程序的开始是当事人申请仲裁的行为与仲裁委员会受理仲裁的行为相结合的结果。

①参见国务院发布的《仲裁委员会仲裁收费办法》。

（二）对仲裁申请的审查

仲裁委员会对仲裁申请的审查是一种形式审查。审查的内容有两个方面：(1)审查当事人申请仲裁是否符合规定的条件，即是否存在有效的仲裁协议，是否有具体的仲裁请求和事实、理由，是否属于仲裁委员会的受理范围。(2)审查仲裁申请书的内容是否完整、明确，申请手续是否齐备。

（三）审查后的处理

仲裁委员会收到仲裁申请书之日起 5 日内，认为符合受理条件的，应当受理，并通知当事人；认为不符合受理条件的，应当书面通知当事人不予受理，并说明理由。

（四）仲裁受理的法律后果

1. 对当事人的法律后果。仲裁委员会受理当事人的仲裁申请后，就意味着仲裁申请人和被申请人取得了仲裁当事人的资格。由此，各当事人依法享有仲裁法及仲裁规则中规定的权利，也需承担相应的义务。

2. 对仲裁机构的法律后果。仲裁委员会受理了仲裁案件后，就取得了对该案件的仲裁权，就应对仲裁案件负责，保障当事人的仲裁权利，做好相应的工作。

3. 对法院的法律后果。仲裁委员会受理仲裁案件后，表明仲裁委员会已初步确认仲裁协议的效力，当事人再向法院起诉的，法院应不予受理。如果当事人在仲裁庭首次开庭前没有对仲裁协议的效力提出异议，而后向人民法院申请确认仲裁协议无效的，人民法院不予受理。仲裁机构对仲裁协议的效力作出决定后，当事人向人民法院申请确认仲裁协议效力或者申请撤销仲裁机构的决定的，人民法院不予受理。

（五）受理后程序

1. 送达仲裁文书。仲裁委员会受理仲裁申请后，应当在仲裁规则规定的期限内将仲裁规则和仲裁员名册送达申请人，并将仲裁申请书副本和仲裁规则、仲裁员名册送达被申请人。

2. 仲裁答辩。所谓仲裁答辩，是指仲裁案件的被申请人为了维护自己的权益，对申请人在仲裁申请书中提出的仲裁请求和所依据的事实、理由进行答复和辩解的行为。被申请人收到仲裁申请书副本后，应当在仲裁规则规定的期限内向仲裁委员会提交答辩书。仲裁委员会收到答辩书后，应当在仲裁规则规定的期限内将答辩书副本送达申请人。被申请人未提交答辩书的，不影响仲裁程序的进行。

3. 仲裁反请求。申请人可以放弃或者变更仲裁请求。被申请人可以承认或者反驳仲裁请求，有权提出反请求。

所谓仲裁反请求，是指在已经开始的仲裁程序中，被申请人以原仲裁申请人为被申请人，向仲裁机构提出的与原仲裁请求在事实上和法律上有牵连的、目的在于抵消或吞并仲裁申请人原仲裁请求的独立的请求。仲裁反请求的提出须符合一定的条件：(1)反请求与原请求的双方当事人在仲裁程序中特定但地位互换。(2)被申请人提出反请求的仲裁事项属于仲裁协议约定的仲裁事项范围之内。(3)反请求只能由被申请人向受理原仲裁申请的仲裁委员会提出，而不能向其他仲裁机构提出。(4)反请求应当在仲裁机构受理原仲裁申请后、作出仲裁裁决之前提出。① 被申请人提出反请求，也应当采用书面形式并按规定预交仲裁费用。仲裁委员会收到仲裁反请求后，应该进行审查。经审查，对符合条件的反请求，应当予以受理。对于反请求，仲裁庭一般应当将其与原仲裁请求合并审理。反请求可以独立存在，即申请人撤回仲裁申请，仲裁庭对反请求应当继续审理并作出裁决。

第三节　仲裁程序中的保全

一、仲裁财产保全

（一）仲裁中财产保全

仲裁中财产保全，是指仲裁机构在受理仲裁案件后、仲裁庭作出裁决前，为保证将来仲裁裁决得以执行，由法院根据申请对当事人的财产或争执标的物所采取的限制当事人处分的一种临时性措施。

《仲裁法》第 28 条规定："一方当事人因另一方当事人的行为或者其他原因，可能使裁决不能执行或者难以执行的，可以申请财产保全。当事人申请财产保全的，仲裁委员会应当将当事人的申请依照民事诉讼法的有关规定提交人民法院。申请有错误的，申请人应当赔偿被申请人因财产保全所遭受的损失。"根据该条及其他规定，仲裁中财产保全的适用条件和程序如下：(1)当事人的仲裁请求具有财产给付内容。(2)存在仲裁裁决在将来不能执行或者难以执行的可能性。这种可能性是由一方当事人的行为或者其他原因造成的。(3)申请财产保全的时间为仲裁案件受理之后、仲裁庭作出裁决之前。(4)财产保全申请必须采用书面形式。(5)由仲裁委员会将仲裁当事人的书面申请提交给有管辖权的人民法院。国内仲裁中的财产保全由被申请人住所地或者财产所在地的基层人民法院管辖；涉外仲裁中，当事人申请采取保全的，我国的涉外仲裁机构应当将当事人的申请，提交被申请人住所地或者财产所在地的中级人民法院裁定。② 有关人民法院对仲裁机构提交的财产保全申请应当认真进行审查，符合法律规定的，即应依法作出财产保全的裁定；如认为不符合法律规定的，应依法裁定驳回申请。(6)仲裁当事人对法院作出的财产保全裁定不服的，可以向法院申请复议一次，复议期间不停止该裁定的执行。(7)法院可以要求当事人提供担保，当事人不提供担保的，裁定驳回其财产保全的申请。

---

①江伟，肖建国．仲裁法[M]．3 版．北京：中国人民大学出版社，2016：157-158.

②参见最高人民法院在 1997 年 3 月 26 日发布的《关于实施〈中华人民共和国仲裁法〉几个问题的通知》第 2 条以及《民事诉讼法》第 272 条。

（二）仲裁前财产保全

仲裁前财产保全，是指在紧急情况下，法院如不立即采取财产保全措施，将会使利害关系人的合法权益受到难以弥补的损害，法院根据利害关系人的申请在仲裁立案前对有关财产采取保护性措施的制度。其适用条件和程序有：(1)需通过仲裁解决的争议事项具有财产给付内容。(2)情况紧急，不立即采取财产保全措施，可能使申请人的合法权益受到难以弥补的损害。(3)由利害关系人直接向有管辖权的人民法院提出申请。《民事诉讼法》第101条规定，利害关系人因情况紧急，不立即申请保全将会使其合法权益受到难以弥补的损害的，可以在申请仲裁前向被保全财产所在地、被申请人住所地或者对案件有管辖权的人民法院申请采取保全措施。(4)申请人应当提供担保，不提供担保的，裁定驳回申请。(5)人民法院接受申请后，必须在48小时内作出裁定；裁定采取保全措施的，应当立即开始执行。申请人在人民法院采取保全措施后30日内不依法申请仲裁的，人民法院应当解除保全。

（三）申请人的责任

申请有错误的，申请人应当赔偿被申请人因财产保全所遭受的损失。

二、仲裁行为保全

与财产保全一样，仲裁行为保全也可分为仲裁前行为保全和仲裁中行为保全。仲裁前行为保全，是指在仲裁程序开始之前，因情况紧急，人民法院基于利害关系人的申请，责令被申请人作出一定行为或禁止其作出一定行为的制度。仲裁中行为保全，是指仲裁机构在受理当事人仲裁申清后，仲裁庭对案件作出仲裁裁决前，为保证将来仲裁裁决得以实现，依据法定程序，由法院责令被申请人作出一定行为或禁止其作出一定行为的制度。①

行为保全针对被申请人的行为，即责令被申请人作出一定行为或者禁止其作出一定行为。行为保全的意义，一是确保仲裁裁决在将来得以执行；二是防止给当事人造成损害。由于我国仲裁法对仲裁行为保全没有规定，而《民事诉讼法》第100条、第101条又将行为保全与财产保全捆绑规定在一起，没有分开立法，因而有关仲裁行为保全的条件和程序与仲裁财产保全类似，此处不再复述。

三、仲裁证据保全

（一）仲裁前证据保全

仲裁前证据保全，是指在仲裁程序开始之前，因情况紧急，有管辖权的法院基于利害关系人的申请，对可能灭失或者以后难以取得的证据所采取的强制性保护措施。

《民事诉讼法》第81条第2款、第3款对仲裁前证据保全的条件和程序作了规定，

①见司法部教材有关内容。

即：因情况紧急，在证据可能灭失或者以后难以取得的情况下，利害关系人可以在申请仲裁前向证据所在地、被申请人住所地的人民法院申请保全证据。证据保全的其他程序，参照适用民事诉讼法第九章保全的有关规定。

（二）仲裁中证据保全

仲裁中证据保全，是指法院根据当事人申请，在仲裁申请提出之后、仲裁庭调查证据之前，对有可能灭失或以后难以取得的证据所采取的一种临时性保护措施。

仲裁中证据保全应符合以下条件：(1) 证据可能灭失或者以后难以取得。(2) 所保全的证据是决定仲裁案件事实的主要证据，如果不及时保全将影响仲裁案件的处理。(3) 申请保全证据的时间是在仲裁申请提出之后、仲裁庭调查证据之前。

仲裁中证据保全应遵守以下程序：(1) 当事人向仲裁委员会提出书面申请。(2) 仲裁委员会将当事人的书面申请转交给有管辖权的法院。在国内仲裁中，当事人申请证据保全的，仲裁委员会应当将当事人的申请提交证据所在地的基层人民法院。涉外仲裁的当事人申请证据保全的，涉外仲裁委员会应当将当事人的申请提交证据所在地的中级人民法院。(3) 法院审查并作出是否同意采取证据保全措施的裁定。(4) 执行裁定，即作出采取保全措施裁定的，应及时开始执行。(5) 保全证据的其他程序，参照适用民事诉讼法关于保全的相关规定。

第四节　仲裁庭的组成

一、仲裁庭组成概述

仲裁委员会受理仲裁案件后，要组成仲裁庭来仲裁案件。所谓仲裁庭，是指依照法律和仲裁规则的规定，由当事人选定或仲裁委员会主任指定的仲裁员组成的对当事人提交仲裁的案件进行审理并作出裁决的临时性组织。

对仲裁庭，要注意以下几点：(1) 仲裁委员会受理仲裁案件后并不直接仲裁案件，而是要依法定程序组成仲裁庭，由仲裁庭具体行使仲裁权。(2) 仲裁庭是临时性组织，一旦某个具体的案件审理完毕，该案的仲裁庭即自行解散。(3) 仲裁庭在审理和裁决案件的过程中具有独立性，不受仲裁委员会的干预，但应依法接受仲裁委员会的指导和监督。

二、仲裁庭的组成形式

仲裁庭可以由 3 名仲裁员或者 1 名仲裁员组成。由三名仲裁员组成的，设首席仲裁员。可见，仲裁庭的组成形式有两种：

1. 合议仲裁庭。这是指由 3 名仲裁员组成的仲裁庭，是以集体合议的方式对争议事项进行审理并作出裁决。合议仲裁庭设首席仲裁员，首席仲裁员是合议仲裁庭的主持者，与其他仲裁员有同等的权利，但在裁决不能形成多数意见时，仲裁裁决应当按照首席仲裁员的意见作出。

2. 独任仲裁庭。这是由 1 名仲裁员组成仲裁庭对争议事项进行审理并作出裁决。

三、仲裁庭的组成程序

1. 确定仲裁庭的形式。仲裁庭的组成形式由双方当事人约定。当事人既可以约定由 3 名仲裁员组成合议仲裁庭，也可以约定由 1 名仲裁员组成独任仲裁庭。当事人没有在仲裁规则规定的期限内约定仲裁庭的组成方式的，由仲裁委员会主任指定。

2. 确定仲裁员。《仲裁法》第 31 条规定："当事人约定由三名仲裁员组成仲裁庭的，应当各自选定或者各自委托仲裁委员会主任指定一名仲裁员，第三名仲裁员由当事人共同选定或者共同委托仲裁委员会主任指定。第三名仲裁员是首席仲裁员。当事人约定由一名仲裁员成立仲裁庭的，应当由当事人共同选定或者共同委托仲裁委员会主任指定仲裁员"；第 32 条规定："当事人没有在仲裁规则规定的期限内约定仲裁庭的组成方式或者选定仲裁员的，由仲裁委员会主任指定"。可见，仲裁员的确定方式有两种：(1)当事人自行选定。这包括两种情况：①双方当事人共同选定。合议庭首席仲裁员和独任庭仲裁员，一般由当事人共同选定。②双方当事人各自选定。首席仲裁员之外的另 2 名仲裁员，由仲裁申请人和被申请人各自选定 1 名仲裁员。(2)仲裁委员会主任指定。这也包括两种情况：①依据当事人委托指定。当事人委托仲裁委员会主任指定仲裁员，可能是当事人共同委托，也可能是当事人各自委托。②依据职权指定。当事人没有在仲裁规则规定的期限内选定仲裁员的，由仲裁委员会主任指定。

3. 告知当事人仲裁庭的组成。仲裁庭组成后，仲裁委员会应当将仲裁庭的组成情况书面通知当事人。

四、仲裁员的回避与更换

（一）仲裁员的回避

仲裁员的回避，指承办案件的仲裁员遇有法定情形时退出仲裁案件审理的制度。

1. 仲裁员回避的情形。仲裁员有下列情形之一的，应当回避：(1)是本案当事人或者当事人、代理人的近亲属；(2)与本案有利害关系；(3)与本案当事人、代理人有其他关系，可能影响公正仲裁的；(4)私自会见当事人、代理人，或者接受当事人、代理人的请客送礼的。

2. 仲裁员回避的方式。仲裁员回避的方式有两种：(1)自行回避。(2)申请回避。当事人提出回避申请，应当说明理由，在首次开庭前提出。回避事由在首次开庭后知道的，可以在最后一次开庭终结前提出。

3. 仲裁员回避的决定。仲裁员是否回避，由仲裁委员会主任决定；仲裁委员会主任担任仲裁员时，由仲裁委员会集体决定。

4. 仲裁员回避的法律后果。仲裁员因回避或者其他原因不能履行职责的，应当依照仲裁法规定重新选定或者指定仲裁员。因回避而重新选定或者指定仲裁员后，当事人可以请求已进行的仲裁程序重新进行，是否准许，由仲裁庭决定；仲裁庭也可以自行决定已进行的仲裁程序是否重新进行。

5. 仲裁员违法行为的法律责任。仲裁员私自会见当事人、代理人，或者接受当事人、代理人的请客送礼，情节严重的，或者在仲裁该案时有索贿受贿、徇私舞弊、枉法裁决行为的，应当依法承担法律责任，仲裁委员会应当将其除名。

（二）仲裁员因其他原因的更换

仲裁员因其他原因的更换是指仲裁员因回避以外的其他原因而不能履行职责时需要更换的情形。例如仲裁员死亡、生病、丧失行为能力、被除名以及拒绝履行职责等，均会导致仲裁员的更换。按照《仲裁法》第37条第1款的规定，仲裁员因回避或者其他原因不能履行职责的，应按照仲裁法的规定重新选定或指定仲裁员。

第五节　仲裁审理程序

仲裁审理，是指在经过必要的准备之后，仲裁庭按照仲裁规则和仲裁法规定的程序对当事人提交仲裁的争议事项，集中地进行全面审理并作出裁决的活动。其主要任务是审核证据，查明案件事实，分清是非责任，正确适用法律，确认当事人之间的权利义务关系，解决当事人之间的民商事纠纷。因此，仲裁审理是仲裁程序的中心环节。

一、仲裁审理的方式

《仲裁法》第39条规定：“仲裁应当开庭进行。当事人协议不开庭的，仲裁庭可以根据仲裁申请书、答辩书以及其他材料作出裁决。”据此，仲裁审理的方式有开庭审理和书面审理两种，以开庭审理为原则，以不开庭审理为例外。

（一）原则方式：开庭审理

所谓开庭审理，是指仲裁庭在双方当事人和其他仲裁参与人的参加下，在开庭审理期日，按照法定程序，对仲裁案件进行全面审理并作出裁决的审理方式。开庭审理是仲裁审理的基本方式。

仲裁法在规定仲裁开庭审理原则的同时，又在第40条规定：“仲裁不公开进行。当事人协议公开的，可以公开进行，但涉及国家秘密的除外。”仲裁不同于诉讼，其仲裁权依赖于当事人的授权，本质上是一种私人裁判行为，因而无需向社会公开；同时为保护当事人的商业秘密，也不宜公开审理。但仲裁建立在当事人自愿的基础上，仲裁庭应充分尊重当事人的意愿，这样，法律允许当事人在不涉及国家秘密的情形下协议公开审理。因此，仲裁庭开庭审理又以不公开审理为原则，以公开审理为例外。

（二）例外方式：不开庭审理

《仲裁法》第39条规定：“当事人协议不开庭的，仲裁庭可以根据仲裁申请书、答辩书以及其他材料作出裁决。”这就是不开庭审理，也称书面审理。所谓书面审理，是指在双方当事人及其他仲裁参与人不到庭参加审理的情况下，仲裁庭根据当事人提供的仲裁申请书、答辩书以及其他书面材料作出裁决的审理方式。书面审理是开庭审理的必要补充。书面审理除适用于双方当事人共同约定书面审理的情形外，还可在简易仲裁程序中适用，即简易仲裁程序中的仲裁庭根据案件的具体情况，认为不需要开庭审理而决定书面审理。

二、开庭通知

《仲裁法》第 41 条规定，仲裁委员会应当在仲裁规则规定的期限内将开庭日期通知双方当事人。当事人有正当理由的，可以在仲裁规则规定的期限内请求延期开庭。是否延期，由仲裁庭决定。该法第 42 条规定，申请人经书面通知，无正当理由不到庭或者未经仲裁庭许可中途退庭的，可以视为撤回仲裁申请。被申请人经书面通知，无正当理由不到庭或者未经仲裁庭许可中途退庭的，可以缺席裁决。从这些规定可以看出，将开庭日期通知当事人是仲裁庭的义务，这有利于保障当事人参加仲裁审理的权利，也让当事人能够做好准备并及时参加仲裁审理。而且书面通知是按撤回仲裁申请处理或缺席裁决的前提。

三、开庭审理程序

（一）宣布开庭

仲裁开庭审理，首先由首席仲裁员或者独任仲裁员宣布开庭；再由首席仲裁员或者独任仲裁员核对当事人的主体资格、仲裁代理人的身份与代理权限，并询问各方对对方出庭人员有无异议；然后宣布案由，告知仲裁庭组成人员和记录人员名单，告知当事人有关的仲裁权利义务，询问当事人是否提出回避申请，询问当事人对仲裁庭的组成、管辖权及已经进行的仲裁程序等有无异议。

（二）庭审调查

庭审调查，是指仲裁庭依照一定程序，在庭审中听取当事人陈述，向当事人和其他仲裁参与人核实案件事实，出示、说明、辨认、质证各种证据材料的活动。庭审调查是开庭审理的中心环节，其主要任务有二：一是核实证据材料，二是查清案件事实。其中，质证是庭审调查的核心。因此，仲裁法和仲裁规则都对质证有所规定。《仲裁法》第 45 条规定，证据应当在开庭时出示，当事人可以质证。仲裁法对庭审调查的顺序没有规定，参照民事诉讼的顺序，仲裁的庭审调查大致可以遵循以下顺序进行：

1. 当事人陈述。当事人陈述的内容是各自的请求或主张以及相应的事实和证据材料。通过当事人陈述，仲裁庭得以了解案件事实的来龙去脉，进而有利于仲裁庭判断是非过错和法律责任的归属。当事人陈述的顺序是：先由仲裁申请人陈述，再由被申请人陈述。

2. 证人作证或宣读未到庭的证人的证言。证人出庭作证时，仲裁庭应当先查明证人的身份，再告知其权利义务以及作伪证的法律后果，然后由证人陈述其了解的案件情况。证人陈述后，经仲裁庭许可，当事人可以向证人发问，证人应当回答。对证人不能出庭作证的，应当宣读未到庭的证人证言，也可通过视听传输技术或视听资料的方式作证。

3. 出示书证、物证、视听资料和电子数据。《仲裁法》第 43 条规定："当事人应当对自己的主张提供证据。仲裁庭认为有必要收集的证据，可以自行收集。"无论是当事人还是仲裁庭收集的书证、物证、视听资料或电子数据，都应当在仲裁庭上出示、宣读或播放，并由当事人互相质证。但对于涉及国家秘密、商业秘密和个人隐私的证据应当保密，不能当庭出示。

4. 宣读鉴定意见、勘验笔录。对仲裁案件中的专门性问题，有鉴定意见的，应当由鉴定人当庭宣读。仲裁庭对案涉现场或物证进行勘验所制作的勘验笔录，也应当庭宣读，并出示或展播勘验时所拍摄的照片、绘图或录像资料。经仲裁庭许可，当事人或代理人可以对鉴定人、勘验人发问；也可以要求重新鉴定或勘验，是否准许，由仲裁庭决定。此外，对鉴定意见，当事人还可以向仲裁庭申请 1~2 名专家辅助人协助质证。

经过上述环节，仲裁庭认为经过充分质证后证据材料已得到核实，案件事实已基本查清，即可终结庭审调查，进入庭审辩论阶段。

（三）庭审辩论

《仲裁法》第 47 条规定："当事人在仲裁过程中有权进行辩论。辩论终结时，首席仲裁员或者独任仲裁员应当征询当事人的最后意见。"可见，庭审辩论是开庭审理程序的重要环节。

庭审辩论，是指在仲裁庭的主持下，当事人及其代理人依据在庭审调查中核实的证据和查清的事实，就如何认定事实、适用法律以解决当事人之间的纠纷，提出自己的主张和意见，反驳对方的主张和观点，相互进行言词辩论的活动。庭审辩论是辩论原则的重要体现，也是当事人行使辩论权的重要形式。其主要任务是，通过双方当事人及其代理人的言辞辩论，进一步明确双方当事人的仲裁主张和理由，以达到查明事实、分清是非责任的目的，为仲裁庭正确适用法律并作出公正裁决奠定基础。①

庭审辩论要在仲裁庭的主持下进行，其顺序通常是：(1)由申请人及其仲裁代理人发言；(2)由被申请人及其仲裁代理人发言；(3)双方相互辩论。

庭审辩论终结前，首席仲裁员或者独任仲裁员可以按照申请人、被申请人的顺序征询当事人的最后意见。庭审辩论终结后，能够调解的，仲裁庭可以先行调解，调解达成协议的，终结仲裁程序；调解不成的，应及时裁决。

①江伟，肖建国．仲裁法[M]．3 版．北京：中国人民大学出版社，2016：164-167.

四、仲裁审理中的几个特殊问题

（一）撤回仲裁申请

撤回仲裁申请，是指仲裁申请人提起仲裁申请后，在仲裁庭作出仲裁裁决之前撤回自己所提起的仲裁请求，不再要求仲裁庭对案件进行审理和裁决的行为。

撤回仲裁申请是当事人对自己仲裁权利的处分，既可能发生在仲裁庭开庭之前，也可能发生在开庭审理过程之中。对撤回仲裁申请可以从不同的角度进行分类：(1)依据撤回仲裁申请是当事人主动为之还是被动受之，可以将其分为当事人申请撤回仲裁申请和仲裁庭按撤回仲裁申请处理。(2)依据撤回仲裁申请的主体不同，可以将其分为申请人撤回仲裁申请和被申请人撤回仲裁反请求。(3)依据撤回仲裁请求的范围不同，可以将其分为撤回全部仲裁申请和撤回部分仲裁申请。《仲裁法》第 42 条规定，申请人经书面通知，无正当理由不到庭或者未经仲裁庭许可中途退庭的，可以视为撤回仲裁申请。该法第 49 条规定，当事人在仲裁程序中达成和解协议的，可以请求仲裁庭根据和解协议作出裁决书，也可以撤回仲裁申请。这两个条文是撤回仲裁申请的法律依据。

1. 主动撤回仲裁申请。这需具备以下条件：(1)撤回仲裁申请必须由当事人及其法定代理人或经过特别授权的委托代理人提出。(2)撤回仲裁申请的时间必须是在仲裁过程中，即仲裁庭受理仲裁案件之后、作出仲裁裁决之前。(3)撤回仲裁申请必须采用书面方式提出。

2. 按撤回仲裁申请处理。这是指在当事人未主动提出撤回仲裁申请的情况下，由于法定事由的发生，仲裁庭根据仲裁法的规定，视为当事人撤回了仲裁申请。按撤回仲裁申请处理是基于以下两种情形产生的：(1)申请人经仲裁庭书面通知，无正当理由拒不到庭。(2)申请人未经仲裁庭许可中途退庭。

（二）延期开庭

延期开庭，是指在仲裁程序中，由于出现法定事由，或根据当事人的申请，经仲裁庭同意，将已确定的开庭期日顺延至另一期日进行开庭审理的制度。

根据仲裁法和仲裁规则的规定以及仲裁实践，延期开庭有以下几种情形：(1)当事人有正当理由不能到庭。《仲裁法》第 41 条规定，仲裁委员会应当在仲裁规则规定的期限内将开庭日期通知双方当事人。当事人有正当理由的，可以在仲裁规则规定的期限内请求延期开庭。是否延期，由仲裁庭决定。(2)当事人临时提出回避申请。(3)仲裁员不能履行职责。(4)需要通知新的证人参加庭审，调取新证据，重新鉴定或勘验，或者需要补充调查。(5)其他应当延期开庭的情形。

（三）缺席裁决

缺席裁决，相对于对席裁决而言，是指仲裁庭在被申请人无正当理由拒不到庭或未经仲裁庭许可中途退庭的情况下，对仲裁案件审理后所作出的裁决。缺席裁决是最终裁决的一种特殊情况。

《仲裁法》第 42 条第 2 款规定：“被申请人经书面通知，无正当理由不到庭或者未经仲裁庭许可中途退庭的，可以缺席裁决。”此外，仲裁实践中，在仲裁被申请人提出仲裁反请求的情况下，如果仲裁申请人经书面通知无正当理由拒不到庭或者未经仲裁庭许可中途退庭时，仲裁庭也可以基于仲裁反请求对仲裁申请人作出缺席裁决。

五、开庭笔录

开庭笔录，是仲裁庭的记录人员对整个开庭审理情况所作的客观记载，是仲裁程序中重要的法律文书。

《仲裁法》第 48 条的规定，仲裁庭应当将开庭情况记入笔录。当事人和其他仲裁参与人认为对自己陈述的记录有遗漏或者差错的，有权申请补正。如果不予补正，应当记录该申请。笔录由仲裁员、记录人员、当事人和其他仲裁参与人签名或者盖章。

第六节　仲裁中的和解、调解和裁决

一、仲裁和解

仲裁和解，是指仲裁当事人在仲裁程序中自行协商并达成和解协议的纠纷解决方式。仲裁和解是仲裁当事人行使处分权的表现。

根据《仲裁法》第 49 条、第 50 条的规定，当事人申请仲裁后，可以自行和解。达成和解协议的，可以请求仲裁庭根据和解协议作出裁决书，也可以撤回仲裁申请。当事人达成和解协议，撤回仲裁申请后又反悔的，可以根据原仲裁协议申请仲裁。

二、仲裁调解

仲裁调解，是指仲裁庭通过说服、劝导，促成仲裁当事人在自愿协商、互谅互让基础上达成调解协议，从而解决纠纷的一种制度。仲裁调解是中国仲裁中的特有做法，是融合仲裁程序与调解程序的复合型纠纷解决方式，体现了仲裁与调解相结合的原则，因而具有契约性和准司法性双重属性。

根据《仲裁法》第 51 条、第 52 条的规定，仲裁庭在作出裁决前，可以先行调解。当事人自愿调解的，仲裁庭应当调解。调解不成的，应当及时作出裁决。调解达成协议的，仲裁庭应当制作调解书或者根据协议的结果制作裁决书。据此，仲裁调解可以分为先行调解和自愿调解两种。

仲裁调解达成协议的，其结案方式有两种：(1)制作仲裁调解书发给当事人。调解书应当写明仲裁请求和当事人协议的结果。调解书由仲裁员签名，加盖仲裁委员会印章，送达双方当事人。调解书经双方当事人签收后，即发生法律效力。生效的调解书与生效的裁决书具有同等法律效力。在调解书签收前当事人反悔的，仲裁庭应当及时作出裁决。(2)根据协议的结果制作裁决书发给当事人。理论上，有人将这种裁决称为和解裁决，并认为它建立在双方当事人合意的基础之上，与建立在双方当事人充分攻击防御基础上的普通裁决有所不同，故应区别对待。①

三、仲裁裁决

仲裁裁决，是指仲裁庭对仲裁案件经过审理后，在查清事实的基础上适用法律对当事人之间的争议事项所作出的书面决定。它是一种终局的权威性判定，其一旦作出，就标志着当事人之间纠纷的最终解决。

（一）仲裁裁决作出的方式

仲裁裁决的作出者是仲裁庭。因此，仲裁庭的组成形式不同，仲裁裁决的作出方式也不同。具体为：

1. 仲裁案件由独任仲裁庭进行审理，其仲裁裁决就由该独任仲裁员作出。

2. 仲裁案件由合议仲裁庭进行审理，其仲裁裁决就由合议庭的 3 名仲裁员集体作出。如果 3 名仲裁员不能形成一致意见，则按照《仲裁法》第 53 条的规定作出仲裁裁决，即：(1)按多数仲裁员的意见作出。裁决应当按照多数仲裁员的意见作出，少数仲裁员的不同意见可以记入笔录。(2)按首席仲裁员的意见作出。仲裁庭不能形成多数意见时，裁决应当按照首席仲裁员的意见作出。

（二）仲裁裁决的种类

1. 先行裁决。这是指在仲裁过程中，仲裁庭已查清了部分事实，而其他事实的查明需待时日，因此就该已经查清的部分事实先予裁决。《仲裁法》第 55 条规定，仲裁庭仲裁纠纷时，其中一部分事实已经清楚，可以就该部分先行裁决。

2. 最终裁决。它相对于先行裁决而言，是仲裁庭在查明全部案件事实的基础上，就当事人申请仲裁的全部争议事项或者先行裁决后的其他事项所作出的终局性决定。

3. 缺席裁决。这是指仲裁庭在当事人经书面通知且无正当理由拒不到庭或未经许可中途退庭情况下作出的裁决。《仲裁法》第 42 条第 2 款规定，被申请人经书面通知，无正当理由不到庭或者未经仲裁庭许可中途退庭的，可以缺席裁决。

4. 合意裁决。这是指仲裁庭根据双方当事人达成的和解协议或调解协议的内容所作出的仲裁裁决。

（三）仲裁裁决书及其补正

1. 仲裁裁决的形式和内容。仲裁裁决书是仲裁庭对仲裁案件作出裁决所制作的法律文书。《仲裁法》第 54 条规定："裁决书应当写明仲裁请求、争议事实、裁决理由、裁决结果、仲裁费用的负担和裁决日期。当事人协议不愿写明争议事实和裁决理由的，

---

①江伟，肖建国．仲裁法[M]．3 版．北京：中国人民大学出版社，2016：235.

可以不写。裁决书由仲裁员签名，加盖仲裁委员会印章。对裁决持不同意见的仲裁员，可以签名，也可以不签名。”这一条文既规定了仲裁裁决的形式，也规定了仲裁裁决的内容。就仲裁裁决的形式而言，须符合两个要求：一是裁决必须是书面的；二是裁决必须由承办该案的仲裁员签名并加盖仲裁委员会的印章。两者缺一，仲裁裁决无效。仲裁裁决的内容是对仲裁案件的程序、实体争议解决的叙述，具体应写明仲裁请求、争议事实、裁决理由、裁决结果、仲裁费用的负担和裁决日期。

2. 仲裁裁决书的补正。《仲裁法》第 56 条规定：“对裁决书中的文字、计算错误或者仲裁庭已经裁决但在裁决书中遗漏的事项，仲裁庭应当补正；当事人自收到裁决书之日起 30 日内，可以请求仲裁庭补正。”据此，仲裁裁决书的补正有两种启动方式：一是依职权启动；二是仲裁庭依申请启动。仲裁裁决书的补正事项有三：一是仲裁裁决书中的文字错误；二是仲裁裁决书中的计算错误；三是已经裁决但在仲裁裁决书中被遗漏的事项。

（四）仲裁裁决的效力

1. 仲裁裁决的生效时间。裁决书自作出之日起发生法律效力。

2. 仲裁裁决的效力。仲裁裁决的效力，是指仲裁机构作出的裁决生效后所具有的法律约束力。它具体表现在以下几个方面：

(1) 实体关系的确定力。仲裁裁决一旦生效，双方当事人之间的实体权利义务的争议得以解决。由于实体权利义务关系在仲裁裁决中得到确认，因此双方当事人对同一法律关系不得再行争议，即不得就已经裁决的事项再申请仲裁或再提起诉讼。

(2) 程序上的终结力。仲裁实行一裁终局的制度。裁决作出后，当事人就同一纠纷再申请仲裁或者向人民法院起诉的，仲裁委员会或者人民法院不予受理。这也意味着仲裁机构、其他任何机关或个人均不得随意变更生效的仲裁裁决，除非仲裁裁决被法院裁定撤销或裁定不予执行。

(3) 强制执行力。仲裁裁决作出后，当事人应当履行裁决。一方当事人不履行的，另一方当事人可以依照民事诉讼法的有关规定向人民法院申请执行。受申请的人民法院应当执行。

第七节　简易程序

一、仲裁简易程序的概念和特点

（一）仲裁简易程序的概念

仲裁简易程序，是指根据仲裁规则的规定，仲裁机构审理争议金额不超过一定数额的仲裁案件以及当事人约定或同意适用的一种简便易行的仲裁程序。

我国仲裁法中并没有明确规定简易程序，但仲裁所具有的灵活性、快捷性和经济性的特点，仲裁所体现出的充分尊重当事人意愿的原则，以及仲裁法对独任仲裁员仲裁和书面审理的肯定，实质上都包含了简化仲裁程序的精神。因此，各仲裁委员会为适应解决争议金额较小的仲裁案件的客观需要，在总结多年实践经验的基础上，借鉴民事诉讼法有关简易程序的规定并吸收域外有关经验，在制定仲裁规则时多规定了简易程序。

（二）仲裁简易程序的特点

仲裁简易程序与仲裁普通程序相比，其最大特点就是简便化。具体如下：

1. 由独任仲裁庭审理。除非当事人另有约定，适用简易程序的案件，由一名仲裁员成立独任仲裁庭审理案件。

2. 程序进行的期限较短。在简易程序中，答辩和反请求的期限、提前通知开庭的期限以及各方当事人提交材料和补交材料的期限等，比普通程序作了缩短。

3. 审理方式更为灵活。适用简易程序的案件，仲裁庭可以按照其认为适当的方式审理。具体而言，仲裁庭可以在征求当事人意见后决定只依据当事人提交的书面材料和证据进行书面审理，也可以决定开庭审理，还可以把开庭审理和书面审理结合起来运用。

4. 作出裁决较为迅速。适用简易程序的目的就是迅速结案，所以仲裁庭应及时审理、及时裁决。如果双方当事人同时到仲裁机构请求仲裁，选定仲裁员后，可以当日审理；如果另定日期开庭，原则上应当一次开庭审结。

5. 准用普通程序的规定。简易程序与普通程序虽有区别，但也有紧密的联系。简易程序是普通程序的简化，普通程序是简易程序的基础。因此，仲裁机构适用简易程序审理案件时，对简易程序中未规定的事项，应当适用普通程序的规定。适用简易程序所作出的仲裁裁决与适用普通程序所作出的仲裁裁决具有同等的法律效力。

二、仲裁简易程序的适用范围

1. 争议金额不超过数额标准的案件。例如，“北仲”“上仲”“国仲”的仲裁规则确定的数额标准为人民币 100 万元，“贸仲”仲裁规则确定的数额标准为人民币 500 万元。对于争议金额不超过数额标准的案件，仲裁委员会可以直接决定适用简易程序。争议金额不超过数额标准的案件一般属于事实清楚、权利义务关系明确、争议不大的简单案件。

2. 争议金额超过数额标准的案件，但当事人约定或同意适用简易程序。

3. 其他适合的案件。有的仲裁规则规定，对于没有争议金额或争议金额不明确的案件，是否适用简易程序，由仲裁机构根据案件的复杂程度、涉及利益的大小以及其他有关因素综合考虑决定。

三、适用简易程序的审理

对仲裁案件适用简易程序审理，要注意以下几点：

1. 仲裁委员会接到申请人的仲裁申请后，经审查予以受理并决定适用简易程序的，仲裁委员会应立即向双方当事人发出仲裁通知。被申请人应在仲裁规则规定的期限内提交仲裁答辩书及有关证明文件，也可提出仲裁反请求。

2. 双方当事人在仲裁规则规定的期限内，共同选定或者共同委托仲裁委员会主任指定一名独任仲裁员成立仲裁庭审理案件。如果双方当事人未能共同选定或者共同委托指定独任仲裁员的，仲裁委员会主任应即指定一名独任仲裁员。

3. 仲裁庭以其认为适当的方式审理案件。既可以决定进行书面审理，也可以决定开庭审理，还可以将此两种方式综合运用。如果仲裁庭决定开庭审理的，仲裁庭一般只开庭一次；确有必要时，仲裁庭可以决定再次开庭。

4. 仲裁庭应在仲裁规则规定的期限内作出仲裁裁决书。

5. 仲裁简易程序在遇有特定情况时可以变更为普通程序。这包括：(1)在仲裁过程中，经当事人共同申请或一方当事人申请、另一方当事人同意的，可以将简易程序变更为普通程序。(2)仲裁请求的变更或仲裁反请求的提出及变更导致案件争议金额超过数额标准的，不影响简易程序的进行。如有当事人认为影响简易程序进行的，可以向仲裁委员会主任申请变更为普通程序；是否同意，由主任决定。因简易程序变更为普通程序所增加的仲裁费用，应按要求补交；未按要求补交仲裁费用的，简易程序不予变更。另要注意的是，仲裁庭组成后简易程序变更为普通程序的，当事人应当自收到程序变更通知之日起一定期限内，按照仲裁规则的规定各自选定或各自委托仲裁委员会主任指定一名仲裁员。除非当事人另有约定，原独任仲裁员为首席仲裁员。新合议仲裁庭组成前已进行的审理程序是否重新进行以及重新进行的范围，由新组成的合议庭决定；新仲裁庭决定审理程序全部重新进行的，仲裁规则规定的裁决期限自新仲裁庭组成之日起计算。程序变更之日起仲裁程序的进行，不再适用简易程序。①

▶ 典型真题

1. 某仲裁委员会在开庭审理兰屯公司与九龙公司合同纠纷一案时，九龙公司对仲裁庭中的一名仲裁员提出了回避申请，经审查后该仲裁员被要求予以回避，仲裁委员会依法重新确定了仲裁员。关于仲裁程序如何进行，下列哪一选项是正确的？②（2007-03-50，单选）

A. 已进行的仲裁程序应当重新进行

B. 已进行的仲裁程序有效，仲裁程序应当继续进行

C. 当事人请求已进行的仲裁程序重新进行的，仲裁程序应当重新进行

D. 已进行的仲裁程序是否重新进行，仲裁庭有权决定

2. 南沙公司与北极公司因购销合同发生争议，南沙公司向仲裁委员会申请仲裁，

①江伟，肖建国．仲裁法［M］．3版．北京：中国人民大学出版社，2016：167-170.

②【参考答案】D。

在仲裁中双方达成和解协议，南沙公司向仲裁庭申请撤回仲裁申请。之后，北极公司拒不履行和解协议。下列哪一选项是正确的?①（2008-03-39，单选）

A. 南沙公司可以根据原仲裁协议申请仲裁

B. 南沙公司应与北极公司重新达成仲裁协议后，才可以申请仲裁

C. 南沙公司可以直接向法院起诉

D. 仲裁庭可以裁定恢复仲裁程序

①【参考答案】A。

第二十七章　申请撤销仲裁裁决

考点分布

1. 申请撤销仲裁裁决的条件；（★★★）
2. 申请撤销仲裁裁决的理由；（★★★）
3. 法院对撤销仲裁裁决申请的处理；（★★）
4. 撤销仲裁裁决的法律后果。（★★）

知识讲解

第一节　申请撤销仲裁裁决的概念和特征

一、申请撤销仲裁裁决的概念

申请撤销仲裁裁决，是指仲裁裁决生效后，如果符合法定条件和事由，当事人可以请求有管辖权的法院撤销该仲裁裁决的行为。

仲裁实行一裁终局制度。仲裁裁决一经作出即发生法律效力。生效的仲裁裁决与生效的法院判决具有同等的法律效力。当事人不得就同一事项再行申请仲裁，也不得再向法院起诉。这充分体现了仲裁所具有的快捷性优势。但仲裁程序的适用也具有自愿性和选择性，其灵活性较大，相对于诉讼程序而言，其程序的严谨性较为缺失，任意性较大，因而仲裁裁决难免出现偏差和错误。这就需要监督和救济机制予以保障。申请撤销仲裁裁决就是这样一种程序保障机制。

二、申请撤销仲裁裁决的特征

申请撤销仲裁裁决具有以下法律特征：(1)申请撤销仲裁裁决的主体为当事人。撤销仲裁裁决一般应由当事人提出申请，人民法院不得依职权撤销，但人民法院认定仲裁裁决违背社会公共利益的，应当裁定予以撤销。(2)仲裁裁决撤销权归属于法院。即只能由法院作出裁定予以撤销，任何其他机构和个人均无权撤销仲裁裁决。(3)撤销仲裁裁决的范围限于最终裁决。中间裁决不是撤销的对象。所谓中间裁决，也称临时性裁决，是为了保障仲裁程序的顺利进行，由仲裁庭根据有关法律和仲裁规则就程序方面的问题所作的决定，并不属于通常所说的可予以强制执行的关于实体问题的仲裁裁决。(4)撤销仲裁裁决的事由法定。仲裁裁决只有符合法定予以撤销的情形时，法院才能作出撤销仲裁裁决的裁定。法院必须对当事人申请撤销仲裁裁决的事由进行审查核实。

第二节　申请撤销仲裁裁决的条件和理由

一、申请撤销仲裁裁决的条件

1. 提出撤销仲裁裁决申请的主体必须是仲裁当事人。这里的当事人，既可以是仲裁申请人，也可以是被申请人，或者说，既可以是权利人，也可以是义务人。

2. 必须在法定期限内提出撤销仲裁裁决的申请。《仲裁法》第 59 条规定，当事人申请撤销裁决的，应当自收到裁决书之日起 6 个月内提出。当事人在此 6 个月内没有提出申请撤销申请的，则视为其放弃了此项权利，双方当事人都应自觉履行裁决书中规定的义务，否则，权利人可申请法院予以强制执行。

3. 必须向有管辖权的法院提出撤销仲裁裁决的申请。这里的有管辖权的法院是指仲裁委员会所在地的中级人民法院。申请人向对案件不具有管辖权的人民法院提出申请，人民法院应当告知其向有管辖权的人民法院提出申请，申请人仍不变更申请的，裁定不予受理。申请人对不予受理的裁定不服的，可以提起上诉。

4. 必须有证据证明仲裁裁决有法律规定的应予撤销的情形。当事人申请撤销仲裁裁决时，没有证据的，人民法院不予受理。当事人所提供的证据能否证明，则需要人民法院的审查认定。

5. 必须采用书面形式申请。根据《最高人民法院关于审理仲裁司法审查案件若干问题的规定》(以下简称《仲裁司法审查规定》，自 2018 年 1 月 1 日起施行)第 6 条，申请人向人民法院申请撤销我国内地仲裁机构的仲裁裁决的，应当提交申请书及裁决书正本或者经证明无误的副本。申请书应当载明下列事项：(1)申请人或者被申请人为自然人的，应当载明其姓名、性别、出生日期、国籍及住所；为法人或者其他组织的，应当载明其名称、住所以及法定代表人或者代表人的姓名和职务；(2)裁决书的主要内容及生效日期；(3)具体的请求和理由。当事人提交的外文申请书、裁决书及其他文件，应当附有中文译本。申请人所提交的文件不符合该第 6 条的规定，经人民法院释明后提交的文件仍然不符合规定的，裁定不予受理。申请人对不予受理的裁定不服的，可以提起上诉。

二、申请撤销仲裁裁决的事由[①]

1. 没有仲裁协议。仲裁协议是仲裁的前提和基础，是仲裁管辖权的必要条件。没有仲裁协议，仲裁程序就无从启动；如果强行启动，所作的仲裁裁决也将归于无效。“没有仲裁协议”包括三种情形：(1)当事人没有达成仲裁协议。当事人没有达成仲裁协议，是指双方当事人之间根本不存在仲裁协议，这就意味着当事人之间没有仲裁的合意。(2)仲裁协议无效。仲裁协议的有效成立，必须符合法定的条件。条件缺失时，仲裁协议就不能生效。当仲裁协议被法院或者仲裁机构认定无效时，当事人就不能依此仲裁协议申请仲裁。(3)仲裁协议被依法撤销。如果仲裁协议是在违背一方当事人真实意思的情况下订立的，则该方当事人可以请求法院或者仲裁机构予以撤销。仲裁协议被撤销后，当事人之间就不存在仲裁协议的约束。如果仲裁机构依据已被撤销的仲裁协议作出仲裁裁决，此种裁决就没有法律基础。

2. 仲裁的事项不属于仲裁协议的范围或者仲裁委员会无权仲裁。当事人申请仲裁的事项，必须是仲裁协议确定的事项，仲裁机构也只能就仲裁协议范围内的争议事项作出裁决。(1)仲裁的事项不属于仲裁协议的范围。这包括两种情形：①双方当事人就提交仲裁的争议事项没有签订仲裁协议。②双方当事人就提交仲裁的争议事项签订有仲裁协议，但仲裁庭超出了所约定的事项进行仲裁，该超出部分的争议事项为不属于仲裁协议范围的事项，即仲裁庭越权仲裁的事项。(2)提交仲裁的事项是仲裁委员会无权仲裁的。这具体包括如下情形：①提交仲裁的争议事项不具有争议的可仲裁性，仲裁委员会对该项争议无权仲裁。②当事人将争议案件提交给未约定的仲裁委员会仲裁，该仲裁委员会对此争议无权仲裁。③双方当事人就争议事项虽然签订有仲裁协议，但当事人并未就该事项实际地提交仲裁，或者仲裁庭超越当事人仲裁请求范围行使仲裁权的事项，也属于仲裁委员会无权仲裁的事项。

3. 仲裁庭的组成或者仲裁的程序违反法定程序。“违反法定程序”，是指违反仲裁法规定的仲裁程序和当事人选择的仲裁规则可能影响案件正确裁决的情形。具体包括：(1)违反仲裁协议关于仲裁庭人数组成的约定；(2)未给当事人选定或共同选定仲裁员的机会；(3)没有在法律规定或者仲裁规则规定的期限内向被申请人送达仲裁申请书副本、仲裁规则和仲裁员名册；(4)没有给被申请人仲裁规则规定的答辩期间的；(5)未以适当方式通知当事人参加庭审的；(6)当事人有正当理由申请延期开庭而未予准许，当事人未能出庭的；(7)证据未向对方当事人展示的，但证据由其提供者除外；(8)当事人未协议不开庭审理而不开庭审理的；(9)未给予当事人陈述和辩论的机会的；(10)仲裁庭未形成多数意见时未按首席仲裁员的意见裁决的；(11)违反一裁终局的规定的。[②]

4. 仲裁裁决所依据的证据是伪造的。证据是仲裁庭查明案件事实，分清是非，确

---

①参见《仲裁法》第58条。

②参见《仲裁法解释》第20条。

定双方当事人的责任界限并作出仲裁裁决的根据。当事人必须向仲裁庭提供真实可靠的证据。如果当事人提供了伪造的证据，必定会影响仲裁庭对案件事实作出正确判断，从而会影响仲裁裁决的客观性和公正性。因此，以伪造的证据为基础作出的仲裁裁决应予撤销。

5. 对方当事人隐瞒了足以影响公正裁决的证据。仲裁证据依据其分布状况，有本人持有、对方当事人持有和第三人持有三种情形。就当事人持有的证据而言，有的证据对自己有利，有的证据对自己不利。对自己有利的证据，当事人会积极提交仲裁庭；而对那些对自己不利却对对方当事人有利的证据，该方当事人为了自己的利益就可能将其隐瞒而拒不提交给仲裁庭。如此，就会使仲裁庭对案件事实的判断、对是非责任的认定与划分与实际情况不相符合，由此所作出的仲裁裁决必定会给另一方当事人造成不公正的结果。所谓"足以影响公正裁决的证据"，是指直接关系到仲裁裁决的最后结论的证据，这种证据多为基本的、重要的证据，往往对案件要件事实的认定起着关键性作用。

6. 仲裁员在仲裁该案时有索贿受贿、徇私舞弊、枉法裁决的行为。仲裁员在仲裁案件的过程中非法索要或非法接受当事人财物或其他不正当利益；仲裁员为了牟取私利或为了报答一方当事人已经或承诺给予自己的某种利益而弄虚作假；仲裁员在仲裁案件时，玩忽职守，颠倒是非，曲解法律，甚至故意错误适用法律，等等，都是仲裁过程中的严重违法行为。这些行为必然影响案件的公正审理和裁决，损害一方当事人的合法权益。在此基础上作出的仲裁裁决应当予以撤销。

7. 仲裁裁决违背社会公共利益。人民法院认定该裁决违背社会公共利益的，应当裁定撤销。法院对仲裁裁决是否违背社会公共利益的审查，既可以基于当事人的请求进行，也可以依职权主动进行。①

由于撤销仲裁裁决是仲裁监督中非常严厉的手段，直接导致仲裁裁决被撤销而归于无效。因此，必须严格把握撤销仲裁裁决事由的范围，不能随意扩大撤销仲裁裁决的适用范围。对此，最高人民法院在《仲裁法解释》中作出了明确的限制性规定：(1)当事人以不属于《仲裁法》第58条规定的事由申请撤销仲裁裁决的，人民法院不予支持。这一规定不仅约束当事人申请撤销仲裁裁决的理由，也同时对人民法院不得超出法律规定的撤销事由撤销仲裁裁决作出了规范。② (2)当事人在仲裁程序中未对仲裁协议的效力提出异议，在仲裁裁决作出后以仲裁协议无效为由主张撤销仲裁裁决或者提出不予执行抗辩的，人民法院不予支持。③

此外，要注意对涉外仲裁裁决的撤销事由与对国内仲裁裁决的撤销事由有所不同。涉外仲裁裁决的撤销事由有：对中华人民共和国涉外仲裁机构作出的裁决，被申请人提出证据证明仲裁裁决有下列情形之一的，经人民法院组成合议庭审查核实，裁定撤

---

①参见《仲裁法》第58条；江伟，肖建国．仲裁法[M]．3版．北京：中国人民大学出版社，2016：276-284.

②参见根据《仲裁法解释》第17条。

③参见《仲裁法解释》第27条第1款。

销：(1)当事人在合同中没有订有仲裁条款或者事后没有达成书面仲裁协议的；(2)被申请人没有得到指定仲裁员或者进行仲裁程序的通知，或者由于其他不属于被申请人负责的原因未能陈述意见的；(3)仲裁庭的组成或者仲裁的程序与仲裁规则不符的；(4)裁决的事项不属于仲裁协议的范围或者仲裁机构无权仲裁的。①

第三节　法院对撤销仲裁裁决申请的处理及其法律后果

人民法院在受理当事人提出的撤销仲裁裁决的申请后，必须组成合议庭对当事人的申请及仲裁裁决进行审查。经审查，人民法院可以根据不同的情况作出不同的处理。

一、裁定撤销仲裁裁决

（一）撤销仲裁裁决的程序

1. 当事人申请撤销仲裁裁决的案件，法院应当组成合议庭审理，并询问当事人。

2. 经审查必须具有法律规定的撤销仲裁裁决的事由，不能以法定事由之外的理由撤销仲裁裁决。

3. 报核。受理撤销仲裁裁决申请的中级人民法院或专门人民法院拟撤销我国内地仲裁机构的仲裁裁决，应当逐级上报给最高法院(涉外涉港澳台)或高级法院(非涉外涉港澳台)审核同意后方可裁定撤销裁决；对非涉外涉港澳台仲裁司法审查案件，高级人民法院经审查拟同意中级人民法院或者专门人民法院撤销我国内地仲裁机构的仲裁裁决，在下列情形下，应当向最高人民法院报核，待最高人民法院审核后，方可依最高人民法院的审核意见作出裁定：(1)仲裁司法审查案件当事人住所地跨省级行政区域；(2)以违背社会公共利益为由撤销我国内地仲裁机构的仲裁裁决。②

4. 人民法院应当在受理撤销裁决申请之日起 2 个月内作出撤销裁决的裁定。

5. 人民法院受理仲裁司法审查案件后，作出裁定前，申请人请求撤回申请(包括撤回撤销仲裁裁决的申请)的，裁定准许。

（二）撤销仲裁裁决的类型

1. 撤销全部仲裁裁决。仲裁裁决缺乏正当性、合法性，申请人请求法院予以全部撤销的，法院经审查，确认撤销理由成立，且不需要仲裁庭重新仲裁或仲裁庭拒绝重新仲裁的，将仲裁裁决作为一个整体予以撤销，使仲裁程序全部归于无效。

2. 撤销部分仲裁裁决。这是指仅将仲裁裁决的部分内容予以撤销，其他部分仍然有效。《仲裁法解释》第 19 条规定，当事人以仲裁裁决事项超出仲裁协议范围为由申请撤销仲裁裁决，经审查属实的，人民法院应当撤销仲裁裁决中的超裁部分。但超裁部

①参见《仲裁法》第 70 条。该条适用 1991 年《民事诉讼法》第 260 条的规定确定涉外仲裁裁决的撤销事由。

②参见《最高人民法院关于仲裁司法审查案件报核问题的有关规定》(以下简称《报核规定》，自 2018 年 1 月 1 日起施行)第 2 条、第 3 条。

分与其他裁决事项不可分的，人民法院应当撤销仲裁裁决。

（三）撤销仲裁裁决的效力

这体现在：(1)仲裁裁决被人民法院依法撤销后，该裁决即丧失其效力。(2)对法院撤销仲裁裁决的裁定，当事人不能上诉，不得申请再审，检察院也不能抗诉。(3)仲裁裁决被人民法院依法撤销后，当事人可以重新寻求解决纠纷的方法。即：裁决被人民法院依法裁定撤销的，当事人就该纠纷可以根据双方重新达成的仲裁协议申请仲裁，也可以向人民法院起诉。这里值得注意的是，如果要通过仲裁解决纠纷，由于原仲裁协议因已被使用而致失效，故只能达成新的仲裁协议重新申请仲裁。

二、驳回撤销仲裁裁决的申请

人民法院经过审查，没有发现仲裁裁决具有法定可撤销的理由，应在受理撤销仲裁裁决申请之日起 2 个月内作出驳回申请的裁定。对此裁定，当事人无权上诉，检察院也不能提起抗诉。①

三、通知仲裁庭重新仲裁

（一）重新仲裁的概念和意义

重新仲裁，是指法院在受理了仲裁当事人撤销仲裁裁决的申请后，认为仲裁裁决虽具有法律规定的撤销情形，但可以由仲裁庭通过重新进行仲裁加以纠正的，则裁定中止撤销程序，并通知仲裁庭在一定期限内重新进行仲裁的制度。《仲裁法》第 61 条规定："人民法院受理撤销裁决的申请后，认为可以由仲裁庭重新仲裁的，通知仲裁庭在一定期限内重新仲裁，并裁定中止撤销程序。仲裁庭拒绝重新仲裁的，人民法院应当裁定恢复撤销程序。"该条确立了重新仲裁制度。

重新仲裁属于撤销程序中的一个步骤，是针对原仲裁案件的仲裁程序的继续，是仲裁裁决撤销程序中法院在尊重裁决终局性基础上的司法支持和司法监督。不过需要注意的是，重新仲裁并非法院裁定撤销仲裁裁决的前置程序。这一制度设计具有重要的意义：(1)重新仲裁可以减少仲裁裁决被撤销的机会，提高纠纷解决的效率。(2)重新仲裁有利于维护仲裁的终局性。(3)重新仲裁符合纠纷解决机制的效率和公正原则，既维护了公正原则，也体现了对效率的追求，防止了社会资源的浪费。

（二）重新仲裁的事由

当事人申请撤销国内仲裁裁决的案件有下列情形之一的，法院可以通知仲裁庭在一定期限内重新仲裁：(1)仲裁裁决所根据的证据是伪造的；(2)对方当事人隐瞒了足以影响公正裁决的证据的。法院应当在通知中说明要求重新仲裁的具体理由。②

---

①参见《最高人民法院关于对驳回申请撤销仲裁裁决的裁定能否申请再审问题的复函》的解释。

②参见《仲裁法解释》第 21 条。

（三）重新仲裁的程序

1. 法院通知重新仲裁。重新仲裁与否取决于法院是否通知仲裁庭进行重新仲裁，法院通知是重新仲裁程序的前提。

2. 仲裁庭决定是否重新仲裁。法院依职权通知仲裁庭进行重新仲裁，但该通知对仲裁庭只是一种“授权行为”，而非一种“命令行为”，仲裁庭可以决定进行重新仲裁，也可以拒绝进行重新仲裁。

3. 重新仲裁的仲裁庭组成。重新仲裁无须另行组成仲裁庭，因为仲裁庭的组成方式和仲裁员本身就是由当事人直接选定或委托指定的，体现了当事人的自由意志。由原仲裁庭重新仲裁，既尊重了当事人的意愿，也给仲裁庭一个自我纠正错误的机会，从而有利于仲裁庭作出公正裁决。

4. 重新仲裁的期限。法院在通知仲裁庭重新仲裁时，应当指定重新仲裁的期限。这包括两个方面：一是开始重新仲裁的期限；二是重新仲裁的审限。仲裁法对这两种期限都没有规定，而是授权法院指定。①

5. 法院对重新仲裁与否的不同处理。仲裁庭在人民法院指定的期限内开始重新仲裁的，人民法院应当裁定终结撤销程序；未开始重新仲裁的，人民法院应当裁定恢复撤销程序，并决定是否撤销仲裁裁决。

6. 当事人对重新仲裁裁决不服的，可以在重新仲裁裁决书送达之日起6个月内依据《仲裁法》第58条规定向人民法院申请撤销。

▶ 典型真题

某仲裁委员会对甲公司与乙公司之间的买卖合同一案作出裁决后，发现该裁决存在超裁情形，甲公司与乙公司均对裁决持有异议。关于此仲裁裁决，下列哪一选项是正确的？②（2008-03-41，单选）

A. 该仲裁委员会可以直接变更已生效的裁决，重新作出新的裁决

B. 甲公司或乙公司可以请求该仲裁委员会重新作出仲裁裁决

C. 该仲裁委员会申请法院撤销此仲裁裁决

D. 甲公司或乙公司可以请求法院撤销此仲裁裁决

①江伟，肖建国．仲裁法［M］．3版．北京：中国人民大学出版社，2016：290-296.

②【参考答案】D。

第二十八章　仲裁裁决的执行与不予执行

考点分布

1. 仲裁裁决的执行；（★★）
2. 仲裁裁决的不予执行；（★★★）
3. 仲裁裁决的中止执行、终结执行和恢复执行。（★★）

知识讲解

第一节　仲裁裁决的执行

仲裁裁决书自作出之日起发生法律效力；仲裁调解书与仲裁裁决书具有同等的法律效力。如果义务人不自觉履行义务，权利人即可请求法院强制执行仲裁裁决书和仲裁调解书。

一、仲裁裁决执行的概念

仲裁裁决的执行，是指有管辖权的法院依据债权人申请，采取强制措施将仲裁机构依据仲裁法作出的仲裁裁决书(含仲裁调解书，下同)的内容付诸实现的行为和程序。它包含以下几层意思：(1)由有管辖权的法院负责执行；(2)以生效的仲裁裁决书或仲裁调解书为执行依据；(3)须经债权人申请；(4)是法院执行机构使用公权力的强制行为；(5)实现仲裁裁决书或仲裁调解书中已确定的私权。

法院对仲裁裁决的执行是其对仲裁制度最为有力的支持，它构成仲裁制度的重要组成部分，具有重要的意义：一是使当事人的权利得以实现有了有效保证；二是它是仲裁制度得以存在和发展的最终保证。

二、执行仲裁裁决的条件

《仲裁法》第 62 条规定:“当事人应当履行裁决。一方当事人不履行的，另一方当事人可以依照民事诉讼法的有关规定向人民法院申请执行。受申请的人民法院应当执行。”可见，对仲裁裁决的执行程序，只能依当事人申请启动，法院不能主动启动仲裁裁决的执行程序。当事人申请执行仲裁裁决，须符合以下条件:

1. 以有给付内容的仲裁裁决书为执行根据。作为执行依据的仲裁裁决书必须符合两个条件:(1)已经生效;(2)具有给付内容。

2. 执行当事人适格。这是指只有仲裁裁决确定的债权人、债务人与该债权人、债务人的继受人才能成为执行当事人，也才能在仲裁裁决的执行程序中享有权利和承担义务，其他任何人不得成为执行当事人参加执行程序。

3. 债务人逾期不履行或拒绝履行仲裁裁决书确定的义务。这是债权人申请执行仲裁裁决的前提条件。

4. 须在法定的时效期限内提出申请。《民事诉讼法》第 239 条规定:“申请执行的期间为二年。申请执行时效的中止、中断，适用法律有关诉讼时效中止、中断的规定。”

5. 须向有管辖权的法院提出申请。根据《仲裁裁决执行规定》第 2 条，这里的管辖法院的确定情况如下:

(1)法定管辖。当事人对仲裁机构作出的仲裁裁决或者仲裁调解书申请执行的，由被执行人住所地或者被执行的财产所在地的中级人民法院管辖。这包含了对级别管辖和地域管辖的规定。

(2)指定管辖。符合下列条件的，经上级人民法院批准，中级人民法院可以参照《民事诉讼法》第 38 条的规定指定基层人民法院管辖:①执行标的额符合基层人民法院一审民商事案件级别管辖受理范围;②被执行人住所地或者被执行的财产所在地在被指定的基层人民法院辖区内。这种指定管辖实质上是管辖权的下放性转移。

(3)对不予执行仲裁裁决申请的审查属于对仲裁裁决的司法监督范畴，为统一对仲裁裁决司法监督的审查尺度，第 38 条第 3 款明确规定，被执行人、案外人对仲裁裁决执行案件申请不予执行的，负责执行的中级人民法院应当另行立案审查处理;执行案件已指定基层人民法院管辖的，应当于收到不予执行申请后 3 日内移送原执行法院另行立案审查处理。此即审查不予执行仲裁裁决案件的管辖权不能下放，统一由中级法院行使。这充分体现了人民法院对仲裁裁决不予执行的审慎态度。

三、执行仲裁裁决的程序

(一)申请

债务人不在仲裁裁决确定的期限内履行仲裁裁决时，债权人可依法申请法院强制执行。根据《仲裁司法审查规定》第 6 条的规定，申请人向人民法院申请执行我国内地仲裁机构的仲裁裁决的，应当提交申请书及裁决书正本或者经证明无误的副本。申请书应当载明下列事项：(1)申请人或者被申请人为自然人的，应当载明其姓名、性别、出生日期、国籍及住所；为法人或者其他组织的，应当载明其名称、住所以及法定代表人或者代表人的姓名和职务；(2)裁决书的主要内容及生效日期；(3)具体的请求和理由。当事人提交的外文申请书、裁决书及其他文件，应当附有中文译本。

（二）审查

人民法院收到申请执行人的执行申请后，决定是否强制执行之前，要进行必要的审查。《仲裁法解释》第30条规定，根据审理执行仲裁裁决案件的实际需要，人民法院可以要求仲裁机构做出说明或者向相关仲裁机构调阅仲裁案卷。人民法院审查仲裁司法审查案件，应当组成合议庭并询问当事人。对于申请人的申请，人民法院应当在7日内审查完毕并作出是否受理的决定。[①]

（三）报核

根据《报核规定》，为正确审理仲裁司法审查案件，[②] 统一裁判尺度，依法保护当事人合法权益，保障仲裁发展，需要履行报核程序。申请执行仲裁裁决的案件属于审理仲裁司法审查案件之一，只有层报给最高法院或高级法院审核同意后，执行法院才能作出受理或不予受理的裁定。报核的具体程序如下：

1.《报核规定》第2条规定，各中级人民法院或者专门人民法院办理涉外涉港澳台仲裁司法审查案件，经审查拟认定仲裁协议无效，不予执行或者撤销我国内地仲裁机构的仲裁裁决，不予认可和执行香港特别行政区、澳门特别行政区、台湾地区仲裁裁决，不予承认和执行外国仲裁裁决，应当向本辖区所属高级人民法院报核；高级人民法院经审查拟同意的，应当向最高人民法院报核。待最高人民法院审核后，方可依最高人民法院的审核意见作出裁定。

各中级人民法院或者专门人民法院办理非涉外涉港澳台仲裁司法审查案件，经审查拟认定仲裁协议无效，不予执行或者撤销我国内地仲裁机构的仲裁裁决，应当向本辖区所属高级人民法院报核；待高级人民法院审核后，方可依高级人民法院的审核意见作出裁定。

2.《报核规定》第3条规定，非涉外涉港澳台仲裁司法审查案件，高级人民法院经审查拟同意中级人民法院或者专门人民法院认定仲裁协议无效，不予执行或者撤销我国内地仲裁机构的仲裁裁决，在下列情形下，应当向最高人民法院报核，待最高人民法院审核后，方可依最高人民法院的审核意见作出裁定：(1)仲裁司法审查案件当事人住所地跨省级行政区域；(2)以违背社会公共利益为由不予执行或者撤销我国内地仲裁

---

①参见《仲裁司法审查规定》第7~11条的规定。

②根据《仲裁司法审查规定》第1条和《报核规定》第1条的解释，仲裁司法审查案件，包括下列案件：申请确认仲裁协议效力案件；申请撤销我国内地仲裁机构的仲裁裁决案件；申请执行我国内地仲裁机构的仲裁裁决案件；申请认可和执行香港特别行政区、澳门特别行政区、台湾地区仲裁裁决案件；申请承认和执行外国仲裁裁决案件；其他仲裁司法审查案件。

机构的仲裁裁决。

3.《报核规定》第7条规定，在民事诉讼案件中，对于人民法院因涉及仲裁协议效力而作出的不予受理、驳回起诉、管辖权异议的裁定，当事人不服提起上诉，第二审人民法院经审查拟认定仲裁协议不成立、无效、失效、内容不明确无法执行的，须按照《报核规定》第2条的规定逐级报核，待上级人民法院审核后，方可依上级人民法院的审核意见作出裁定。

（四）裁定

审查结果及处理方式如下：

1. 受理执行申请。经审查，对符合立案条件的执行申请，应当立案执行。人民法院受理仲裁司法审查案件后，应当在5日内向申请人和被申请人发出通知书，告知其受理情况及相关的权利义务。

2. 不予受理执行申请。不符合立案条件的，应当裁定不予受理，包括：(1)申请人提交的文件不符合《仲裁司法审查规定》第6条的规定，经人民法院释明后提交的文件仍然不符合规定的，裁定不予受理。(2)申请人向对案件不具有管辖权的人民法院提出申请，人民法院应当告知其向有管辖权的人民法院提出申请，申请人仍不变更申请的，裁定不予受理。申请人对不予受理的裁定不服的，可以提起上诉。

3. 裁定驳回执行申请。这包括：(1)根据《仲裁司法审查规定》第8条，人民法院立案后发现不符合受理条件的，裁定驳回(执行)申请。当事人对驳回(执行)申请的裁定不服的，可以提起上诉。对裁定驳回(执行)申请的案件，申请人再次申请并符合受理条件的，人民法院应予受理。(2)《仲裁裁决执行规定》第3条规定，仲裁裁决或者仲裁调解书执行内容具有下列情形之一导致无法执行的，人民法院可以裁定驳回执行申请；导致部分无法执行的，可以裁定驳回该部分的执行申请；导致部分无法执行且该部分与其他部分不可分的，可以裁定驳回执行申请。这些情形有：①权利义务主体不明确；②金钱给付具体数额不明确或者计算方法不明确导致无法计算出具体数额；③交付的特定物不明确或者无法确定；④行为履行的标准、对象、范围不明确。仲裁裁决或者仲裁调解书仅确定继续履行合同，但对继续履行的权利义务，以及履行的方式、期限等具体内容不明确，导致无法执行的，也可以裁定驳回执行申请。(3)《仲裁裁决执行规定》第4条规定，对仲裁裁决主文或者仲裁调解书中的文字、计算错误以及仲裁庭已经认定但在裁决主文中遗漏的事项，可以补正或说明的，人民法院应当书面告知仲裁庭补正或说明，或者向仲裁机构调阅仲裁案卷查明。仲裁庭不补正也不说明，且人民法院调阅仲裁案卷后执行内容仍然不明确具体无法执行的，可以裁定驳回执行申请。《仲裁裁决执行规定》第5条规定，申请执行人对人民法院依该司法解释第3条、第4条作出的驳回执行申请裁定不服的，可以自裁定送达之日起10日内向上一级人民法院申请复议。由上可见，《仲裁司法审查规定》和《仲裁裁决执行规定》对驳回执行仲裁裁决申请的裁定不服的救济方式规定得不一样，前者规定为上诉，后者规定为申请复议。

此外，《仲裁法解释》第 25 条规定，人民法院受理当事人撤销仲裁裁决的申请后，另一方当事人申请执行同一仲裁裁决的，受理执行申请的人民法院应当在受理后裁定中止执行。此即一方当事人申请撤销仲裁裁决，另一方当事人申请执行仲裁裁决，法院对执行申请应予受理。

（五）执行实施

当事人向有管辖权的人民法院申请执行仲裁裁决书，人民法院受理此类执行案件后，应当根据民事诉讼法规定的执行程序予以执行。其具体程序的适用与执行措施的采取，此处不再复述。但有两点要提醒：(1)《民诉法解释》第 479 条规定，在执行中，被执行人通过仲裁程序将人民法院查封、扣押、冻结的财产确权或者分割给案外人的，不影响人民法院执行程序的进行。案外人不服的，可以根据民事诉讼法第 227 条的规定提出执行异议。(2) 仲裁裁决或者仲裁调解书确定交付的特定物确已毁损或者灭失的，依照《民诉法解释》第 494 条的规定处理，即：原物确已毁损或者灭失的，经双方当事人同意，可以折价赔偿。双方当事人对折价赔偿不能协商一致的，人民法院应当终结执行程序。申请执行人可以另行起诉。

第二节　仲裁裁决的不予执行

一、不予执行概述

（一）不予执行的概念

仲裁裁决的不予执行，是指法院在对仲裁裁决的执行申请予以审查或执行过程中，因出现法定事由，裁定停止执行并结束执行程序的行为。

（二）不予执行与撤销仲裁裁决的区别

不予执行仲裁裁决和撤销仲裁裁决都是法院对仲裁行使司法监督权的体现，都是法院在法定情形下对仲裁裁决作出的否定性评价。特别值得一提的是，2012 年修订的《民事诉讼法》第 237 条所规定的不予执行的事由与《仲裁法》第 58 条所规定的撤销仲裁裁决的事由完全相同。但两者也存在区别：

1. 提出请求的当事人不同。撤销仲裁裁决，可由双方当事人提出申请；不予执行仲裁裁决，则只能由被执行人提出申请。

2. 提出请求的期限不同。撤销仲裁裁决的申请须在法定的 6 个月内提出；而不予执行裁决的申请是在执行程序中提出。

3. 管辖法院不同。对撤销仲裁裁决案件有管辖权的法院是仲裁委员会所在地的中级法院；而不予执行仲裁裁决的申请只能向执行法院提出。

4. 法院审理的部门不同。撤销仲裁裁决由法院的民事审判庭来审查和裁定；而不予执行则由法院的执行机构来审查和裁定。

5. 是否重新仲裁不同。撤销仲裁裁决程序中，法院可以通知仲裁庭重新仲裁；而不予执行仲裁裁决程序中，法院不必要求仲裁庭重新仲裁。

6. 裁定的法律效果不同。撤销仲裁裁决的裁定是直接否定仲裁裁决，这样，仲裁裁决自始不发生法律效力；而不予执行仲裁裁决是间接否定仲裁裁决，被裁定不予执行的仲裁裁决仍然存在，只是丧失了强制执行力而已。仲裁裁决被裁定撤销后，就不再存在执行的问题；而仲裁裁决被裁定不予执行后，当事人仍可对其申请撤销。

二、不予执行的事由

根据2012年《民事诉讼法》第237条的规定，对依法设立的仲裁机构的裁决，一方当事人不履行的，对方当事人可以向有管辖权的人民法院申请执行。受申请的人民法院应当执行。但是，被申请人提出证据证明仲裁裁决有下列情形之一的，经人民法院组成合议庭审查核实，裁定不予执行：①

1. 当事人在合同中没有订有仲裁条款或者事后没有达成书面仲裁协议的。

2. 裁决的事项不属于仲裁协议的范围或者仲裁机构无权仲裁的。根据《仲裁裁决执行规定》第13条，下列情形经人民法院审查属实的，应当认定为“裁决的事项不属于仲裁协议的范围或者仲裁机构无权仲裁的”情形：(1)裁决的事项超出仲裁协议约定的范围；(2)裁决的事项属于依照法律规定或者当事人选择的仲裁规则规定的不可仲裁事项；(3)裁决内容超出当事人仲裁请求的范围；(4)作出裁决的仲裁机构非仲裁协议所约定。

3. 仲裁庭的组成或者仲裁的程序违反法定程序的。根据《仲裁裁决执行规定》第14条，违反仲裁法规定的仲裁程序、当事人选择的仲裁规则或者当事人对仲裁程序的特别约定，可能影响案件公正裁决，经人民法院审查属实的，应当认定为“仲裁庭的组成或者仲裁的程序违反法定程序的”情形。当事人主张未按照仲裁法或仲裁规则规定的方式送达法律文书导致其未能参与仲裁，或者仲裁员根据仲裁法或仲裁规则的规定应当回避而未回避，可能影响公正裁决，经审查属实的，人民法院应当支持；仲裁庭按照仲裁法或仲裁规则以及当事人约定的方式送达仲裁法律文书，当事人主张不符合民事诉讼法有关送达规定的，人民法院不予支持。适用的仲裁程序或仲裁规则经特别提示，当事人知道或者应当知道法定仲裁程序或选择的仲裁规则未被遵守，但仍然参加或者继续参加仲裁程序且未提出异议，在仲裁裁决作出之后以违反法定程序为由申请不予执行仲裁裁决的，人民法院不予支持。

4. 裁决所根据的证据是伪造的。根据《仲裁裁决执行规定》第15条，符合下列条件

①《仲裁法》第63条规定，被申请人提出证据证明裁决有民事诉讼法(注：指1991年民事诉讼法)第217条第2款规定的情形之一的，经人民法院组成合议庭审查核实，裁定不予执行。1991年《民事诉讼法》第217条第2款规定，被申请人提出证据证明仲裁裁决有下列情形之一的，经人民法院组成合议庭审查核实，裁定不予执行：(1)当事人在合同中没有订有仲裁条款或者事后没有达成书面仲裁协议的；(2)裁决的事项不属于仲裁协议的范围或者仲裁机构无权仲裁的；(3)仲裁庭的组成或者仲裁的程序违反法定程序的；(4)认定事实的主要证据不足的；(5)适用法律确有错误的；(6)仲裁员在仲裁该案时有贪污受贿，徇私舞弊，枉法裁决行为的。

的，人民法院应当认定为“裁决所根据的证据是伪造的”情形：(1)该证据已被仲裁裁决采信；(2)该证据属于认定案件基本事实的主要证据；(3)该证据经查明确属通过捏造、变造、提供虚假证明等非法方式形成或者获取，违反证据的客观性、关联性、合法性要求。

5. 对方当事人向仲裁机构隐瞒了足以影响公正裁决的证据的。符合下列条件的，人民法院应当认定为“对方当事人向仲裁机构隐瞒了足以影响公正裁决的证据的”情形：(1)该证据属于认定案件基本事实的主要证据；(2)该证据仅为对方当事人掌握，但未向仲裁庭提交；(3)仲裁过程中知悉存在该证据，且要求对方当事人出示或者请求仲裁庭责令其提交，但对方当事人无正当理由未予出示或者提交。当事人一方在仲裁过程中隐瞒己方掌握的证据，仲裁裁决作出后以己方所隐瞒的证据足以影响公正裁决为由申请不予执行仲裁裁决的，人民法院不予支持。①

6. 仲裁员在仲裁该案时有贪污受贿，徇私舞弊，枉法裁决行为的。根据《仲裁司法审查规定》第 18 条，仲裁员在仲裁该案时有索贿受贿，徇私舞弊，枉法裁决行为，是指已经由生效刑事法律文书或者纪律处分决定所确认的行为。

此外，人民法院认定执行该裁决违背社会公共利益的，裁定不予执行。

上述事由是针对国内仲裁而言。对涉外仲裁裁决的不予执行的事由，《仲裁法》第 71 条作了规定：对中华人民共和国涉外仲裁机构作出的裁决，被申请人提出证据证明仲裁裁决有下列情形之一的，经人民法院组成合议庭审查核实，裁定不予执行：(1)当事人在合同中没有订有仲裁条款或者事后没有达成书面仲裁协议的；(2)被申请人没有得到指定仲裁员或者进行仲裁程序的通知，或者由于其他不属于被申请人负责的原因未能陈述意见的；(3)仲裁庭的组成或者仲裁的程序与仲裁规则不符的；(4)裁决的事项不属于仲裁协议的范围或者仲裁机构无权仲裁的。此外，人民法院认定执行该涉外仲裁裁决违背社会公共利益的，裁定不予执行。②

三、不予执行的程序

（一）申请

1. 被执行人向执行法院提出不予执行申请。被执行人认为作为执行根据的仲裁裁决具有法律规定的不予执行的事由时，应当向执行该仲裁裁决的法院书面申请不予执行，法院不得依职权开始不予执行仲裁裁决的程序。

---

①参见《仲裁裁决执行规定》第 16 条。

②2012 年《民事诉讼法》第 274 条规定：“对中华人民共和国涉外仲裁机构作出的裁决，被申请人提出证据证明仲裁裁决有下列情形之一的，经人民法院组成合议庭审查核实，裁定不予执行：(一)当事人在合同中没有订有仲裁条款或者事后没有达成书面仲裁协议的；(二)被申请人没有得到指定仲裁员或者进行仲裁程序的通知，或者由于其他不属于被申请人负责的原因未能陈述意见的；(三)仲裁庭的组成或者仲裁的程序与仲裁规则不符的；(四)裁决的事项不属于仲裁协议的范围或者仲裁机构无权仲裁的。人民法院认定执行该裁决违背社会公共利益的，裁定不予执行。”该法第 275 条规定：“仲裁裁决被人民法院裁定不予执行的，当事人可以根据双方达成的书面仲裁协议重新申请仲裁，也可以向人民法院起诉。”

被执行人向法院申请不予执行仲裁裁决的，应当在执行通知书送达之日起15日内提出书面申请；有《民事诉讼法》第237条第2款第4项、第6项规定情形[①]且执行程序尚未终结的，应当自知道或者应当知道有关事实或案件之日起15日内提出书面申请。该期限届满前，被执行人已向有管辖权的人民法院申请撤销仲裁裁决且已被受理的，自人民法院驳回撤销仲裁裁决申请的裁判文书生效之日起重新计算期限。[②]

被执行人申请不予执行仲裁裁决，对同一仲裁裁决的多个不予执行事由应当一并提出。不予执行仲裁裁决申请被裁定驳回后，再次提出申请的，人民法院不予审查，但有新证据证明存在《民事诉讼法》第237条第2款第4项、第6项规定情形的除外。[③]这表明，被执行人申请不予执行仲裁裁决的次数原则上为一次。

综上所述，可将被执行人申请不予执行仲裁裁决的条件归纳如下：(1)被申请(执行)人须提出证据证明仲裁裁决有(《民事诉讼法》第237条第2款规定的)法定的不予执行的事由之一。(2)须采用书面形式提出申请。(3)须在法定期限内提出申请。(4)须向执行法院提出申请。

2. 案外人向执行法院提出不予执行申请。案外人向人民法院申请不予执行仲裁裁决或者仲裁调解书的，应当提交申请书以及证明其请求成立的证据材料，并符合下列条件：(1)有证据证明仲裁案件当事人恶意申请仲裁或者虚假仲裁，损害其合法权益；(2)案外人主张的合法权益所涉及的执行标的尚未执行终结；(3)自知道或者应当知道人民法院对该标的采取执行措施之日起30日内提出。[④]

被执行人、案外人对仲裁裁决执行案件逾期申请不予执行的，人民法院应当裁定不予受理；已经受理的，应当裁定驳回不予执行申请。

（二）中止执行

被执行人、案外人对仲裁裁决执行案件提出不予执行申请并提供适当担保的，执行法院应当裁定中止执行。中止执行期间，人民法院应当停止处分性措施，但申请执行人提供充分、有效的担保请求继续执行的除外；执行标的查封、扣押、冻结期限届满前，人民法院可以根据当事人申请或者依职权办理续行查封、扣押、冻结手续。[⑤]

（三）审查

1. 审查不予执行仲裁裁决申请的组织、范围、方式和期限。(1)审判组织。根据《仲裁法》第63条、第71条和《仲裁裁决执行规定》第11条、第12条的规定，法院受理不予执行仲裁裁决的申请后，应当组成合议庭审查请求是否成立。(2)审查范围。合议庭对此种案件应当围绕被执行人申请的事由、案外人的申请进行审查；对被执行人没有申请的事由不予审查，但仲裁裁决可能违背社会公共利益的除外。(3)审查方式。

①此即："裁决所根据的证据是伪造的""仲裁员在仲裁该案时有贪污受贿，徇私舞弊，枉法裁决行为的"。
②参见《仲裁裁决执行规定》第8条。
③参见《仲裁裁决执行规定》第10条
④参见《仲裁裁决执行规定》第9条。
⑤参见《仲裁裁决执行规定》第7条第1款。

被执行人、案外人对仲裁裁决执行案件申请不予执行的，人民法院应当进行询问；被执行人在询问终结前提出其他不予执行事由的，应当一并审查。人民法院审查时，认为必要的，可以要求仲裁庭作出说明，或者向仲裁机构调阅仲裁案卷。(4)审查期限。人民法院对不予执行仲裁裁决案件的审查，应当在立案之日起 2 个月内审查完毕并作出裁定；有特殊情况需要延长的，经本院院长批准，可以延长 1 个月。

2. 审查期间的财产保全。申请撤销仲裁裁决、不予执行仲裁裁决案件司法审查期间，当事人、案外人申请对已查封、扣押、冻结之外的财产采取保全措施的，负责审查的人民法院参照《民事诉讼法》第 100 条的规定处理。司法审查后仍需继续执行的，保全措施自动转为执行中的查封、扣押、冻结措施；采取保全措施的人民法院与执行法院不一致的，应当将保全手续移送执行法院，保全裁定视为执行法院作出的裁定。①

（四）报核

仲裁司法审查案件的一个特点是一审终审。根据现行法律规定，当事人不享有上诉、复议以及申请再审的权利，检察机关对此也不予抗诉。一旦出现错案，当事人缺乏有效的救济手段，因此对于仲裁司法审查案件的审理必须慎重。为进一步明确仲裁司法审查案件中的法律适用，切实有效地规范案件审查的程序，从根本上保证案件裁判尺度的统一和法律适用的正确性，最高法院以司法解释的形式规定了报核制度，赋予了最高人民法院或者高级人民法院对仲裁司法审查案件的审核权。

根据《报核规定》第 2 条、第 3 条的规定，各中级人民法院或者专门人民法院办理涉外涉港澳台仲裁司法审查案件，经审查拟不予执行我国内地仲裁机构的仲裁裁决，应当向本辖区所属高级人民法院报核；高级人民法院经审查拟同意的，应当向最高人民法院报核。待最高人民法院审核后，方可依最高人民法院的审核意见作出裁定。

各中级人民法院或者专门人民法院办理非涉外涉港澳台仲裁司法审查案件，经审查拟不予执行我国内地仲裁机构的仲裁裁决，应当向本辖区所属高级人民法院报核；待高级人民法院审核后，方可依高级人民法院的审核意见作出裁定。

非涉外涉港澳台仲裁司法审查案件，高级人民法院经审查拟同意中级人民法院或者专门人民法院不予执行我国内地仲裁机构的仲裁裁决，在下列情形下，应当向最高人民法院报核，待最高人民法院审核后，方可依最高人民法院的审核意见作出裁定：(1)仲裁司法审查案件当事人住所地跨省级行政区域；(2)以违背社会公共利益为由不予执行我国内地仲裁机构的仲裁裁决。

（五）裁定

对被执行人的不予执行仲裁裁决的申请，经执行法院审查并报最高法院或高级法院审核后，由执行法院作出不予执行或者驳回申请的裁定。裁定驳回被执行人申请的，

①参见《仲裁裁决执行规定》第 7 条第 2 款。

执行程序继续恢复进行;[①] 裁定不予执行该仲裁裁决的，终结仲裁裁决的执行程序。人民法院在办理涉及仲裁的案件过程中作出的裁定，可以送相关的仲裁机构。[②]

1. 裁定不予执行仲裁裁决的情形。这主要有：(1)被执行人、案外人对仲裁裁决执行案件申请不予执行，经审查理由成立的，人民法院应当裁定不予执行。[③] (2)仲裁机构裁决的事项，部分有《民事诉讼法》第237条第2款、第3款[④]规定情形的，人民法院应当裁定对该部分不予执行。应当不予执行部分与其他部分不可分的，人民法院应当裁定不予执行仲裁裁决。[⑤] (3)案外人申请不予执行仲裁裁决或者仲裁调解书，符合下列条件的，人民法院应当支持：①案外人系权利或者利益的主体；②案外人主张的权利或者利益合法、真实；③仲裁案件当事人之间存在虚构法律关系，捏造案件事实的情形；④仲裁裁决主文或者仲裁调解书处理当事人民事权利义务的结果部分或者全部错误，损害案外人合法权益。[⑥]

依据《民诉法解释》第478的规定，人民法院裁定不予执行仲裁裁决后，当事人对该裁定提出执行异议或者复议的，人民法院不予受理。当事人可以就该民事纠纷重新达成书面仲裁协议申请仲裁，也可以向人民法院起诉。

2. 裁定驳回不予执行申请。这主要有：(1)被执行人、案外人对仲裁裁决执行案件逾期申请不予执行的，人民法院应当裁定不予受理；已经受理的，应当裁定驳回不予执行申请。[⑦] (2)被执行人、案外人对仲裁裁决执行案件申请不予执行，经审查理由不成立的，应当裁定驳回不予执行申请。[⑧]

四、对不予执行的限制

有以下情形的，法院不得支持当事人的不予执行仲裁裁决的申请：

1. 当事人向人民法院申请撤销仲裁裁决被驳回后，又在执行程序中以相同理由提出不予执行抗辩的，人民法院不予支持。

2. 当事人在仲裁程序中未对仲裁协议的效力提出异议，在仲裁裁决作出后以仲裁协议无效为由主张撤销仲裁裁决或者提出不予执行抗辩的，人民法院不予支持。

当事人在仲裁程序中对仲裁协议的效力提出异议，在仲裁裁决作出后又以此为由主张撤销仲裁裁决或者提出不予执行抗辩，经审查符合仲裁法或者民事诉讼法相关规定的，人民法院应予支持。

3. 当事人请求不予执行仲裁调解书或者根据当事人之间的和解协议作出的仲裁裁

①《仲裁裁决执行规定》第21条第1款规定：“人民法院裁定驳回撤销仲裁裁决申请或者驳回不予执行仲裁裁决、仲裁调解书申请的，执行法院应当恢复执行。”

②参见《仲裁法解释》第30条第2款。

③参见《仲裁裁决执行规定》第19条第2款。

④《民事诉讼法》第237条第2款、第3款的规定，也就是前述申请不予执行仲裁裁决的“6+1”种事由。

⑤参见《民诉法解释》第477条。

⑥参见《仲裁裁决执行规定》第18条。

⑦参见《仲裁裁决执行规定》第19条第1款。

⑧参见《仲裁裁决执行规定》第19条第2款。

决书的，人民法院不予支持。

4. 被执行人申请不予执行仲裁调解书或者根据当事人之间的和解协议、调解协议作出的仲裁裁决，人民法院不予支持，但该仲裁调解书或者仲裁裁决违背社会公共利益的除外。

五、不予执行与撤销仲裁裁决的协调适用

不予执行仲裁裁决和撤销仲裁裁决都是司法监督仲裁的方式，两者既有相同之处，又有不同之处，导致其适用常常产生冲突。为更加科学、合理地使用两种监督方式，《仲裁法解释》第25条、第26条作出了如下规定：(1)人民法院受理当事人撤销仲裁裁决的申请后，另一方当事人申请执行同一仲裁裁决的，受理执行申请的人民法院应当在受理后裁定中止执行。(2)当事人向人民法院申请撤销仲裁裁决被驳回后，又在执行程序中以相同理由提出不予执行抗辩的，人民法院不予支持。

根据《仲裁裁决执行规定》第20条的规定，当事人向人民法院申请撤销仲裁裁决被驳回后，又在执行程序中以相同事由提出不予执行申请的，人民法院不予支持；当事人向人民法院申请不予执行被驳回后，又以相同事由申请撤销仲裁裁决的，人民法院不予支持。

在不予执行仲裁裁决案件审查期间，当事人向有管辖权的人民法院提出撤销仲裁裁决申请并被受理的，人民法院应当裁定中止对不予执行申请的审查；仲裁裁决被撤销或者决定重新仲裁的，人民法院应当裁定终结执行，并终结对不予执行申请的审查；撤销仲裁裁决申请被驳回或者申请执行人撤回撤销仲裁裁决申请的，人民法院应当恢复对不予执行申请的审查；被执行人撤回撤销仲裁裁决申请的，人民法院应当裁定终结对不予执行申请的审查，但案外人申请不予执行仲裁裁决的除外。

六、不予执行的法律后果

1. 执行回转或解除强制执行措施。(1)人民法院基于被执行人申请裁定不予执行仲裁裁决，原被执行人申请执行回转或者解除强制执行措施的，人民法院应当支持。原申请执行人对已履行或者被人民法院强制执行的款物申请保全的，人民法院应当依法准许；原申请执行人在人民法院采取保全措施之日起30日内，未根据双方达成的书面仲裁协议重新申请仲裁或者向人民法院起诉的，人民法院应当裁定解除保全。(2)人民法院基于案外人申请裁定不予执行仲裁裁决或者仲裁调解书，案外人申请执行回转或者解除强制执行措施的，人民法院应当支持。

2. 仲裁裁决的执行程序终结。执行程序的启动和进行，必须以有效的法律文书作为执行依据。没有执行依据，执行程序就无从进行。法院裁定不予执行仲裁裁决，虽然没有直接否定仲裁裁决，但却否定了其执行力。因而应当结束执行程序。①

3. 基于被执行人申请，法院作出的不予执行的裁定为终局裁定，不得上诉、申请

---

①参见《仲裁裁决执行规定》第21条第2款、第3款。

再审或提出执行异议、申请复议。法院作出的不予执行仲裁裁决的裁定为终局裁定，当事人必须服从。任何一方当事人无权对该裁定提出上诉，也无权申请再审。同时，人民法院裁定不予执行仲裁裁决、驳回或者不予受理不予执行仲裁裁决申请后，当事人对该裁定提出执行异议或者申请复议的，人民法院不予受理。

但是，人民法院基于案外人申请所作出的不予执行的裁定为不得上诉、申请再审或提出执行异议，却可申请复议。法院裁定不予执行仲裁裁决或者仲裁调解书，当事人不服的，可以自裁定送达之日起10日内向上一级人民法院申请复议；人民法院裁定驳回或者不予受理案外人提出的不予执行仲裁裁决、仲裁调解书申请，案外人不服的，可以自裁定送达之日起10日内向上一级人民法院申请复议。①

4. 当事人重新选择纠纷解决方式。仲裁裁决被人民法院裁定不予执行的，当事人可以根据双方达成的书面仲裁协议重新申请仲裁，也可以向人民法院起诉。

第三节 仲裁裁决的中止执行、终结执行和恢复执行

一、仲裁裁决的中止执行

仲裁裁决的中止执行，是指在仲裁裁决执行的过程中，由于出现某种特定的原因，从而暂时停止执行，待该原因消失之后，再恢复执行的制度。中止执行的特定事由有：

1. 仲裁法规定的事由。一方当事人申请执行裁决，另一方当事人申请撤销裁决的，人民法院应当裁定中止执行(《仲裁法》第64条)。

2. 民事诉讼法规定的事由。根据《民事诉讼法》第256条的规定，仲裁裁决有下列情形之一的，人民法院应当裁定中止执行：(1)申请人表示可以延期执行的；(2)案外人对执行标的提出确有理由的异议的；(3)作为一方当事人的公民死亡，需要等待继承人继承权利或者承担义务的；(4)作为一方当事人的法人或者其他组织终止，尚未确定权利义务承受人的；(5)人民法院认为应当中止执行的其他情形。

二、仲裁裁决的终结执行

仲裁裁决的终结执行，是指在仲裁裁决执行的过程中，由于出现某种特定的原因，使执行程序无法继续进行或者已经没有进行的必要，从而结束执行程序的制度。

终结执行仲裁裁决的特定事由有：

1. 仲裁法规定的事由。人民法院裁定撤销仲裁裁决的，应当裁定终结执行。②

2. 民事诉讼法规定的事由。仲裁裁决有下列情形之一的，法院裁定终结执行：(1)申请人撤销申请的；(2)据以执行的法律文书被撤销的；(3)作为被执行人的公民

①参见《仲裁裁决执行规定》第22条。

②参见《仲裁法》第64条规定。

死亡，无遗产可供执行，又无义务承担人的；(4)追索赡养费、扶养费、抚育费案件的权利人死亡的；(5)作为被执行人的公民因生活困难无力偿还借款，无收入来源，又丧失劳动能力的；(6)人民法院认为应当终结执行的其他情形。法院中止和终结执行仲裁裁决的裁定，送达当事人后立即生效，当事人对此种裁定不得提起上诉。①

三、仲裁裁决的恢复执行

仲裁裁决的恢复执行，是指仲裁裁决被法院裁定中止执行后，由于中止执行的原因消失而裁定继续执行的制度。

《仲裁法》第 64 条规定，撤销仲裁裁决的申请被裁定驳回的，人民法院应当裁定恢复执行。根据《民事诉讼法》第 256 条的规定，在该条规定的中止执行的事由消失后，人民法院也应当裁定恢复对仲裁裁决的执行。

▶ 典型真题

甲不履行仲裁裁决，乙向法院申请执行。甲拟提出不予执行的申请并提出下列证据证明仲裁裁决应不予执行。针对下列哪一选项，法院可裁定驳回甲的申请?②（2011-03-49，单选）

A. 甲、乙没有订立仲裁条款或达成仲裁协议

B. 仲裁庭组成违反法定程序

C. 裁决事项超出仲裁机构权限范围

D. 仲裁裁决没有根据经当事人质证的证据认定事实

---

①参见《民事诉讼法》第 257 条、第 258 条。

②【参考答案】D。

第二十九章　涉外仲裁

考点分布

1. 涉外仲裁机构；（★）
2. 涉外仲裁程序的特别规定；（★★★）
3. 对涉外仲裁裁决的撤销；（★★）
4. 对涉外仲裁裁决的不予执行；（★★）
5. 对涉外仲裁裁决的执行。（★★）

知识讲解

第一节　涉外仲裁概述

一、涉外仲裁的概念

涉外仲裁，是指当事人依据仲裁协议将涉外经济贸易、运输和海事中发生的纠纷提交仲裁机构进行审理并作出仲裁裁决的制度。

涉外仲裁的根本特点在于它是解决涉外民事案件的仲裁。其具体特点有：(1)涉外仲裁的程序制度有特殊安排；(2)涉外仲裁承载更充分的意思自治；(3)涉外仲裁通常存在法律适用问题。①

根据《民诉法解释》第522条的规定，涉外民事案件是指具有下列因素之一的民事案件：(1)当事人一方或者双方是外国人、无国籍人、外国企业或者组织的；(2)当事人一方或者双方的经常居所地在中华人民共和国领域外的；(3)标的物在中华人民共和国领域外的；(4)产生、变更或者消灭民事关系的法律事实发生在中华人民共和国领域

①江伟，肖建国．仲裁法[M]．3版．北京：中国人民大学出版社，2016：319.

外的；(5)可以认定为涉外民事案件的其他情形。这些民事纠纷不是指发生在一般民事领域的纠纷，而是指发生在涉外经济贸易、运输和海事中的纠纷。

在仲裁实践中，中国仲裁机构对涉及我国香港、澳门或台湾地区法人或自然人之间，或者其同外国法人或自然人之间产生于契约性或非契约性的经济贸易等争议中的仲裁案件，比照涉外仲裁案件处理。

二、涉外仲裁的法律适用适用

1. 涉外仲裁协议的法律适用。当事人未明示选择仲裁协议所适用的法律时，国际上通行的做法是以仲裁地法或裁决地法作为仲裁协议的准据法。这符合在无当事人约定情况下依最密切联系原则确定一般民商事合同准据法的做法。

2. 涉外仲裁实体问题的法律适用。(1)尊重当事人意思自治，即由当事人自己选择所适用的实体法。(2)如果产生争议而当事人未选择所适用的法律，则需要仲裁庭确定应适用何种法律。首先是默示选择，寻找当事人被假定为有意志选择的法律；其次，遵循仲裁所在地的法律冲突规则。按照中国的涉外仲裁实践，如果当事人未选择争议应适用的实体法，则适用仲裁地的冲突规范来确定应适用的法律，或者直接适用与争议有最密切联系的实体法。

3. 涉外仲裁的程序法适用。(1)关于仲裁规则的适用。涉外仲裁所适用的程序规则即仲裁规则，一般由当事人自主选择，仲裁庭应按当事人选择的仲裁规则进行仲裁并作出裁决。(2)关于仲裁程序法的适用。仲裁程序法与仲裁规则不同。仲裁程序法是适用于仲裁本身的法律，在国际上，一般也可以由当事人选择确定，这与涉外民事诉讼中程序问题适用法院地法的做法不同。如果当事人未选择所适用的程序法，则由仲裁庭决定，而仲裁庭一般会考虑适用仲裁地的仲裁法。[①] 我国《仲裁法》第七章“涉外仲裁的特别规定”对涉外仲裁的程序法适用有明文规定，即第 65 条规定：“涉外经济贸易、运输和海事中发生的纠纷的仲裁，适用本章规定。本章没有规定的，适用本法其他有关规定。”

第二节　涉外仲裁机构

一、涉外仲裁机构的设立

《仲裁法》第 66 条、第 67 条规定，涉外仲裁委员会可以由中国国际商会组织设立。涉外仲裁委员会由主任 1 人、副主任若干人和委员若干人组成。涉外仲裁委员会的主任、副主任和委员可以由中国国际商会聘任。涉外仲裁委员会可以从具有法律、经济贸易、科学技术等专门知识的外籍人士中聘任仲裁员。

---

①江伟，肖建国．仲裁法[M]．3 版．北京：中国人民大学出版社，2016：316-320.

二、中国受理涉外仲裁案件的仲裁机构

目前，我国除了中国国际经济贸易仲裁委员会和海事仲裁委员会受理涉外仲裁案件外，按照有关规定，国内其他仲裁机构也有权受理涉外仲裁案件。对此，《民事诉讼法》第 271 条规定，涉外经济贸易、运输和海事中发生的纠纷，当事人在合同中订有仲裁条款或者事后达成书面仲裁协议，提交中华人民共和国涉外仲裁机构或者其他仲裁机构仲裁的，当事人不得向人民法院起诉。

（一）中国国际经济贸易仲裁委员会

中国国际经济贸易仲裁委员会和海事仲裁委员会是我国的常设涉外仲裁机构，也是受理涉外仲裁案件的具有典型性、代表性的仲裁机构。

中国国际经济贸易仲裁委员会，原名中国国际贸易促进委员会对外贸易仲裁委员会、中国国际贸易促进委员会对外经济贸易仲裁委员会，同时使用“中国国际商会仲裁院”名称。总会设在北京，在天津、重庆等地设有分会。当事人在仲裁协议中订明由中国国际贸易促进委员会/中国国际商会仲裁，或由中国国际贸易促进委员会/中国国际商会的仲裁委员会或仲裁院仲裁的，或使用仲裁委员会原名称为仲裁机构的，均视为同意由中国国际经济贸易仲裁委员会仲裁。其现行仲裁规则是 2014 年 11 月 4 日中国国际贸易促进委员会、中国国际商会修订并通过，自 2015 年 1 月 1 日起施行的《中国国际经济贸易仲裁委员会仲裁规则》。

该仲裁机构的受案范围是：仲裁委员会根据当事人的约定受理契约性或非契约性的经济贸易等争议案件。具体包括：(1)国际或涉外争议案件；(2)涉及香港特别行政区、澳门特别行政区及台湾地区的争议案件；(3)国内争议案件。

（二）中国海事仲裁委员会

中国海事仲裁委员会(原名中国国际贸易促进委员会海事仲裁委员会)设在北京，仲裁委员会设有分会或仲裁中心。其现行仲裁规则是 2014 年 11 月 4 日中国国际贸易促进委员会、中国国际商会修汀并通过，2015 年 1 月 1 日起施行的《中国海事仲裁委员会仲裁规则》。

中国海事仲裁委员会受理海事、海商、物流争议以及其他契约性或非契约性争议。其受理下列争议案件：

1. 租船合同、多式联运合同或者提单、运单等运输单证所涉及的海上货物运输、水上货物运输、旅客运输争议；

2. 船舶、其他海上移动式装置的买卖、建造、修理、租赁、融资、拖带、碰撞、救助、打捞，或集装箱的买卖、建造、租赁、融资等业务所发生的争议；

3. 海上保险、共同海损及船舶保赔业务所发生的争议；

4. 船上物料及燃油供应、担保争议，船舶代理、船员劳务、港口作业所发生的争议；

5. 海洋资源开发利用、海洋环境污染所发生的争议；

6. 货运代理，无船承运，公路、铁路、航空运输，集装箱的运输、拼箱和拆箱，快递，仓储，加工，配送，仓储分拨，物流信息管理，运输工具、搬运装卸工具、仓储设施、物流中心、配送中心的建造、买卖或租赁，物流方案设计与咨询，与物流有关的保险，与物流有关的侵权争议，以及其他与物流有关的争议；

7. 渔业生产、捕捞等所发生的争议；

8. 双方当事人协议仲裁的其他争议。

（三）其他受理涉外仲裁案件的仲裁机构

仲裁法对国内仲裁机构能否受理涉外仲裁案件并没有明确规定，但国务院办公厅于1996年6月8日发布的《关于贯彻实施〈中华人民共和国仲裁法〉需要明确的几个问题的通知》第3条规定：新组建的仲裁委员会的主要职责是受理国内仲裁案件；涉外仲裁案件的当事人自愿选择新组建的仲裁委员会仲裁的，新组建的仲裁委员会可以受理；新组建的仲裁委员会受理的涉外仲裁案件的仲裁收费与国内仲裁案件的仲裁收费应当采用同一标准。由此，国内仲裁机构可以受理涉外仲裁案件。

第三节 涉外仲裁程序的特别规定

一、仲裁申请、答辩、反请求程序的特别要求

对当事人提交的各种文书和证明材料，仲裁庭及/或仲裁委员会秘书局认为必要时，可以要求当事人提供相应的中文译本或其他语文的译本。

当事人可以委托仲裁代理人办理有关的仲裁事项，中国公民和外国公民均可以接受委托，担任仲裁代理人。接受委托的仲裁代理人，应向仲裁委员会提交授权委托书。

二、仲裁庭可以吸收外籍仲裁员

《仲裁法》第67条规定，涉外仲裁委员会可以从具有法律、经济贸易、科学技术等专门知识的外籍人士中聘任仲裁员。

三、保全措施的特别规定

《仲裁法》第68条规定，涉外仲裁的当事人申请证据保全的，涉外仲裁委员会应当将当事人的申请提交证据所在地的中级人民法院。《民事诉讼法》第272条规定，当事人申请采取保全的，中华人民共和国的涉外仲裁机构应当将当事人的申请，提交被申请人住所地或者财产所在地的中级人民法院裁定。该条所称保全包括财产保全和行为保全。此外，依据两个涉外仲裁机构的仲裁规则的规定，经一方当事人请求，仲裁庭依据所适用的法律或当事人的约定可以决定采取其认为必要的或适当的临时措施，并

有权决定由请求临时措施的一方当事人提供适当的担保。

四、对仲裁笔录的特别规定

《仲裁法》第69条规定，涉外仲裁的仲裁庭可以将开庭情况记入笔录，或者作出笔录要点，笔录要点可以由当事人和其他仲裁参与人签字或者盖章。

五、中国涉外仲裁裁决的执行

1. 在中国国内的执行。《民事诉讼法》第273条规定，经中华人民共和国涉外仲裁机构裁决的，当事人不得向人民法院起诉。一方当事人不履行仲裁裁决的，对方当事人可以向被申请人住所地或者财产所在地的中级人民法院申请执行。

2. 在外国的承认和执行。《民事诉讼法》第280条第2款规定："中华人民共和国涉外仲裁机构作出的发生法律效力的仲裁裁决，当事人请求执行的，如果被执行人或者其财产不在中华人民共和国领域内，应当由当事人直接向有管辖权的外国法院申请承认和执行。"《仲裁法》第72条作了同样的规定。

涉外仲裁裁决的撤销和不予执行已在前一章一并论述，此不赘述。

▶ 典型真题

在中国注册的某美国独资公司（下称美国公司）与中国某钢铁进出口公司（下称中国公司）签订了钢材销售合同。在该合同中订立了仲裁条款，约定一旦发生合同纠纷，由中国国际经济贸易仲裁委员会天津分会仲裁。双方发生争议后，中国公司向该仲裁委员会申请仲裁，仲裁委员会依法作出裁决。因美国公司未履行仲裁裁决，中国公司向有管辖权的某中级人民法院申请执行仲裁裁决，美国公司提出异议。下列说法正确的是：①

A. 中国国际经济贸易仲裁委员会天津分会应该受理中国公司的申请

B. 某中级人民法院应裁定撤销该仲裁裁决

C. 某中级人民法院应对该仲裁裁决予以执行

D. 某中级人民法院应裁定不予执行仲裁裁决

①【参考答案】AC。

附录　民诉与仲裁　模拟题

卷一

一、单项选择题

1. 甲将父亲遗留给他的一件祖传物品交予乙鉴赏，乙却擅自将该物品卖给丙。因丙未及时将款项交付乙，乙诉至法院要求丙交付款项。诉讼过程中，甲机缘巧合之下得知此事后参加诉讼。关于本案的说法正确的是(　　)。

A. 乙申请撤诉后，法院可以裁定驳回甲的起诉

B. 甲可以行使变更诉讼请求的权利

C. 甲撤诉后，即使后悔，也不能再参加诉讼

D. 甲参加诉讼后，开庭审理时无正当理由拒不到庭，法院可以缺席判决

【考点】审理中的特殊情形

【答案】B

【解析】根据《民诉法解释》的规定，有独立请求权的第三人参加诉讼后，原告申请撤诉，在法院准许撤诉后，有独立请求权的第三人作为另案原告，本诉的原告与被告作为另案被告，诉讼继续进行。因此。选项A是不正确的。有独立请求权的第三人处于参加之诉原告的诉讼地位，享有原告的诉讼权利，因此，选项B是正确的。根据《民事诉讼法》规定，对判决、裁定、调解书已经发生法律效力的案件，当事人又起诉的，告知原告申请再审，但人民法院准许撤诉的裁定除外。因此原告撤诉后是可以再起诉的，C选项错误。根据《民诉法解释》的规定，有独立请求权的第三人经法院传票传唤无正当理由拒不到庭或未经法庭许可中途退庭的，法院可以按撤诉处理，因此，选项D是不正确的。

2. 根据民事诉讼理论，下列关于处分原则的表述错误的是(　　)。

A. 当事人在执行程序中达成执行和解协议是行使处分权的表现

B. 当事人在民事诉讼中可以处分民事权利与诉讼权利

C. 当事人在督促程序中可以行使处分权

D. 当事人在民事诉讼中可以根据其需要行使处分权

【考点】基本原则中的处分原则

【答案】D

【解析】当事人处分其权利不得损害国家利益、社会公共利益与他人利益。因此，选项D是不正确的。

需注意：D选项是明显错得很离谱的说法，太过于绝对。

3. 下列关于民事诉讼审判组织的表述不正确的是(　　)。

A. 第二审人民法院发回重审时，原审法院应当另行组成合议庭

B. 人民法院适用公示催告程序判决宣告票据无效时可以由审判员与陪审员共同组成合议庭

C. 高级人民法院审理一审案件时，可以由审判员与陪审员共同组成合议庭

D. 非诉讼案件适用独任制审理

【考点】审判组织(合议制、独任制)

【答案】D

【解析】根据《民事诉讼法》的规定，发回重审的案件，原审人民法院应当按照第一审程序另行组成合议庭，因此，选项A是正确的。根据《民诉法解释》的规定，人民法院适用公示催告程序，判决宣告票据无效，应当组成合议庭审理。至于合议庭如何组成，法律和司法解释无明文规定。因此，选项B是不确定的。根据《民事诉讼法》的规定，人民法院审理第一审民事案件，由审判员、陪审员共同组成合议庭或者由审判员组成合议庭，因此，选项C是正确的。根据民事诉讼理论，非诉讼案件包括适用特别程序、督促程序与公示催告程序审理的案件，而这些案件中有的适用合议制审理，因此，选项D是不正确的。

4. 根据民事诉讼法及其司法解释的相关规定，下列案件中被告住所地没有管辖权的是(　　)。

A. 因票据纠纷提起的诉讼

B. 对被监禁的人提起的诉讼

C. 因解除收养关系提起的诉讼

D. 对下落不明的人提起的财产权益纠纷诉讼

【考点】管辖制度

【答案】B

【解析】因票据纠纷提起的诉讼，由票据支付地或者被告住所地人民法院管辖。根据《民事诉讼法》第22条的规定，对被监禁的人提起的诉讼，以及对下落不明人提起的有关身份关系的诉讼，由原告住所地人民法院管辖；原告住所地与经常居住地不一致的，由原告经常居住地人民法院管辖。因此，选项B是本题的答案，而选项D不是本题的答案。对公民提起的诉讼，由被告住所地人民法院管辖；被告住所地与经常居住

地不一致的，由经常居住地人民法院管辖。综上，B 选项为正确答案。

5. 河马公司与海马公司签订一份机器加工合同，合同约定，河马公司为海马公司加工一套设备。合同签订后，河马公司未能及时完成设备加工任务，海马公司诉至法院要求其马上完成设备加工任务。关于本案的下列说法，不正确的是(　　)。

A. 本案的诉讼标的是双方之间的机器加工合同关系

B. 本案的诉讼请求是要求河马公司抓紧时间完成加工任务

C. 本案中存在给付之诉与确认之诉。

D. 本案的诉讼标的物是机器设备。

【考点】诉

【答案】C

【解析】由于双方当事人未对双方之间的法律关系提出确认的请求，所以该案仅存在给付之诉，故选项 C 是不正确的。

6. 根据民事诉讼法的相关规定，下列情形不能引起必要共同诉讼的是(　　)。

A. 张某驾车不慎将停在路边的乙、丙共同拥有的一辆载货卡车撞毁，乙遂向人民法院起诉张某请求其赔偿损失

B. 甲公司借用一工厂的合同专用章与某商场签订一份购销合同，后甲公司因未能履约而被商场诉至人民法院

C. 因一般保证责任保证合同纠纷引起的诉讼中，债权人向保证人与被保证人一并主张权利

D. 张大因张二侵占父母遗产，诉至法院要求继承父母遗产。在本案诉讼中，法院通知张大的弟弟张三参加诉讼，但张三表示其放弃继承权

【考点】必要共同诉讼

【答案】D

【解析】根据《民诉法解释》的规定，共有财产因受到他人侵害，部分共有权人起诉的，其他共有权人应当列为共同诉讼人。因此，选项 A 可以引起必要共同诉讼。根据《民诉法解释》的规定，借用业务介绍信、合同专用章、盖章的空白合同书或者银行账户的，出借单位和借用人为共同诉讼人。因此，选项 B 可以引起必要共同诉讼。根据《民诉法解释》的规定，因保证合同纠纷提起的诉讼，债权人向保证人和被保证人一并主张权利的，人民法院应当将保证人和被保证人列为共同被告。保证合同约定为一般保证责任，债权人仅起诉保证人的，人民法院应当通知被保证人作为共同被告参加诉讼；债权人仅起诉被保证人，可只列被保证人为被告。因此，选项 C 可以引起必要共同诉讼。根据《民诉法解释》第 70 条的规定，在继承遗产诉讼中，部分继承人起诉的，人民法院应通知其他继承人作为共同原告参加诉讼；被通知的继承人不愿意参加诉讼又未明确表示放弃实体权利的，人民法院仍应把其列为共同原告。因此，选项 D 不能引起必要共同诉讼。

7. 谢梅梅与王东东关于玉石所有权纠纷一案，谢梅梅诉至A市甲区法院，甲区法院经审理后判决驳回谢梅梅的诉讼请求。谢梅梅不服上诉至A市中级法院，经调解达成协议，玉石归王东东所有，但王东东需向谢梅梅支付50万元。之后，赵大成在王东东家中见到该玉石，才得知自己借给谢梅梅的玉石被其出卖，损害了自己的合法权益。关于本案的下列表述，不正确的是（　　）。

A. 赵大成可以向A市中级法院提起撤销该调解书的诉讼

B. 法院应适用普通程序审理

C. 赵大成应当在该调解书生效之日起6个月内提起撤销之诉

D. 赵大成应向A市中级人民法院起诉

【考点】第三人撤销之诉

【答案】C

【解析】C选项应当是知道或者应当知道6个月之内提起第三人撤销之诉，而非生效之日起6个月。

8. 根据民事诉讼法及相关规定，下列关于法院调解的表述正确的是（　　）。

A. 甲公司与乙公司100万元借款纠纷一案，经法院调解达成协议，乙公司向甲公司支付90万元借款，并支付甲公司利息等其他费用15万元，该协议内容因超出诉讼请求的范围，法院应不予支持

B. X公司与Y公司货款纠纷案诉讼过程中，X公司与Y公司达成和解协议后，法院不能根据和解协议制作调解书

C. 秦欢与吴磊房屋所有权确认一案，经法院调解达成协议，房屋归秦欢所有，法院基于该调解协议制作的调解书具有强制执行力

D. 甲公司与乙公司100万元货款纠纷一案，经法院调解达成协议，乙公司一次性支付60万元，并且由丙公司提供担保。丙公司拒绝签收调解书，但是却不影响调解书的效力，并且在担保条件成就时可以执行丙公司的担保财产

【考点】法院调解

【答案】D

【解析】根据《民事调解规定》的规定，调解协议内容超出诉讼请求的，人民法院可以准许。因此，选项A是不正确的。根据该规定第4条第1款的规定，当事人在诉讼过程中自行达成和解协议的，人民法院可以根据当事人的申请依法确认和解协议制作调解书。因此，选项B是不正确的。根据民事诉讼理论，本题C选项中，秦欢与吴磊房屋所有权确认一案属于确认之诉，法院针对确认之诉作出的调解书不具有给付内容，因此，不具有强制执行力，故选项C是不正确的。根据该规定第11条的规定，调解协议约定一方提供担保或者案外人同意为当事人提供担保的，人民法院应当准许。案外人提供担保的，人民法院制作调解书应当列明担保人，并将调解书送交担保人。担保人不签收调解书的，不影响调解书生效。此外，担保条件成就时，可以执行担保人的财产。因此，选项D是正确的。

二、多项选择题

1. 住所地在甲区的河沙公司与住所地在乙区的建材公司签订了一份河沙买卖合同。合同约定双方在丙区履行交货义务，且约定，因本合同履行所发生的争议，由合同履行地法院管辖。在交货一段时间之后因货款支付发生了纠纷。下列关于本案管辖的说法不正确的是(　　)。

A. 本案应当由丙区法院管辖

B. 本案应当由甲区法院管辖

C. 本案应当由丙区法院和甲区法院管辖

D. 本案应当由乙区法院管辖地

【考点】管辖制度

【答案】BCD

【解析】根据《民事诉讼法》第 34 条的规定，合同或者其他财产权益纠纷的当事人可以书面协议选择被告住所地、合同履行地、合同签订地、原告住所地、标的物所在地等与争议有实际联系地点的人民法院管辖，但不得违反本法对级别管辖和专属管辖的规定。本案双方约定由合同履行地法院管辖属于有效管辖协议，而双方约定履行地在丙区，故选项 A 是正确的，而选项 B、C 与 D 均是不正确的。

2. 某日傍晚，孙某在小区散步，与陪儿子小华玩耍的刘某闲谈时，小华激怒了齐某饲养的大型犬类，致使孙某被咬伤。下列关于被告的确定，正确的有(　　)。

A. 孙某可以齐某为被告

B. 孙某可以小华为被告

C. 孙某可以刘某为被告

D. 孙某可以齐某与刘某为共同被告

【考点】当事人的确定

【答案】AB

【解析】孙某被齐某饲养的大型犬咬伤，选项 A 是正确的。小华惹怒狗，致使孙某被咬伤，对孙某存在侵权行为，故选项 B 是正确的。小华是刘某的儿子，如果孙某以小华为被告起诉，刘某应为小华的法定代理人，因此，选项 C 与 D 错误。

3. 某制药公司向社会投放了一批疫苗，因疫苗不合格，导致很多人受损。此后，受损消费者纷纷向法院起诉，要求赔偿损失。在确定诉讼代表人时，法院建议由甲某与乙某作为诉讼代表人参加诉讼，但是，丙某等消费者不同意。关于本案下列做法中不正确的是(　　)。

A. 丙某等消费者可以另行起诉

B. 法院应当指定诉讼代表人

C. 诉讼代表人确定后，丙某等消费者不同意，有权另行起诉

D. 法院可以再次进行协商确定

【考点】代表人诉讼

【答案】AD

【解析】当事人一方人数众多在起诉时不确定的，由当事人推选代表人，当事人推选不出的，可以由人民法院提出人选与当事人协商，协商不成的，也可以由人民法院在起诉的当事人中指定代表人。在确定诉讼代表人时，法院建议由甲某与乙某作为诉讼代表人参加诉讼，但是，丙某等消费者不同意，因此，应当由法院指定诉讼代表人，故选项 B 是正确的，而选项 A 与 D 不正确。人数不确定的代表人诉讼是基于普通共同诉讼而产生的，因此，诉讼代表人确定后，如果丙某等消费者不同意，是可以另行起诉的，故选项 C 是正确的。

4. 下列关于证据运用的表述，正确的是(　　)。

A. 经佐证的书证复印件可能是直接证据

B. 当事人提出支持自己主张的本证可能是传来证据

C. 直接证据的证明力一般大于间接证据

D. 与一方当事人有利害关系的证人出具的极其不利于该方当事人的证人证言可以作为认定案件事实的依据

【考点】证据

【答案】ABC

【解析】根据《民事诉讼证据规定》第 69 条的规定："下列证据不能单独作为认定案件事实的依据：(1)未成年人所作的与其年龄和智力状况不相当的证言；(2)与一方当事人或者其代理人有利害关系的证人出具的证言；(3)存有疑点视听资料；(4)无法与原件、原物核对的复印件、复制品；(5)无正当理由未出庭作证的证人证言。"选项 D 是不正确的。

5. 成功诉至区法院，要求贾连赔偿因打伤自己所造成的损失 5 万元。在双方庭外和解时，贾连承认错误并表示可以进行赔偿，但是赔偿的数额双方僵持不下。关于本案的下列表述正确的有(　　)。

A. 贾连承认错误对成功发生自认的效力

B. 法院可以依据贾连的承认认定其打伤成功

C. 成功就被贾连打伤的事实承担证明责任

D. 本案没有证明责任倒置的情形

【考点】证明责任；自认

【答案】CD

【解析】根据《民诉法解释》第 107 条的规定。在诉讼中。当事人为达成调解协议或者和解协议作出妥协而认可的事实，不得在其后的诉讼中作为对其不利的证据，但法律有规定或者当事人均同意的除外。在本题庭外和解时，贾连虽然承认撞伤成功，但就损失数额双方未达成协议，因此，贾连对承认撞伤成功的事实不发生自认的效力，在以后的诉讼中不得作为对其不利的证据，因此，选项 A 与 B 是不正确的。本题是一起侵权损害赔偿案件，因此，原告成功应当对被告贾连撞伤自己的事实以及所遭受损失的事实承担举证责任，本案也没有证明责任倒置的情形。因此选项 C 与 D 是正确的。

6. 武某和陆某因照相机买卖合同纠纷，武某将陆某诉至甲市 A 区人民法院。关于此案以下说法不正确的是(　　)。

A. 若法院开庭审理时，武某无正当理由拒不到庭法院按撤诉处理后，武某不得再次以相同事实和理由起诉

B. 若法院立案受理后，武某在开庭前向法院申请撤诉应以书面形式提出

C. 若武某在法庭辩论终结后，向法院申请撤诉，法院应不予准许

D. 若 A 区人民法院一审判决支持了武某的诉讼请求，陆某不服向 A 市中级人民法院提出上诉，在二审进行中，武某向法院申请撤回起诉，法院不予准许

【考点】撤诉

【答案】ABCD

【解析】《民事诉讼法》第 145 条规定："宣判前，原告申请撤诉的，是否准许，由人民法院裁定。人民法院裁定不准许撤诉的，原告经传票传唤，无正当理由拒不到庭的，可以缺席判决。"可见，申请撤诉的时间一般是各级法院受理案件后至宣告判决前。撤诉申请，可以用口头方式或书面方式提出。《民诉法解释》第 214 条规定："原告撤诉或者人民法院按撤诉处理后，原告以同一诉讼请求再次起诉的，人民法院应予受理。"第 338 条规定："在第二审程序中，原审原告申请撤回起诉，经其他当事人同意，且不损害国家利益、社会公共利益、他人合法权益的，人民法院可以准许。准许撤诉的，应当一并裁定撤销一审裁判。原审原告在第二审程序中撤回起诉后重复起诉的，人民法院不予受理。"

7. 杨美因票据遗失向法院申请公示催告。在公示催告期间届满的第 5 天，郭帅向法院申报权利。下列哪些说法是错误的(　　)。

A. 因公示催告期间已经届满，法院应当驳回郭帅的权利申报

B. 法院应当开庭，就失票的权属进行调查，组织当事人进行举证质证

C. 法院应当对郭帅的申报进行形式审查，并通知杨美到场查验票据

D. 若杨美自公示催告期间届满 1 个月内没有提出除权判决申请，则公示催告程序中止

【考点】公示催告程序

【答案】ABD

【解析】《民诉法解释》第 450 条规定，在申报期届满后、判决作出之前，利害关系人申报权利的，应当适用《民事诉讼法》第 221 条第 2 款、第 3 款规定处理。即：申报期届满后除权判决作出之前，利害关系人仍可申报权利；第 451 条规定，利害关系人申报权利，人民法院应当通知其向法院出示票据，并通知公示催告申请人在指定的期间查看该票据。公示催告申请人申请公示催告的票据与利害关系人出示的票据不一致的，应当裁定驳回利害关系人的申报；第 452 条规定，在申报权利的期间无人申报权

利，或者申报被驳回的，申请人应当自公示催告期间届满之日起1个月内申请作出判决。逾期不申请判决的，终结公示催告程序。裁定终结公示催告程序的，应当通知申请人和支付人。

8. 李豪向法院申请强制执行章静的房产，法院对该套房屋进行查封拍卖过程中，章静的大舅邵敏向法院提出书面异议，称自己才是该房产的所有人，章静只是暂住其家。对于邵敏的异议，法院正确的处理方式是以下哪些选项(　　)。

A. 若邵敏以口头形式提出异议，则告知其应当以书面形式提出

B. 应当自收到异议之日起10日内审查

C. 若异议理由成立，裁定撤销对该房屋的执行

D. 若异议理由不成立，裁定驳回

【考点】 执行异议

【答案】 AD

【解析】《民事诉讼法》第227条规定，执行过程中，案外人对执行标的提出书面异议的，人民法院应当自收到书面异议之日起15日内审查，理由成立的，裁定中止对该标的的执行；理由不成立的，裁定驳回。案外人、当事人对裁定不服，认为原判决、裁定错误的，依照审判监督程序办理；与原判决、裁定无关的，可以自裁定送达之日起15日内向人民法院提起诉讼。

9. 杨二嫂和圆规公司专利权纠纷一案，H仲裁委员会在开庭审理时，杨二嫂对仲裁庭的一名仲裁员周某提出了回避申请。经审查，周某被依法决定回避。关于本案，以下说法不正确的是(　　)。

A. 对周某的回避申请，应当由首席仲裁员决定

B. 周某退出仲裁庭后，应当由仲裁庭重新指定一名仲裁员

C. 仲裁庭可以决定已经进行的仲裁程序是否重新进行

D. 若杨二嫂和圆规公司均同意仲裁程序继续进行，则仲裁庭应当准许

【考点】 仲裁员的回避

【答案】 AB

【解析】《仲裁法》第36条规定，仲裁员是否回避，由仲裁委员会主任决定；仲裁委员会主任担任仲裁员时，由仲裁委员会集体决定。第37条规定，仲裁员因回避或者其他原因不能履行职责的，应当依照本法规定重新选定或者指定仲裁员。因回避而重新选定或者指定仲裁员后，当事人可以请求已进行的仲裁程序重新进行，是否准许，由仲裁庭决定；仲裁庭也可以自行决定已进行的仲裁程序是否重新进行。

三、不定项选择题

红星公司与张某签订机械设备买卖合同，并且书面约定一切争议由长沙仲裁委员会仲裁。红星公司支付款项10万元后，张某未如约履行义务，因此双方解除了合同，但是张某却一直不肯返还红星公司已经支付的款项，红星公司因此提起仲裁，仲裁庭

适用简易程序作出裁决，要求张某返还。

1. 对于仲裁庭作出的裁决，下列说法正确的有(　　)。

A. 仲裁裁决一裁终局

B. 对于仲裁裁决不服的可以向其他仲裁委员会申请重新仲裁

C. 一方当事人不履行仲裁裁决的，另一方当事人可以申请强制执行

D. 仲裁裁决一经作出就发生法律效力

【考点】综合考查仲裁裁决

【答案】ACD

【解析】仲裁实行一裁终局制度，裁决自作出之日起发生法律效力。任何一方当事人不履行仲裁裁决的，另一方当事人可以向人民法院申请强制执行，受申请的人民法院应当执行。因此，ACD 正确。

2. 若张某想要撤销仲裁裁决，他应当向哪个法院提交申请(　　)。

A. 红星公司所在地的基层人民法院　　B. 长沙市中级人民法院

C. 湖南省高级人民法院　　D. 最高人民法院

【考点】申请撤销仲裁裁决的条件；管辖法院

【答案】B

【解析】申请撤销仲裁裁决应当向仲裁委员会所在地的中级人民法院提交申请。

3. 下列哪些可以构成撤销仲裁裁决的事由(　　)。

A. 仲裁庭的组成或者仲裁的程序违反法定程序

B. 仲裁裁决所依据的证据是伪造的

C. 对方当事人隐瞒了足以影响公正裁决的证据的

D. 张某的公司面临着经济上的巨大压力，出于人道主义

【考点】撤销仲裁裁决的事由

【答案】ABC

【解析】根据《仲裁法》第 58 条规定，撤销仲裁裁决的法定事由有：

(1)没有仲裁协议。包括三种情形：①当事人没有达成仲裁协议；②仲裁协议无效；③仲裁协议被依法撤销。

(2)仲裁的事项不属于仲裁协议的范围或者仲裁委员会无权仲裁。

(3)仲裁庭的组成或者仲裁的程序违反法定程序。

(4)仲裁裁决所依据的证据是伪造的。

(5)对方当事人隐瞒了足以影响公正裁决的证据。

(6)仲裁员在仲裁该案时有索贿受贿、徇私舞弊、枉法裁决的行为。

此外，人民法院认定仲裁裁决违背社会公共利益的，应当裁定撤销。

4. 若张某拒不履行该仲裁裁决，法院可采取的执行措施有(　　)。

A. 依职权决定限制张某乘坐飞机

B. 要求张某报告当前的财产情况

C. 强制张某加倍支付迟延履行期间的债务利息

D. 根据红星公司的申请，对拖欠张某货款的康辉公司发出履行通知

【考点】执行措施

【答案】ABCD

【解析】《最高人民法院关于限制被执行人高消费的若干规定》第 1 条、第 3 条规定，被执行人未按执行通知书指定的期间履行生效法律文书确定的给付义务的，人民法院可以限制其高消费；被执行人被限制高消费后，不得以其财产支付乘坐飞机、列车软卧、轮船二等以上舱位的费用，故 A 项正确。《民事诉讼法》第 217 条规定："被执行人未按执行通知履行法律文书确定的义务，应当报告当前以及收到执行通知之日前一年的财产情况。"故 B 项正确。该法第 229 条规定："被执行人未按判决、裁定和其他法律文书指定的期间履行给付金钱义务的，应当加倍支付迟延履行期间的债务利息。被执行人未按判决、裁定和其他法律文书指定的期间履行其他义务的，应当支付迟延履行金。"故 C 项正确。D 项涉及代位执行。所谓代位执行，是指被执行人不能清偿到期债务，但对本案以外的第三人享有到期债权的，法院可依申请执行人或被执行人的申请，对该第三人财产进行强制执行。所以，D 项正确。

卷二

一、单项选择题

1. M 区的甲公司与 H 区的乙公司钢材买卖合同纠纷一案，因乙公司拒绝按照合同约定向甲公司交付 770 吨钢材，甲公司与乙公司交涉未果决定起诉时，发现乙公司正在搬家并随时可能转移存放在 T 区仓库中的库存钢材。下列关于财产保全的表述正确的是(　　)。

A. 甲公司可以申请法院采取财产保全措施，也可以由法院依职权采取财产保全措施

B. 甲公司可以向 H 区或者 T 区法院申请财产保全

C. 法院可以责令甲公司提供担保

D. 如果乙公司对财产保全的裁定不服，可以向上一级法院申请复议

【考点】财产保全

【答案】B

【解析】本案属于诉前财产保全，根据《民事诉讼法》的规定，利害关系人因情况紧急，不立即申请保全将会使其合法权益受到难以弥补的损害的，可以在提起诉讼或者申请仲裁前向被保全财产所在地、被申请人住所地或者对案件有管辖权的人民法院申请采取保全措施。申请人应当提供担保，不提供担保的，裁定驳回申请。选项 A 与 C

是不正确的，而选项 B 是正确的。根据该法第 108 条的规定，当事人对保全或者先予执行的裁定不服的，可以申请复议一次。复议期间不停止裁定的执行。此处的申请复议应向作出裁定的法院提出。故选项 D 是不正确的。

2. 某日，章某路过一摄影公司的宣传橱，见其表妹吴慧的婚纱照片放在宣传橱窗内，章某诉至法院要求该摄影公司停止对吴惠的侵权行为，并赔礼道歉。对于本案，下列说法正确的是(　　)。

A. 裁定不予受理　　B. 裁定驳回起诉

C. 判决驳回诉讼请求　　D. 判决驳回起诉

【考点】起诉与受理

【答案】A

【解析】本案章某要求摄影公司停止对吴慧的侵权行，属于原告不适格，法院应裁定不予受理。

3. 刘环与孙颖侵权损害赔偿纠纷一案，刘环诉至法院要求孙颖赔偿其损失 1 万元。法院受理案件后，向孙颖送达应诉通知书，但是孙颖的丈夫声称其已下落不明近 1 年。下列作法正确的是(　　)。

A. 裁定中止诉讼

B. 孙颖的丈夫作为诉讼代理人继续参加诉讼

C. 向孙颖公告送达应诉通知书

D. 追加孙颖的丈夫作为被告参加诉讼

【考点】送达

【答案】C

【解析】《民事诉讼法》第 92 条规定，受送达人下落不明，或者用本节规定的其他方式无法送达的，公告送达。自发出公告之日起，经过 60 日，即视为送达。公告送达，应当在案卷中记明原因和经过。本题中的被告孙某在受理后，向其送达应诉通知书时处于下落不明状态，法院应采用公告方式送达，故选项 C 是正确的。

4. 黄某与李某系夫妻。黄某因车祸导致生活难以自理。此后，李某常常数日不回家。黄某身心疲劳，苦不堪言，遂诉至法院要求李某支付扶养费。法院经传票传唤，开庭审理时得知李某意外死亡。此时，法院应如何处理该案(　　)。

A. 缺席判决　　B. 延期审理

C. 诉讼中止　　D. 诉讼终结

【考点】审理中的特殊情形：诉讼终结

【答案】D

【解析】《民事诉讼法》第 151 条规定，有下列情形之一的，终结诉讼：(1)原告死亡，没有继承人，或者继承人放弃诉讼权利的；(2)被告死亡，没有遗产，也没有应当承担义务的人的；(3)离婚案件一方当事人死亡的；(4)追索赡养费、扶养费、抚育费以及解除收养关系案件的一方当事人死亡的。

5. 根据我国民事诉讼法及司法解释的规定，下列关于适用简易程序的表述不正确的是(　　)。

A. 基层人民法院适用简易程序审理民事案件通常情况下是一次开庭审结并当庭宣判

B. 基层人民法院适用简易程序审理民事案件时，可以用电话或者电子邮件传唤双方当事人。如果被告无正当理由拒不到庭，法院可以缺席判决

C. 基层人民法院适用简易程序审理民事案件时，如果一方当事人承认另一方当事人的全部或者部分诉讼请求，则可以在裁判文书中适当简化认定事实或裁判理由

D. 基层人民法院适用简易程序审理民事案件，庭审笔录应当记录当事人自认的有关情况

【考点】简易程序

【答案】B

【解析】根据《简易程序规定》的规定，适用简易程序审理的民事案件，应当一次开庭审结，但人民法院认为确有必要再次开庭的除外，适用简易程序审理的民事案件，除人民法院认为不宜当庭宣判的以外，应当当庭宣判。因此，选项A是正确的。根据《民诉法解释》的规定，适用简易程序审理案，人民法院可以采取捎口信、电话、短信、传真、电子邮件等简便方式传唤双方当事人、通知证人和送达裁判文书以外的诉讼文书。以简便方式送达的开庭通知，未经当事人确认或者没有其他证据足以证明当事人已经收到的，人民法院不得缺席判决。因此，选项B是不正确的。根据《民诉法解释》的规定，选项C是正确的。根据《简易程序规定》第24条的规定，选项D是正确的。

6. 甲公司与乙公司共有10间门面房屋，与丙公司签订了其中5间房屋的长期租赁合同，但是丙公司未经同意，擅自将其中的3间房屋出租给丁公司。然而丁公司在使用中改变了房屋的结构，甲、乙公司得知后诉至区人民法院要求解除与丙公司之间房屋租赁合同，并责令恢复房屋原状。人民法院通知丁公司参加诉讼。经过审理后，人民法院判决解除房屋租赁合同关系，责令丙公司恢复房屋原状。判决作出后，甲公司与丁公司提出上诉，甲公司请求由丙公司与丁公司共同恢复房屋原状，丁公司请求由丙公司与乙公司解除房屋租赁合同的诉讼请求。下列关于本案二审当事人诉讼地位的表述正确的是(　　)。

A. 甲公司与丁公司作为上诉人，乙公司与丙公司作为被上诉人

B. 甲公司与丁公司作为上诉人，丙公司作为被上诉人，乙公司依原审地位参加诉讼

C. 甲公司作为上诉人，乙公司与丙公司、丁公司均作为被上诉人

D. 甲公司作为上诉人，丙公司与丁公司作为被上诉人，乙公司依原审地位参加诉讼

【考点】上诉的条件：有合格的上诉人和被上诉人

【答案】D

【解析】此案中，甲公司与乙公司是必要共同原告，丙公司是被告，丁公司是无独立请求权的第三人。此外，需注意本案一审法院判决丙公司承担恢复房屋原状的诉讼义务，而未直接判决无独立请求权的第三人丁公司承担该项义务，因此，丁公司无权提出上诉，故先排除选项A与选项B。然后，甲乙之间没有分歧，乙不可能作为被上诉人，排除C选项。

7. 根据《民事诉讼法》及相关司法解释，下列情形中当事人有权向法院申请再审的是(　　)。

A. 老王申请认定其妻子桂花为限制民事行为能力人，在确认判决生效一年后，桂花以自己已经恢复完全民事行为能力为由申请再审

B. 黄某与其妻子洪某离婚判决生效后，黄某针对离婚案件的判决中已处理的财产分割问题申请再审

C. 方某与林某民间借贷纠纷一案一审判决生效后，林某以一审法院管辖错误为由向法院申请再审

D. 蔡某与贺某房屋租赁合同纠纷一案判决生效后，贺某以审理该案的审判长可能存在受贿、枉法裁判为由向法院申请再审

【考点】申请再审

【答案】B

【解析】《民事诉讼法》第200条规定，当事人的申请符合下列情形之一的，人民法院应当再审：(1)有新的证据，足以推翻原判决、裁定的；(2)原判决、裁定认定的基本事实缺乏证据证明的；(3)原判决、裁定认定事实的主要证据是伪造的；(4)原判决、裁定认定事实的主要证据未经质证的；(5)对审理案件需要的主要证据，当事人因客观原因不能自行收集，书面申请人民法院调查收集，人民法院未调查收集的；(6)原判决、裁定适用法律确有错误的；[再审事由中删除原“(七)违反法律规定，管辖错误的”一项，即：管辖错误不是申请再审的事由了]。(7)审判组织的组成不合法或者依法应当回避的审判人员没有回避的；(8)无诉讼行为能力人未经法定代理人代为诉讼或者应当参加诉讼的当事人，因不能归责于本人或者其诉讼代理人的事由，未参加诉讼的；(9)违反法律规定，剥夺当事人辩论权利的；(10)未经传票传唤，缺席判决的；(11)原判决、裁定遗漏或者超出诉讼请求(诉讼请求，包括一审诉讼请求、二审上诉请求)的；(12)据以作出原判决、裁定的法律文书被撤销或者变更的；(13)审判人员审理该案件时有贪污受贿，徇私舞弊，枉法裁判行为的。《民事诉讼法》第202条规定，当事人对已经发生法律效力的解除婚姻关系的判决、调解书，不得申请再审。《民诉法解释》第380条规定，适用特别程序、督促程序、公示催告程序、破产程序等非讼程序审理的案件，当事人不得申请再审。第382条规定，当事人就离婚案件中的财产分割问题申请再审，如涉及判决中已分割的财产，人民法院应当依照《民事诉讼法》第200条

的规定进行审查，符合再审条件的，应当裁定再审；如涉及判决中未作处理的夫妻共同财产，应当告知当事人另行起诉。《民事诉讼法》第394条、第200条第13项规定的审判人员审理该案件时有贪污受贿、徇私舞弊、枉法裁判行为，是指已经由生效刑事法律文书或者纪律处分决定所确认的行为。

8. 华美公司依据生效判决书向湘南区法院申请执行，责令花生公司向其支付拖欠的贷款50万元。湘南区法院受理案件后，委托花生公司财产所在地湘中区法院执行。但是花生公司已经资不抵债，暂无可以执行的财产。下列做法正确的是(　　)。

A. 湘中区法院裁定中止执行

B. 湘中区法院裁定终结执行

C. 湘中区法院函告湘南区法院，由湘南区法院裁定中止执行

D. 湘中区法院函告湘南区法院，由湘南区法院裁定终结执行

【考点】委托执行；中止执行

【答案】C

【解析】根据民事诉讼理论，在执行程序中，遇有法定情形，需要裁定中止执行或者裁定终结执行的，应当由具有执行管辖权的法院予以处理，因此可以排除A、B选项。然后花生公司暂无执行的财产，应当中止执行，不存在终结执行的情形。

二、多项选择题

1. 某区人大代表换届选举时，住在某社区的陈某发现选举委员会公布的选民名单遗漏同社区刘某的名字。陈某向选举委员会申诉被驳回，陈某向人民法院起诉。关于本案的表述正确的有(　　)。

A. 陈某、刘某与选举委员会代表应参加本案审理

B. 区法院应当在选举日前终结诉讼

C. 区人民法院审理后作出的判决是生效的判决

D. 采用独任制审理此案

【考点】特别程序：选民资格案件的审理程序

【答案】ABC

【解析】特别程序审理的案件，实行一审终审。选民资格案件或者重大、疑难的案件，由审判员组成议庭审理，其他案件由审判员一人独任审理。因此，选项C、D不正确。人民法院受理选民资格案件后，必须在选举日前审结。因此，选项B是正确的。审理时，起诉人、选举委员会的代表和有关公民必须参加。因此，选项A是正确的。

2. 因甲公司拖欠乙公司货款100万元，乙公司向甲公司住所地A区法院申请支付令。A区法院制作并发出支付令后，甲公司向A区法院提出书面异议，主张自己仅欠乙公司75万元，而不是100万元。下列说法正确的有(　　)。

A. 法院应裁定终结督促程序

B. 甲公司的主张不阻止支付令产生强制执行效力

C. 甲公司的主张使支付令自行失效

D. 甲公司的主张构成支付令异议

【考点】督促程序

【答案】ACD

【解析】根据《民诉法解释》的规定，债务人对债务本身没有异议，只是提出缺乏清偿能力、延缓债务清偿期限、变更债务清偿方式等意见的，不影响支付令的效力。本题中，甲公司向支付令制作法院A区法院提出书面异议，主张自己仅欠乙公司75万元，因此，甲公司的主张已经构成支付令异议，选项D是正确的。根据《民事诉讼法》的规定，人民法院收到债务人提出的书面异议后，经审查，异议成立的，应当裁定终结督促程序，支付令自行失效。支付令失效的，转入诉讼程序，但申请支付令的一方当事人同意提起诉讼的除外。因此，选项A与C是正确的，而选项B是不正确的。

3. 辉腾公司依据生效判决书向新华区法院申请强制执行，请求责令博美公司将6间厂房交付自己。在执行程序中，博美公司认为执行行为违反法律规定。关于本案下列表述正确的有(　　)。

A. 博美公司可以口头形式向法院提出执行行为不合法的异议

B. 博美公司应当以书面形式向法院提出执行行为不合法的异议

C. 法院裁定驳回被执行公司的异议后，该公司可以在法定期间提起异议之诉

D. 法院裁定驳回被执行公司的异议后，该公司可以向上一级法院申请复议

【考点】执行行为异议

【答案】BD

【解析】根据《民事诉讼法》的规定，当事人、利害关系人认为执行违反法律规定的，可以向负责执行的人民法院提出书面异议。当事人、利害关系人提出书面异议的，人民法院应当自收到书面异议之日起15日内审查，理由成立的，裁定撤销或者改正；理由不成立的，裁定驳回。当事人、利害关系人对裁定不服的，可以自裁定送达之日起10日内向上一级人民法院申请复议。因此，选项A与C是不正确的，而选项B与D是正确的。注意：A、B与C、D均为相关的矛盾选项。

4. 下列关于民事诉讼与仲裁中和解与调解的表述不正确的有(　　)。

A. 在民事诉讼与仲裁中，当事人自行协商达成和解协议后，均可以请求确认和解协议制作调解书

B. 在民事诉讼与仲裁中，自愿调解与先行调解是并列的调解方式

C. 在民事诉讼与仲裁中，经调解达成协议后只能制作调解书

D. 在民事诉讼与仲裁中，当事人自行达成和解协议后，均可以选择撤回程序

【考点】民事诉讼与仲裁：和解与调解的比较

【答案】ABC

【解析】根据《民事调解规定》第4条的规定，当事人在诉讼过程中自行达成和解协议的，人民法院可以根据当事人的申请依法确认和解协议制作调解书。且根据民事诉讼理论，当事人达成和解协议后，有权选择申请撤诉。根据《仲裁法》第49条的规定，当事人申请仲裁后，可以自行和解。达成和解协议的，可以请求仲裁庭根据和解协议作出裁决书，也可以撤回仲裁申请。因此，选项A是不正确的，而选项D是正确的。根据《民事诉讼法》第9条的规定，人民法院审理民事案件，应当根据自愿和合法的原则进行调解；调解不成的，应当及时判决。根据《仲裁法》第51条的规定，仲裁庭在作出裁决前，可以先行调解。当事人自愿调解的，仲裁庭应当调解。调解达成协议的，仲裁庭应当制作调解书或者根据协议的结果制作裁决书。调解书与裁决书具有同等的法律效力。因此，选项B与C均是不正确的。

5. 对于律师调解协议的司法确认，当事人可以向哪些法院申请确认(　　)。

A. 律师调解工作室所在地基层人民法院

B. 律师调解中心所在地中级法院

C. 律师调解工作室所在地中级法院

D. 律师调解中心所在地基层人民法院

【考点】民事纠纷的多元化解决机制

【答案】AD

【解析】当事人可以向律师调解工作室或律师调解中心所在地基层人民法院申请，人民法院应当依法确认调解协议效力。

6. 某外国法院在审理涉外民事纠纷案件时，需要我国法院根据民事诉讼法的规定给予一般诉讼行为的司法协助。我国法院如给予该外国法院司法协助，下列要求是不可缺少的有(　　)。

A. 该外国与我国有条约关系或者互惠关系

B. 该事项属于我国法院的职权范围

C. 需附英文和中文对照译本

D. 不损害我国的主权、安全与社会公共利益

【考点】涉外民事诉讼

【答案】ABD

【解析】根据《民事诉讼法》第276条的规定，根据中华人民共和国缔结或者参加的国际条约，或者按照互惠原则，人民法院和外国法院可以相互请求，代为送达文书、调查取证以及进行其他诉讼行为。外国法院请求协助的事项有损于中华人民共和国的主权、安全或者社会公共利益的，人民法院不予执行。因此，选项A、B与D不可缺少。根据《民事诉讼法》第278条的规定，外国法院请求人民法院提供司法协助的请求书及其所附文件，应当附有中文译本或者国际条约规定的其他文字文本。人民法院请求外国法院提供司法协助的请求书及其所附文件，应当附有该国文字译本或者国际条

约规定的其他文字文本。因此，选项C错误。

7. 周丽诉许华人身损害赔偿案，一审法院判决徐华赔偿周丽医疗费22万元。该判决书生效后，周丽申请强制执行。执行程序开始后，许华向一审法院提出再审申请但被驳回。随后，许华又向检察院申请抗诉，检察院以原审主要证据系伪造为由提出抗诉。关于本案，下列哪些说法是正确的(　　)。

A. 许华应向原审法院申请再审

B. 检察院抗诉后，应当由接受抗诉的法院审查后，作出是否再审的裁定

C. 法院若裁定再审，可以不裁定中止原判决的执行

D. 若许华在再审中变更请求，再审法院对变更后的请求应当不予审查

【考点】审判监督程序

【答案】CD

【解析】A项错误。《民事诉讼法》第199条规定，当事人对已经发生法律效力的判决、裁定，认为有错误的，可以向上一级人民法院申请再审；当事人一方人数众多或者当事人双方为公民的案件，也可以向原审人民法院申请再审。据此许华既可以向原审法院申请再审也可以向上一级法院申请再审。

B项错误。《民事诉讼法》第211条规定，人民检察院提出抗诉的案件，接受抗诉的人民法院应当自收到抗诉书之日起30内作出再审的裁定；有本法第200条第1项至第5项规定情形之一的，可以交下一级人民法院再审，但经该下一级人民法院再审的除外。可见，检察院提出抗诉的案件，法院必须启动再审程序。

C项正确。《民事诉讼法》第206条规定，按照审判监督程序决定再审的案件，裁定中止原判决、裁定、调解书的执行，但追索赡养费、扶养费、抚育费、抚恤金、医疗费用、劳动报酬等案件，可以不中止执行。本案属追索医疗费的案件，法院可以不裁定中止原判决的执行。

D项正确。《民诉法解释》第405条第1款规定，人民法院审理再审案件应当围绕再审请求进行。当事人的再审请求超出原审诉讼请求的，不予审理；符合另案诉讼条件的，告知当事人可以另行起诉。

8. 王某路过张某家门口，被张某家悬挂在墙上的壁灯掉下来砸伤，因协商不成王某将张某诉至法院请求赔偿。关于本案的证明责任分配，下列哪些说法是正确的(　　)。

A. 张某悬挂壁灯的事实，由原告王某承担证明责任

B. 王某受伤的事实，由原告王某承担证明责任

C. 王某所受损害是由于张某悬挂壁灯砸伤的事实，由原告王某承担证明责任

D. 张某悬挂壁灯无过错的事实，由原告王某承担证明责任

【考点】证明责任的承担

【答案】ABC

【解析】《民事诉讼证据规定》第2条第1款规定，当事人对自己提出的诉讼请求所依据的事实或者反驳对方诉讼请求所依据的事实有责任提供证据加以证明。故A、B、C项说法正确。

D项错误。《民事诉讼证据规定》第4条第(四)项规定，建筑物或者其他设施以及建筑物上的搁置物、悬挂物发生倒塌、脱落、坠落致人损害的侵权诉讼，由所有人或者管理人对其无过错承担举证责任。据此可知，本题中张某悬挂壁灯无过错的事实，由所有权人张某承担举证责任。

9. 玫瑰公司与百合公司因化肥买卖合同发生纠纷诉至法院，在诉讼进行过程中，玫瑰公司将合同中的权利义务概括转让给了向日葵公司。关于本案，以下说法不正确的有(　　)。

A. 玫瑰公司和向日葵公司的权利义务转让完成后，法院应当裁定变更当事人

B. 向日葵公司可以申请作为无独立请求权的第三人参加诉讼，法院应予准许

C. 如果向日葵公司和百合公司均同意，玫瑰公司可以继续作为原告进行诉讼

D. 如果法院裁定变更当事人，玫瑰公司退出诉讼前完成的诉讼行为对向日葵公司具有拘束力

【考点】诉讼承担

【答案】ABC

【解析】《民诉法解释》第249条规定：在诉讼中，争议的民事权利义务转移的，不影响当事人的诉讼主体资格和诉讼地位。人民法院作出的发生法律效力的判决、裁定对受让人具有拘束力。受让人申请代替当事人参加诉讼的，法院可以根据案件的具体情况决定是否准许；不予准许的，可以追加其为无独立请求权的第三人。据此，A项错误，诉讼中转移权利义务，原则上不影响当事人的诉讼地位。

B项错误。向日葵公司可以申请作为无独立请求权的第三人参加诉讼，法院可以准许而不是“应予准许”。

C项错误。诉讼中转移权利义务，当事人的诉讼地位原则上不受影响，不需要向日葵公司和百合公司均同意。

D项正确。《民诉法解释》第250条规定：人民法院准许受让人替代当事人诉讼的，裁定变更当事人。变更当事人后，诉讼程序以受让人为当事人继续进行，原当事人应当退出诉讼。原当事人已经完成的诉讼行为对受让人具有拘束力。

三、不定项选择题

甲市乙区人民法院受理程文诉何娣名誉侵权纠纷一案，判决何娣在判决生效后10天内赔偿程文精神损失费2万元，在指定的《××报》上登报赔礼道歉，日后不得在任何场合有侵害程文名誉的言行，并承担诉讼费用。何娣不服一审判决，依法提起上诉。甲市中级人民法院经审理作出维持原判的二审判决。二审判决于2016年7月15日送达，何娣7月26日到法院交纳了诉讼费用，但未履行其他义务。于是程文依法向法院

申请强制执行。根据上述情况，请回答下列问题。

1. 哪个法院对本案具有执行管辖权(　　)。

A. 乙区人民法院

B. 甲市中级人民法院

C. 甲市中级人民法院委托乙区人民法院执行

D. 既可以由乙区人民法院负责执行，也可以由甲市中级人民法院负责执行

【考点】执行管辖

【答案】A

【解析】《民事诉讼法》第224条规定，发生法律效力的民事判决、裁定，以及刑事判决、裁定中的财产部分，由第一审人民法院或者与第一审人民法院同级的被执行的财产所在地人民法院执行。法律规定由人民法院执行的其他法律文书，由被执行人住所地或者被执行的财产所在地人民法院执行。

2. 经查，何娣确无还债能力，但其表妹贺桢向其所借3万元借款已到还款期限。法院欲向贺桢发出履行到期债务的通知，请问应如何进行(　　)。

A. 法院可依职权向贺桢邮寄送达履行到期债务通知

B. 法院可依程文的申请，向贺桢邮寄送达履行到期债务通知

C. 法院可依何娣的申请，向贺桢直接送达履行到期债务通知

D. 法院可依职权向贺桢直接送达履行到期债务通知

【考点】对第三人到期债权的执行

【答案】C

【解析】《最高人民法院关于法院执行工作若干问题的规定(试行)》第61条规定："被执行人不能清偿债务，但对本案以外的第三人享有到期债权的，人民法院可以依申请执行人或被执行人的申请，向第三人发出履行到期债务通知。"

3. 对于贺桢依法在履行通知指定的期间内提出的异议，法院应如何处理(　　)。

A. 法院不得对贺桢强制执行

B. 法院经审查，异议成立的，裁定中止执行

C. 法院经审查，异议不成立的，裁定驳回异议

D. 法院不得对贺桢提出的异议进行实质审查

【考点】第三人对到期债权执行的异议

【答案】AD

【解析】《民诉法解释》第501条规定，人民法院执行被执行人对他人的到期债权，可以作出冻结债权的裁定，并通知该他人向申请执行人履行。该他人对到期债权有异议，申请执行人请求对异议部分强制执行的，人民法院不予支持。利害关系人对到期债权有异议的，人民法院应当按照《民事诉讼法》第227条规定处理。对生效法律文书确定的到期债权，该他人予以否认的，人民法院不予支持。

4. 在何娣拒绝赔礼道歉的情况下，法院可以采取哪些针对何娣的法律措施(　　)。

A. 由何娣支付迟延履行金

B. 对何娣进行罚款

C. 对何娣进行拘留

D. 采取公告、登报等方式，将判决的主要内容及有关情况公布于众，费用由何娣承担

【考点】对(不可替代的)行为的执行

【答案】ABCD

【解析】民诉法规定，被执行人未按判决、裁定和其他法律文书指定的期间履行给付金钱义务的，应当加倍支付迟延履行期间的债务的利息；被执行人未按判决、裁定和其他法律文书指定的期间履行其他义务的，应当支付迟延履行金，故A项正确。依据《民事诉讼法》第102条的规定，选项B、C项正确。此外，根据《最高人民法院关于审理名誉权案件若干问题的解答》第11条规定，侵权人拒不执行生效判决，不为对方恢复名誉、消除影响的，人民法院可以采取公告、登报等方式，将判决的主要内容及有关情况公布于众，费用由被执行人负担，并可依照《民事诉讼法》第102条第6项的规定处理，故D项正确。

5. 假设法院执行过程中程文与何娣自行达成口头协议，约定何娣可不赔礼道歉，但须另付程文1万元赔偿款，法院得知后应当如何办理(　　)。

A. 不允许，继续执行生效判决

B. 不允许，但不予过问，也不继续执行生效判决

C. 允许，将协议内容记入笔录，由双方当事人签名或者盖章

D. 允许，根据当事人协议的内容制作调解书

【考点】执行和解

【答案】C

【解析】《民事诉讼法》第230条规定，在执行中，双方当事人自行和解达成协议的，执行员应当将协议内容记入笔录，由双方当事人签名或者盖章。申请执行人因受欺诈、胁迫与被执行人达成和解协议，或者当事人不履行和解协议的，人民法院可以根据当事人的申请，恢复对原生效法律文书的执行。

卷三

一、单项选择题

1. 上天公司与入地公司合同纠纷一案，上天公司诉至荷花区法院。该区法院经审理判决上天公司胜诉，入地公司不服上诉至市中级法院，提出自己与上天公司之间存在仲裁协议，且一审首次开庭前已提出，一审法院未作出任何表示。市中院经查入地

公司的说法正确，荷花区人民法院存在审查上的程序错误。该市中级法院的下列做法中正确的是(　　)。

A. 对仲裁协议再次进行审查，作出相应处理

B. 裁定撤销原判决，发回重审

C. 裁定撤销原判决，驳回起诉

D. 维持原判决

【考点】主管与管辖

【答案】C

【解析】根据《仲裁法》第 26 条的规定，当事人达成仲裁协议，一方向人民法院起诉未声明有仲裁协议，人民法院受理后，另一方在首次开庭前提交仲裁协议的，人民院应当驳回起诉，但仲裁协议无效的除外；另一方在首次开庭前未对人民法院受理该案提出异议的，视为放弃仲裁协议，人民法院应继续审理。该案乙公司在一审首次开庭前已提出仲裁协议，因此，甲公司的起诉属于起诉不符合受理条件的情形，根据《民诉法解释》第 330 条的规定，人民法院依照第二审程序审理的案件，认为依法不应由人民法院受理的，可以由第二审人民法院直接裁定撤销原判，驳回起诉。故选项 C 是正确的，其余选项均是不正确的。

特别提示：B、C 选项为相关选项，答案一般从 B、C 中出。

2. 霍佳与雷敏房屋买卖合同纠纷一案，经过区法院与市中级人民法院两审终审后，张善以该房屋系自己与雷敏共同共有为由，向省高级法院申请再审。法院下列做法正确的是(　　)。

A. 告知张善另行起诉

B. 告知张善可以提起第三人撤销之诉

C. 可以进行调解，调解不成的，裁定撤销一、二审判决，发回重审

D. 进行调解，调解不成的，告知张善另行起诉

【考点】案外人(被遗漏的当事人)申请再审

【答案】C

【解析】根据《民诉法解释》第 422 条规定，必须共同进行诉讼的当事人因不能归责于本人或者其诉讼代理人的事由未参加诉讼的，可以根据《民事诉讼法》第 200 条第 8 项规定，自知道或者应当知道之日起 6 个月内申请再审，但符合本解释第 423 条规定情形的除外。人民法院因前款规定的当事人申请再审而裁定再审，按照第一审程序再审的，应当追加其为当事人，作出新的判决、裁定；按照第二审程序再审，经调解不能达成协议，应当撤销原判决、裁定，发回重审。

特别提示：本题中，选项 C 与选项 D 是意思矛盾选项。

3. 强生公司依据生效的仲裁裁决书向法院申请执行华强公司拖欠的货款 500 万元。执行程序中，双方当事人达成和解协议，由华强公司在半年内分三次支付货款 450 万

元。关于本案，下列做法错误的是(　　)。

A. 华强公司如约履行，执行终结

B. 如华强公司未完全履行该和解协议，强生公司可以申请恢复执行

C. 如果和解协议过程存在欺诈，强生公司可以申请法院恢复执行

D. 如果和解协议存在胁迫，法院主动恢复原判决书的执行

【考点】执行和解

【答案】D

【解析】根据《民事诉讼法》第 230 条的规定，在执行中，双方当事人自行和解达成协议的，执行员应当将协议内容记入笔录，由双方当事人签名或者盖章。申请执行人因受欺诈、胁迫与被执行人达成和解协议，或者当事人不履行和解协议的，人民法院可以根据对方当事人的申请，恢复对原生效法律文书的执行。因此，选项 B 与 C 是正确的，而选项 D 是不正确的。执行和解协议自觉履行完毕即终结执行程序，故选项 A 是正确的。

特别提示：本题中，选项 C 与选项 D 是意思矛盾选项。且此题 D 选项错得很离谱，法院的执行是被动的，不可能主动去恢复执行。

4. 黄母诉至某基层法院，要求解除与黄某之间的收养关系并一次性支付赡养费纠纷一案，区法院经审理后判决解除收养关系并责令黄某支付赡养费 30 万元。黄某仅认为赡养费数额过高，应该减少三分之一，提出上诉。在市中级法院二审审理过程中，黄某意外遭到暗杀。下列说法正确的是(　　)。

A. 二审法院裁定终结诉讼，一审解除收养关系的判决发生法律效力

B. 二审法院裁定按撤诉处理

C. 二审法院撤销原判决，发回重审，由一审法院裁定终结诉讼

D. 二审法院裁定终结诉讼，一审解除收养关系的判决不发生法律效力

【考点】审理中的特殊情形

【答案】D

【解析】因为此案涉及身份，由于一方当事人死亡，应当终结诉讼。二审终结诉讼裁定发生法律效力。

特别提示：本题中，选项 A 与选项 D 是相关的矛盾选项，答案一般是在这两个选项中出现。

5. 乙公司向甲公司购买货物 36 万元。甲公司交货后，乙公司未依约支付货款。于是，甲公司向有管辖权的法院申请支付令。法院审查后，向乙公司签发了支付令。法定期限过后，乙公司未提出异议，也未支付货款，甲公司依据生效的支付令向法院申请执行。执行中，乙找到了丙公司作担保。下列关于执行担保的表述不正确的是(　　)。

A. 乙公司申请执行担保应当经过甲公司同意

B. 暂缓执行期满后，如果乙公司仍不履行义务，法院有权执行丙公司的担保财产

C. 暂缓执行期满后，如果乙公司仍不履行义务，甲公司应起诉丙公司，取得执行根据后才能执行丙公司的担保财产

D. 法院决定暂缓执行的期限通常和担保期限一致，且不得超过一年

【考点】执行担保

【答案】C

【解析】根据《民事诉讼法》的规定，在执行中，被执行人向人民法院提供担保，并经申请执行人同意的，人民法院可以决定暂缓执行及暂缓执行的期限。被执行人逾期仍不履行的，人民法院有权执行被执行人的担保财产或者担保人的财产。因此，A、B选项都是正确的。根据《民诉法解释》规定，人民法院依照《民事诉讼法》第 231 条的规定决定暂缓执行的，如果担保是有期限的，暂缓执行的期限应与担保期限一致，但最长不得超过 1 年。因此，选项 D 是正确的。选项 C 没有法律依据。

6. 对下列法院的处理结果当事人可以申请复议的是(　　)。

A. 当事人双方在诉讼过程中达成和解协议，向法院申请撤诉，法院裁定准予撤诉

B. 于吉请求法院执行仲裁裁决，法院经审查裁定不予执行

C. 吴后以仲裁员金山在仲裁该案时应当回避而未回避为由向法院申请撤销仲裁裁决，法院经审查作出驳回撤销仲裁裁决申请的裁定

D. 在案件执行过程中，案外人勾佳认为执行行为违反法律规定，法院经审查裁定驳回

【考点】申请复议

【答案】D

【解析】根据《民事诉讼法》第 140 条的规定，裁定适用于下列范围：(1)不予受理；(2)对管辖权有异议的；(3)驳回起诉；(4)财产保全和先予执行；(5)准许或者不准许撤诉；(6)中止或者终结诉讼；(7)补正判决书中的笔误；(8)中止或者终结执行；(9)不予执行仲裁裁决；(10)不予执行公证机关赋予强制执行效力的债权文书；(11)其他需要裁定解决的事项。上述民事裁定中，除了前三种当事人可以上诉的裁定，财产保全和先予执行裁定以及 2012 年《民事诉讼法》修改后第 202 条规定的执行异议可以申请复议外，对其他裁定不服的，当事人不能上诉，也不能申请复议，由此可见答案是 D 项。对于比较容易混淆的法律规定，考生要注意加以归纳总结。

7. 小眉(6 岁)在个体工商户秦某经营的“健康多”超市购买了一包棉花糖，食用后出现了严重腹泻等症状并住院治疗十余天。在协商未果的情况下，小眉的监护人王某欲以人身侵权损害赔偿为由向法院起诉。关于本案，下列说法中正确的是(　　)。

A. 监护人王某既是本案的共同原告，又是小眉的法定代理人

B. 小眉及其监护人王某应当作为本案的共同原告

C. 如果“健康多”是登记的字号，则应当以秦某和“健康多”作为共同被告

D. 如果“健康多”是登记的字号，则应当以该字号作为被告，并在起诉状中注明秦某的基本身份信息

【考点】当事人的确定

【答案】D

【解析】《民诉法解释》第59条规定，在诉讼中，个体工商户以营业执照上登记的经营者为当事人。有字号的，以营业执照上登记的字号为当事人，但应同时注明该字号经营者的基本信息。营业执照上登记的经营者与实际经营者不一致的，以登记的经营者和实际经营者为共同诉讼人。

8. 根据《民事诉讼法》及其解释，以下关于书证制度的相关选项正确的是(　　)。

A. 持有书证的当事人以妨碍对方当事人使用为目的，实施毁灭等致使书证不能使用的行为，法院可以对其罚款、拘留

B. 书证在对方当事人控制之下的，承担举证责任的当事人可以在举证期限届满前口头或书面申请法院责令对方当事人提交

C. 若法院责令对方当事人提交相关书证，对方当事人拒不提交的，法院可以对其训诫、罚款

D. 若法院责令对方当事人提交相关书证，则因提交书证产生的费用，最终由败诉方承担

【考点】证据中的书证

【答案】A

【解析】《民诉法解释》第112条对文书提出命令和消极的证明妨碍作出了规定：“书证在对方当事人控制之下的，承担举证证明责任的当事人可以在举证期限届满前书面申请人民法院责令对方当事人提交。申请理由成立的，人民法院应当责令对方当事人提交，因提交书证所产生的费用，由申请人负担。对方当事人无正当理由拒不提交的，人民法院可以认定申请人所主张的书证内容为真实。”第113条对积极的证明妨碍作出了规定：“持有书证的当事人以妨碍对方当事人使用为目的，毁灭有关书证或者实施其他致使书证不能使用行为的，人民法院可以依照民事诉讼法第一百一十一条规定，对其处以罚款、拘留。”

二、多项选择题

1. 贾某与李某离婚一案，区法院经过审理作出准许离婚的判决，区法院向李某送达时，李某拒绝签收。下列关于送达的表述正确的有(　　)。

A. 法院可以将该判决书交由同住的未成年家属李某方签收

B. 法院可以邀请有关人员到场见证，将判决书留放在李某的住所

C. 法院可以采用拍照或者视频录像的方式记录送达过程

D. 法院可以直接将判决书留放在李某的住所或者邮箱内

【考点】送达

【答案】BC

【解析】根据《民事诉讼法》第85、86条的规定，受送达人或者他的同住成年家属拒接收诉讼文书的，送达人可以邀请有关基层组织或者所在单位的代表到场，说明情况，在送达回证上记明拒收事由和日期，由送达人、见证人签名或者盖章，把诉讼文书留在受达人的住所，也可以把诉讼文书留在受送达人的住所，并采取拍照、录像等方式记录送达过程，即视为送达。因此，选项B与C是正确的，其余选项是不正确的。

2. 下列关于法院调解与当事人和解的表述，正确的有(　　)。

A. 法院调解仅适用于诉讼案件的审判程序，而当事人和解则既可以适用于诉讼案件的审判程序，也可以适用于执行程序

B. 法院调解是在法院主持下进行的解决纠纷行为，而和解则是当事人双方自行处分其权利的行为

C. 法院调解成功制作的调解书具有与生效判决书同等的法律效力，而当事人和解达成的协议在任何情况下都不具有法律效力

D. 法院调解应遵守民事诉讼法所确立的调解基本原则，而和解则没有严格的原则限制

【考点】法院调解与当事人和解

【答案】ABD

【解析】法院调解只能适用于诉讼案件的审判程序，即在法院的主持下进行，而和解作为当事人行使处分权处分其权利的一种方式，既可以适用于各种审判程序，也可以适用于执行。因此，选项A与B均是正确的。调解书与判决书具有相同的法律效力，而和解议作为当事人之间为处分其权利义务所达成的意思表示，其本身不具有法律效力，当事人可以据此申请法院制作调解书。在此情况下，可以产生法律效力。因此，选项C是不正确的。法院调解作为法院行使审判权的一种方式，《民事诉讼法》第9条规定了法院调解自愿、合法的基本原则；而诉讼和解是当事人行使处分权的制度，无须设置严格的原则限制，因此，选项D是正确的。

3. 张某和李某因房屋买卖一案，张某要求李某交付房屋，并申请保全该房屋，但是李某却说这套房已经抵押给甲银行了。下列关于财产保全的说法不正确的有(　　)。

A. 法院可以查封该房屋，但甲银行享有优先受偿权

B. 法院可以查封该房屋，但甲银行丧失优先受偿权

C. 法院可以查封该房屋，但应当征得甲银行的同意

D. 法院可以查封该房屋，尽管该房屋已经抵押给甲银行

【考点】财产保全

【答案】BC

【解析】人民法院对抵押物、质押物、留置物可以采取财产保全措施，但抵押权人、质权人、留置权人有优先受偿权。因此，选项A、D正确。而选项B、C是不正确的。

4. 在黄涛诉立净公司产品质量责任纠纷中，法院委托甲鉴定中心出具了鉴定意见书，认定立净公司的产品存在缺陷，立净公司对该鉴定意见提出异议并申请该领域的知名专家庄强出庭说明专业意见。关于本案，下列说法不正确的是(　　)。

A. 甲鉴定中心应该派员出庭，否则其出具的鉴定意见不得作为认定案件事实的依据

B. 若甲鉴定中心出具的鉴定意见有缺陷，应当重新鉴定

C. 黄涛以庄强与立净公司有商事合作关系为由申请其回避，法院应予批准

D. 黄涛可以对庄强进行询问，庄强的出庭费用由败诉方承担

【考点】司法鉴定；专家辅助人

【答案】BCD

【解析】A 项正确。鉴定人应当出庭的两种情形：当事人对鉴定意见有异议；或者法院认为鉴定人有必要出庭。

B 项错误。申请重新鉴定的法定情形：鉴定机构或者鉴定人员不具备相关的鉴定资格；鉴定程序严重违法；鉴定意见明显证据不足；经过质证认定不能作为证据使用的其他情形。对有缺陷的鉴定意见，可以通过补充鉴定、重新质证或者补充质证等方法解决，不予重新鉴定。

C 项错误。专家辅助人不适用回避。专家辅助人对专业问题发表的意见，视为当事人的陈述。

D 项错误。专家辅助人的出庭费用是“谁申请谁承担”。

5. 人民法院对下列特殊情形的处理不正确的有(　　)。

A. 王欢与王乐侵权损害赔偿纠纷一案，被告王乐在去往法院开庭途中突发急性肾积水住院治疗，法院决定延期审理

B. 张达与黄晓因债务纠纷一案在诉讼过程中产生争执，张达将黄晓打成植物人，法院决定延期审理

C. 甲公司与乙公司合同纠纷一案，在诉讼过程中，甲公司发生分立，法院决定中止诉讼

D. 章某诉胡某离婚纠纷一案，在诉讼过程中，章某因车祸死亡，法院裁定中止诉讼

【考点】审理中的特殊情形

【答案】BCD

【解析】必须到庭的当事人和其他诉讼参与人有正当理由没有到庭的，法院决定延期审理，因此，选项 A 是正确的。B 选项法院应当裁定中止诉讼而非延期审理。作为一方当事人的法人或者其他组织终止，尚未确定权利义务承受人的，法院裁定中止诉讼，因此，选项 C 是不正确的。离婚案件一方当事人死亡的，法院裁定终结诉讼，因此，选项 D 是不正确的。

6. 下列关于第二审程序与审判监督程序的表述正确的有(　　)。

A. 第二审程序的合议庭应当由审判员组成，审判监督程序的合议庭可能会吸收陪审员

B. 适用第二审程序作出的判决一定是生效判决，而适用审判监督程序再审作出的判决可能还能上诉。

C. 当事人在第二审程序中可以超出原审范围增加新的诉讼请求，而在审判监督程序中原则上不得超出原审范围增加新的诉讼请求

D. 适用第二审程序的法院不可能是基层人民法院，而适用审判监督程序的法院可以是各级人民法院

【考点】第二审程序与审判监督程序的比较

【答案】ABCD

【解析】人民法院审理第二审民事案件，由审判员组成合议庭。审理再审案件，原来是第一审的，按照第一审程序另行组成合议庭；原来是第二审的或者是上级人民法院提审的，按照第二审程序另行组成合议庭。因此，选项 A 是正确的。根据《民事诉讼法》第 175 条的规定，第二审人民法院的判决、裁定，是终审的判决、裁定。根据该法第 207 条的规定，人民法院按照审判监督程序再审的案件，发生法律效力的判决、裁定是由第一审法院作出的，按照第一审程序审理，所作的判决、裁定，当事人可以上诉；发生法律效力的判决、裁定是由第二审法院作出的，按照第二审程序审理，所作的判决、裁定，是发生法律效力的判决、裁定；上级人民法院按照审判监督程序提审的，按照第二审程序审理，所作的判决、裁定是发生法律效力的判决、裁定。因此，选项 B 是正确的。根据《民诉法解释》第 328 条的规定，在第二审程序中，原审原告增加独立的诉讼请求或者原审被告提出反诉的，第二审人民法院可以根据当事人自愿的原则就新增加的诉讼请求或者反诉进行调解；调解不成的，告知当事人另行起诉。双方当事人同意由第二审人民法院一并审理的，第二审人民法院可以一并裁判。而根据《民诉法解释》第 405 条的规定，人民法院审理再审案件应当围绕再审请求进行。当事人的再审请求超出原审诉讼请求的，不予审理；符合另案诉讼条件的，应当告知当事人可以另行起诉。被申请人及原审其他当事人在庭审辩论结束前提出的再审请求，符合《民事诉讼法》第 205 条规定的，人民法院应当一并审理。人民法院经再审，发现已经发生法律效力的判决、裁定损害国家利益、社会公共利益、他人合法权益的，应当一并审理。因此，选项 C 是正确的。根据民事诉讼理论，适用第二审程序审理上诉案件的是与一审法院有隶属关系的上一级法院，因此，只能是中级以上的人民法院，不可能是基层人民法院，而适用审判监督程序审理再审案的法院则可以是各级人民法院，因此，选项 D 是正确的。

7. 苏南诉江北民间借贷纠纷一案，江北由于搬家，忙乱中不知将还款收据置于何处，没有在举证期限内向法院提供，直到开庭审理时才找到该收据并向法院申请提交该证据。以下有关本案的说法不正确的是(　　)。

A. 即使江北有正当理由而逾期提供证据，也会因此产生不利的法律后果

B. 若苏南要求江北承担因逾期提交证据致使其增加的交通费，法院应予支持

C. 若江北在开庭审理时才提交证据，法院首先应当责令其说明理由，必要时可以要求其提供相应的证据

D. 若江北在举证期间找到了该收据而故意不提供，在开庭时才拿出来，法院视情况予以采纳的，可以同时对其进行训诫、罚款

【考点】举证期限、逾期举证的法律后果

【答案】BCD

【解析】《民诉法解释》第101条规定，当事人逾期提供证据的，人民法院应当责令其说明理由，必要时可以要求其提供相应的证据。当事人因客观原因逾期提供证据，或者对方当事人对逾期提供证据未提出异议的，视为未逾期。第102条规定，当事人因故意或者重大过失逾期提供的证据，人民法院不予采纳。但该证据与案件基本事实有关的，人民法院应当采纳，并依照《民事诉讼法》第65条、第115条第1款的规定予以训诫、罚款。当事人非因故意或者重大过失逾期提供的证据，人民法院应当采纳，并对当事人予以训诫。当事人一方要求另一方赔偿因逾期提供证据致使其增加的交通、住宿、就餐、误工、证人出庭作证等必要费用的，人民法院可予支持。

8. 北京市高山公司与上海市流水公司因建设用地施工合同纠纷诉至法院，高山公司委托了著名律师钟宇作为诉讼代理人，流水公司委托了三名著名律师作为诉讼代理人。以下有关本案的说法，不正确的是(　　)。

A. 流水公司有权同时委托三名律师作为诉讼代理人

B. 钟宇律师作为诉讼代理人参加诉讼，应当向法院提交律所证明、其与当事人在律所签订的协议书、授权委托书

C. 若高山公司对钟宇律师的代理权限仅写了“全权代理”，则钟宇律师无权承认诉讼请求、提出管辖权异议、进行和解

D. 若高山公司对钟宇律师进行了一般授权后，高山公司可以不出庭

【考点】诉讼代理人

【答案】ABC

【解析】当事人、法定代理人可以委托1~2人作为诉讼代理人，故A项错误。根据《民诉法解释》第88条规定，律师作为诉讼代理人除提交授权委托书外，还应当提交律师执业证、律师事务所证明材料，故B项错误。授权委托书必须记明委托事项和权限。诉讼代理人代为承认、放弃、变更诉讼请求，进行和解，提起反诉或者上诉，必须有委托人的特别授权。当事人向人民法院提交的授权委托书，应当在开庭审理前送交人民法院。授权委托书仅写“全权代理”而无具体授权的，诉讼代理人无权代为承认、放弃、变更诉讼请求，进行和解，提出反诉或者提起上诉。其中，需特别授权的事项不包括提出管辖权异议。故C项错误。

《民事诉讼法》第62条规定，离婚案件有诉讼代理人的，本人除不能表达意思的以

外，仍应出庭；确因特殊情况无法出庭的，必须向人民法院提交书面意见。即，离婚案件当事人原则上应当出庭。另，《民诉法解释》第 110 条第 1 款规定，人民法院认为有必要的，可以要求当事人本人到庭，就案件有关事实接受询问。在询问当事人之前，可以要求其签署保证书。即，此种情况下，当事人必须到庭。除这两种情况外，当事人委托了诉讼代理人后可以由诉讼代理人代为出庭。故 D 项正确。

9. 美琪公司向法院起诉，要求判决正方公司返还借款本金 30 万元。在案件审理中，借款事实得以认定，同时，法院还查明正方公司逾期履行还款义务近一年，法院遂根据银行同期定期存款利息，判决正方公司还美琪公司借款本金 30 万元，利息 7800 元。关于法院对该案判决的评论，下列哪些选项是错误的(　　)。

A. 该判决符合法律规定，实事求是，全面保护了权利人的合法权益

B. 该判决不符合法律规定，违反了民事诉讼的处分原则

C. 该判决不符合法律规定，违反了民事诉讼的辩论原则

D. 该判决不符合法律规定，违反了民事诉讼的平等原则

【考点】民事诉讼的基本原则

【答案】ACD

【解析】《民事诉讼法》第 13 条规定，当事人有权在法律规定的范围内处分自己的民事权利和诉讼权利。即，人民法院只能就当事人请求裁判的事项进行裁判，对于当事人没有请求的事项，不能作出裁判，这是司法被动性、当事人处分权的体现。本题中，法院就当事人未提出的事项——利息问题进行裁判，实际上是违反了民事诉讼的处分原则，正确答案是 B。

三、不定项选择题

2017 年 3 月 15 日，H 市 B 区的居民郑海与王虹夫妇，在 S 市 D 区旭日商场购得由位于 A 省 C 区的大华煤气用具厂生产的卡式煤气炉。2017 年 7 月 15 日，他们带着该卡式煤气炉到位于 Y 省 W 县旅游，在用该煤气炉煮食品时，卡式炉发生爆炸，郑、王两人被炸伤。现郑、王欲向法院提出诉讼要求赔偿。

1. 对本案享有管辖权的法院为(　　)。

A. H 市 B 区人民法院　　B. S 市 D 区人民法院

C. A 省 C 区人民法院　　D. Y 省 W 县人民法院

【考点】侵权案件的管辖

【答案】BCD

【解析】本题考查缺陷产品侵权案件的管辖法院。《民诉法解释》第 26 条规定："因产品、服务质量不合格造成他人财产、人身损害提起的诉讼，产品制造地、产品销售地、服务提供地、侵权行为地和被告住所地人民法院都有管辖权。"据此，A 项错误，不选；其他三项正确，当选。

2. 关于本案被告的确定，说法正确的是(　　)。

A. 可只列旭日商场为被告

B. 可只列大华煤气用具厂为被告

C. 应将大华煤气用具厂和旭日商场列为共同被告

D. 大华煤气用具厂和旭日商场究竟谁被列为被告，取决于原告的选择

【考点】当事人的确定

【答案】ABD

【解析】本题考查缺陷产品侵权案件中当事人的确定。《产品质量法》第43条规定："因产品存在缺陷造成人身、他人财产损害的，受害人可以向产品的生产者要求赔偿，也可以向产品的销售者要求赔偿。属于产品的生产者的责任，产品的销售者赔偿的，产品的销售者有权向产品的生产者追偿。属于产品的销售者的责任，产品的生产者赔偿的，产品的生产者有权向产品的销售者追偿。"据此，C项说法错误，其他三项的说法正确。

3. 郑、王两人提供的在旭日商场购买卡式煤气炉的电脑发票，属于何种证据(　　)。

A. 电子数据　　B. 书证

C. 原始证据　　D. 传来证据

【考点】证据的立法种类和理论分类

【答案】BC

【解析】电子数据是指通过电子邮件、电子数据交换、网上聊天记录、博客、微博、手机短信、电子签名、域名等形成或者存储在电子介质中的信息。存储在电子介质中的录音资料和影像资料，适用电子数据的规定。而书证是以文字、符号、图画等所表达的思想内容证明案件事实。电脑发票已打印成纸质材料，是以文字的形式所表达的思想内容证明案件事实的，故为书证。它直接来源于购买卡式煤气炉的时候，没有经过复制复印，故为原始证据。

4. 关于本案举证责任的承担，说法错误的是(　　)。

A. 本案实行无过错的归责原则，因此举证责任应全部由被告承担

B. 本案实行举证责任倒置，因此举证责任应全部由被告承担

C. 本案实行无过错的归责原则，因此举证责任应按"谁主张谁举证"的一般原则承担，即由原告承担全部证明责任

D. 本案应由被告就法律规定的免责事由承担举证责任

【考点】证明责任

【答案】ABC

【解析】本题考查缺陷产品侵权案件的举证责任。根据《民事证据规定》第4条第1款第6项的规定，因缺陷产品致人损害的侵权诉讼，由产品的生产者就法律规定的免责事由承担举证责任。故A、B、C三项的说法错误，D项的说法正确。